新しい日本料理

鍋の料理と前肴

縮刷版

志の島忠

旭屋出版

鍋の料理と前肴《まえざかな》 目次

		作り方頁
巻頭著者概説 『鍋』料理のきのう、きょう	12	
■章扉 日本料理の鍋 お馴染《なじ》みの鍋十七趣《しゅ》	21	
越前蟹のちり鍋	22	330
牡蠣《かき》の土手鍋	24	339
蓬莱《ほうらい》焼き鍋	26	363
河豚《ふぐ》ちり	28	318
すっぽん鍋	30	323
泥鰌《どじょう》の柳川鍋	32	320
関東風すき焼き	34	293
鶏の水炊き	35	298
関東炊き	36	350
饂飩《うどん》すき	37	352
小鍋立てしゃぶしゃぶ	38	293
小鍋立て鴨の陶板焼き	39	361
小鍋立て魚すき	40	307
鱈《たら》ちり	41	312
葱鮪《ねぎま》鍋	42	318
湯豆腐	43	346
帆立の貝焼《かや》き鍋	44	336
■章扉 ふるさとの味自慢《じまん》鍋	45	
解説／郷土色豊かな魚介、野菜を味わう鍋	46	
成吉思汗《ジンギスカン》鍋	48	369
帆立のたたき鍋	49	336
きりたんぽ鍋	50	354
烏賊《いか》鍋	51	321
雲丹《うに》鍋	52	322
鮭のっぺい	53	313
北寄《ほっき》鍋	54	334
帆立鍋	55	335
鮎の陶板焼き	56	368
泥鰌《どじょう》鍋	57	320
深川鍋	58	340
鶏鍋	59	299
伊勢海老の具足《ぐそく》鍋	60	325
豚肉のはりはり鍋	61	296
小鯛と魚素麺《うおぞうめん》の鍋	62	309
鯛の明石《あかし》鍋	63	307
車海老と飛竜頭《ひりょうず》の鍋	64	327
関西風牛すじおでん鍋	65	350
砧《きぬた》巻きの博多鍋	66	300
■章扉 多人数《たにんずう》鍋と銘々《めいめい》鍋	67	
解説／大勢《おおぜい》で囲む鍋と一人前の小鍋立て	68	
小鍋立てきんきのちり鍋	70	314
味噌仕立て鮟鱇《あんこう》鍋	70	311
魚すき	72	305

蟹すき 73 330
おでん 74 349
海山《うみやま》の幸《さち》陶板焼き 75 362
小鍋立て鮪《まぐろ》の陶板焼き 76 365
小鍋立て車海老と蛤の酒蒸し鍋 77 329
小鍋立て牛肉のつみ入れ鍋 78 294
小鍋立て梅花風呂《ふろふ》吹き鍋 79 296
小鍋立て五目蟹ちり 80 330
小鍋立て鱧《はも》寄せ鍋 81 316
小鍋立て山菜の湯葉包み鍋 82 355

■章扉
鍋と料理の出会い
料理専門店の献立と鍋 83

解説／鍋を加えた献立のたて方 84
多人数鍋の基本献立例―夜寒《よさむ》 86
◆魚介の寄せ鍋膳 86 323
銘々鍋の基本献立例―花冷《はなび》え 88
◆小鍋立て魚介の寄せ鍋膳 88 324
鍋のある献立例―忘《わす》れ霜《じも》 90
◆魴鮄《ほうぼう》鍋膳 90 311
鍋のある献立例―汐干舟《しおひぶね》 92
◆浜鍋膳 92 339
鍋と献立―春朧《はるおぼろ》 94

〈すし店のカウンターにて〉
◆海老真蒸《しんじょ》鍋膳 94 329
すしの献立によく合う鍋 96
五色《ごしき》水炊き鍋 96 301
蟹爪の錦鍋 97 332
鍋と献立―新涼《しんりょう》 98

〈和食ペンションの昼席にて〉
◆沖すき鍋膳 98 324
和食ペンションの献立によく合う鍋 100
鶏の雪花鍋 100 300
穴子高野《こうや》鍋 101 356
鍋と献立―打水《うちみず》 102

〈民宿の朝食の鍋〉
◆蛤の潮《うしお》鍋膳 102 339
鍋と献立―遠花火《とおはなび》 104

〈民宿の夕食の鍋〉
◆豚肉のちり鍋膳 104 297
民宿の献立によく合う鍋 106
蕎麦《そば》ちり 106 353
鶏鱈《とりたら》豆腐鍋 106 348
鯛と蛤の鍋 107 308
鍋と献立―軒忍《のきしのぶ》 108

〈旅館の朝食の鍋〉
◆蟹の飛竜頭《ひりょうず》鍋膳 108 333
鍋と献立―初螢《はつほたる》 110

〈旅館の夕食の鍋〉
◆浜寄せ鍋膳 110 324
旅館の献立によく合う鍋 112
五目湯葉鍋 112 356
松茸《まつたけ》鍋 112 342
牛肉と魚介の鉄板焼き 113 369
鮎魚女《あいなめ》の浪花《なにわ》鍋 114 318

■章扉
鍋とともに味わう逸品《いっぴん》・
前肴《まえざかな》 115

解説／鍋の味わいを深める前肴 116
鍋と出会いの前肴 118
渡り蟹のちり鍋と 118 331
北寄貝のわさび和え 118 394
牡蠣《かき》の味噌鍋と 119 340
鮪《まぐろ》のお造り 119 378
鱈《たら》鍋と 120 313
友禅寄せ 120 400
車海老鍋と 121 326
鶏の唐揚げ 121 386
鰤《ぶり》鍋と 122 319
鰤の幽庵《ゆうあん》焼き 122 380

鮟鱇《あんこう》鍋と　123　310
鮟肝《あんきも》　123　378
鶏の水炊き寄せ鍋と　124　298
穴子なます　124　391
豚肉の水炊き鍋と　125　297
鯛と帆立、赤貝のお造り　125　378
帆立と豚ロースの牛乳鍋と　126　376
茶碗蒸し　126　400
和風鉄板ステーキと　127　370
帆立と錦糸卵の吸いもの　127　405
解説／前肴の味の勘所《かんどころ》
調理別に見る前肴集　128
前肴にうってつけの生造《なまづく》り・刺身もの　129
帆立の刺身　129　378
こはだの酢じめ　129　378
鶏ささ身のかくしわさび　129　379
前肴にうってつけの焼きもの　130
寒鰆《かんさわら》の白酒焼き　130　381
車海老の塩焼き　130　381
焼き蛤　130　381
松茸のしのび焼き　131　381
牛ハツの酒醤油焼き　131　382
鶏、海老と椎茸の双身《ふたみ》焼き　131　382
前肴にうってつけの揚げもの　132
生雲丹《うに》の大葉揚げ　132　386

牡蠣《かき》のみどり揚げ　132　386
おこぜの唐揚げ　132　387
鶏手羽の千鳥揚げ　133　387
ズッキーニのしのび揚げ　133　387
茄子と海老の揚げ出し　133　387
前肴にうってつけの酢のもの　134
いさきともずくのわさび酢　134　391
白身魚の二杯酢　134　391
北寄貝と生海苔の生姜酢　134　391
ところてんの胡麻だれ　135　391
わかさぎの南蛮《なんばん》酢　135　392
サボテンのサラダ　135　392
前肴にうってつけの和えもの　136
鮪《まぐろ》とクレソンの辛子和え　136　395
越瓜《しろうり》としじみの辛子酢味噌　136　395
錦木《にしきぎ》　136　395
鶏と防風の白和え　137　395
海老とうどの錦和え　137　395
牛肉といんげんの胡麻和え　137　396
前肴にうってつけの煮もの　138
きゃら蕗《ぶき》の節粉《ふしこ》まぶし　138　397
煮やっこ　138　397
冷やし冬瓜《とうがん》　138　397
前肴にうってつけの蒸しもの　139
蒸し雲丹《うに》　139　400

車海老の酒蒸し　139　400
三色大納言真蒸《だいなごんしんじょ》　139　401
前肴にうってつけの趣向もの　140
のし梅酒粕《さけかす》　140　403
チーズの三色博多　140　404
昆布の舟盛り　140　404
■章扉
料亭の鍋と前肴　141
解説／お酒がはかどる鍋と前肴　142
魚介と京菜の寄せ鍋と　144　334
鯛と鮪《まぐろ》のお造り　144　379
魴鮄《ほうぼう》鍋と　145　312
酢牡蠣《すがき》　145　392
鯛と鯛の子の鍋と　146　308
牛肉の葱射込《ねぎいこ》み　146　382
鶏と魚介の楽しみ鍋と　147　302
煎《い》り出し豆腐　147　387
焼き穴子としめじの鍋と　148　321
蟹とアボカドの生姜酢醤油　148　392
鶏ロール　148　382
鮭と鮭鎌《さけかま》の鍋　149　314
蟹とえのき茸の炒め和え　149　396

酒肴《しゅこう》鍋の前肴集 150
イクラの柚子釜 150 379
蟹と野菜の揚げ和え 150 396
海老の双身《ふたみ》蒸し 150 401
百合根と海藻の梅肉和え 151 392
鶉《うずら》の照り焼き 151 382
牡蠣《かき》の新挽《しんび》き揚げ 151 388
酒肴鍋の前肴集 152
車海老とぜんまいの白和え 152 396
鶏の竜田《たつた》焼き 152 383
揚げ出し豆腐 152 388
蓴菜《じゅんさい》の二杯酢 153 392
海老と栗の吹き寄せ 153 404
牛タンの粕《かす》漬け 153 383
鱸《すずき》の潮《うしお》鍋 154 310
茗荷《みょうが》の子の含み揚げ 154 388
鱧《はも》鍋 155 316
五目蒸し卵 155 401
酒肴鍋の前肴集 156
帆立のひもと菜の花の三杯酢 156 393
焼き松茸 156 383
牛肉と浅葱《あさつき》の卵焼き 156 383
蟹と貝割れ菜の砧《きぬた》巻き 157 379
甘鯛のひと塩焼き 157 383
ほおずき真蒸《しんじょ》 157 388

酒肴鍋の前肴集 158
烏賊《いか》と若布の生姜酢 158 393
泥鰌《どじょう》のぐるぐる 158 384
蟹瓜のチーズ揚げ 158 389
豚肉の真蒸《しんじょ》蒸し 159 402
五目磯辺 159 384
帆立の田楽 159 384
海浜陶板焼き 160 364
雲丹《うに》豆腐 160 402

■章扉
器と演出を愉《たの》しむ変わり鍋
伝統の趣《しゅ》向《こう》鍋と前肴 161

解説／凝《こ》った仕立ての鍋とその前肴 162
竹鍋と 164 341
鶏つくねの団子 164 385
紙鍋と 165 341
小海老と浅葱《あさつき》の黄身酢 165 397
焙烙《ほうろく》焼きと 166 371
卵豆腐の吸いもの 166 405
雲丹《うに》の磯辺揚げ 167 389
茶巾《ちゃきん》豆腐 167 398
冬瓜《とうがん》の鶏そぼろあん 167 398
石焼き鍋 168 372

生雲丹《うに》のアボカド釜 168 380
納豆の磯辺揚げ 169 389
五目しそ焼き 169 385
筒大根の木の芽味噌 169 398
松茸と帆立の酒蒸し 169 402
むき蛤の宿借《やどか》り鍋 170 338
越瓜《しろうり》の蟹印籠《いんろう》 170 380
博多焼き 171 385
烏賊《いか》の菊巻き 171 380
川海老の黄身覆輪《きみふくりん》 171 402
牡蠣《かき》の松島揚げ 171 389
帆立の宿借《やどか》り焼き 172 337
海老詰め小玉葱の煮おろし 172 398
サーモンと水前寺海苔の二色はさみ 173 404
わかさぎの二色揚げ 173 389
土佐豆腐 173 390
姫茸《ひめたけ》のしのび焼き 173 385
帆立と海老の舟昆布鍋 174 358
揚げ茶筅《ちゃせん》茄子 174 390

■章扉
陶板焼き鍋と前肴 175

解説／陶板焼き鍋の活かし方 176
鮑《あわび》の陶板焼き 178 366
サーモンと菊のすだち和え 178 393
はまちの陶板焼き 179 366
鶏皮としめじの当座煮 179 399
小鰈《こがれい》と鱚《きす》の陶板焼き 180 365
蟹と沢庵の和風ドレッシング和え 180 393
五色《ごしき》陶板焼き 181 364
豆腐の信田《しのだ》巻き 181 402
浅蜊《あさり》の陶板焼き 182 367
鶏の酒蒸し 182 403
鶏と夏野菜の陶板焼き 183 362
鮭と鶏の三杯酢 183 394
陶板串焼き 184 368
鱚《きす》の雲丹《うに》揚げ 184 390
牛フィレのひと口陶板焼き 185 359
烏賊《いか》のレモン酢 185 394
牛ロースの陶板焼き 186 360
浅蜊《あさり》としめじの土瓶蒸し 186 403
牛薄切り肉の陶板焼き 187 360
素魚《しろうお》と若布の生姜酢 187 394
牛射込《いこ》み葱《ねぎ》の陶板焼き 188 361
雲丹《うに》の宿借《やどか》り蒸し 188 403

■章扉 異国趣味の鍋と前肴 189
解説／中国、韓国、欧米の味を和風に 190
海老と焼売《しゅうまい》の中華風陶板焼き 192 368
豚肉とぜんまいの当座煮 192 399
餃子《ぎょうざ》鍋 193 372
ソーセージの変わりソースかけ 193 405
帆立と肉団子の中華風鍋 194 373
砂肝《すなぎも》のソース蒸し 194 399
鮭缶の辛味鍋と 195 373
牛肉の三つ葉巻き 195 385
肉団子と豆もやしの韓国風鍋 196 374
牡蠣《かき》のベーコン巻き 196 386
韓国風寄せ鍋 197 374
泥鰌《どじょう》の時雨《しぐれ》煮 197 399
洋風牛タンの煮込み鍋 198 375
海老のみどり揚げ 198 390
洋風海浜鍋 199 375
ラムチョップの香り焼き 199 386
洋風浅蜊《あさり》鍋 200 376
茹で豚 200 399

■章扉 鍋の材料のいろいろ 201
解説／鍋の中で出会う材料と鍋地《なべじ》、その背景 202
魚介の鍋
〈魚を主とした鍋〉 204
鮎魚女《あいなめ》鍋 205 317
めばるの煮込み鍋 206 315
はまちの鎌《かま》の鍋 207 319
〈海老・蟹・貝を主とした鍋〉 208
伊勢海老鍋 209 326
蟹脚《かにあし》の鍋 210 333
蛤鍋 211 338
〈魚介の取り合わせ鍋〉 212
車海老ときんめ鯛の鍋 212 327
車海老と蛤の鍋 213 328
肉類の鍋
〈牛肉・豚肉を主とした鍋〉 214
牛肉と豆腐の土鍋焼き 215 371
牛フィレの陶板焼き 216 360
牛肉の吹雪《ふぶき》鍋 217 295
豚肉の湯豆腐鍋 218 348

豚バラ肉の紅白鍋 219 297
〈鶏肉と野菜の取り合わせ鍋〉 220
菜鶏《なとり》鍋 220 301
芋鶏《いもとり》鍋 221 343
精進ものの鍋
〈精進素材を主とした鍋〉 222
厚揚げの陶板焼き鍋 222 370
五目野菜鍋 224 344
砧《きぬた》大根の鍋 225 344
饂飩《うどん》ちり 226 353
しめじときりたんぽの鍋 227 355
〈京風細工ものを使った鍋〉 228
海老と湯葉真蒸《しんじょ》の鍋 229 357
鮭包みの鍋 230 357
豚肉と東寺巻きの鍋 231 357
ひと手間加えた素材を使った鍋
〈たたき・真蒸《しんじょ》ものの鍋〉 232
鶉《うずら》のたたき鍋 233 305
牛肉のたたき鍋 234 295
鶏真蒸《しんじょ》のみたらし鍋 235 303
鶏真蒸《しんじょ》のおでん鍋 236 351
鶏と帆立の真蒸《しんじょ》鍋 237 304
鶏のつくね鍋 238 304
お好みおでん鍋 239 352
〈白焼きをした魚を使った鍋〉 240
鱧《はも》の白焼き鍋 240 317
鰻の柳川鍋 241 320
〈ひと包みした素材の鍋〉 242
ロールキャベツ鍋 242 345
ロール白菜鍋 243 345
〈下揚げをした素材の鍋〉 244
茄子の煮おろし鍋 244 346
鱚《きす》の唐揚げ鍋 245 315
鶏の唐揚げ鍋 246 303
■章扉
鍋料理の器の愉《たの》しみ 247
解説／ひと膳《ぜん》の中心となる鍋の重要性 248
土鍋のいろいろ 250
浅手《あさで》の土鍋 253
鉄鍋と金属製鍋 254
小鍋のいろいろ 256
専用鍋のいろいろ 258
陶板焼き鍋 260
焙烙《ほうろく》鍋 261
兼用鍋のいろいろ 262
深小鍋と欧風小鍋 264
洒落《しゃれ》鍋四趣 265
卓上焜炉のいろいろ 266
焜炉十八選 268
個性的な鍋と焜炉 270
〈津・広永窯坪島土平作品集〉
焜炉十八選 272
脇の器と小道具のいろいろ 274
取り皿、取り鉢 274
汁次《しるつ》ぎ 276
薬味《やくみ》入れ 278
骨《ほね》入れ 280
散《ち》り蓮華《れんげ》 281
鍋類の取り扱いについて 282
新しい鍋のおろし方 282
土鍋(二種) 282
鉄鍋 283
土鍋のひびの手当て 282
鮑の殻の穴詰め 283
散り蓮華のおろし方 283
■章扉
鍋と前肴の調理
作り方と基礎知識 285
鍋に欠かせない基本だし汁のとり方 286

昆布と鰹節の合わせ一番だし 286
二番だし 288
八方地(八方だし) 288
薄八方と甘八方 288
昆布だし汁 289
鶏ガラスープ 290
だし昆布の再利用法 290

〈作り方頁の内容・構成について〉 292
鍋料理の作り方(別掲目次参照) 293
前肴の作り方(同別掲目次参照) 378
巻末総合索引 411

●そのほかの項目
器制作・作家一覧 11
撮影協力店 11
著者略歴 19
凡例―本巻の構成について 20

作り方頁 ―主材料・調理法別― 目次

鍋料理の作り方

肉類を主とした鍋 293
関東風すき焼き 293
しゃぶしゃぶ 293
●長(白)ねぎの切り方 293
牛肉のつみ入れ鍋 294
●白菜の切り方 294
牛肉の吹雪《ふぶき》鍋 295
牛肉のたたき鍋 295
豚肉のはりはり鍋 296

梅花風呂吹《ふろふ》き鍋 296
●大根の庖丁遣《づか》いの基本 296
豚肉のちり鍋 297
豚肉の水炊き鍋 297
豚バラ肉の紅白鍋 297
鶏の水炊き 298
鶏の水炊き寄せ鍋 298
●ぜんまいの戻し方 298
鶏鍋 299
●ぜんまいの大原木《おはらぎ》の作り方 299
砧《きぬた》巻きの博多鍋 300

鶏の雪花鍋 300
●大根の砧巻きの作り方 300
五色《ごしき》水炊き鍋 301
菜鶏《なとり》鍋 301
鶏と魚介の楽しみ鍋 302
●海老芋の皮むきと面取り・下茹での方法 302
鶏の唐揚げ鍋 303
鶏真蒸《しんじょ》のみたらし鍋 303
●鶏肉のたたき身の作り方・保存の方法 303

鶏と帆立の真蒸《しんじょ》鍋 304
鶏のつくね鍋 304
●青梗菜《チンゲンツァイ》二種 304
●本しめじ(茸《たけ》) 304
鶉《うずら》のたたき鍋 305
魚介類を主とした鍋 305
魚すき 305
●鯛の三枚おろしの手順 306
●鯛の頭のおろし方 306
小鍋立て魚すき 307
鯛の明石《あかし》鍋 307

●烏賊《いか》の薄皮のむき方 307
鯛と鯛の子の鍋 308
鯛と蛤の鍋 308
●大根の筒むきの仕方と下茹での方法 308
小鯛と魚素麺《うおぞうめん》の鍋 309
●鯛の真子《まこ》(腹子)の下処理 309
鱸《すずき》の潮《うしお》鍋 310
鮟鱇《あんこう》鍋 310
●鱸《すずき》の頭のおろし方 310
●小松菜二種 310
味噌仕立て鮟鱇《あんこう》鍋 311
魴鮄《ほうぼう》鍋 311
小鍋立て魴鮄《ほうぼう》鍋 312
鱈《たら》ちり 312
鱈《たら》鍋 313
鮭のっぺい 313
●鱈と二種の〝子〟 313
鮭と鮭鎌《さけかま》の鍋 314
きんきのちり鍋 314
●里芋(セレベス種)の皮むきと面取り 314
めばるの煮込み鍋 315
鱚《きす》の唐揚げ鍋 315
●きんきの筒切り 315
●香酢《かぼす》 315
鱧《はも》寄せ鍋 316
鱧《はも》鍋 316
●三つ葉二種 316
鱧《はも》の白焼き鍋 317
鮎魚女《あいなめ》鍋 317
●舞茸のそうじの仕方 317
鮎魚女《あいなめ》の浪花《なにわ》鍋 318
河豚《ふぐ》ちり 318
葱鮪《ねぎま》鍋 318
●春菊の下処理と保存 318
鰤《ぶり》鍋 319
はまちの鎌の鍋 319
泥鰌《どじょう》鍋 320
泥鰌《どじょう》の柳川鍋 320
鰻の柳川鍋 320
焼き穴子としめじの鍋 321
烏賊《いか》鍋 321
●穴子の市販状態 321
雲丹《うに》鍋 322
●烏賊《いか》詰めの要領 322
すっぽん鍋 323
魚介の寄せ鍋 323
●葉ねぎのいろいろ 323
小鍋立て魚介の寄せ鍋 324
沖すき鍋 324
浜寄せ鍋 324
伊勢海老の具足《ぐそく》鍋 325
●もみじおろしの作り方 325
伊勢海老鍋 326
車海老鍋 326
車海老と飛竜頭《ひりょうず》の鍋 327
車海老ときんめ鯛の鍋 327
車海老と蛤の鍋 328
●フリージングによる保存 328
車海老と蛤の酒蒸し鍋 329
海老真蒸《しんじょ》鍋 329
●身近な葉菜《ようさい》二種 329
●関西趣向の葉菜《ようさい》 329
蟹すき 330
越前蟹のちり鍋 330
五目蟹ちり 330
渡り蟹のちり鍋 331
●渡り蟹の捌《さば》き方 331
●葉菜《ようさい》三種 331
蟹爪の錦鍋 332
●春菊二種 332
蟹脚《かにあし》の鍋 333
蟹の飛竜頭《ひりょうず》鍋 333
●蟹爪の下ごしらえ 333
●蟹脚の下ごしらえ 333
魚介と京菜の寄せ鍋 334
北寄鍋 334
帆立鍋 335
●北寄貝のおろし方 335
帆立のたたき鍋 336
帆立の貝焼《かや》き鍋 336
帆立の宿借《やどか》り焼き 337
●帆立貝のおろし方 337
むき蛤の宿借《やどか》り鍋 338
蛤鍋 338
蛤の潮《うしお》鍋 339
浜鍋 339
牡蠣《かき》の土手鍋 339
牡蠣《かき》の味噌鍋 340
深川鍋 340
竹鍋 341
紙鍋 341
●竹鍋 341
●紙鍋のセット 341
野菜類を主とした鍋 342
松茸鍋 342
芋鶏《いもとり》鍋 343
●大根の菊花造り 343
五目野菜鍋 344
砧《きぬた》大根の鍋 344
●砧(大根)を巻く 344
ロールキャベツ鍋 345
ロール白菜鍋 345
●乾物二種の戻し方 345
茄子の煮おろし鍋 346
加工品、そのほかを主とした鍋 346
湯豆腐 346
●豆腐を切る 347
鶏鱈《とりたら》豆腐鍋 348
豚肉の湯豆腐鍋 348
おでん 349
●春雨(太手)の戻し方 349
●細手の春雨の場合 349
関東炊き 350
関西風牛すじおでん鍋 350
鶏真蒸《しんじょ》のおでん鍋 351
●牛すじ肉の下煮 351
お好みおでん鍋 352
饂飩《うどん》すき 352
●蕪《かぶ》三種 352
饂飩《うどん》ちり 353
蕎麦《そば》ちり 353
きりたんぽ鍋 354
●きりたんぽの作り方 354
しめじときりたんぽの鍋 355
山菜の湯葉包み鍋 355
五目湯葉鍋 356
穴子高野《こうや》鍋 356
●豆もやし二種 356
海老と湯葉真蒸《しんじょ》の鍋 357
鮭包みの鍋 357
豚肉と東寺巻きの鍋 357
帆立と海老の舟昆布鍋 358
●基本の〝寄せ鍋〟の盛りつけ手順例 358
陶板焼きほか、直《じか》焼きの鍋 359
●舟形昆布の市販品 359
牛フィレのひと口陶板焼き 359
牛フィレの陶板焼き 360

牛ロースの陶板焼き　360
牛薄切り肉の陶板焼き　360
牛射込《いこ》み葱《ねぎ》の陶板焼き　361
鴨の陶板焼き　361
●葛切りの戻し方　361
鶏と夏野菜の陶板焼き　362
海山《うみやま》の幸《さち》陶板焼き　362
蓬莱《ほうらい》焼き鍋　363
●常節《とこぶし》のおろし方と保存　363
海浜陶板焼き　364
五色《ごしき》陶板焼き　364
小鰈《こがれい》と鱚《きす》の陶板焼き　365
鮪《まぐろ》の陶板焼き　365
●榎茸《えのきだけ》のそうじの仕方　365
はまちの陶板焼き　366
鮑《あわび》の陶板焼き　366
●人参三種　366
浅蜊《あさり》の陶板焼き　367
●形抜き人参とその抜き型　367
鮎の陶板焼き　368
陶板串焼き　368
海老と焼売《しゅうまい》の中華風陶板焼き　368
成吉思汗《ジンギスカン》鍋　369
牛肉と魚介の鉄板焼き　369
和風鉄板ステーキ　370
厚揚げの陶板焼き鍋　370
牛肉と豆腐の土鍋焼き　371
焙烙《ほうろく》焼き　371
石焼き鍋　372
異国趣味の鍋　372
餃子《ぎょうざ》鍋　372
帆立と肉団子の中華風鍋　373
鮭缶の辛味鍋　373
肉団子と豆もやしの韓国風鍋　374
韓国風寄せ鍋　374
洋風牛タンの煮込み鍋　375
洋風海浜鍋　375
帆立と豚ロースの牛乳鍋　376
洋風浅蜊《あさり》鍋　376

前肴の作り方

前肴の作り方　378
生《なま》造り、刺身ものの前肴　378
鮪《まぐろ》のお造り　378
鮟肝《あんきも》　378
鯛と帆立、赤貝のお造り　378
帆立の刺身　378
こはだの酢じめ　378
鶏ささ身のかくしわさび　379
鯛と鮪のお造り　379
イクラの柚子釜　379
蟹と貝割れ菜の砧《きぬた》巻き　379
生雲丹《うに》のアボカド釜　380
越瓜《しろうり》の蟹印籠《いんろう》　380
烏賊《いか》の菊巻き　380
焼きものの前肴　380
鰤《ぶり》の幽庵《ゆうあん》焼き　380
寒鰆《かんさわら》の白酒焼き　381
車海老の塩焼き　381
焼き蛤　381
松茸のしのび焼き　381
牛ハツの酒醤油焼き　382
鶏、海老と椎茸の双身《ふたみ》焼き　382
牛肉の葱《ねぎ》射《い》込《こ》み　382
鶏ロール　382
鶉《うずら》の照り焼き　382
鶏の竜田《たつた》焼き　383
牛タンの粕《かす》漬け　383
焼き松茸　383
牛肉と浅葱《あさつき》の卵焼き　383
甘鯛のひと塩焼き　383
泥鰌《どじょう》のぐるぐる　384
五目磯辺　384
帆立の田楽　384
鶏つくねの団子　385
五目しそ焼き　385
博多焼き　385
姫筍《ひめたけ》のしのび焼き　385
牛肉の三つ葉巻き　385
牡蠣《かき》のベーコン巻き　386
ラムチョップの香り焼き　386
揚げものの前肴　386
鶏の唐揚げ　386
生雲丹《うに》の大葉揚げ　386
牡蠣《かき》のみどり揚げ　386
おこぜの唐揚げ　387
鶏手羽の千鳥揚げ　387
ズッキーニのしのび揚げ　387
茄子と海老の揚げ出し　387
煎《い》り出し豆腐　387
牡蠣《かき》の新挽《しんび》き揚げ　388
揚げ出し豆腐　388
茗荷《みょうが》の子の含み揚げ　388
ほおずき真蒸《しんじょ》　388
蟹瓜のチーズ揚げ　389
雲丹《うに》の磯辺揚げ　389
納豆の磯辺揚げ　389
牡蠣《かき》の松島揚げ　389
わかさぎの二色揚げ　389
土佐豆腐　390
揚げ茶筅《ちゃせん》茄子　390
鱚《きす》の雲丹《うに》揚げ　390
海老のみどり揚げ　390
酢のものの前肴　391
穴子なます　391
いさきともずくのわさび酢　391
白身魚の二杯酢　391
北寄貝と生海苔の生姜酢　391
ところてんの胡麻だれ　391
わかさぎの南蛮《なんばん》酢　392
サボテンのサラダ　392
酢牡蠣《すがき》　392
蟹とアボカドの生姜酢醤油　392
百合根と海藻の梅肉和え　392
蓴菜《じゅんさい》の二杯酢　392
帆立のひもと菜の花の三杯酢　393
烏賊《いか》と若布の生姜酢　393
サーモンと菊のすだち和え　393
蟹と沢庵《たくあん》の和風ドレッシング和え　393
素魚《しろうお》と若布の生姜酢　394
烏賊《いか》のレモン酢　394
鮭と鶏の三杯酢　394
和えものの前肴　394
北寄貝のわさび和え　394
鮪《まぐろ》とクレソンの辛子和え　395
越瓜《しろうり》としじみの辛子酢味噌　395
錦木《にしきぎ》　395
鶏と防風の白和え　395
海老とうどの錦和え　395
牛肉といんげんの胡麻和え　396
蟹とえのき茸の炒め和え　396
蟹と野菜の揚げ和え　396
車海老とぜんまいの白和え　396
小海老と浅葱《あさつき》の黄身酢　397
煮ものの前肴　397
きゃら蕗《ぶき》の節粉《ふしこ》まぶし　397
煮やっこ　397
冷やし冬瓜《とうがん》　397
茶巾《ちゃきん》豆腐　398

冬瓜《とうがん》の鶏そぼろあん —— 398
筒大根の木の芽味噌 —— 398
海老詰め小玉葱の煮おろし —— 398
鶏皮としめじの当座煮 —— 399
豚肉とぜんまいの当座煮 —— 399
砂肝《すなぎも》のソース蒸し —— 399
泥鰌《どじょう》の時雨《しぐれ》煮 —— 399
茹で豚 —— 399
蒸しものの前肴 —— 400

友禅寄せ —— 400
茶碗蒸し —— 400
蒸し雲丹《うに》 —— 400
車海老の酒蒸し —— 400
三色大納言真蒸《だいなごんしんじょ》 —— 401
海老の双身《ふたみ》蒸し —— 401
五月蒸し卵 —— 401
豚肉の真蒸《しんじょ》蒸《む》し —— 402
雲丹《うに》豆腐 —— 402

松茸と帆立の酒蒸し —— 402
川海老の黄身覆輪《きみふくりん》 —— 402
豆腐の信田《しのだ》巻き —— 402
鶏の酒蒸し —— 403
浅蜊《あさり》としめじの土瓶蒸し —— 403
雲丹《うに》の宿借《やどか》り蒸し —— 403
趣向ものの前肴 —— 403
のし梅酒粕《さけかす》 —— 403
チーズの三色博多 —— 404

昆布の舟盛り —— 404
海老と栗の吹き寄せ —— 404
サーモンと水前寺海苔の二色はさみ —— 404
そのほかの調理の前肴 —— 405
ソーセージの変わりソースかけ —— 405
帆立と錦糸卵の吸いもの —— 405
卵豆腐の吸いもの —— 405

■料理制作助手 —— 〈志の島忠日本料理研究所〉
志の島小美
斉藤明彦
間宮弥生
伊東隆仁
伊藤重任
藤田浩人
吉川　勝

■料理撮影 —— 吉田和行
■レイアウト —— 飯沼　豊
■制作 —— 〈みえ企画〉稲川美枝子
■取材・編集 —— 仲澤千秋

『鍋』料理のきのう、きょう

私たちの今の時代には〝鍋を食べる〟といえば、これがすなわち〝鍋料理を食べること〟として通じますが、江戸時代の中期以前にはこういう言い廻わしもなく、第一『鍋料理』などは考えられないもののひとつでした。

鍋といえば本来の、物を煮焚《た》(炊)きする調理道具のひとつ、でしかなかったからです。この〝道具としての鍋〟がいつ頃からあったかは定かではありませんが、文献上には約千二百年前、奈良時代に編まれた史書『日本書紀』に登場しています。さかなを煮る瓶様《かめよう》の土器を意味する肴瓮《なへ》が、それです。そしてさらに、平安時代の中期(九三〇年代)に出された日本最古の漢和辞書『倭名類聚鈔《わみょうるいじゅしょう》』(和名抄)には〝唐式の鉄鍋はカナナベという〟とあり、こうした伝来のカナナベとの区分上から、先の肴瓮を土ナベとしたものです。この土ナベは当時、一般には〝堝《つぼ》〟と呼ばれ、カナナベを金偏《かねへん》で鍋、堝を土の鍋という意味から、土鍋と表わすようになったものと考えられています。いずれにせよ、当時は鉄鍋はまだ珍らしかったに違いなく、地方に広まるには相当の時間を要したはずです。なぜなら、昭和初期になってもまだ、地方では土鍋による煮炊きが見られたのですから。

ここで今少し枠を限定して、日本料理の推移から見るなら、室町時代(一三九二〜一五七三年)の末期、料理の形式的な原型ができ上がりつつあった頃には、すでに平鍋、汁(深)鍋、小鍋の類があったとされています。このうちの平鍋には、多分に地方性があります。古くは関西のものであった平鍋は、江戸開府(一六〇三年)にともなって江戸に移り、すっかり定着しての後には、関西ではあまり見かけられなくなったものです。

元来、上方《かみがた》では飯も鍋で炊きますが、竈《かまど》(くど)に深鍋をかけて煮炊きしました。江戸では鍋で飯を炊くことはありませんし、今戸焼の角の七厘《しちりん》に鍋をのせて煮炊きします。煮炊きに用いる深鍋には大・中・小とありますが、火床のせいか江戸の方が小さいものでした。

現在のいわゆる土鍋の原型に相当する土鍋の出現をどこに見るかは別としても、竈や囲炉裏《いろり》にはかけられませんから、関西向きでもなく、地方向きでもなく、いわば都市型鍋といってよいでしょう。土鍋は弱火にかけ、ゆっくりと物を煮込むのには大変適しています。その上、共蓋《ともぶた》は保温性を一段と高めてくれます。

江戸時代後期(一七九二〜一八六八年頃)には、土製の深鍋の小さめのものに、注ぎ口と柄《え》の付いた〝行平《ゆきひら》鍋〟が盛んに使われだしました。この行平の名は、歌人在原業平の兄で須磨に流された在原行平に因んだものといわれています。行平が塩を焼くために使った鍋とされていますが、この鍋は一般には粥《かゆ》鍋として使われています。この例に見るまでもなく、調理は火あたりの柔らかい土鍋で、という人々はどの地方にもいたと考えられます。なにより、おいしく物が煮上がるからです。

江戸前期、寛文十二年(1672)刊
『新板 料理献立抄』より
だいどころふきん、こんだて、にかたのもの、などの文字が…

江戸後期、天保四年(1833)刊
『万家至賓 都鄙安逸傳《とひあんいつでん》』より
下女と台所の調度のいろいろ

小鍋立てする女

調理はもっぱら竈でするというのが関西なら、竈を使うのは武家の屋敷と、大店の商家だけというのが江戸です。

ひとつにはこれは、出火に気を配るところにも起因していると思われます。一般の家では炭が燃料です。江戸には町人の住む所、必ず長屋があり、ひとつの棟に数戸の家々が壁ひとつで隣り合っているこの住居で、ほとんどの職人、労働者は生活していました。最も小さい所は九尺(約二・七米)の間口ですから、四畳半ひと間と入口に二・七米×〇・九米の土間があるだけで、この土間が職人には仕事場であり、炊事場でもあったのです。

江戸の後期には、すでに炊事は朝と夕の二度で、朝は飯と味噌汁のために火を使い、夕も味噌汁と煮もの、時には焼きものがつくのが平均的な食事であり、少し贅沢をしたい時には青菜のおひたしとか、魚屋に刺身を造ってもらうのですが、これとて一カ月に一回くらいであったと思われます。

ところが、このような朝食、夕食のほかに、小鍋や行平鍋、浅鍋を七厘にかけたり、長火鉢にかけたがる八っつあんの女房とか、熊さんの山の神がいたのです。

『小鍋を立てる女は世帯が持てない』ということのいわれた時代です。これらの鍋で煮たのは、浅蜊《あさり》と小松菜の煮もの、鰯《いわし》の生姜煮、五目豆などです。小鍋を立てる女では、倹約にはほど遠く、世帯の切り盛りはできないでしょうが、これが次第に料理作りの目を開いていくことになります。

江戸文化年間(一八〇四〜一八一八年)刊の『船頭部屋』の中に〝どうこ火ばちへ しんちうのちろりをつけなべ鳥をかけ 手しほ ちりれんげ見事にならべ〟といった光景が描かれていますが、このような心意気は、やはり『小鍋を立てる女』でなければできないことです。こうした〝小鍋立て料理〟が基本になって、江戸っ子の鍋料理好きが見る間に芽を吹いていきます。

江戸っ子の鍋料理

そもそも、煮炊き用の鍋を人前に出し、これにそれぞれの箸を入れて食べ合うということは、当時の日本人の作法ではとても考えられることではありません。また、こうしたものを食べさせる家(店)があっても、いわゆる下衆《げす》を相手にするものであって、一般の人たちは見向きもしませんでした。江戸には、ももんじ屋、

あるいはももんじい屋という獣肉を商う店が文化・文政年間(一八〇四〜一八二九年の間)から出現しました。ここでは、冬から春まで店を開け、猪、鹿、熊、狼、狐、狸、兎などを鍋にして食べさせるのです。天保三年(一八三二年)刊、寺門静軒《てらかどせいけん》(儒者で随筆家のちに出家)の『江戸繁昌記』初篇にその模様を〝凡そ肉は葱に宜し　一客に一鍋火盆《ひばち》を連ねて供へ具す　大戸《じょうご》は酒を以てし　小戸《げこ》は飯を以てす〟とありますが、この店は大いに繁盛してはいても、大名の行列はこの店の前を通る時、駕籠《かご》を宙に高く差し上げて穢《けが》れをよけたというのですから驚きです。獣肉を扱うからでしょうが、獣肉すなわち鍋もの店、鍋もの店はとりもなおさず獣肉と同じレベルと思われていたのでしょう。

一方、長屋住いの八っつあん、熊さんたちの間で、冬の寒夜に四〜五人集まるとすぐに鍋になったのも、同じ文政年間頃かららしく、ここでは、鮟鱇《あんこう》鍋、蛤《はま》(浜)鍋、葱鮪《ねぎま》鍋がその大関格です。次が軍鶏《しゃも》鍋、泥鰌《どじょう》鍋、湯豆腐のちり鍋ですが、いずれもどちらかというと汁が少なく、酒の肴としても格好のものばかりです。

日本には多くの郷土鍋がありますが、これは煮ものが、または汁ものが鍋という形をとったもので、そのまま今日まで残っています。この郷土鍋とは少々異って、江戸の鍋の特色は、元が汁ものであっても汁の姿はなくなり、肴《さかな》としての鍋になりきっていることです。鮟鱇鍋はブツ切りの鮟鱇を、清《す》まし、または味噌仕立てにしたもの。葱鮪は鮪の脂身と葱をさっと煮て、七色唐辛子粉をふって食べます。なにしろ当時は、鮪のトロは人間の食べるものではないとさえ思われていました。今日とは大違いです。また、蛤と豆腐、葱を味噌煮風にしたものが蛤《はま》鍋です。先の鮟鱇鍋は、河豚《ふぐ》鍋を敬遠する人々にもてはやされたこともあり、この河豚の代わりにする場合の鮟鱇は酒塩味にしています。そもそも河豚は、恐れられながらも結構食べられていたことも、また事実です。

このような鍋が江戸っ子好みの鍋ですが、これらは現代にもそのまま受け継がれています。このことは、本来、鍋に合う材料とその味つけには、それほど多くのバラエティーがない、という一面をも物語るものではないでしょうか。

鍋焼き

少々異色の鍋ものに、鍋焼き饂飩《うどん》があります。鍋で饂飩を煮るお馴染みのものですが、思えば鍋を焼くという名は妙ですが、実はこの名は調理法を表わしたものではなく、鍋そのものの名なのです。浅い小さな土鍋を煎《い》り鍋とか、鍋焼き、煎盤《せんばん》ともいいます。欠《か》き餅《もち》を煎ったり、焼き大福を作ったりし、時には油を引いての油焼きもこの鍋でします。また、この鍋を使って味噌の汁を作り、中に鯛、鱸《すずき》、こち、ぼら、蛤、鮟鱇、

江戸後期、天保四年(1833)刊
『魚類精進 早見献立帳』より
料理屋の調理場と裏方の様子

鯰《なまず》、軍鶏《しゃも》など好みの材料を入れ、大根、豆腐、こんにゃくを合わせて煮たものを売る屋台が、江戸の夜の町に出ました。やがてこうした鍋焼きの中に饂飩を入れたものを売る店が出はじめ、明治ま近になる頃には、この饂飩鍋焼きが主流となります。さらに明治の中頃には、鍋焼き饂飩は蕎麦屋に引き継がれていきますが、いわば〝小鍋立て〟が小鍋料理として人前に出た最初のものが、この鍋焼きであると思われます。ただ、こうした鍋ものの例はいずれも江戸でのことで、商人の町大坂(大阪)では依然として、鍋を人前に出すことはされていないのです。

牛鍋と鶏鍋

大阪に鍋が現われはじめるのは、幕末から明治にかけてのことで、牛鍋がはじめでした。福沢諭吉の自伝(『福翁自伝』)に、諭吉が大坂の緒方塾に学んだ安政三〜五年(一八五六〜一八五八年)当時、〝夫れから少し都合の宜い時には　一朱か二朱持って　一寸と料理茶屋に行く　是れは最上の奢で容易に出来兼ねるから先づ度々行くのは　鶏肉屋《とりや》　夫れよりモット便利なのは牛肉屋《うしにくや》だ　其時　大坂中で牛鍋《うしなべ》を食はせる處は二軒ある　一軒は難波橋の南詰　一軒は新町の廓の側にあつて最下等の店だから　凡そ人間らしい人で出入する者は決してない　文身《ほりもの》だらけの町の破落戸《ごろつき》と諸方の書生ばかりが得意の定客だ　何處から取寄せた肉か　殺した牛やら　病死した牛やらそんな事には頓着なし　一人前百五十文ばかりで　牛肉と酒と飯と十分の飲食であったが　牛は随分硬くて臭かった……〟

すき焼きの歴史となると、きまってこの文例が引用されて「大阪の牛鍋屋」の姿であるといわれますが、これは牛鍋屋ではなく、あきらかに江戸でいうところの「ももんじ屋」の類であろうと考えられます。牛鍋は、明治四年頃に新たに流行したものです。假名垣魯文《かながきろぶん》がこの年刊行した『安愚楽鍋《あぐらなべ》』に書いているように、肉食がすなわち文明開化であるという風潮が生まれていました。こうした時代の潮流にのって、またたく間に広まったのです。その根底には、日本人は旧来薬喰《くすりぐ》いと称して、牛肉などは隠れながらでも食べたい、という人たちが少なくなかったのですから、ただ時が来たというだけのことでもあったのでしょう。しかし、それにしても面白いのは、牛肉を完全に日本風の味つけにしてしまい、それが鍋になったという点です。〝割り下〟と呼ぶ合わせ調味料を用いて牛肉と葱、焼き豆腐、白滝を共に煮る関東発祥の牛鍋《ぎゅうなべ》。この牛鍋が関西に入って調理法が変化し、牛肉をさっと焼き、砂糖と醤油で味をつけて食べる。そのあとでザク類(野菜類)を焼き煮して食べるという関西流のすき焼きとなります。これなどは、肉の本当の旨さを味わうには最上の手法に違いありません。また、割り下を使う牛鍋は、鶏鍋にも通じる手法で、鶏鍋の場合は牛鍋よりも

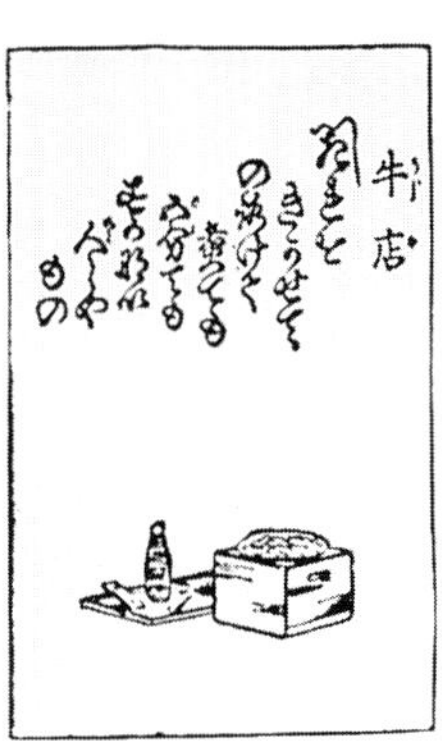

明治七年（1874）の
『開化新聞都々逸』より
当時の牛鍋のスタイルの一例

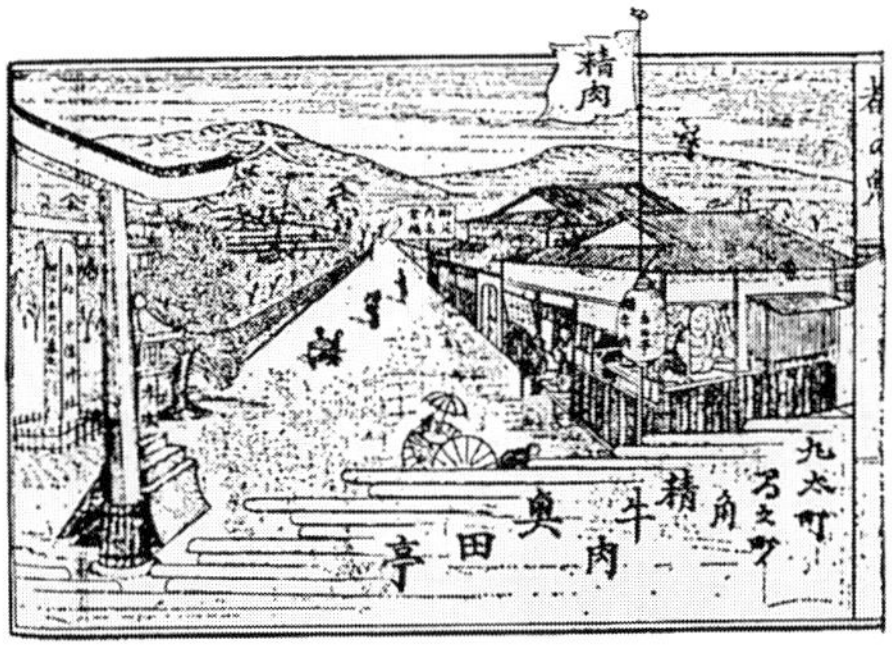

明治初年（1868）の『都の魁《さきがけ》』より
京都の牛肉屋の店構えと
市中の雰囲気

少量の割り下で、鶏肉をザク類と共に汁少なく煮ます。このように鶏や、また鴨などを煮る合わせ調味料の呼び方である〝割り下〟を、牛鍋にあてていることからも、牛鍋の出所はももんじ屋からの流れであることがうかがえます。しかし、牛鍋、すき焼き、鶏鍋のいずれにせよ、良い牛、旨い鶏肉だからこそ一層旨くなり、評判も高まるのですから、福沢諭吉が描写したような肉では、とうてい広く一般に受け入れられるはずはありません。

鶏鍋は、牛鍋にさきがけて幕末の頃、大坂や江戸のももんじ屋が売り出したのがはじまりです。鶏、牛、豚、馬という、人間が飼っている動物を食さないのが、仏教という宗教をもつ日本人の戒律でした。しかし開化の風潮が定着しはじめ、明治も十年を過ぎる頃には、東京では牛鍋と並んで『鳥御料理』と看板を掲げた料理屋ができました。この当時から昭和に至り、戦後数年までは、東京ではことに鶏、豚、牛の順に値が高く、これが鶏料理屋、豚カツ屋、牛鍋屋という料理屋の格順にまで及んでいました。ただ一般的嗜向としては、東京は牛肉圏ではないため、鶏屋と肉屋すなわち豚肉屋がほとんどでした。

今ひとつ、牛鍋、鶏鍋が東京で人気を博したのは、近郊で良い長葱が穫れたことが大いに貢献していることも忘れてはならないでしょう。

郷土鍋のむづかしさ

郷土鍋をひとことで〝土地を背景として生まれ育った鍋〟とするなら、葱鮪鍋、鮟鱇鍋、泥鰌鍋、蛤鍋、軍鶏鍋、湯豆腐ちり鍋などは、すべて江戸鍋であり、東京の郷土鍋です。また、これらの東京風の鍋のように早くから形の整っていたものとは別に、汁ものが鍋ブームの波にのって鍋になったと思われるものに、帆立や鮭、はたはたの鍋、ほうとう鍋。同様に煮ものが鍋になった類に、芋鍋、菜鶏鍋、魴鮄鍋、鮒鍋、みぞれ鍋などがあります。

また、水炊き、牡蠣《かき》の土手鍋などの、現在では出所がはっきりしていると思われている鍋も、少し経緯をたどってみると違った一面をもつ鍋の例となります。水炊きは蒙古系の鍋が長崎に渡ったもので、現在定着している博多に入ったのは明治初頭です。

牡蠣の土手鍋といえば広島が郷土と思われていますが、日本の牡蠣養殖の道を開いた広島では、江戸延宝年間（一六七三〜一六八〇年）、大坂にいわば宣伝販売のための牡蠣船を盛んに出しました。これらの牡蠣船が川の土手べりに船をつなぎ、商《あきない》の相手である大坂の人々にいろいろな牡蠣料理を出していたもので、土手鍋はこの中の人気メニューでした。材料こそ、まぎれもなく広島のものですが、鍋として広まったのは大坂

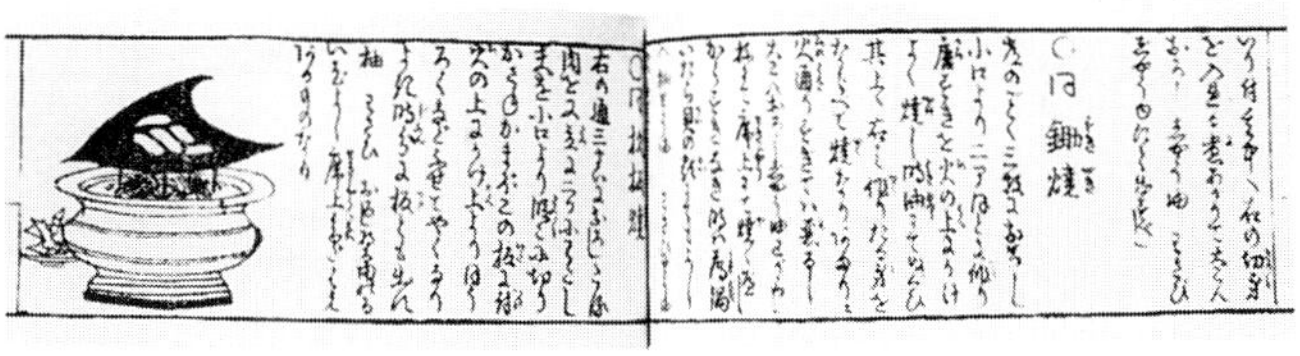

江戸後期、享和三年(1803)刊
『即席料理 素人庖丁』初篇より
唐鋤《からすき》の上ではまちの切り身を焼く図

鍋炊きの題で蟹を油焼きにしている図
かんてきに鉄板鍋をのせて…
かんてきは焜炉(七厘《りん》)の上方用語

においてです。今から二十年程前には、広島に行って郷土料理の牡蠣の土手鍋を食べたいといっても、どこでも食べられるというものではなかったのです。これらをどこの鍋とするかは難問です。

郷土の限定の難しさという点では、湯豆腐なども好例です。湯豆腐といえば何となく京都を思い浮べますが、考えてみれば、京都の豆腐はおいしい、雰囲気が京都らしいという、それだけであり、湯豆腐はご承知のように全国にあります。

寄せ鍋に及んでは、郷土は中国です。〝什錦鍋子《シイチンクオツ》(五目鍋)〟が大正のはじめに渡来したもので、この類では戦後一大ブームを起こしたしゃぶしゃぶは〝涮羊肉《シュアンヤンロウ》〟が原型です。

趣の変わったところでは、成吉思汗《ジンギスカン》鍋は日本人の全くの創作鍋です。大正の頃、旧満州に派遣されていた新聞記者たちが有りものの道具と材料で作ったもので、のちに北海道のラム(小羊肉)で再現したというのが経緯で、つけ汁は韓国の焼肉のたれそのものです。

このように鍋それぞれに、異った成り立ちを見い出すことができるのですから、逆に、郷土鍋という名は冠せるに難しく、着せるにやさしいものといわなければなりません。

〝郷土鍋何某《なにがし》〟と名付けて商品とする場合は、よほどの気配りが必要であることを念頭におくべきです。雰囲気作りのためにつけたつもりが、かえって逆効果という場合が往々にして見受けられるのです。それならばむしろ鍋の内容から少し離れて、気の利《き》いたイメージ名をつけたほうが趣がでるのではないでしょうか。

〝小鍋立て〟とこれからの鍋

昨今は、小鍋(立て)のブームといわれています。この小鍋は、料理組み(献立)の一品としてみても、鍋の特長である立体感は具えていますし、手間はいらず、温かいものを食べていただけます。小鍋という風情もよく、その折り折りで材料は何でも使えるという、この重宝さが、作る側、客側の双方に受け入れられているものです。

なかでも立体感という点では、一般の献立の品々は、どの器をとっても高さが十センチあるものは希で、大抵が横広がりです。ここに焜炉と鍋で高さを出すことで全体が締まります。これはただ見た目に美しいばかりでなく、おいしささえ感じさせるのです。一品ずつを客前に出す料理屋では、器の変化が強調されるため、高さはそれほど考えずに済むのですが、一度に出さなければならない店では、これはまことに大切なことです。

手間に至っては一層重要です。客が座に付く前に料理を並べる形式であっても、熱あつの料理は、その場

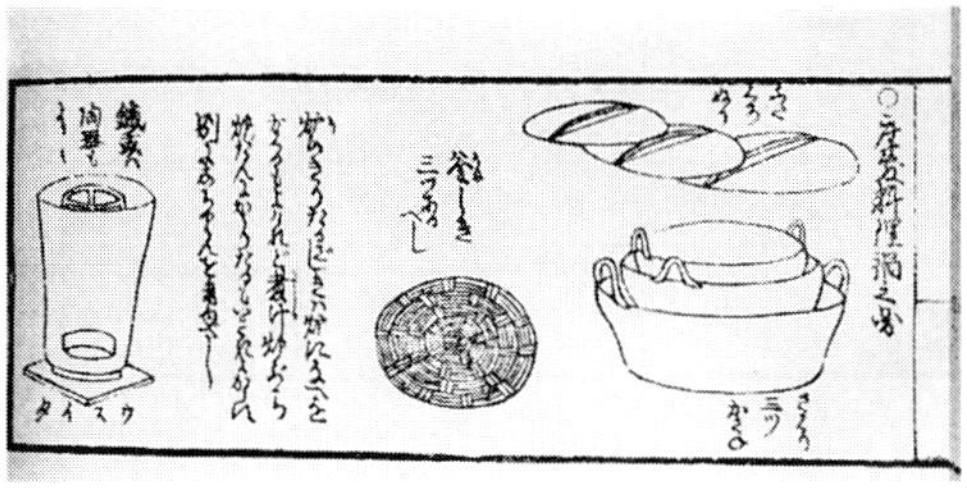

江戸後期、文化二年(1805)刊
『即席料理 素人庖丁』二篇より
鍋、釜敷、丈の高い七厘、薄板など
道具のいろいろ

で運ばなければなりません。湯気の見えない食卓くらい味気ないものはないのです。そこで席を整え、座に客がついてから火袋に火をつける。これも演出なら、煮立ってくるまでの間の盃のやり取り、または話の盛り上がり、これも考えに入れての小鍋の献立の成り立ちです。このあたりの流れの起伏は、従来の日本料理にはなかったもののひとつです。〝高級料亭では鍋を出さない〟ということを座右にしてきた店が、鴨鍋あたりから手を染めて、もてなしの膳を作っているのも、こうした小鍋のもつ魅力を見逃がせないからです。この傾向が加速されて、格構のよい小さな炉と小鍋を創らせ、さり気なく仕立てた小鍋料理を出す料亭が、京都や大阪にも現われて好評を得ています。

　これほどまでにしなくとも、小鍋立てそのものが席の趣向となり、風情と雰囲気を具えているところに愉《たの》しみがあるのです。

　次に、小鍋の材料についてですが、この材料は地方により、また店の所在地によって大きな違いがあります。一般的には、少量の材料をできるだけ鍋らしくという考えから、寄せ鍋風のものが多いようですが、これとても一年中同じ材料というわけにはいきません。ここで忘れてはならないことは、寄せ鍋に限らず鍋の七割は、材料が一品でも多く入ることが、旨みを出すコツであるということです。そこで、大鍋ほど材料の種類と量を入れられない小鍋の寄せ鍋は、いかに見た目をきれいに整えたいからとはいえ、旨みの出ない材料をいくら揃えても仕方のないことです。ましてこの頃のように、冷凍品や仕上がり製品の占める割合が多くなると、見て美しく、味わっておいしい鍋を仕立てることは、そう簡単ではありません。白菜と長葱は、寄せ鍋には特に欠かせない脇材料であることを覚えておいてください。何でも使える小鍋ではあっても、材料の持ち味をよく吟味し、効率よく取り合わせることが基本であることは、言うまでもありません。

　小鍋に限らず、これからの鍋を考える時、鍋がいわば天性として具えている風情と郷愁、熱あつを食べるおいしさ、湯気の温かみなどに象徴される〝鍋ならではの味わい〟は常に損なうことなく、しかし、一歩超えたところを目指さなければならないと考えます。ただ鍋の持ち味にのみたより続けるのであれば、やがて飽きられる日が来るに違いありません。

　鍋料理の個性は大変強いものです。鍋はどうあっても鍋であり、日本料理であるといい換えることもできます。例えばそこに、洋風のポ・ト・フ様《よう》のものやブイヤベース的なものが入るとしても、鍋に入れる以上は日本料理としての装い、趣向を加味することで、新鮮な味わいと愉しみが生まれるのではないでしょうか。

　さらに考えなければならないことは、地方の画一化、都市化が加速される今日、何某か都会風の感覚を身につけている人々に、もう膳の上に食べられないほどの量と数の料理を並べて喜ばれる時代は、過ぎ去った

■著者略歴

志《し》の島《じま》忠《ちゅう》

昭和六年京都生まれ。

家系は代々京都御所、水戸徳川家の料理方。維新後五代目にあたる祖父が、水戸で料理茶屋を創業。後に京都に移り、料亭『岡本』を継承。

幼時より祖父、および父から料理の手ほどきを受ける。父早逝、祖父没後は料亭を廃業。

東京芸大で日本画を学び、在学中の一時志の島忠の号で歌舞伎の舞台美術に携わるが、昭和四十年頃より再び料理の道に戻る。

その後、東京中野において〝志の島忠日本料理研究所〟、同目黒碑文谷にて〝懐石料亭料理研究所〟を主宰し、研究および後進の指導にあたる。

その一方、各種出版活動にも意欲的に取り組む。平成十三年七月逝去。

著書に、婦人画報社刊『割烹選書(全十二巻)』『会席料理(全七巻)』
講談社刊『日本料理惣菜事典』
グラフ社刊『原色日本料理(全八巻)』『魚譜』
小社刊『料理屋の茶懐石料理』『料理屋の会席料理』ほか多数。

江戸後期、文化二年(1805)刊
『即席料理 素人庖丁』二篇より
座敷料理の煮物の様子

と思わなければならないということです。こうした背景に立って、客に受け入れられるものは何かということです。それは、確かな技術的基礎を土台とし、しっかりした材料と味とで、真に勝負できる鍋を作っていかなければならないということに尽き、このことはまた小鍋立てには、特に言えることです。

小手先の仕立てや、底の浅い趣向では、目も口も肥えた人々を惹きつけることはできません。鍋料理だからといった安易な取り組みでは、新味を打ち出すことは及ばず、安手のしつらえ—材料、技術、器—には、けっして広がりはないのです。

大鍋ものであるなら、伝統をしっかりと踏まえた上で、どこかに店々の個性なり、売りものとなる味わいを作り出すこと。小鍋立てであれば、総じてモダンに仕立てることです。これも、単に派手に洋風の新らしさをというのではなく、あくまでも小鍋という風情に似合った粋《いき》さ、すっきりとしたまとまりをもたせ、さらに時代の空気に馴染《なじ》むものを客に出すべきであると考えます。

この本では、鍋料理が私たち日本人を和《なご》ませ、今日まで受け継がれてきた由縁と思われる〝類《たぐい》ない味わいと個性〟を伝統の鍋の数々に学ぶことにはじまり、〝商品としての鍋〟のこれからの形を実感することを目指すものです。この〝明日の鍋〟の鍵をにぎる〝小鍋立て〟を主要テーマとし、さらにまた〝鍋の膳〟をより豊かにし、値打ちのあるものにするために、鍋とともに味わう料理であり、お酒を一層おいしくし、はかどらせる料理でもある〝前肴《まえざかな》〟の品々を合わせて、いずれも、できるだけ多くの実例をご覧いただくことを心懸けました。よりおいしく、新しい鍋、商品価値の高い鍋を作っていただく上の、ヒントにしていただければと願う次第です。

本巻の構成について

【一】本巻『鍋の料理と前肴《まえざかな》』は、全編を六部十二章に大別して構成しています。巻頭第一部は「日本料理の鍋」と題して、最も伝統的かつ典型の鍋を〝お馴《な》染《じ》みの鍋十七趣《しゅ》〟〝ふるさとの味自慢《じまん》鍋〟の二章で、また、鍋を仕立て方の上から見る〝多人数《たにんずう》鍋と銘々《めいめい》鍋〟の章を通じて、基本的な鍋のプロフィールに触れています。

●続く第二、三部は、より営業的な観点に立って展開しています。まず第二部「鍋と料理の出会い」では、献立の中の鍋をテーマに〝料理専門店の献立と鍋〟の章を設け、すし店、ペンション、民宿、旅館を想定し、それぞれの献立に加える鍋を試作しました。また、営業すなわち酒をより多く売ること、の側面から、その一助ともなる鍋ともうひと品の肴《さかな》である前肴を取り上げて〝鍋とともに味わう逸品・前肴〟の章を、そしてこの実践の最適例として〝料亭の鍋と前肴〟の章へと発展させています。

●第三部「器と演出を愉《たの》しむ変わり鍋」は、先達の〝商品としての鍋〟に対する研鑽《けんさん》の遺産としてある趣向《しゅこう》鍋を見る〝伝統の趣向鍋と前肴〟の章、続く〝陶板焼き鍋と前肴〟の章は、古くから基盤のあった焼き鍋を、現代的に復活、演出を加える試みをし、将来性のあり余る鍋としての陶板焼きを実証します。また、将来性という点から、まだ未知数の魅力を残す、中国、韓国、欧米風の鍋を和風にアレンジする試みを〝異国趣味の鍋と前肴〟の章でしています。この三章は〝これから売れる鍋〟、とりわけ若年層の客にも受け入れられる鍋のヒント、あるいは実例となるものと考えます。

●第四部では、以上の各部・章の全てのベースにある、鍋の〝材料と調理〟に視点を移し、「鍋の材料のいろいろ」と題して魚介の鍋、肉類の鍋、精進ものの鍋、ひと手間加えた素材を使った鍋、の四項に分け、それぞれを典型的な鍋を例に解題しています。

●第五部は、鍋そのものの味に並ぶ、もうひとつの味であり、仕上がりの鍵を握る〝器〟が焦点の「鍋料理の器の愉《たの》しみ」です。土鍋、卓上焜炉のいろいろをはじめ、鍋料理の特長である豊かな脇の小道具類、すなわち取り皿・取り鉢、汁次《つ》ぎ、薬味入れ、骨入れ、散《ち》り蓮華《れんげ》を項目分けし、列挙しています。さらに続けて、これらのごく初歩的な取り扱いの手引きとして〝鍋類の取り扱いについて〟を項目とし、新しい鍋のおろし方、土鍋のひびの手当て、鮑《あわび》の殻の穴詰めほかを作業手順を添えて説明しています。

●終章は『鍋と前肴の調理』〝作り方と基礎知識〟、すなわち実践の部です。本巻では総計三四〇品(鍋一五三品、前肴一二二品、その他献立参考料理六五品)を掲載。中でも、巻の主題である鍋と前肴、計二七五品については、この章で全品の作り方をわかりやすく手順解説しています。また章のはじめには、〝鍋に欠かせない基本だしのとり方〟の項を設け、鍋料理のベースとなる鍋地《なべじ》を作る上に欠かせないだし汁を六種取り上げて、手順写真とともに詳細な説明を加えました。個々の鍋の作り方の前提となる基礎知識として、随時ご確認ください。

本巻の作り方解説については、カラー写真でご紹介した全ての鍋一五三品を改めて主材料による項目分け—肉類を主とした鍋、魚介類を主とした鍋、野菜類を主とした鍋、加工品、そのほかを主とした鍋—、そして、鍋の仕立て方が調理方法に直結している陶板焼き類と、ひとまとめにすることで調理傾向がより鮮明となると思われる中国・韓国・欧米の鍋を日本風にアレンジした鍋類は、特別項目—陶板焼きほか、直焼きの鍋、異国趣味の鍋—とし、以上の六項目に再分類してそれぞれの調理手順を述べています。同様に前肴一二二品についても、全品を調理方法別に八項目に再分類し、よりわかりやすい作り方頁の構成を期しています。

なお、個々の鍋・前肴の作り方手順の内容構成、記述方法については、別に〝作り方頁の内容・構成について〟の項をその初頭である二九二頁に設け、具体的に詳述しています。調理に際しては、あらかじめご参照いただくものとし、本欄では説明を割愛いたしました。

【二】本巻では、鍋のうちでも特に営業面で将来性が期待される〝商品としての鍋〟の見地から、〝小鍋立て〟に主眼をおいています。ただし、各部・章のテーマによっては、鍋名にことさら小鍋立てを付していないものが多くあります。大鍋仕立ては四～五人前分、小鍋立ては言うまでもなく銘々鍋、すなわち一人前分で制作していますが、総じて鍋料理は、使用する鍋の形により、また仕立て方によって材料分量は大きく影響されます。個々の分量については、終章の〝鍋と前肴の作り方〟の該当頁をご参照ください。また、それらの写真の鍋の仕立て、器による分量を一応の目安として、実践に際してはご使用の鍋に合わせて、その都度使用材料の加減をしていただきたいと考えます。

【三】本巻掲載の個々の鍋名は、伝統的な呼称の定着しているものはそれを活用し、そのほかのいわばテーマに即した創作鍋については、日本料理一般の基本に立ち、鍋の中身をできるだけわかりやすく表現するものであることを心懸けたものです。

【四】本巻では材料名、特に魚名については漢字表記を多用し、ふり仮名を付しています。ただし、料理一般の知識として、あるいは雑学として貯えていただけるものと考えます。ご承知のように、ひとつの材料が一種の漢字表記でないものが大半ですが、それぞれ一表記例としてご参照ください。

【五】本巻で各部・章に掲げた鍋料理の実例には、一部の例外項目(専門料理店の献立と料理)を除いては、個々の器に器名としてその呼称を、漢字とふり仮名により明記しています。商品としての鍋にとって、特に器は陰の主役です。器選びの良し悪しは、即、料理の仕上がり、ひいては値打ちに響いてきます。このことから本巻では、個々の鍋・前肴の中身と同等の力を器選びに注ぎ、脇の小器に至るまで最も簡潔な器名を、日本料理の食器独特の表現方法で名付けています。これは、美術工芸品、あるいは陶芸作品としての命名の仕方とは別種のものです。

日本料理の器がもつ質感、季節感、窯場の個性などは、大変細やかな関わりをもち、これらの知識は必ずや、目の高い顧客との応待、談笑の中でも格好の話題となり、なによりも、よい器は店のイメージを一段と高めてくれるものと考えます。

【六】本巻巻頭の目次は、カラー写真の頁展開順に列記した本目次と、〝作り方と基礎知識〟の頁展開順に列記した、いわば補助目次の二種を分割表記し、より実用的に構成しています。

【七】本巻巻末には、総合索引を掲載しています。本巻のより立体的な即応性を考慮し、鍋・前肴を大別ののち、ともに主材料別に分類し、各項目別に鍋名、および料理名の五十音順に列記しました。

また、補助索引として〝作り方と基礎知識〟の章で、各鍋料理・前肴の作り方手順の記述の最後に特記した「調理覚え書」と、該当頁に関連基礎知識として掲げた単独写真、および手順写真の各事項を〈材料に関する知識〉〈調理技術に関する知識〉の二つに項目分けし、「調理覚え書」に関してはひと目でわかるタイトルを付し、そのほかは当該タイトルにより、いずれも五十音順に整理列記しています。合わせてお役立てください。

日本料理の鍋

お馴染《なじ》みの鍋十七趣《しゅ》

越前蟹のちり鍋

●作り方二三〇頁

赤《あか》絵《え》鳥文《ちょうもん》平《ひら》小鉢《こばち》

赤《あか》絵《え》花《か》蝶文《ちょうもん》
手《て》付《つき》薬《やく》味《み》入《いれ》

器／鉄《てつ》絵《え》葡《ぶ》萄《どう》文《もん》土《ど》鍋《なべ》
織《おり》部《べ》釉《ゆう》耳《みみ》付《つき》四《よ》方《ほう》焜《こん》炉《ろ》

〝鍋と蟹〟。秋から冬の島根、石川を結ぶ日本海沿岸七県は、この二つの、季節の雄《ゆう》の出会う所です。ここで水揚げされるずわい蟹は、島根・鳥取の松葉蟹、福井・石川の越前蟹の名で、全国に知られています。豪快な姿と、対照的に淡く香り高い味わいが身上のこの蟹には、小細工をせず、そのまま味わい尽せる〝湯煮〟すなわち、ちり鍋です。

青《あお》竹《だけ》荒《あら》組《ぐみ》平《ひら》笊《ざる》
小《お》鹿《ん》田《だ》焼《やき》尺《しゃく》皿《ざら》

牡蠣《かき》の土手鍋

●作り方三三九頁

日本の牡蠣養殖の先駆、広島からの牡蠣船が商《あきない》の地、大坂の川面を往来した江戸・延宝年間、土手べりの船上で作られた売り込み用の牡蠣料理の中の傑作が、味噌仕立てのこの鍋です。

色絵汁次《いろえしるつぎ》

青海波文白磁蓮華小鉢《せいがいはもんはくじれんげこばち》

白杉天削銘々箸《しろすぎてんそげめいめいばし》

鉄釉草文深鉢《てつゆうくさもんふかばち》

灰《はい》釉《ゆう》刻《こく》文《もん》輪《りん》花《か》平鉢《ひらばち》

器／鉄《てつ》釉《ゆう》土鍋《どなべ》

織部《おりべ》釉《ゆう》耳付《みみつき》四方《よほう》焜炉《こんろ》

色《いろ》絵《え》亀甲《きっこう》文《もん》片口《かたくち》深鉢《ふかばち》

赤《あか》絵《え》玉縁《たまぶち》文《もん》浅鉢《あさばち》

アイヌ木彫《きぼり》取箸《とりばし》

呉須印判手鯨皮平皿《ごすいんばんでくじらかわひらざら》

蓬莱《ほうらい》焼き鍋

●作り方二六三頁

古代中国、伝説の神仙境、蓬莱山は、人間の夢が描いた理想境。この名を戴《いただ》く事物はめでたさの象徴です。膳の上に蓬莱をとなれば、新鮮な海山の幸を焼きたてで味わうこの陶板焼きなど、そのひとつでしょう。

器／黒釉魚文手付平土鍋《こくゆうぎょもんてつきひらどなべ》
水爐《みずろ》

河《ふ》豚《ぐ》ちり

●作り方三二八頁

器／鉄《てつ》釉《ゆう》梅《うめ》文《もん》土鍋《どなべ》
瑠《る》璃《り》流《ながれ》釉《ゆう》耳《みみ》付《つき》四《よ》方《ほう》焜《こん》炉《ろ》

呉《ご》須《す》染付《そめつけ》手《て》付《つき》薬《やく》味《み》入《いれ》

藍染《あいぞめ》河《ふ》豚《ぐ》文《もん》平皿《ひらざら》
青竹《あおだけ》中節《なかぶし》取箸《とりばし》

青竹《あおだけ》酒次《さかつぎ》、揃盃《そろいさかずき》

下の関方面からの〝河豚水揚げ〟のニュースは、冬の到来を告げる風物詩です。この、淡泊てなお酷《こく》のある旨みを、酒を利かせたちり鍋仕立てで。勿論〝鉄砲〟の異名をもつ河豚の調理は、免許を持つ料理人に任せるべき仕事です。

絵唐津大鉢《えがらつおおばち》
銀製網杓子《ぎんせいあみじゃくし》

すっぽん鍋

●作り方二二三頁

鼈《すっぽん》は甲羅が丸いため〝丸《まる》〟とも、また中国故事にかけて〝忘八《ぼうはち》〟とも呼ばれます。この丸鍋は河豚《ふぐ》と並んで、専門料理店が手懸ける通の味の代表です。

緑釉銀彩平皿《りょくゆうぎんさいひらざら》
真鍮桜透文組杓子《しんちゅうさくらすかしもんくみじゃくし》

器／赤楽《あらく》土鍋《どなべ》
瑠璃《るり》流《なが》釉掛《ゆうかけ》四方《よほう》耳付《みみつき》焜炉《こんろ》
呉須《ごす》赤絵《あかえ》錦手《にしきで》中鉢《ちゅうばち》
御本手《ごほんで》抹茶々碗《まっちゃぢゃわん》

泥《ど》鰌《じょう》の柳川鍋

●作り方三二〇頁

裂き泥鰌にささがき牛蒡、溶き卵、粉山椒に朱塗りの専用鍋と揃えば、これぞ柳川鍋です。〝柳川〟は江戸の昔から変わらぬ庶民の味であり、時代とともに、泥鰌専門店から一般の料理屋にも受け継がれた、暑い夏の人気鍋です。

器／朱塗《しゅぬり》柳川鍋《やながわなべ》
呉須《ごす》染付《そめつけ》一閑人《いっかんじん》散蓮華《ちりれんげ》
竹製《たけせい》薬味入《やくみいれ》

関東風すき焼き

・作り方二九三頁

昆布だしがベースの割り下で、霜降り肉と野菜類《ザク》を焼き煮する関東風の仕立てです。関西風では、割り下を使わず、肉を焼いて直接砂糖をからめ、味醂と醤油で味つけします。

呉須《ごす》木賊《とくさ》手《で》割下《わりした》入《いれ》

器／鐶付《かんつき》鉄《てつ》鋤焼鍋《すきやきなべ》

水爐《みずろ》

呉須《ごす》染付《そめつけ》切立《きったち》氷割《ひわり》文《もん》皿《ざら》

天啓《てんけい》赤絵《あかえ》網目《あみめ》

草魚《そうぎょ》文《もん》平鉢《ひらばち》

小鹿田《おんだ》焼《やき》尺皿《しゃくざら》

櫟《いちい》両《りょう》細《ほそ》取箸《とりばし》

鶏の水炊き

●作り方二九八頁

材料を水から炊き上げる〝水炊き〟は鶏が主流です。蒙古系の料理が、朝鮮、長崎を経て、明治初期博多に入り、栄養たっぷりのハイカラ料理としてもて囃《はや》され、広まった鍋です。

呉須《ごす》染付《そめつけ》一葉鉢《いちようばち》

呉須《ごす》染付《そめつけ》安南手《あんなんで》小鉢《こばち》

印判手《いんばんで》小紋《こもん》平皿《ひらざら》

器／南部《なんぶ》籐巻《とうまき》手付《てつき》鉄鍋《てつなべ》

水爐《みずろ》五徳入《ごとくいれ》

関東炊き

●作り方二五〇頁

関東炊きは〝大阪風おでん〟をいい、古く関東で流行った味噌おでんが関西で煮込みの形となり、この名で親しまれて今に至ったものです。

器／鉄絵《てつえ》竹文《たけもん》土鍋《どなべ》
水爐《みずろ》
古染付《こそめつけ》花鳥文《かちょうもん》取皿《とりざら》
呉須《ごす》緑釉《りょくゆう》木賊文《とくさもん》筒鉢《つつばち》

饂《う》飩《どん》すき

●作り方二五二頁

魚介、鶏肉、野菜など多種の具から出る複雑な旨みで、コシの強い饂飩を煮る贅沢鍋で、これ一品で酒の肴《さかな》から食事まで愉《たの》しめる、いわばフルコースの鍋料理です。

緑釉水玉文小鉢《りょくゆうみずたまもんこばち》

色絵汁次

飛青磁小判小鉢《とびせいじこばんこばち》

藍染河豚文平皿《あいぞめふぐもんひらざら》

白竹麺取《しろちくめんとり》

青竹止節取箸《あおだけとめぶしとりばし》

器／真鍮打出鍋《しんちゅううちだしなべ》

水爐五徳入《みずろごとくいれ》

小鍋立て しゃぶしゃぶ

●作り方一九二頁

上質の肉をしゃぶしゃぶと洒《すす》いで香ばしい胡麻だれで味わう、この明快な旨さが受けて、昨今、すき焼きと並ぶ鍋の名品となっています。

小鍋立て鴨の陶板焼き

●作り方三六一頁

器／焼締丸形陶板《やきしめまるがたとうばん》
紅志野焜炉《べにしのこんろ》
手付竹薬味入《てつきたけやくみいれ》
紅殻四方長手折敷盆《べんがらよほうながておしきぼん》
練込四方平皿《ねりこみよほうひらざら》
呉須赤絵小鉢《ごすあかえこばち》

陶板焼きの醍醐味《だいごみ》は、目の前で焼き上がってゆく素材の色や匂いを、直《じか》に味わえるところです。本来ダイナミックなこの焼き鍋を、洒落た銘々立てで試みました。

色絵《いろえ》汁次《しるつぎ》

〝魚すき〟は、少なめのだし汁の中で材料をさっと焼き煮する鍋料理です。淡泊な魚介類が向き、割り下も薄味で素材の持ち味を引き出す味つけです。

小鍋立て魚すき

●作り方二〇七頁

伊賀《いが》薬味《やくみ》皿《ざら》

器／織部《おりべ》業平《なりひら》菱《びし》四方《よほう》平《ひら》土鍋《どなべ》

信楽《しがらき》焜炉《こんろ》

黒漆《くろうるし》縁《ふち》果文《かもん》四方《よほう》盆《ぼん》

茜着《あかねきせ》金彩《きんさい》瓢《ひさご》徳利《とっくり》

義山《ぎやまん》切子《きりこ》平盃《ひらさかずき》

白杉《しろすぎ》天削箸《てんそげばし》

千両《せんりょう》箸置《はしおき》

赤絵《あかえ》玉縁《たまぶち》文《もん》浅鉢《あさばち》

鱈《たら》ちり

●作り方三一二頁

酒席でも家庭でもお馴染みの鍋です。北国の厳寒に旬を迎える魚に鱈の文字が映《は》えますが、同じ魚を中国では大口魚と書いて、その貪婪《どんらん》さを印象づけています。

器／鉄釉梅花文土鍋《てつゆうばいかもんどなべ》
飛騨焜炉《ひだこんろ》

京焼菱文小猪口《きょうやきひしもんこちょこ》

赤絵四方汁次《あかえよほうしるつぎ》

色絵水玉文小鉢《いろえみずたまもんこばち》

葱《ねぎ》鮪《ま》鍋

●作り方三一八頁

煤竹手付盛籠輪花吹墨皿組込《すすだけてつきもりかごりんかふきずみざらくみこみ》

赤絵琵琶形《あかえびわがた》散蓮華《ちりれんげ》

色絵薬味入《いろえやくみいれ》

灰釉鉄絵平皿《はいゆうてつえひらざら》

器／鉄鍋写炉鍋《てつなべうつしろなべ》　志野焜炉《しのこんろ》

鮪もトロといえば格上扱いですが、江戸の昔は鮪自体が庶民の魚。このトロと葱の最高の出会いが生んだ今や高級鍋です。

湯豆腐

●作り方二四六頁

器／湯豆腐鍋《ゆどうふなべ》
灰釉焜炉《はいゆうこんろ》

豆腐のほのかな旨みを堪能《たんのう》する鍋です。つけ醤油を汁次《しるつ》ぎごと温めるこの形は関東風。関西では冷たい生醤油《きじょうゆ》で食べますが、甲乙つけがたいおいしさです。

呉須染付手付薬味鉢《ごすそめつけてつきやくみばち》

呉須鉄釉瓢形深鉢《ごすてつゆうひさごがたふかばち》

白木地手桶《しろきじておけ》

銀製網杓子《ぎんせいあみじゃくし》

帆立の貝《か》焼《や》き鍋

●作り方二三六頁

天然帆立の大形の貝殻を鍋代わりに用い、魚介や鶏肉などを焼き煮する料理を秋田の方言で〃貝焼き〃と言い、塩汁《しょっつる》もこの一種です。貝焼き、すなわち鍋料理ですが、具の火通りをよくする下拵《したごしら》えが、工夫のしどころとなります。

色絵《いろえ》四方《よほう》汁次《しるつぎ》

色絵《いろえ》菱《ひし》小鉢《こばち》

蕎麦釉《そばゆう》小鉢《こばち》

器／大帆立貝殻《おおほたてかいがら》

緑釉《りょくゆう》焜炉《こんろ》受皿付《うけざらつき》

呉須《ごす》染付《そめつけ》変《かわり》四方《よほう》盛皿《もりざら》

ふるさとの味自《じ》慢《まん》鍋

郷土色豊かな魚介、野菜を味わう鍋

"鍋"には、常に快《こころよ》いなつかしさが伴います。温かい湯気、頬を染める赤い炎、炭や薪《たきぎ》の匂い、クツクツと煮え立つ魚や菜、そして箸を誘うよい香り……。それはまた、すでに姿を変えてしまった"囲炉裏《いろり》を囲む家族の団欒《だんらん》"や"幼い頃駆けめぐった山や川、海辺の光景"を呼び起こします。今、私たちが鍋を前にしてふと感じる、こうした郷愁こそが、鍋料理を"ふるさとの味"ひいては郷土料理の代表と位置づけさせるのでしょう。

いうまでもなく、鍋料理は郷土色の濃い料理です。そこには必ず、それぞれの土地に分かちがたく根差した産物、すなわち素材があるからです。獲れたての蟹の水揚げされる港一帯の地には、必ず名物といわれる蟹鍋があり、鮭しかり、牡蠣《かき》もまた……、そしてそれは魚介だけでなく、野菜、山菜、あるいは加工品におよぶまで、その土地自慢の鍋の顔となり、いわば、ふるさとの数だけ鍋はある、といってもよいほどです。

鍋料理のバラエティーを豊かにし、また、優れた家庭料理としても親しまれている一面には、その調理の簡潔さも要因となっています。専門的な技倆《ぎりょう》を必要とする鍋は少なく、多くはごく基本的な—相性のよい材料を取り合わせ、火通りよく↖

は前者の例であり、すき焼きなどは後者の例です。

また多くは、身だくさんの汁もの、ごった煮的な煮ものが、やがて鍋料理としての形を具えてきたものです。この類には、江戸時代に浸透した中国禅寺の精進料理の影響を受けて広まり、各地で郷土料理の汁もの、煮ものとなり、鍋へと発展した巻繊《けんちん》汁や濃餅《のっぺい》(能平)汁などの汁鍋があります。

次に郷土料理として親しまれ、土地の名物鍋となっている鍋の、代表例を列挙してみましょう。

郷土料理の鍋、北から南から

〈北海道・東北〉北海道／鮭の石狩鍋、三平汁　ジンギスカン鍋　青森／鱈の雑葉《じゃっぱ》汁、精巣《たず》鍋　烏《い》賊《か》鍋　秋田／きりたんぽ鍋　塩汁《しょっつる》貝焼《かや》き　岩手／どんこ汁　ぬっぺ(い)汁　そばはっと　山形／山菜鍋　芋こ煮鍋　鱈のドンガラ汁　新潟／のっぺい汁　越後鍋　宮城／牡蠣鍋　宮城・福島・茨城の太平洋岸／雲丹の貝焼き

〈関東〉茨城／水戸の鮟鱇《あんこう》鍋　千葉／蛤《はま》鍋　群馬／しもつかれ汁　栃木／ぬっぺ汁　山菜鍋　東京／葱鮪《ねぎま》鍋　おでん　泥鰌《どじょう》鍋　柳川鍋　桜鍋　深川鍋

〈中部・北陸〉山梨／ほうとう鍋　静岡／猪鍋　愛知／柏《かしわ》の白煮鍋　富山／鱈汁　石川／治部《じぶ》鍋

↙形よく切り、持ち味が活きる煮汁(鍋地)で煮上げる—調理で仕上がり、しかもこの簡潔さが素材の味わいを際立たせ、素朴な旨さともなるのです。

時代とともに変わる郷土の鍋

このように、鍋には郷土料理的な雰囲気が横溢《おういつ》しています。ただしかし、これだけで鍋料理の多くを〝郷土料理の鍋〟と規定することはできません。本来、この郷土料理そのものの定義も一様ではなく、まず、よりどころとなる素材自体の状況が、時代とともに少なからず変化するからです。漁場の変遷《へんせん》、野菜栽培技術の開発、陸空に渡る輸送力の拡大、冷凍技術をはじめ保鮮方法の急進などが相まって、現代の素材地図は複雑を極めています。市場《しじょう》に出廻っているものが、必ずしも旬《しゅん》のものとは限らず、また近郊で獲れたものばかりではありません。これらを考慮した上で〝郷土料理の鍋〟をごく簡単にいうなら〝土地の産物を使い、伝統的な独自の形をもって受け継がれ、現在に至っている鍋〟であり、その数はむしろ限られたものです。

ここで少し目を転じるなら、鍋料理の多くは明治維新を契機とする文明開化の影響から、外来の食文化が各地で風土・素材との絶妙の出会いを経て、日本的に咀嚼《そしゃく》される過程で形を成したものです。この中には、のちに郷土料理として定着したものもあり、早い段階で広まって各地で独自の形をもつようになったものもあります。鶏の水炊き

ふるさとの茸、葉菜類

鮴《ごり》汁　福井／蟹ちり
〈近畿〉滋賀／琵琶湖東岸の鴨鍋　京都／湯豆腐　壬生菜の油揚《あぶ》ちり　奈良／飛鳥《あすか》鍋　大阪／鯨のコロ鍋、はりはり鍋　船場汁　関東炊き
〈中国・四国〉岡山／(七)面鳥《めんちょう》鍋　島根／宍道《しんじ》湖岸の鴨の貝焼き　広島／牡蠣の土手鍋　山口／けんちょう汁　ふぐちり　香川／まんば(高菜)のけんちゃん汁　源平鍋　徳島／そば米清汁《すまし》　高知／クエ(ハタの一種)の水炊き
〈九州・沖縄〉福岡／博多の鶏の水炊き　長崎／島原の具雑煮《ぐぞうに》鍋　平戸のアゴ(トビ魚)の炒《い》り焼き鍋　大分／だんご汁(別名庖丁汁)　蟹《がん》汁　熊本／いきなり団子汁　宮崎／けんちぇん汁　鹿児島／薩摩汁　沖縄／(豚の)足ティビチ

このほか、有名店が広めた名物鍋と呼ぶべき鍋に東京、神奈川の牛鍋(すき焼き)。兵庫のすき焼き、しゃぶしゃぶ。京都の丸(すっぽん)鍋。大阪の鉄(ふぐ)ちり、饂飩《うどん》すきなどがあります。

こうして並べてみますと、いずれの鍋からもお国訛《なま》りが聴こえてくるようです。たとえばこれらと都会の料理屋の膳で出会った時、故郷を離れて久しい人々には何よりの安らぎとなり、また都会育ちの人々には、快い旅愁を感じさせてくれます。そこに新しい時代の香りが加味されつつも、鍋料理のこの持ち味は受け継がれ、消えることはありません。この項では、各地の産物を主に、郷土の香りのする鍋をテーマに、十九種を作っています。

成吉思汗《ジンギスカン》鍋

●作り方三六九頁

青磁菊形小鉢《せいじきくがたこばち》

朱塗分両細取箸《しゅぬりわけりょうほそとりばし》

色絵更紗文《いろえさらさもん》

抹茶々碗《まっちゃちゃわん》

菊文長柄散蓮華《きくもんながえちりれんげ》

器／南部鉄《なんぶてつ》成吉思汗《ジンギスカン》鍋《なべ》

水爐《みずろ》

英雄《えいゆう》とは関りなく、満州在留の日本人考案の鍋です。中国の烤羊肉《カオヤンロウ》と似て羊肉を焼くため、戦後、北海道名物となりました。地元産の野菜類も名脇役です。

玉子手尺皿《たまごでしゃくざら》

帆立のたたき鍋

● 作り方三三六頁

北海道、東北一帯の海に棲む帆立貝の旬は夏ですが、冷凍技術の進歩で一年中手に入ります。大きな貝柱を滑らかにたたいて甘みのある旨みを味わう鍋です。

器／鉄絵白釉掛《てつえはくゆうかけ》木蓋付口付土鍋《きぶたつきくちつきどなべ》
水爐五徳入《みずろごとくいれ》
色絵汁次《いろえしるつぎ》
女菱文半月皿《おんなびしもんはんげつざら》
古染付草花文小皿《こそめつけそうかもんこざら》
銀製杓子《ぎんせいしゃくし》
染付山水絵尺皿《そめつけさんすいえしゃくざら》
青竹止節取箸《あおだけとめぶしとりばし》

きりたんぽ鍋

●作り方三五四頁

器／赤楽平土鍋《あからくひらどなべ》
飛騨焜炉《ひだこんろ》

青白磁菊形小鉢《せいはくじきくがたこばち》

白竹箕形盛器《しろちくみがたもりき》
青磁輪花平皿《せいじりんかひらざら》

竹製薬味入《たけせいやくみいれ》

〝きりたんぽ〟の名は、形がたんぽ槍の先に似ていることに由来。これを北国の狩猟民が保存食として携行《けいこう》し、山中で調達した野鳥類とともに煮たのが鍋の始まりといいます。地元の秋田では、新米のきりたんぽと地鶏の比内鶏《ひないどり》という絶品です。

烏《い》賊《か》鍋

●作り方三二二頁

烏賊は四季を通じ、全国どこかで旬を迎えている種類があるといえるほど、豊富です。たとえば秋冬なら三陸以北、鯣《するめ》烏賊の子烏賊を丸ごと味わう、こんな鍋も、乙なものです。

器／朱泥《しゅでい》釉《ゆう》平《ひら》土鍋《どなべ》

紅《べに》志野《しの》焜炉《こんろ》

青磁《せいじ》手《て》付《つき》薬味《やくみ》入《いれ》

緑釉《りょくゆう》水玉《みずたま》文《もん》小鉢《こばち》

赤絵《あかえ》瓢《ひさご》徳利《とくり》

黒釉《こくゆう》盃《さかずき》

朱布目《しゅぬのめ》四方《よほう》折敷盆《おしきぼん》

黄南京《きなんきん》葉形《はがた》箸置《はしおき》

赤杉《あかすぎ》利久箸《りきゅうばし》

器／黒楽土鍋《くろらくどなべ》
蕎麦釉焜炉《そばゆうこんろ》

緑釉梅花文小鉢《りょくゆうばいかもんこばち》

鉄絵散蓮華《てつえちりれんげ》

灰釉赤絵平皿《はいゆうあかえひらざら》

雲丹《うに》鍋

●作り方三三一頁

雲丹といえば〝生〟が主流ですが、漁場に近いほど調理法も多様です。さっと煮て外側は熱く、中は冷たい舌触りのこの鍋は、北海道で見受ける贅沢な酒肴《しゅこう》鍋です。

鮭のっぺい

●作り方二二三頁

里芋を主とした根菜類、椎茸、こんにゃくなどを一旦茹で、汁を多く煮上げて片栗でトロミをつけたものを濃餅《のっぺい》(能平)汁と呼んで、岩手、新潟の郷土料理となっています。ここに北の味覚〝鮭〟を加えた素朴な味わいの鍋です。

竹製《たけせい》薬味《やくみ》入《いれ》

器／鉄絵《てつえ》菊花《きっか》文《もん》土鍋《どなべ》
黒釉《こくゆう》焜炉《こんろ》受皿付《うけざらつき》

北《ほっ》寄《き》鍋

●作り方二三四頁

学名ウバガイ。銚子以北で獲れる〝北寄りの貝〟で冬から翌春が旬。三陸沖産は特に美味とされ、刺身、酢のもの、また鍋にして独特の彩りと歯触りを楽しみます。

器／黒《こく》釉《ゆう》土鍋《どなべ》
紅殻《べんがら》焜炉《こんろ》

呉《ご》須《す》赤《あか》絵《え》割《わり》山椒《ざんしょう》

口《くち》赤《あか》巻《まき》金《きん》彩《さい》徳利《とっくり》、共盃《ともさかずき》

縁《ふち》朱《しゅ》長手《ながて》薬味《やくみ》皿《ざら》

志《し》野《の》口《くち》捻《ひねり》鉢《ばち》

帆立鍋

●作り方三三五頁

美しい扇形の二枚貝。片方の窪みのある殻を舟に、扁平の殻を帆に海を渡るという俗説もある帆立貝と、秋の味覚舞茸《まいたけ》の味が競います。

器／白釉《はくゆう》芙蓉文《ふようもん》土鍋《どなべ》
紅殻《べんがら》焜炉《こんろ》受皿付《うけざらつき》

赤絵《あかえ》六角《ろっかく》小鉢《こばち》

煤竹《すすだけ》手付《て》盛籠《つきもりかご》帆立殻《はたてがら》組込《くみこみ》

鮎の陶板焼き

●作り方二六八頁

夏の膳に欠かせない鮎は、特有の香りから〝香魚《こうぎょ》〟とも、一年で一生を終えるため〝年魚《ねんぎょ》〟とも呼びます。初夏の若鮎、秋口の子持ち鮎、産卵後の落ち鮎と、折り節の風情も味わいを深めて、川魚の白眉《はくび》です。

器／織部透入陶板《おりべすかしいりとうばん》
瑠璃《るり》流《ながれ》釉掛《ゆうかけ》耳付《みみつき》四方《よほう》焜炉《こんろ》
赤絵汁次《あかえしるつぎ》
竹製薬味入《たけせいやくみいれ》
鯨皮小鉢《くじらかわこばち》
胡麻竹止節取箸《ごまだけとめぶしとりばし》
渋紙手四方盛皿《しぶがみでよほうもりざら》

泥《ど》鰌《じょう》鍋

●作り方二二〇頁

江戸初期からの丸泥鰌の味噌汁、泥鰌汁が後に鍋ものに姿を変えたもので、丸のままを割り下で煮る丸煮鍋、裂き泥鰌を使ったこの例、卵でとじる柳川鍋があり、いずれも牛蒡《ごぼう》は欠かせません。真夏に汗を拭きつつ食べる、江戸下町の味です。

竹《たけ》製《せい》薬《やく》味《み》入《いれ》

器／欧《おう》風《ふう》平《ひら》土《ど》鍋《なべ》
鉄《てつ》釉《ゆう》縦《たて》筋《すじ》焜《こん》炉《ろ》

深川鍋

●作り方二四〇頁

かつての江戸深川、佃島、大川から浦安あたりまで、冬は貝類の宝庫でした。佃島では貝の佃煮、深川は蛤、浅蜊の深川めしが評判で、深川鍋もそのひとつです。

青白磁高台付皿《せいはくじこうだいつきざら》

器／焼締蓋裏楓文土鍋《やきしめふたうらかえでもんどなべ》
紅殻焜炉受皿付《べんがらこんろうけざらつき》

染付長柄散蓮華
呉須お多福形深鉢

竹簀折敷《たけすおしき》

呉須染付木賊手鉢《ごすそめつけとくさてばち》

緑釉金彩茄子箸置
赤杉利久箸《あかすぎりきゅうばし》

鶏鍋

●作り方二九九頁

鶏のすき焼きの関東名で、牛肉と同様、薄いすき身の鶏肉を割り下で煮ます。関西では直煮《じかに》の〝かしわすき〟、本場名古屋ではスープ炊きの例もあります。

染付縞文汁次《そめつけしまもんしるつぎ》

呉須染付一閑人散蓮華《ごすそめつけいっかんじんちりれんげ》

赤絵玉割《あかえたまわり》

青白磁芙蓉文平皿《せいはくじふようもんひらざら》

器／鉄釉四方平土鍋《てつゆうよほうひらどなべ》

灰釉縦筋焜炉《はいゆうたてすじこんろ》、焼杉敷板《やきすぎしきいた》

伊勢海老の具足《ぐそく》鍋

●作り方三一五頁

器／白《はく》釉《ゆう》鉄《てつ》絵《え》四《よ》方《ほう》土《ど》鍋《なべ》
角《かく》型《がた》電《でん》熱《ねつ》器《き》

金《きん》銀《ぎん》彩《さい》木《もく》製《せい》刳《くり》小鉢《こばち》

緑《りょく》釉《ゆう》銀《ぎん》彩《さい》平皿《ひらざら》

海老や蟹を殻つきのまま使う料理は、甲冑《かっちゅう》具足《ぐそく》を纏《まと》った武士の姿に見立てて〝具足〟の名を冠《かぶ》せます。具足鍋もこの例で、海老の中でも勇壮さでは随一の伊勢海老は味もよく、殻からも上等のだしがでます。これを丸ごと味わう豪快な鍋です。

豚肉のはりはり鍋

●作り方二九六頁

水菜のハリハリとした歯応えからの名で、本場関西では鯨のはりはり鍋が主流です。水菜は脂気の強いものと相性がよく、ここでは豚肉に豆板醤《トウバンジャン》の辛味を利《き》かせて中華風に仕立てています。

器／焼締鉄釉土鍋《やきしめてつゆうどなべ》
黄瀬戸櫛文焜炉《きぜとくしもんこんろ》
色絵散蓮華《いろえちりれんげ》
土耳古色刻文金唐草鉢《とるこいろこくもんきんからくさばち》

小鯛と魚《うお》素《ぞう》麺《めん》の鍋

●作り方三〇九頁

器／南蛮《なんばん》手《で》叩《たたき》平《ひら》土《ど》鍋《なべ》
真鍮《しんちゅう》手《て》付《つき》焜炉《こんろ》

渋紙《しぶがみ》手《で》擂鉢《すりばち》形《がた》小鉢《こばち》

義山《ぎやまん》薬味《やくみ》小鉢《こばち》

本来、鯛といえば真鯛（本鯛）、黄鯛（レンコ鯛）、血鯛の三種で、中でも真鯛は味、姿ともに〝百魚の王〟です。ほかに石鯛、金眼鯛など鯛の名の魚は百種以上ありますが、すべて鯛とは別種のあやかり鯛です。ここで京風鍋に仕立てた小鯛は、二五〇〜三五〇グラムの鯛をいい、一尾そっくり使って華やかな風情を添えます。

呉須染付松竹梅文瓢小鉢《ごすそめつけしょうちくばいもんひさごこばち》

赤絵手毬文小鉢《あかえてまりもんこばち》

器／緑釉土鍋《りょくゆうどなべ》

緑釉焜炉《りょくゆうこんろ》

鯛の明石《あかし》鍋

●作り方二〇七頁

鼠釉鉄絵琵琶形散蓮華《ねずみゆうてつえびわがたちりれんげ》

鯛の本場は瀬戸内海、とりわけ激流にもまれる明石鯛や鳴門鯛は別格です。鯛を鍋にという贅沢な趣向ですが、一尾すみずみまで美味なのも鯛ならでは。鎌《かま》ならば香りのよい野菜と取り合わせて絶品です。

車海老と飛《ひ》竜《りょう》頭《ず》の鍋

●作り方二二七頁

黄《き》南京《なんきん》四方《よほう》小皿《こざら》

呉須《ごす》瓜文《うりもん》豆皿《まめざら》

安南《あんなん》手《で》玉割《たまわり》

器／黄瀬戸《きぜと》風行平《ふうゆきひら》
鉄製焜炉《てっせいこんろ》

海老といえば車海老。背の鮮明な縞模様、青い尾先、火の通りにつれて赤く変色する趣も、日本料理には不可欠です。京風の飛竜頭、和洋野菜と合わせて欧風感覚の鍋に、純和風の柚子胡椒が冴えます。

関西風牛すじおでん鍋

●作り方三五〇頁

黄交趾寿《きごうちじゅ》の字四方小皿《じょほうこざら》

練りもの主体の関東風おでんに対し、関西では蛸《たこ》、鯨のコロ、牛すじ肉など動物性の素材も加わり、白や薄口の醤油でこってりと煮込むのが特徴です。

白竹手付薬味入《しろちくてつきやくみいれ》

器／赤楽土鍋《あからくどなべ》
黒釉焜炉《こくゆうこんろ》

砧《きぬた》巻きの博多鍋

●作り方二〇〇頁

日本料理では、骨つきの鶏料理を水炊きの本場に因んで博多、大根のかつらむきを使ったものには、砧の名が付けられます。

黄南京菊形平皿《きなんきんきくがたひらざら》
銀製長柄組杓子《ぎんせいながえくみじゃくし》

器／真鍮《しんちゅう》手《て》付鍋《つきなべ》
鉄製焜炉《てつせいこんろ》

三割《みつわり》藍染《あいぞめ》薬《やく》味入《みいれ》

多《た》人《にん》数《ずう》鍋と銘《めい》々《めい》鍋

大《おお》勢《ぜい》で囲む鍋と一人前の小鍋立て

鍋料理は、本来、郷土色の濃いものであることは前項で触れたとおりです。そしてこの、郷土料理的な鍋をみてみますと、その基調はすべて〝多人数でひとつの鍋をつつき合う、気のおけない雰囲気をもった鍋〟であり、大鍋仕立てが主流となっている、という特徴があります。

この〝大鍋仕立て〟をその内容からみますと、まず何よりも、最低四〜五人前を一緒に煮合わせることから、そこに入れられる材料の量が多いこと、さらにまた、材料の種類が多いことも特色です。鍋料理のひとつの性格として、少しでも材料の種類が増えるほど〝おいしい〟ということがいえます。五種を煮る鍋に対して、十種の鍋は三〜四倍もの味がでる、のです。そしてまた、材料が多種で多量であれば、煮合わせる鍋地(煮汁)の量も多くなければならず、大鍋仕立ては汁の多い鍋ものであるのが通常です。具が多く、汁が多いということは、この鍋を食べながらお酒をたくさん飲むことは、難しいという一面につながります。

大鍋仕立てはあくまで〝ごく親しい人々と鍋を囲んで、季節の魚介や野菜を、旨みの出た汁とともに、たっぷりと味わい尽くす〟鍋であり、いろいろのものが一緒に入っている愉《たの》しさ、お腹いっぱ

全体が少量の小作りで、しかも相応の味わいを出すためには、そのベースとなる鍋地のだし汁は濃く調えること、そして材料の種類が少なければ個々が旨みの強いものでなければ、おいしくは仕上がりません。そしてさらに、献立の品々一般と同様に、ほかの料理との味の調和を考え合わせることが大切です。つまるところ、小鍋立ての鍋は、同じ鍋とはいえ、大鍋とは別種の料理である、と考えたほうがよいのです。単に大鍋を小さく縮小したものではなく、献立の中や、あるいは数種の料理とともにあって焜炉の火を見せ、湯気を漂わせ、煮ながら熱あつを食べられる一品は、席の盛り上がりには最適の料理となります。その上、あらかじめ火の段取りさえしておけば、お客さま任《まか》せにできる、すなわち給仕人の手数《てかず》がかからないこと、相対的に汁が少ないためにお酒がはかどるという、大きな利点を見逃がすことはできません。

小鍋が、近年急速に料理屋や旅館を中心に、献立に取り入れられるようになった要因には、このような商品価値の高さもさることながら、卓上用の固型燃料の改良という側面もあります。昔風に炭火を使えれば、火力、風情ともに満点ですが、炭は高価な上、扱いにも手間がかかり、それだけの価格

↙い食べるおいしさが身上です。いいかえれば、大鍋は家庭的な雰囲気の鍋、そして寒い冬にこそよく似合う鍋なのです。

このような多人数用の鍋を、料理屋などで出すこと、すなわち商品化する場合は、仕立てが大きいこともあって、長時間煮続けられる火種の用意、多種の材料を見映えよく、特徴づけて整えられる料理人の技術、よどみなく席を進行する給仕人の手間と熟練、などを考えなければなりません。これらを総合的に完備するということになれば、どうしても〝鍋〟を看板に掲げている専門店には及ばない、ということにもなりがちです。ただしかし、それだけに上手に整った時には、大鍋ならではの温かい雰囲気が漂い、大勢に満足していただける大変よい席になることは、いうまでもありません。

小鍋立ての魅力と商品価値

多人数用の大鍋仕立てに対して、一人前用の小鍋(仕)立ては、すべてが対照的です。大鍋の背景に郷土料理があるように、小鍋には料理屋などの献立があります。小さい鍋に限られた量の材料を煮るため、これだけで事足りるものではなく、ひと組のコース料理、あるいは数品の料理があって、そこに小鍋が料理の一品として加わる、という形が通例です。当然この鍋の汁の量は少なく、お酒を飲むには最適の、いわば〝酒の肴《さかな》〟の性格をもつ鍋ということができます。

香りをひと絞り、柑橘類

のつけられる高級料理店以外には、使いきれないのが実情です。これに対してガス、電気をはじめ、各種の卓上用の熱源のうちでも、登山キャンプ用の固型燃料が、近年料理屋の鍋用に改良されはじめ、良質のものになると、小鍋が焜炉にのせられてから煮上がり、食べ終えるあたりでちょうど燃え尽きるように作られたものがあります。

これらを取り入れ、できるだけ趣のある陶器の小鍋を選び、見端もよく整えた小鍋立ては、献立の華となります。腰高の焜炉を伴って小鍋がそこに加わる時、膳に立体感が生まれ、料理全体にメリハリがつくのです。そして、さらに小鍋立てのよいところは、冬季に限られない点です。熱あつの小鍋は、ある時は煮もの替わりにも、陶板焼きなどであれば焼きもの替わりに、少々汁を多く土瓶蒸し風に仕立てれば、吸いもの替わりとしても、一年中膳にのせられます。〝熱いものは熱く〟という日本料理の原則は、季節を問わず生きているのです。

小鍋立ては大鍋とは別種の料理、とはいえ、その基礎として必ず、大鍋を熟知していなければ巧みで、旨みのある小鍋を仕立てることは、不可能であることも忘れてはなりません。あくまでも、大鍋があっての小鍋であるのです。そして、いずれの鍋にも共通することは〝鍋料理は蓋をはずして出しては、鍋たりえない〟ということです。快い音色を伴って煮える鍋の蓋を取る期待感は、鍋の何にも勝る魅力であり、演出ともなるからです。

小鍋立てきんきのちり鍋

●作り方三一四頁

小鍋立て、すなわちひとりにひと鍋の銘々鍋です。鍋の原初の姿、数人でつつき合う形に対して、こちらは献立の中の一品、あるいは酒の肴の色合いが濃く、例えば、煮つけにすることの多いきんきを、季節の野菜と合わせて、煮もの替わりともなる小鍋立てです。

器／練込《ねりこみ》土鍋《どなべ》、杉木地敷板《すぎきじしきいた》
赤絵小皿《あかえこざら》
色絵三葉文小鉢《いろえみつばもんこばち》
白磁金彩瓢汁次《はくじきんさいひさごしるつぎ》
呉須染付一閑人散蓮華《ごすそめつけいっかんじんちりれんげ》
緑釉金彩茄子箸置《りょくゆうきんさいなすびはしおき》
白杉利久箸《しろすぎりきゅうばし》
黒真塗八角折敷盆《くろしんぬりはっかくおしきぼん》

味噌仕立て鮟鱇鍋《あんこう》

●作り方三一一頁

冬の味覚として知られる鮟鱇は、身は勿論、俗に〝七つ道具〟といわれる内臓—とも、ぬの、肝、水袋、えら、皮、柳肉—は特に珍味で、この七つの部位を取り混ぜてちり鍋仕立てや、ここで試みた味噌仕立ての鍋などにします。こうした、たくさん煮てこその素材は、小鍋立てよりも大鍋仕立てにむき、たっぷり煮て旨みを出し尽し、味わい尽していただきます。

器／真鍮打出平鍋《しんちゅううちだしひらなべ》
青竹荒組平笊《あおたけあらぐみひらざる》
青磁尺皿《せいじしゃくざら》
胡麻竹止節取箸《ごまだけとめぶしとりばし》
織部割山椒向付《おりべわりざんしょうむこうづけ》
色絵汁次《いろえしるつぎ》
赤絵露芝文小鉢《あかえつゆしばもんこばち》
竹製薬味入《たけせいやくみいれ》

魚すき

●作り方三〇五頁

材料が多いほど美味、というのも鍋の一面です。漁師が小魚類を次々に、どぶりと入れて作った磯場料理の名残り、どぶ鍋が洗練された鍋です。

器／鉄絵《てつえ》白釉《はくゆう》掛《かけ》竹文《たけもん》土鍋《どなべ》
水爐《みずろ》五徳入《ごとくいれ》

青織部《あおおりべ》半月皿《はんげつざら》

呉須《ごす》染付《そめつけ》山水文《さんすいもん》長手皿《ながてざら》

染付《そめつけ》山水文《さんすいもん》大皿《おおざら》

蟹すき

●作り方二三〇頁

例えば、ずわい蟹の一番味ののった冬に、気のおけない仲間と心ゆくまで味わいたい、そんな宴には鍋が最適です。それも大鍋仕立てが、いっそうの親しみと温かさを醸《かも》しだしてくれます。

おでん

●作り方二四九頁

関西流おでん〝関東炊き〟に対する関東流のおでんです。いろいろな練りものをたっぷりと煮込んで、大勢で賑やかにつつき合ってこそおいしい、いわば普段着の味わいが身上の、大鍋仕立て向きの鍋です。

器／黒楽《くろらく》魚文《ぎょもん》手付《てつき》土鍋《どなべ》
水爐《みずろ》
銀製《ぎんせい》長柄《ながえ》杓子《しゃくし》

呉須《ごす》網目《あみめ》口紅《くちべに》撫角《なでかく》小鉢《こばち》
竹製《たけせい》匙《さじ》

紅志野《べにしの》菊形《きくがた》平皿《ひらざら》

海《うみ》山《やま》の幸《さち》陶板焼き

●作り方三六二頁

ひとつの材料の持ち味をじっくり味わう鍋もあれば、この陶板焼きの例のように、様々な材料の味の個性や調和を愉しめるのも、多人数仕立てならではです。

器／黒楽魚文手付土鍋《くろらくぎょもんてつきどなべ》
水爐《みずろ》
呉須染付松竹梅文平皿《ごすそめつけしょうちくばいもんひらざら》
白竹籐巻取箸《しろちくとうまきとりばし》
安南手八角小鉢《あんなんではっかくこばち》
赤絵長柄散蓮華《あかえながえちりれんげ》
黄南京菊形小鉢《きなんきんきくがたこばち》
色絵汁次《いろえしるつぎ》
鉄絵唐草文輪花大皿《からくさもんりんかおおざら》

小鍋立て鮪《まぐろ》の陶板焼き

●作り方三六五頁

どちらかといえば、材料も仕立ても打ち解けた雰囲気が売りものの多人数仕立ての鍋に比べて、銘々の前に鍋の並ぶ小鍋立ての場合は、少々改まった雰囲気を演出することができます。また、お酒の肴《さかな》としても、各人のペースで愉《たの》しめる利点もありましょう。上等のトロと相性のよい葱を、洒落た陶板鍋で焼きながら味わえる高級感のある一品など、その例です。

器／焼締平鍋《やきしめひらなべ》
織部四方焜炉《おりべよほうこんろ》、杉木地敷板《すぎきじしきいた》
青交趾龍文小判皿《あおごうちりゅうもんこばんざら》
呉須染付小鉢《ごすそめつけこばち》
色絵銀彩汁次《いろえぎんさいしるつぎ》
金彩芽柳文筒盃《きんさいめやなぎもんつつさかずき》
笹《ささ》の葉箸置《はしおき》
赤杉利久箸《あかすぎりきゅうばし》
朱回縁刷毛目四方折敷盆《しゅまわりぶちはけめよほうおしきぼん》

小鍋立て車海老と蛤の酒蒸し鍋

●作り方三一九頁

器／焼締《やきしめ》火襷《ひだすき》杏形《あんずがた》焙烙鍋《ほうろくなべ》受皿付《うけざらつき》
白磁盃《はくじさかずき》
檀紙《だんし》結文箸置《むすびぶみはしおき》
白杉利久箸《しろすぎりきゅうばし》
朱布目四方折敷盆《しゅぬのめよほうおしきぼん》

姿を長寿になぞらえる海老と夫婦円満の象徴、蛤を使った祝い膳向きの鍋です。通常、蓋ものの器で出すことの多い酒蒸しも、鍋にすることで格段の趣がでます。

小鍋立て牛肉のつみ入れ鍋

●作り方二九四頁

銘々鍋を献立に加える場合も、一品料理としてお出しする時も一番の利点は、蓋を取った時の湯気のおいしさと何が出てくるだろうという期待のおいしさ、すなわち〝鍋料理〟の味わいそのものが、〝小鍋〟に凝縮されて目の前に置かれる点です。ここでは、魚で作ることの多いつみ入れを牛肉で作り、どの材料もひと口大に揃えて食べやすく仕上げました。

器／一《ひと》刷《は》毛《け》平《ひら》土《ど》瓶《びん》形《がた》鍋《なべ》
鉄《てつ》釉《ゆう》焜《こん》炉《ろ》受《うけ》皿《ざら》付《つき》
白《はく》釉《ゆう》擂《すり》鉢《ばち》形《がた》小《こ》鉢《ばち》
呉《ご》須《す》染《そめ》付《つけ》草《くさ》文《もん》散《ちり》蓮《れん》華《げ》
黄《き》交《こう》趾《ち》七《しっ》宝《ぽう》文《もん》筒《つつ》盃《さかずき》
色《いろ》絵《え》唐《から》子《こ》瓔《よう》珞《らく》文《もん》瓢《ひさご》徳《とつ》利《くり》
呉《ご》須《す》染《そめ》付《つけ》琵《び》琶《わ》箸《はし》置《おき》
赤《あか》杉《すぎ》利《り》久《きゅう》箸《ばし》
黒《くろ》真《しん》塗《ぬり》金《きん》線《せん》折《お》敷《しき》盆《ばん》

小鍋立て 梅花風呂《ふろ》吹《ふ》き鍋

●作り方一九六頁

〝梅花〟は豚肉の雅名。よく煮含めた風呂吹き大根を梅花と取り合わせて食べ応えがあり、煮ものの替わりにもなる小鍋立てです。

器／黒釉耳付土鍋《こくゆうみみつきどなべ》
真鍮手付焜炉《しんちゅうてつきこんろ》
呉須染付松竹梅文手付薬味入《ごすそめつけしょうちくばいもんてつきやくみいれ》
絵唐津糸巻形小鉢《えがらついとまきがたこばち》
織部釉割山椒《おりべゆうわりざんしょう》
呉須染付小皿《ごすそめつけこざら》
白杉利久箸《しろすぎりきゅうばし》、箸袋付《はしぶくろつき》
黒鉋目撫角折敷盆《くろかんなめなでかくおしきぼん》

小鍋立て五目蟹ちり

●作り方三二〇頁

活けの渡り蟹を洋野菜、中国野菜と取り合わせて現代風〝蟹ちり〟に仕上げました。少々の冒険ができるのも、鍋とはいえ料理の一品を作る感覚により近い、小鍋立ての特徴です。季節には毛蟹、ずわい蟹でも試みたい鍋です。

器／焙烙形土鍋《ほうろくがたどなべ》
飛騨焜炉《ひだこんろ》
洗朱長柄木杓子《あらいしゅながえきじゃくし》
呉須葦絵玉割《ごすあしのえたまわり》
麦藁手四方小皿《むぎわらでよほうこざら》
黒糸目四方折敷盆《くろいとめよほうおしきぼん》

小鍋立て鱧《はも》寄せ鍋

●作り方二二六頁

関西料理の夏の主役、鱧を使って通好みの寄せ鍋にしました。鱧の淡く上品な持ち味を活かすには、取り合わせる料理も淡泊で、あっさりした味つけが鍵です。

器／赤楽土鍋《あからくどなべ》
織部四方焜炉《おりべよほうこんろ》、焼杉敷板《やきすぎしきいた》

赤絵金彩汁次《あかえきんさいしるつぎ》

割貝形赤絵小鉢《わりがいがたあかえこばち》
絵唐津平小鉢《えがらつひらこばち》
色絵巾着形小鉢《いろえきんちゃくがたこばち》
白磁紫釉杵箸置《はくじむらさきゆうきねはしおき》
白杉利久箸《しろすぎりきゅうばし》
朱塗四方折敷盆《しゅぬりよほうおしきぼん》

小鍋立て

山菜の湯葉包み鍋

●作り方二五五頁

山菜を湯葉で包んだ京風の細工ものを中心に、彩りのよい野菜と鶉の卵を取り合わせた、精進仕立ての銘々鍋です。魚や肉の入らないこうした鍋ものは、献立の一品には殊に加えやすく、趣も変わってよいものです。鍋と焜炉、脇の器類の調和も一役かって、客前に炭火の色を見せる仕立てが、控えめな雰囲気の鍋ものをぐんと華やかに引き立ててくれます。

器／焼締《やきしめ》小判形《こばんがた》土鍋《どなべ》
灰釉《はいゆう》四方《よほう》焜炉《こんろ》金網《かなあみ》のせ、杉木地《すぎきじ》敷板《しきいた》
吹墨《ふきずみ》瓢形《ひさごがた》薬味入《やくみいれ》
染付《そめつけ》長柄《ながえ》散蓮華《ちりれんげ》
赤絵《あかえ》枕形《まくらがた》箸置《はしおき》
赤杉《あかすぎ》利久箸《りきゅうばし》
拭漆《ふきうるし》片褄折《かたづまおれ》折敷《おしき》盆《ぼん》

鍋と料理の出会い

料理専門店の献立と鍋

鍋を加えた献立のたて方

鍋料理、とりわけ小鍋立ては、一般に各種の料理店のコース料理、すなわち献立に加えられる場合、お品《しな》書《が》き(献立表)には主肴《おもざかな》、あるいは鍋とだけ銘打って、その日の趣向料理風に扱われています。そして出される順としては、席の幕開けの乾盃の肴《さかな》である先付け、もしくは前菜を終え、本篇である吸いもの、お造り(刺身)、煮もの、焼きものの、いわゆる一汁三菜《いちじゅうさんさい》が続く中、お造りの次あたりの献立の中盤に出されるのが通例です。

鍋料理をこのように、特に料亭の会席料理の一品に加えることは、ひと昔前までは考えられないことでした。本来の献立形式にはなかったものであり、現在でも古い格式を重んじ、伝統を受け継いでいる料理人の中には、否定している方もあります。しかし、一方では高級料亭と自他共に認める料理屋、あるいは本格的な献立を志向している料理旅館などが、洒落《しゃれ》た小鍋を折り込んで献立に起伏をつけ、演出効果を上げている例も急増しているのです。

それぞれの店が、その方向を選択し、あくまでも古式で通すなら、それはひとつの売り方であり、店の個性ともなりましょう。しかし、さらに新しい顧客《こきゃく》を開拓し、よりおいしく珍しいものを愉《たの》し↙

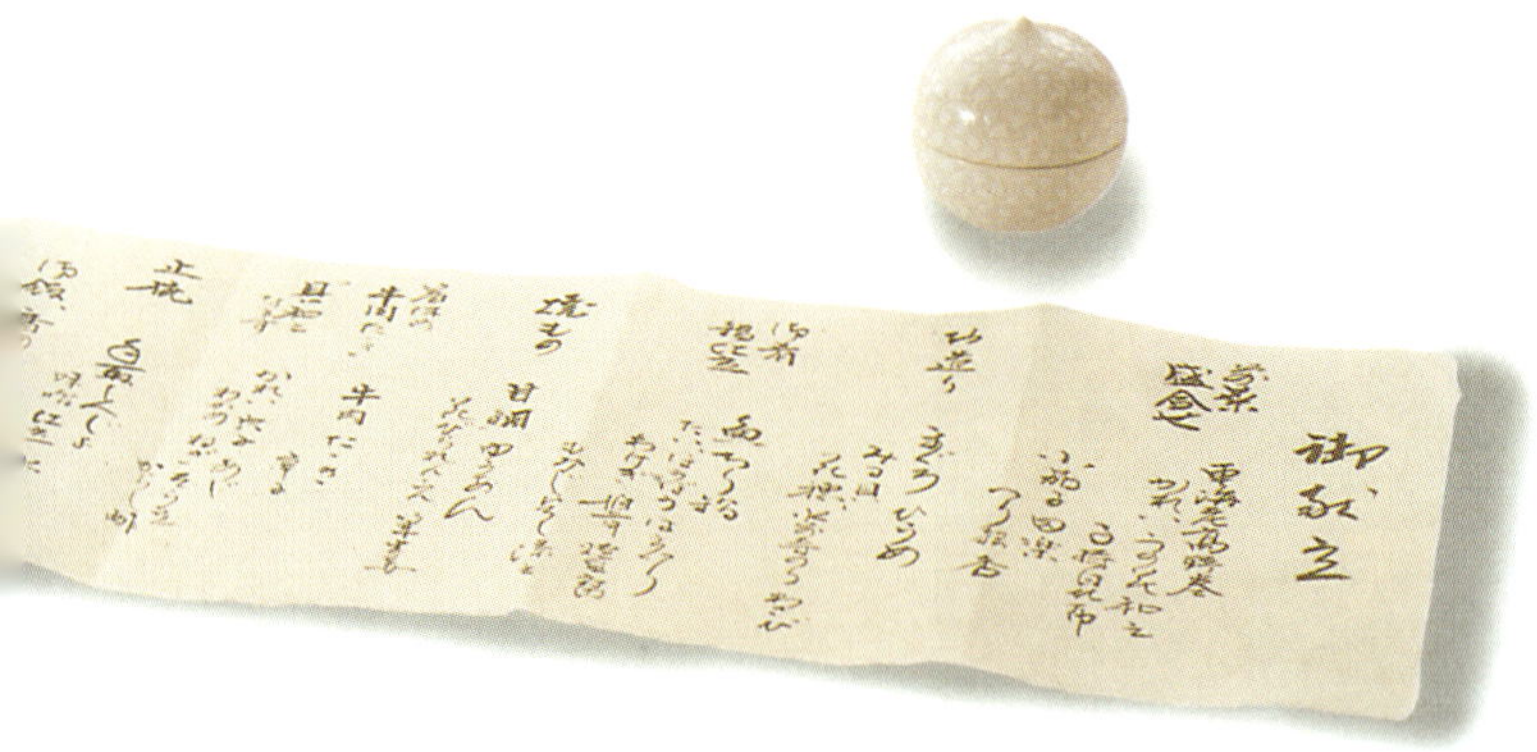

まで精彩のないものに見せてしまう危険性があるのです。惰性《マンネリ》に落ち入りやすいのも鍋の一面です。

宿泊を前提とする旅館、ペンションなどでは、献立は夕食と朝食のバランスをとることが、第一となります。そこでは現実に、夕食に寄せ鍋系統の鍋が出、翌朝にも軽い野菜鍋や豆腐鍋が出されることがよくあります。これも一概に非難できませんが、ただ何泊も滞在する顧客には、二度、三度と似た鍋が繰り返されるのでは興醒《きょうざ》めです。最長五泊あたりを限度に、自家の献立とそこに加える鍋のバリエーションを、あらかじめ組み立てておきたいものです。季節、宿泊日数、予算などによって、目先を変え、効率のよい回転ができるように工夫します。その変化のつけどころは様々ですが、主材料と脇材料の取り合わせを柱に、味のベースとなる鍋地も固定せず、潮《うしお》仕立て、醤油味、味噌仕立てなどから、材料に合わせて柔軟に選ぶことで、鍋の趣は変わります。これにさらに、柑橘《かんきつ》酢《す》醤油などのつけつゆともみじおろし、刻み葱《ねぎ》類などに代表される薬味の取り合わせを、鍋に合わせて数種類設定しておけば万全です。ここに各土地の色合いを強調するなら、材料に土地の産物をあてることはもちろん、小鍋であっても汁気を多めにし、あ

い趣向で食べていただくという、ごく一般の料理店の目指すところを考えるならば、小鍋立ての受け入れられている現状を、見過すことはできません。前項でも述べたとおり、小鍋立ての特長は営業面からも、大変魅力のあるものだからです。

献立の主役となる小鍋立て

もともと、今日のように鍋が献立に取り入れられるようになったのは、鍋料理のよさを知り尽し、それをいちはやく献立に持ち込んだ、目の高い料理人が存在したからこそなのです。まず、平面的な膳にあって、器である鍋と焜炉の背の高さが生む立体感、それに伴う火と湯気、音色の魅力、蓋を取る時の期待感……、これらの素晴らしさがそのまま、すんなりと一連のコース料理の中に納まっているというのが、現実の姿です。そして、そこにあるだけで容易に献立が盛り上がり、打ち解けた雰囲気が醸《かも》しだせる、そんな料理は鍋をおいては、そうそう見い出せるものではありません。これを何よりも物語るのは、今や民宿、和風ペンション、旅館、料理屋をはじめ、献立を商品としている店に広く、急速に浸透しつつあることです。

ただひとつ、鍋を加える場合に心しなければならないことは、鍋は、その材料や仕立てのいかんによらず、常に献立の主役になりがちなことです。それだけ目立つ要素を持っているだけに、少し決まりきったものに傾くと、共に出される他の料理

お品書きなど

まり材料に小細工をせずに、少々田舎風を意識した作りにすることです。そして、仕上がりを一段と値打ちのあるものにするのは、器である鍋です。できるだけ趣のある鍋を、幾組か用意することで、一層効果的な、鍋と献立の変化をねらえます。

専門料理と小鍋立て

鍋は一般料理店の献立にばかりでなく、近年は専門料理店、中でもすし店がその趣向料理として、取り入れる傾向も見受けられます。魚介の生《なま》を商うすし店では、すしの残りねたを使っていると思わせない仕立てが、まず望まれます。例えば海老や、白身魚であれば、たたき身にして真蒸《しんじょ》にするなど、すしで見せるのとは、異なった味と姿に仕上げます。そして、甘み、醤油味は極力控え、相対的に薄味で汁を少なく、あるいは潮《うしお》風に汁を多くするなど、はっきりとした仕立てで、あっさり、さらりとした味に調えます。ここにも小鍋立てが最適です。そして何よりも、すし店の鍋は、あくまでもすしを引き立て、お酒がそこに自然についてくる作りにしなければ、本末転倒というものです。

総じて、鍋を他の料理と共に出す場合は、それぞれの柱となっている料理との〝相性〟を、まず考慮し、その上で鍋だけが目を惹《ひ》くのではなく、味の上からも、相互に引き立て合うように仕立てることです。料理と共にあって、お酒をおいしく飲んでいただける鍋に、仕上げなければなりません。

南蛮金線蒸茶碗《なんばんきんせんむしちゃわん》

青白磁《せいはくじ》染付《そめつけ》蝶文《ちょうもん》菊形鉢

器／織部釉《おりべゆう》業平菱文《なりひらびしもん》土鍋《どなべ》

魚介の寄せ鍋膳

●鍋作り方二三一頁

多人数鍋の基本献立例

膳に火の色を見せ、湯気を漂わせる鍋料理は、ひと品の料理としてみても他に比類のないものです。調理の面からはむしろ単純でありながら、材料それぞれの旨みがひとつの鍋で競い合い、引き立て合って、新しい味わいを醸《かも》しだしてくれます。こうした優れた〝料理〟である鍋が、ひと膳の献立の中の一品として、今や多方面の料理専門店で活かされているのも、ごく自然のことといえましょう。ここでは、同じ膳を囲む人々と、淡泊でありながら食べ応えのある魚介の寄せ鍋をつつき、他の品々は個別の器で味わう、早春の献立例です。

夜《よ》寒《さむ》

御品書

◆先付け
雲丹と菜の花の辛子和え

◆お造り
鯛引き造りと活け南蛮海老

◆主肴
魚介の寄せ鍋

◆煮もの
蟹の五色寄せ

◆焼きもの
鰆の幽庵焼き

◆蒸しもの
海老のココット風茶碗蒸し

◆ご飯
しらすご飯

◆吸いもの
輪切り茄子の味噌汁

◆香のもの
柴漬け、胡瓜の糠漬け

志野《しの》鉄絵《てつえ》四方《よほう》大鉢《おおばち》

渋紙手《しぶがみで》白釉《はくゆう》渦掛《うずかけ》蒸茶碗《むしちゃわん》

青白磁《せいはくじ》割山椒《わりざんしょう》

萩《はぎ》編笠《あみがさ》向鉢《むこうばち》

花《はな》冷《び》え

御品書

◆前肴
卯豆腐

◆お造り
鮪引き造りと北寄貝

◆主肴
小鍋立て魚介の寄せ鍋

◆煮もの椀
信田鳴門と粟麩の炊き合わせ

◆焼きもの替わり
鶏の岩戸揚げ

◆口替わり
車海老の磯辺、
いかの黄身焼き、
紅白小袖蒲鉾の三種盛り

◆ご飯

◆吸いもの
甘鯛の潮仕立て

◆香のもの
奈良漬、春大根のもみ漬け

赤巻《あかまき》緑釉《りょくゆう》唐人《とうじん》絵《え》四方鉢《よほうばち》

色絵《いろえ》輪花《りんか》平鉢《ひらばち》

小鍋立て魚介の寄せ鍋膳

●鍋作り方三二四頁

銘々鍋の基本献立例

前頁は、ひとつの鍋を共に愉しむという、ごく打ち解けた雰囲気の献立例でもありますが、膳を整える側としては、それに相応しい趣旨の席であるか、顔ぶれであるかを熟知していることが前提です。ここでは、全く同じ寄せ鍋を銘々の小鍋立てにして、少々改まった席向きにアレンジしてみました。同じ鍋も、供し方ひとつでこのように趣が変わります。こうした献立の鍋はまた、熱あつの煮ものの一面と、具の多い吸いものの一面を兼ね備えたひと品ともなります。

器／志《し》野《の》釉《ゆう》銘《めい》々《めい》鍋《なべ》
鉄《てつ》絵《え》焜《こん》炉《ろ》
菊《きく》秀《ひで》衡《ひら》煮《に》物《もの》椀《わん》
青《あお》織《おり》部《べ》半《はん》月《げつ》皿《ざら》
呉《ご》須《す》染《そめ》付《つけ》
蟹《かに》文《もん》小《こ》猪《ちょ》口《こ》
布《ぬの》目《め》日《ひ》の出《で》盆《ぼん》
赤《あか》巻《まき》金《きん》彩《さい》盃《さかずき》
鼠《ねず》志《し》野《の》鮑《あわび》形《がた》向《むこう》鉢《ばち》
白《はく》磁《じ》紫《むらさき》釉《ゆう》杵《きね》箸《はし》置《おき》
白《しろ》杉《すぎ》利《り》久《きゅう》箸《ばし》

鍋のある献立例

海の幸に恵まれた土地の料理旅館、各種の料理屋なら、季節の魚介をふんだんに寄せたこんな献立は、なによりのおもてなしです。旬の鯛の旨みを刺身とちり蒸しに、めごち、ぎんぽの淡泊な味わいを揚げもので、脂ののった鰆《さわら》は焼きものに、そして鍋は、これらの魚の持ち味と上品に調和し、それ自体も癖《くせ》のない旨みの魴鮄をちり鍋にして、魚をじっくり賞味するひと揃いです。

魴《ほう》鮄《ぼう》鍋《なべ》膳

●鍋作り方三一一頁

忘《わす》れ霜《じも》

御品書

◆先付け
ピータンの卵豆腐

◆お造り
鯛の皮霜引き造り、
するめいかの細造り、
鮪の磯辺

◆主肴
魴鮄鍋

◆煮もの
鯛兜のちり蒸し

◆焼きもの
鰆の西京焼き、
車海老の鬼殻焼き

◆油皿
めごち、ぎんぽ、
車海老の軽揚げ

◆ご飯
浅蜊ご飯

◆吸いもの
なめこと豆腐の味噌仕立て

◆香のもの
茄子と胡瓜の糠漬け、
千枚漬け

青海波文《せいがいはもん》
白磁蓮華小鉢《はくじれんげこばち》
赤絵九寸浅鉢《あかえきゅうすんあさばち》
呉須染付山水文長手皿《ごすそめつけさんすいもんながてざら》
青磁編笠鉢《せいじあみがさばち》
黄交趾寿の字文四方小皿《きこうちじゅのじもんよほうこざら》
器／焼締土鍋《やきしめどなべ》
黄瀬戸櫛目文焜炉《きぜとくしめもんこんろ》

汐《しお》干《ひ》舟《ぶね》

御品書

◆前肴
鶏ささ身のかくしわさび

◆お造り
鮪の角切り、
ほうぼうと鮃のそぎ造り

◆主肴
蛤鍋

◆煮もの
若竹煮

◆焼きもの
鮃の錦焼き

◆強肴
焼き蛤

◆ご飯
山椒昆布の混ぜご飯

◆吸いもの
焼き椎茸と生麩の味噌仕立て

◆香のもの
すぐき、水菜

鍋のある献立例

それだけで早春の磯の香り漂う蛤を、鍋と焼きものに味を変えてたっぷりと味わっていただくひと膳です。こうした季節そのものの素材は、あまり小細工をせず、ストレートに旨みが表に出る調理で、素朴に味わうほうがかえって雅味があろうというものです。蛤の鍋と釣り合って、しかも引き立て合う他の品々は、例えば先付けともなる逸品、前肴《まえざかな》には鶏のささ身のかくしわさび、朝掘り筍と若布の煮もの、若竹煮と、さり気ない作りながら深みのある品々を配します。

浜鍋膳

●鍋作り方三三九頁

器／鉄《てつ》絵《え》芒《すすき》文《もん》片《かた》口《くち》形《がた》木《あけ》通《び》蔓《づる》手《て》土《ど》鍋《なべ》
瑠《る》璃《り》流《ながれ》釉《ゆう》掛《かけ》四《よ》方《ほう》焜《こん》炉《ろ》

青白磁尺皿《せいはくじしゃくざら》

呉須《こす》鹿文《しかもん》花形鉢《はながたばち》

鉄釉《てつゆう》七宝文《しっぽうもん》蓋物《ふたもの》

呉須《こす》染付《そめつけ》楓皿《かえでざら》

緑釉《りょくゆう》内金箔《うちきんぱく》菊形《きくがた》小鉢《こばち》

万暦《ばんれき》赤絵《あかえ》草魚文鉢《そうぎょもんばち》

海老真《しん》蒸《じょ》鍋膳

●鍋作り方三一九頁

すし店のカウンターにて

魚介が主役のすし店で、すしと共にお出しする鍋と献立の勘所《かんどころ》は、魚はすし種と形を変えてできるだけ薄味に仕立て、すしと酒が進むように味の調和をはかることです。

春《はる》朧《おぼろ》

御品書

◆前菜揃
紅白包み
牡丹海老の木の芽蒸し、
　胡瓜と若布の二杯酢
　レモン詰め
湯葉包みと海老の煮もの
木耳饅頭
◆鍋
海老真蒸鍋
◆主肴
にぎりずし

すしの献立によく合う鍋

五色《ごしき》水炊き鍋

●作り方二〇一頁

器／焼締《やきしめ》口付《くちつき》木通蔓《あけびづる》手《て》土鍋《どなべ》
飴釉《あめゆう》焜炉《こんろ》
灰釉《はいゆう》焜炉《こんろ》
呉須《ごす》反形《そりがた》薬味《やくみ》小鉢《こばち》
呉須《ごす》赤絵《あかえ》小鉢《こばち》
銀製《ぎんせい》丸形《まるがた》網杓子《あみじゃくし》

すしと酒を呼び合い、鍋そのものの味も献立の流れに添うこと、すし種、すなわち生の魚の味わいを引き立てることが、すしの献立の鍋の役割です。それには、相対的に汁気が多く、さらっとした口あたりであることで、むしろ吸いものに近い感覚で仕上げるとよく、鶏の水炊き系統のこの鍋などもその一例です。

蟹爪の錦鍋

●作り方二三二頁

どんな料理とも比較的相性のよい、蟹や海老もすしの献立の鍋にはうってつけです。海老ならばすし種と姿を変えて真蒸《しんじょ》にしたり、蟹ならば食べよい蟹爪などがよく、この例は彩りのよい黄身素麺、よもぎ麩と取り合わせた京風鍋です。

器／焼締切立木蓋付土鍋《やきしめきったちきぶたつきどなべ》
黒釉角形焜炉《こくゆうかくがたこんろ》
手付三組薬味入《てつきみつぐみやくみいれ》

新涼《しんりょう》

鍋と献立

沖すき鍋膳

●鍋作り方二二四頁

和食ペンションの昼席にて

御品書

◆前肴
ずいきの胡麻和え

◆吸いもの
松茸と卵豆腐の吸いもの

◆お造り
鯛の引き造り、鮪の角造り

◆主肴
沖すき鍋

◆強肴
笹巻きずし

◆揚げもの
蟹の唐揚げ

◆水菓子
富有柿

近年は洋風のペンション、ばかりでなく、和風のしつらえで、かなり本格的な日本料理を指向したペンションや、山荘風の和食店などが人気を呼んでいます。こうした店は、その風光明媚な環境を充分に活かして、それぞれの土地の産物を上手に献立に組み込むことが、店を特徴づけることにもなり、喜ばれる基本です。

和食ペンションの献立によく合う鍋

鶏の雪花鍋

●作り方二〇〇頁

器／鉄《てつ》釉《ゆう》掛《かけ》土《ど》鍋《なべ》
灰《はい》釉《ゆう》焜《こん》炉《ろ》、焼《やき》杉《すぎ》敷《しき》板《いた》
呉《ご》須《す》赤《あか》絵《え》小《こ》鉢《ばち》
呉《ご》須《す》染《そめ》付《つけ》琵《び》琶《わ》形《がた》散《ち》蓮《れん》華《げ》

大根おろしと崩した豆腐を、降る雪に見立てて名づけた鍋です。豆腐の入らない煮おろし鍋は、吹雪鍋、みぞれ鍋などの名で呼ばれています。これらは総称して〝寒夜の鍋〟といい、大根おろしの鍋は冷めにくく、体を暖めてくれるためです。消化がよく、酒宴のしめくくりにも最適で、和食ペンションなどの献立には、気の利《き》いた雰囲気もあってお進めの鍋です。

穴子高《こう》野《や》鍋

●作り方二五六頁

器／信楽《しがらき》木《き》蓋付《ぶたつき》土《ど》鍋《なべ》
飛《ひ》騨《だ》焜《こん》炉《ろ》
赤《あか》絵《え》志《し》野《の》小《こ》鉢《ばち》
志《し》野《の》鉄《てつ》絵《え》点《てん》彩《さい》小《こ》鉢《ばち》
飴《あめ》釉《ゆう》汁《しる》次《つぎ》

女性客の多い、ペンションなどにはうってつけの鍋で、穴子を高野豆腐と湯葉で巻いた細工ものを主とした精進風の仕立てです。手軽でおいしく、ほんの少し凝った趣も加味されたこうした鍋は、献立の中にも大変納まりのよいものです。

蛤の潮《うしお》鍋膳

●鍋作り方三三九頁

民宿の朝食の鍋

打水《うちみず》

御品書

◆味噌汁
豆腐と若布

◆ご飯
ゆかりご飯

◆鍋
蛤の潮鍋

◆盛皿
鰈の黄身焼き
焼き鱒
茄子田楽
あいなめの醤油焼き

◆煮もの
肉じゃが

◆台肴
竹輪と蒲鉾のわさび醤油漬け

◆焼きもの
目玉焼き

◆生野菜
茹で芽キャベツの
マヨネーズのせ

◆香のもの
白菜と野沢菜、奈良漬

◆水菓子
無果花《いちじく》

鍋は冬というのは主に家庭料理の話。商売屋では、熱い料理は熱くという日本料理の基本そのままに、四季を通して膳に加えます。蛤の味ののった初夏、潮仕立ての鍋が熱い吸いもの替わりとなります。

豚肉のちり鍋膳

民宿の夕食の鍋

●鍋作り方二九七頁

遠《とお》花《はな》火《び》

御品書

◆吸いもの
鰈のつみ入れのすまし汁
◆刺身
鰹のたたき
◆鍋
豚肉のちり鍋
◆煮もの
鶏肉と茄子の真蒸煮
◆酢のもの
蟹と若布の酢のもの
◆焼きもの
ひらまさの照り焼き
◆揚げもの
海老フライ
◆強肴
だし巻き卵
◆ご飯
しそご飯

総じて、給仕係などの手が不足しがちの民宿などでは、ある程度お客さま任せにできる簡単な鍋ものは、重宝なひと品であり、また労せずして献立のアクセントとなり、盛り立て役を果たしてくれます。お客さまにとっても、鍋が加わることで、一層ゆったりとした気分を味わえます。

民宿の献立によく合う鍋

蟹爪を加えた蕎麦ちりも、鶏鱈豆腐鍋も、朝夕の膳を問わず、またどなたにも好まれる癖《くせ》のない味わいで、献立のいわば定番鍋です。

蕎麦《そば》ちり

●作り方二五三頁

器／錫平鍋《すずひらなべ》
鉄紫蘇手焜炉《てつしそでこんろ》
伊羅保浅鉢《いらぼあさばち》
鉄絵点彩刻文小鉢《てつえてんさいこくもんこばち》

鶏《とり》鱈《たら》豆腐鍋

●作り方二四八頁

器／紅志野土鍋《べにしのどなべ》
灰釉櫛文焜炉《はいゆうくしもんこんろ》
赤絵十字形高台皿《あかえじゅうじがたこうだいざら》
志野草文撫角小鉢《しのくさもんなでかくこばち》
呉須染付琵琶形散蓮華《ごすそめつけびわがたちりれんげ》

鯛と蛤の鍋

●作り方二〇八頁

鯛が二、三切れ加わることで、鍋はぐんと贅沢味を増します。高級魚鯛と風味のよい蛤、華やかな三色大納言真蒸《しんじょ》を取り合わせて、蛤の蒸し汁を鍋地に利用した、少々酒の肴《さかな》の色合いの濃い、夕食膳向きの鍋ものです。

欧風《おうふう》切立《きったち》平《ひら》土鍋《どなべ》　伊賀《いが》片口《かたくち》小鉢《こばち》
飴釉《あめゆう》焜炉《こんろ》　色絵《いろえ》汁次《しるつぎ》
青磁《せいじ》輪花《りんか》小猪口《こちょこ》　呉須《ごす》捻文《ねじりもん》散蓮華《ちりれんげ》、南蛮《なんばん》手《で》受皿《うけざら》

蟹の飛《ひ》竜《りょう》頭《ず》鍋膳

●鍋作り方二三二頁

旅館の朝食の鍋

軒《のき》忍《しのぶ》

御品書

◆味噌汁
しじみの味噌仕立て

◆ご飯
白飯

◆酢のもの
鳥貝と小柱のみぞれ和え

◆鍋
蟹の飛竜頭鍋

◆煮もの
あいなめのちり蒸し

◆焼きもの
う巻き卵

◆強肴
いかの酒焼き
焼き海苔

◆香のもの
沢庵、梅酢大根と胡瓜、
日野菜漬け

◆水菓子
巨峰

旅館の献立においても、鍋ものが作り映えのする一品であることに変わりはありません。ことに決まりものに片よりがちな朝食の膳には、ザク類が多めのあっさり味の小鍋を加えて、献立に起伏をつけるのは賢明です。朝食の鍋は汁気を多めに調えます。

浜寄せ鍋膳

●鍋作り方三一四頁

旅館の夕食の鍋

初《はつ》螢《ほたる》

御品書

◆つき出し
酒盗

◆前菜
胡麻豆腐

◆吸いもの
魚素麺のすまし汁仕立て

◆お造り
鯛の引き造り、鳥貝、赤貝

◆鍋
浜寄せ鍋

◆焼きもの
鮎の塩焼き

◆煮もの
豚肉の角煮

朝食膳と異なり、お酒が主となることの多い夕食膳は、どの一品も酒の肴にかなった品々が望まれます。こうした献立の鍋ものは、汁気を控えること、甘みをおさえた鍋地て仕立てることがコツとなります。

◆口替わり
赤貝の南瓜釜
鰯の酢じめ笹巻き
◆強肴
さざえの壺焼き
蟹の飯蒸し
◆台のもの
すずきの胡瓜巻き
◆揚げもの
海老の黄身揚げ
◆水菓子
水蜜桃

旅館の献立によく合う鍋

旅先の食膳でふと出会う季節の味覚は、どなたにとっても新鮮なものです。そんな風情の野菜類が主の、上品な薄味の鍋二品です。

五目湯葉鍋

●作り方二五六頁

器／織部焙烙形土鍋《おりべほうろくがたどなべ》
飴釉焜炉《あめゆうこんろ》
志野緑釉掛薬味入《しのりょくゆうかけやくみいれ》
色絵蝶文小鉢《いろえちょうもんこばち》

松茸鍋《まつたけなべ》

●作り方二四二頁

器／白釉掛鉄絵焙烙形土鍋《はくゆうかけてつえほうろくがたどなべ》
灰釉焜炉《はいゆうこんろ》
白竹蓋付盛籠《しろちくふたつきもりかご》
鼠志野片口向鉢《ねずみしのかたくちむこうばち》

牛肉と魚介の鉄板焼き

●作り方二六九頁

先の二品とは対照的に重量感があり、若い客層には特に喜ばれます。肉料理を上手に和風にアレンジすることは献立を若々しくする鍵です。

器／卓上用一人鉄板焼揃《たくじょうようひとりてっぱんやきぞろい》
黄交趾喜の字四方小皿《きこうちきじよほうこざら》
瑠璃釉小鉢《るりゆうこばち》

器／焼締《やきしめ》縦筋《たてすじ》切立《きったち》土鍋《どなべ》
鉄《てつ》紫蘇手《しそで》焜炉《こんろ》
縁筋目《ふちすじめ》蒼釉《みどりゆう》平皿《ひらざら》、
箕形《みがた》薬味《やくみ》盛器《もりき》のせ
赤絵手《あかえて》毬文《まりもん》小鉢《こばち》
洗朱《あらいしゅ》長柄《ながえ》木杓子《きじゃくし》

鮎《あい》魚《な》女《め》の浪《なに》花《わ》鍋

●作り方三一八頁

旅館に限らず料理自慢の店での愉《たの》しみは、器にもあります。鮎に似て淡泊な鮎魚女のちり仕立て鍋の味わいを、雅趣のある器揃えが一層深めます。

鍋とともに味わう逸《いっ》品《ぴん》・前《まえ》肴《ざかな》

鍋の味わいを深める前肴

鍋料理は、それが大鍋仕立てであれば、多くはこれ一品で、仕上げの雑炊まで愉《たの》しむことができます。ただ大鍋は、具も汁も多いのが一般の作りですから、お酒を召し上がりたい向きには、少々難のある場合もありましょう。こうした方々にも、また鍋で食事をされる方々にも、競うように鍋をつつき合う愉しさに加えて、何かそこに小鉢のひと品があれば、目先も味も変わり、よい箸休めとなります。

これが小鍋立てであるなら、銘々が自分だけの鍋であるのですから、お酒をそれぞれのペースで愉しむには最適です。ただこれも、小鍋がひと献立の一品である場合に限られます。小鍋だけで飲む場合があるとすれば、小作りであるだけにある種のもの淋しさ、侘《わび》しさが伴います。こうした印象を拭い去るのが、そこに置かれる気の利《き》いたひと品で、これも格好の箸休めとなります。

この、鍋と共に出してその合い間に愉しみ、味わう一品料理が『前肴』、あるいは脇肴、添え肴などの名でも呼ばれる小品です。この〝鍋とその前肴〟は、鍋好き、お酒呑みの方々には、古くから大変歓迎されている好一対《こういっつい》、すなわち名コンビです。しかしながら前肴には、これでなければならないとい↖

鯵の干物のむしり

川海老の素揚げ

ない、といった固苦しいものではけっしてなく、鍋そのものの味も、多くの材料同士の出会いが醸《かも》しだす、いわば複雑で微妙な味であるだけに、様々な料理を想定することが可能です。これを少々具体的に〝旬《しゅん》の材料〟にあてはめて考えてみましょう。例えば春、鯛一尾をおろす。上身と頭、鎌などが俎板《まないた》に並びます。まず上身で小品の刺身を一品。そして焼きものなら上身でも、鎌でも美味、次に頭を梨割《なしわ》りにして、そのほかの旨みたっぷりのアラも加えて鍋に、と一種の魚であっても、このように味を変えることで、〝鯛尽《づく》し〟風の数種が考えられます。中には、正式の献立には鯛は一カ所しか使わないもの、といわれる方もありましょうが、料理店のすべてが会席料亭でも、懐石料理屋でもないはずです。旬の、一番おいしい季節に思う存分味わう、しかも味がそれぞれに異なっておいしい、とあれば喜ばない方はありません。鮟鱇《あんこう》の鍋に鮟肝《あんきも》の名コンビを、同じ鮟鱇ではないかと訝《いぶか》る方はいないはずです。それ以上に、高価な魚介であればあるほど、一尾を最大限に特徴づけて上手に使いきることは、料理人の腕であるのです。鯛だからといって、何日も刺身で使うなどは、実際に調理場に立っている方なら、どれだけ非現実的なことで

う制約はありません。あるのは、それが一品添えられることで、鍋の味わいが一段と際立ち、また前肴自体も、鍋があることでよりおいしいという関係にある料理であり、一品というより逸品でなければならないということです。

鍋の、いわば存在感のある仕立て—蓋があり、焜炉を伴い、取り皿・散り蓮華など脇の小道具類も賑《にぎ》やかな—と共に並べられ、これ以上強力な演出を具えた作りは不可能といってよいのですが、こと器の中身に関する限り、その盛りつけの繊細さ、細やかな味わいの点では、鍋と比べて小作りではあっても、しっかりとした個性のある味つけをすることで、対等の力を秘めた料理となります。この、外見は小品であっても、味わい深いものであることが、前肴にとっては不可欠の要素ということができます。

鍋と前肴、お酒のよい関係

日本料理には『出会いもの』という、よい言葉があります。料理と料理の相性がぴたりであるもの、そしてまた、ひとつの器の中での材料同士の相性が、お互いの味を引き立て会い、彩りがよく、欠かせないもの同士であることを、見事に表現している言葉ですが、〝鍋と前肴〟にあっても、ちょうどこの〝出会いもの〟の相性のよさにあたる、取り合わせの妙《みょう》、肌合いのよさが、望まれる最大のポイントとなります。それはしかし、この鍋にはこれしか

牛肉と胡瓜の生姜酢

鮪の変わりわさび和え

あるかは、言《げん》を待たないことでしょう。

このように、素材の旨みを前面に考えるなら、その組み合わせは大変豊富で、季節が変わればまた別の材料と材料が出会い、そこには別の調理が浮かび上がってくるのです。鍋に添える逸品、前肴は、そのように広範からとらえ、時と場合によって作り上げるものです。鍋と対等の力を具えた小品であることさえ押えておけば、刺身などの生《なま》造り、酢のもの、和えもの……と、自在な調理で仕立てることが可能です。本書では、ひとつの鍋に一品の前肴を組み合わせてお見せしていますが、あくまでもこれは、よく合う前肴の一例です。そこで、できるだけ鍋の主材料とは別の材料で、前肴を仕立てるようにしていますが、冷蔵庫内の有《あ》りもの材料、魚の端身《はしみ》、断ち落とし類を、できるだけ有効に活かし、使いきっていただきたいと思います。

そして、前肴はお酒とは切ってもきれないものであることを忘れてはなりません。鍋に前肴を添えることで席がより豊かになり、お酒が進みます。さらに、前肴が鍋と対等の力を持ち、魅力のある酒の肴であるためには、それを盛りつける器の力も見逃がすことはできません。小品であるだけに、雰囲気によく似合ったよい趣味の器、味わいのある器を用いることで、一段と料理の格が上がり、商品価値も高まるのです。とかく定まりがちな鍋料理の雰囲気にも、ちょうど、目に訴える薬味のような役割を果たしてくれるはずだからです。

渡り蟹のちり鍋と北寄貝のわさび和え

茹でた渡り蟹のちり仕立ては、酒と塩だけの淡い味つけの鍋地に、蟹のみそや卵が溶けだして上等の肴です。酷《こく》のある鍋の旨みに歯触りのよい北寄貝の和えもので、一層引き立て合います。

●鍋作り方三二一頁、前肴作り方二九四頁

器／鉄絵白釉掛紅葉文土鍋《てつえはくゆうかけもみじもんどなべ》
渋紙手焜炉《しぶがみでこんろ》
呉須染付松竹梅文手付薬味入《ごすそめつけしょうちくばいもんてつきやくみいれ》
青磁輪花小鉢《せいじりんかこばち》
織部割山椒《おりべわりざんしょう》
青竹箸置《あおだけはしおき》
赤杉天削箸《あかすぎてんそげばし》
黒塗朱縁田楽形四方折敷盆《くろぬりしゅぶちでんがくがたよほうおしきぼん》

牡《か》蠣《き》の味噌鍋と鮪のお造り

器／焼締櫛文折上四方土鍋《やきしめくしもんおりあげよほうどなべ》
渋紙手焜炉《しぶがみでこんろ》
御本手三島お多福小鉢《ごほんでみしまおたふくこばち》
瑠璃釉草文徳利《るりゆうくさもんとっくり》
呉須捻文散蓮華《ごすねじりもんちりれんげ》、南蛮手受皿《なんばんでうけざら》
呉須鹿文花形鉢《ごすしかもんはながたばち》
呉須染付四方小猪口《ごすそめつけよほうこちょこ》
独楽塗薬味入《こまぬりやくみいれ》
赤絵盃《あかえさかずき》
白杉天削箸《しろすぎてんそげばし》、箸袋《はしぶくろ》
黒蠟色丸折敷盆《くろろいろまるおしきぼん》

鮮度のよい大粒の牡蠣の、一瞬の煮え頃を逃がさず食べられる小鍋立てです。山が紅葉に染まるとともに旨みを深める牡蠣に、ほどよく脂ののった鮪の刺身を添えてお酒の進むひと組です。

●鍋作り方三四〇頁、前肴作り方三七八頁

鱈《たら》鍋と友禅寄せ

鱈の鎌《かま》と白子を小鍋立てでじっくり味わいます。前肴の友禅寄せは蟹のほぐし身と三つ葉などを卵で寄せた食べ応えのある逸品です。

●鍋作り方二一三頁、前肴作り方四〇〇頁

器／鉄釉土鍋《てつゆうどなべ》
黄瀬戸焜炉《きぜとこんろ》
焼締三割薬味入《やきしめみつわりやくみいれ》
蕎麦釉浅鉢《そばゆうあさばち》
志野鉄絵点彩木瓜平皿《しのてつえてんさいもっこうひらざら》

車海老鍋と鶏の唐揚げ

器／緑《りょく》釉《ゆう》土《ど》鍋《なべ》
金属《きんぞく》製《せい》卓上《たくじょう》焜炉《こんろ》枡形《ますがた》受台《うけだい》付《つき》
赤巻鉢《あかまきばち》
色絵《いろえ》汁次《しるつぎ》
藍染《あいぞめ》長柄《ながえ》散蓮華《ちりれんげ》
御本手《ごほんで》三島《みしま》お多福《たふく》小鉢《こばち》
呉須《ごす》染付《そめつけ》葡萄文皿《ぶどうもんざら》
義山《ぎやま》筒形《つつがた》一口《ひとくち》洋盃《ようはい》
義山《ぎやま》切子《きりこ》箸置《はしおき》
赤杉《あかすぎ》利久箸《りきゅうばし》
敷葭簀《しきよしず》

天然ものの車海老は春先から初冬まで出廻ります。秋なら新じゃが薯《いも》など季節野菜を寄せて、じっくり味わえる鍋も喜ばれます。添えは、溶き辛子を利《き》かせた唐揚げで味を引き締めます。

●鍋作り方二三六頁、前肴作り方二八六頁

鰤《ぶり》鍋と鰤の幽《ゆう》庵《あん》焼き

寒さが深まるにつれて旨みの増す出世魚鰤と、香りのよい野菜の鍋です。脂がのって一番おいしい時季は逃さず、前肴にも鰤の幽庵焼きを添えて、ひと味違う旨みを堪能《たんのう》していただきます。

●鍋作り方二一九頁、前肴作り方二八〇頁

器／伊賀《いが》紅葉《もみじ》文《もん》土鍋《どなべ》
灰釉《はいゆう》櫛目《くしめ》焜炉《こんろ》
天啓《てんけい》赤絵《あかえ》網目《あみめ》草魚《そうぎょ》文《もん》平鉢《ひらばち》
渋紙手《しぶかみで》蓮華《れんげ》焼締《やきしめ》手付《てつき》取廻《とりまわし》
青白磁《せいはくじ》染付《そめつけ》蝶文《ちょうもん》菊形鉢《きくがたばち》
竹製《たけせい》薬味入《やくみいれ》

鮟《あん》鱇《こう》鍋と鮟《あん》肝《きも》

江戸の昔から関東の河豚として鍋でお馴染みの鮟鱇は、〝鮟鱇あますところなし〟の言葉どおり歯と中骨以外のどの部位も鍋に使います。そして鮟鱇といえば鮟肝が、決まりものの一品です。

●鍋作り方三一〇頁、前肴作り方三七八頁

器／焼締《やきしめ》土鍋《どなべ》
渋紙《しぶがみ》手焜炉《でこんろ》
黄南京《きなんきん》薬味入《やくみいれ》、銀製《ぎんせい》小匙《こさじ》
瑠璃釉《るりゆう》梅形《めがた》小鉢《こばち》

鶏の水炊き寄せ鍋と穴子なます

博多名物の鶏の水炊きに彩りのよい具を取り合わせた寄せ鍋を、洒落た小鍋に仕立てています。あらかじめ下煮をしてさらりとしながら酷《こく》のある鶏に、穴子なますの淡い酸味が格別です。

●鍋作り方二九八頁、前肴作り方二九一頁

器／織部《おりべ》長手《ながて》平《ひら》土鍋《どなべ》
織部《おりべ》釉《ゆう》四方《よほう》焜炉《こんろ》
青磁《せいじ》小鉢《こばち》
色絵《いろえ》汁次《しるつぎ》
赤絵《あかえ》琵琶形《びわがた》散蓮華《ちりれんげ》
呉須《ごす》赤絵《あかえ》片口《かたくち》小鉢《こばち》

豚肉の水炊き鍋と鯛と帆立、赤貝のお造り

器／渋紙《しぶがみ》手《て》葉形《はがた》平《ひら》土鍋《どなべ》
渋紙《しぶがみ》手《で》焜炉《こんろ》
呉須《ごす》薬味皿《やくみざら》
赤絵《あかえ》手《て》毬文《まりもん》小鉢《こばち》
黒釉《こくゆう》金彩《きんさい》平皿《ひらざら》
赤絵《あかえ》輪花《りんか》小猪口《ちょこ》

箸で崩せるほど柔らかく下煮をした豚肉とスープを鍋地にした、食べておいしい経済鍋です。前肴は少し趣を変えて鯛のお造りで格を整えます。

●鍋作り方二九七頁、前肴作り方三七八頁

帆立と豚ロースの牛乳鍋と茶碗蒸し

器／鼠釉《ねずゆう》呉須《ごす》魚文《ぎょもん》土鍋《どなべ》
飴釉《あめゆう》焜炉《こんろ》
織部《おりべ》釉刻文《ゆうこくもん》小皿《こざら》
赤絵《あかえ》玉縁《たまぶち》小鉢《こばち》
紫釉《むらさきゆう》長柄《ながえ》散蓮華《ちりれんげ》
色絵《いろえ》金彩《きんさい》蒸茶碗《むしちゃわん》
赤絵《あかえ》お多福《たふく》徳利《とつくり》
白磁《はくじ》盃《さかずき》
白杉《しろすぎ》利《り》久箸《きゅうばし》、箸袋《はしぶくろ》
乾漆《かんしつ》梅形《うめがた》折《お》敷盆《しきぼん》

帆立貝と烏賊、豚肉に彩りのよい野菜を加えたシチュー感覚の鍋で、牛乳地の鍋には貝類や海老、蟹などがよく合います。若い女性向きのこの鍋には、やはり人気の茶碗蒸しを添えています。

●鍋作り方三七六頁、前肴作り方四〇〇頁

和風鉄板ステーキと帆立と錦糸卵の吸いもの

器／
新様鐶付鉄鍋《しんようかんつきてつなべ》
鉄製焜炉《てつせいこんろ》
箸付盛籠《はしつきもりかご》
色絵四方玉割《いろえよほうたまわり》
呉須染付梅文汁次《ごすそめつけうめもんしるつぎ》
黒蠟色松絵吸物椀《くろろいろまつのえすいものわん》
赤絵盃《あかえさかずき》
渋紙手金彩昆布巻箸置《しぶかみできんさいこんぶまきはしおき》
赤杉利久箸《あかすぎりきゅうばし》
春慶筏盆《しゅんけいいかだぼん》

牛フィレ肉と季節野菜を、焼きながら味わう野趣味あふれる鉄板焼きに口直しともなる吸いものです。

●鍋作り方三七〇頁、前肴作り方四〇五頁

前肴の味の勘《かん》所《どころ》 調理別に見る前肴集

鍋に添えて、味の出会いのよい前肴を作るには、まずその柱となる鍋そのものの味がバラエティーに富み、それぞれに個性的であることが背景となります。第一に材料が様々であることは当然ですが、それを煮る煮汁である鍋地の種類も多様です。昆布と鰹節の合わせだし、あるいは昆布だしだけで、あっさりと調える吸いもの風の味の作り、また、だし汁を味醂と醤油で調味した八方地で煮る、汁の多い煮もの風の味わいの作り、そしてやや洋風の香りもする鶏ガラのスープで仕立てるもの、あるいは味噌味《あじ》で仕立てたものなど、ベースとなっている味だけみても一様ではありません。材料や鍋地が醸《かも》しだす、複雑な味わいに添える前肴の味も単一であるはずはありません。ここでは前肴に相応《ふさわ》しい味の傾向を、調理別に検討しています。

●まず、どんな鍋にも抵抗なく合うのが生《なま》造り、すなわち刺身系統です。煮合わせて微妙な味わいの鍋に対して、見た目も味も別種のもので、その冷んやりとした舌触りも、鍋の箸休めとして最適です。

●次に焼きものは、刺身についでくっきりと素材の味を印象づける調理であり、薄味の鍋には、もうひと味加える役目をし、濃い味の鍋であれば、より味に変化をもたらし、焼き味が際立ってきます。

●揚げものの前肴は、ことに鍋の傾向である、一旦《いったん》味が決まると食べ終えるまで一貫した、ある種の単調さをカバーし、少々思いきって変化を加える役割を果たします。

●酢のものの前肴は、無条件に鍋に合うといってよいもので、鍋とは対照的な清涼感が生きます。

●和えものは、繊細な味わいの内に材料生来の色合いを垣間《かいま》見せて、控えめながら名脇役となります。

●煮ものの前肴は、鍋そのものが煮た味に類するだけに、仕上がりの味も見た目も、鍋とはガラリと変えた煮味《にあじ》にすることが、前提となります。煮ものは、それだけ豊富な種類をもった調理なのです。

●鍋が一種の魚介をたっぷりと味わい尽す、といった作りのもの、あるいは薄味のものであれば、時に蒸しものや、少々凝った調理の趣向ものなどが似合い、その奥行きのある旨みが冴えてきます。

このようにある時は、鍋の味に添ってハーモニーを奏で、あるものは少し小味の利《き》いた句読点ともなり、また材料本来の、生《き》のままの味を表立てることで、鍋との対照の妙《みょう》を感じさせる作りにするなどで、前肴は鍋のおいしさを一層深みのあるものにし、お酒にはずみをつけてくれる逸品となります。

前肴にうってつけの生造《なまづく》り・刺身もの

複雑で濃い味の鍋にも、薄味の鍋にも添えて間違いのない生《なま》系統の前肴です。

帆立の刺身

赤絵高台皿《あかえこうだいざら》

帆立貝は大きくておいしい貝柱を主に、鍋に加えたり、美しい貝殻を鍋代わりに貝焼《かや》きに、また盛りつけ用の器にするなど重宝な貝ですが、生で味わう刺身は基本の一品です。花穂じそなど、細長い褄《つま》を添えて立体的に盛りつけます。

●作り方三七八頁

こはだの酢じめ

赤絵沢瀉文平皿《あかえおもだかもんひらざら》

こはだは水分が多いため、塩で締めて酢に漬けるのが一般的です。この魚はシンコ、コハダ、コノシロと成長とともに名を変え、十センチ前後のものがコハダです。

●作り方三七八頁

鶏ささ身のかくしわさび

赤絵金彩六角小鉢《あかえきんさいろっかくこばち》

鍋料理は調理の性格上、素材を煮た味を味わうものですから、箸休めであり、口替わりでもある前肴の一品には、すっきりした味のものが望まれます。季節の魚介の刺身、酢じめものをはじめ、この鶏のささ身の生造り、かくしわさびはそんな鍋料理には格好の前肴です。淡泊で品のよい味わいは、合わせる鍋の種類を選ばず、互いに引き立て合う一品です。

●作り方三七九頁

前肴にうってつけの焼きもの

焼きものの前肴は、鍋ものが淡泊であれば味わいを深め、また寄せ鍋系統の酷《こく》のあるものであれば、くっきりと味を調えます。

寒鰆《かんさわら》の白酒焼き

伊羅保四方小鉢《いらぼよほうこばち》

晩春、産卵のために沿岸を回遊するため、春の魚の文字があてられていますが、味は寒の頃のものが最上とされます。水分の多い、身の柔らかい魚ですから、幽庵焼きや西京味噌漬けなど、焼きもので賞味されることの多い魚です。ここでは雛の節句や祝膳にのせられる白酒焼きの手法で、寒鰆の旨みを際立たせました。

●作り方二八一頁

車海老の塩焼き

少し濃い味の鍋には、天然ものの姿のよい車海老を塩味だけでさっと焼き上げ、レモン汁で食べるこんな前肴は格別喜ばれるものです。鍋を中心としたひと組の献立を考えた場合にも、前後に添える料理をすんなりと結びつけてくれます。海老料理は、小品であっても貴重な一品です。

●作り方二八一頁

呉須染付《ごすそめつけ》
山水文長手皿《さんすいもんながてざら》

焼き蛤

灰釉角切長手皿《はいゆうすみきりながてざら》

焼き蛤は、調理法としては大変シンプルなものですが、蛤のおいしさを最も引き出す手法といえましょう。艶やかな殻も自然の美しさそのもので、潮の香りとともに一層味わいを深めます。

●作り方二八一頁

松茸のしのび焼き

松茸に鶏のささ身をひと巻きして、味醂と醤油の焼きだれで香ばしく焼き上げ、すだち汁で味わっていただく少々贅沢な前肴です。その香り高さ、季節感、歯触りのいずれをとっても一級のもので、酒の肴としての定評の肯けるところです。鍋ものに添えるうえからも、過剰な細工や調味は不要の素材です。

●作り方三八一頁

色絵《いろえ》正倉院写《しょうそういんうつし》小皿《こざら》

牛ハツの酒醤油焼き

義山《ぎやまん》高台鉢《こうだいばち》

牛ハツはいうまでもなく牛の心臓ですが、こうしたモツ類は牛に限らず鶏の場合も、内臓という先入観や見た目の印象からとかく敬遠されがちですが、味のうえからは大変魅力のある素材です。このハツを薄くそぎ、酒醤油のたれでさっと網焼きしたもので、ポイントは少量を出すことと、品のよい器に小ぎれいに盛りつけることです。ここでは焼き上げたハツにけしの実を散らし、敷葉に菊の葉を使い、色鮮やかな坂本菊を甘酢にくぐらせたものをあしらって、ひときわ彩りに気を配って仕上げました。とかく単調になりがちな鍋ものの味に添えて、箸休めの酒の肴としても、得がたい味わいを添えてくれる一品です。

●作り方三八二頁

鶏、海老と椎茸の双身《ふたみ》焼き

鶏肉と海老、二種のすり身をそれぞれ椎茸と重ね合わせた双身にし、フライパンで油焼きにしたものです。こうしたいわゆる真蒸《しんじょ》ものは、丸《がん》にして鍋の具として使ったり、一品料理としても大変利用価値の高いものです。少し食べ応えがあり、目先も変わり、あしらいに季節感を託せば四季を選ばず使え、何かひと品という時にも重宝です。

●作り方三八二頁

呉須《ごす》染付《そめつけ》輪花《りんか》口紅付《くちべにつき》高台皿《こうだいざら》

前肴にうってつけの揚げもの

揚げものは鍋の口替わり風の前肴として、大変味の映《うつ》りのよいものです。全体を小振りに軽やかに仕立てることが大切です。

生雲丹《うに》の大葉揚げ

生雲丹を大葉で軽くくるんでさっと揚げた、彩りも香りも申し分のない贅沢な前肴です。主となる鍋ものが魚介をたっぷり使ったものであっても、ほんのひと箸、ふた箸、こうした気の利《き》いた揚げものが添えられることで、かえって双方が味を引き立て合ってよいものです。お酒が一段と進むこと受け合いの逸品といえましょう。

●作り方二八六頁

呉須染付割山椒《ごすそめつけわりざんしょう》

牡蠣《かき》のみどり揚げ

みどり揚げは、揚げ衣に刻みパセリの緑を加えて色づけしたところから名づけたものです。衣の下味は、酒と塩、胡椒で、この揚げたてにレモン汁を絞って食べる味わいは、お馴染みの牡蠣フライとはまたひと味違って、よい肴となります。このように見慣れた素材、調理にも、ほんのひと工夫加えることで趣の変わった一品となります。

●作り方二八六頁

割竹内漆盛鉢《わりだけうちうるしもりばち》

おこぜの唐揚げ

虎魚の字のあてられるおこぜは、外見の不器量さとは対照的に淡泊で癖のない味で好まれています。夏が旬で、骨ごと味わえるこの唐揚げのほか、ちり鍋、煮つけ、薄造りなどで賞味され、ことに関西方面では人気の高い高級魚です。

●作り方二八七頁

志野兜小鉢《しのかぶとこばち》

鶏手羽の千鳥揚げ

海苔を使った揚げものを〝磯辺揚げ〟といい慣らわしていますが、細切りの海苔をつけて揚げたこの料理は、水辺の千鳥が飛び立つ様を連想させることから〝千鳥揚げ〟の名がつきました。明治の頃、鶏料理屋が浅草海苔を使って始めた料理といわれています。なに気ない揚げものですが、おだやかな味わいがあり、鍋料理に添えるには最適です。

●作り方三八七頁

義山《ぎやまん》小判《こばん》小鉢《こばち》

ズッキーニのしのび揚げ

天啓《てんけい》赤絵《あかえ》六角《ろっかく》平《ひら》小鉢《こばち》

近年、盛んに出廻っている西洋南瓜《かぼちゃ》ズッキーニに、海老のたたき身を忍ばせて揚げた一品です。しのび揚げは、主材料に他の材料を挟んだり、潜ませたりした料理をいい、これには主材料より忍ばせる材料の方が、素材価値の高いものであることが約束です。

●作り方三八七頁

茄子と海老の揚げ出し

紫紺色も美しい茄子は、数ある夏野菜の中でも出色の味わいです。種類も多く、よく知られたものだけでも巾着《しぎ》茄子、蔓細千成《つるぼそせんなり》などの卵円形種、長茄子など長形種、加茂茄子など大形種。そのほか丸茄子、巾着茄子、淡色種の白茄子などがあります。また、採取時季から俗にいう秋茄子は特に美味で知られ、これを素揚げにして熱あつを生姜醤油で味わう、いわば味本位の一品です。

●作り方三八七頁

志野《しの》一葉皿《いちようざら》

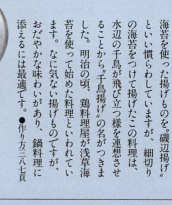

前肴にうってつけの酢のもの

酢のものの魅力は、食欲を促し、口中をさっぱりと調える点です。鍋とは対照的な味で鍋の旨みを引き出す、そんな名脇役的肴《さかな》です。

いさきともずくのわさび酢

赤絵《あかえ》花鳥文《かちょうもん》小鉢《こばち》

いさきは体長三十センチ前後、黄緑色の美しい磯魚で、晩春から初夏にかけての夜釣りの風景はよく語られるところです。やはり脂ののった六、七月頃が旬で、その味は鯛や鱸《すずき》に匹敵するといわれます。刺身で味わうのが最上ですが、時にはこのように湯霜にして和えものというのも、結構なものです。

●作り方二九一頁

白身魚の二杯酢

義山《ぎやまん》切子《きりこ》丸《まる》小鉢《こばち》

こち、鯛、鮃《ひらめ》などの白身魚の、その時々の調理材料の配分によって出る断ち落としを、無駄なく利用して作りたい、最も基本的な二杯酢仕立ての酢のものです。ここでは湯霜にしたこちに、西洋野菜のビーツとブロッコリーをあしらいにしてガラス器に盛り、彩り、味わいともに、少々モダンな趣にしてみました。肉類が主の鍋などには、ことによく合う一品です。

●作り方二九一頁

北寄貝と生海苔の生姜酢

呉須《ごす》赤絵《あかえ》金彩《きんさい》四方《よほう》小鉢《こばち》

刺身や酢のものでお馴染みの北寄貝は、その薄墨色の身の先端部分を熱湯に通すと、独特の桃色がかった紅紫色に変わり、弾力のある歯応えとともにこの、個性的な色合いも愉しみな貝です。北寄貝は冬から春先にかけてが旬で、やはり同じ時季に旬を迎える海苔の採れたてのもの、すなわち生海苔を取り合わせて、風味豊かな生姜味の三杯酢に仕立てています。

●作り方二九一頁

ところてんの胡麻だれ

義山《ぎやまん》十角《じゅっかく》筒《つつ》小鉢《こばち》

心太《ところてん》突きで突き出して、酢醤油や蜜などをかけて食べるところてんは庶民の夏の味覚として、江戸の昔から町中の氷屋などで出されていた心楽しい食べものです。料理の世界では、元来は精進料理のひとつで、献立に刺身替わりとして出されていました。この際には酢醤油味ではなく、ここで試みているような胡麻だれをかけて進めるのが通例でした。ところで、ところてんはご存知のように、海藻の天草(石花菜《てんぐさ》)を天日に晒《さら》して加工したものですが、呼び名にあてる文字は心太のほか、心天、石花菜、こころぶと、こころてんなどと様々で、興趣も尽きません。

●作り方二九一頁

わかさぎの南蛮《なんばん》酢

蕎麦《そば》釉《ゆう》鉄絵《てつえ》木瓜《もっこう》小鉢《こばち》

南蛮酢は、唐辛子や葱などが入った合わせ酢(加減酢)、またはどちらか一方が入った合わせ酢をいい、別名阿茶羅《アチャラ》ともいって料理名に表わすこともあります。ここでは酢に玉葱の薄切り、唐辛子の小口切り、醤油と味醂を合わせています。この南蛮酢には公魚《わかさぎ》や諸子《もろこ》などの小魚を骨まで食べられるように下揚げをして、数時間漬け込みます。酒の肴としてはスタンダードな一品で、作り置きもできて重宝です。

●作り方二九二頁

サボテンのサラダ

白釉掛《はくゆうかけ》呉須《ごす》点彩《てんさい》木瓜《もっこう》小鉢《こばち》

サラダサボテンを使ったサラダ感覚の酢のものです。サボテンは中南米の料理素材で種類も豊富ですが、日本で手に入る種類はまだわずかです。現状ではエキゾチックな珍味という趣ですが、ほんのりとした甘みのある癖のない味で、酢味のほか、焼いて練り味噌で食べても大変おいしく、これからの素材です。鍋ものの蓋を取る時に似て、何だろうという愉しみのある前肴です。

●作り方二九二頁

前肴にうってつけの和えもの

和えものは、お酒が柱となる料亭料理（会席料理）でも、本来、先付けなどにあてる酒の伴の料理であり、前肴には最適です。

鮪とクレソンの辛子和え

クレソンは和名を水辛子といい、きれいな水のある沢に自生しています。西洋料理の肉のつけ合わせとして知られていますが、和風におひたしや和えものにしてもおいしい、香り高い茎菜《けいさい》です。鮪の赤身を湯霜にして、クレソンとともに辛子醤油で和えたこの前肴は、小振りでしかも食べ応えがあります。

●作り方二九五頁

赤絵《あかえ》三葉形《みつばがた》小鉢《こばち》

越瓜《しろうり》としじみの辛子酢味噌

義山《ぎやま》瑠璃《るり》金彩《きんさい》鎬鉢《しのぎばち》

歯触りのよい越瓜と滋味あふれる蜆《しじみ》、色鮮やかなオクラを取り合わせ、辛子酢味噌を落とした奥床しい味わいの小品です。辛子酢味噌は、基本の和え衣の一種で、味噌、味醂、砂糖を同量ずつ鍋に合わせて弱火でなめらかに溶き、これを作り置いて、お出しするごとに酢と溶き辛子を混ぜ合わせて仕上げると、風味が損なわれません。

●作り方二九五頁

錦木《にしきぎ》

生海苔とわさびを醤油と混ぜ合わせた料理を錦木といいます。京都に伝わる古名ですが、その由来は不明で、確かなことは相当古くからあった料理ということだけです。ここでは、浅草海苔を使い、三つ葉と松の実を加えて彩りのよい肴となりました。これほどシンプルで、しかも忘れがたい味わいの肴も珍らしく、風格さえ感じさせる一品です。

●作り方二九五頁

呉須《ごす》染付《そめつけ》琵琶《びわ》形《がた》向鉢《むこうばち》

鶏と防風の白和え

義山切子《ぎやまんきりこ》編笠《あみがさ》小鉢《こばち》

蒸し鶏と防風、椎茸を、豆腐をベースにした白酢衣で和えながら食べます。防風には二種あり、ひとつがここで使った自生ものの浜防風。砂地に根を張り、文字どおり風で砂が飛ぶのを防ぐ役目のものです。もう一種が栽培ものの畑防風で、八百屋で扱うため八百屋防風の名もあり、茎が独特の暗紅色です。一般に防風といえばこちらを指します。

●作り方二九五頁

海老とうどの錦和え

色絵《いろえ》口紅《くちべに》六角《ろっかく》小鉢《こばち》

車海老とうどに添えた醬油味の磯辺おろしを和え衣に、和えながら食べていただく前肴です。和えものには、あらかじめ和え衣で和えて盛りつける形と、このように和え衣を添える形とがあり、素材によって、また和え衣の種類によって手法を選びます。ここで和え衣にした磯辺おろしは、大根おろしにもみ海苔を混ぜたもので、醬油をさして添え、ご馳走の雰囲気のある一品として錦《にしき》和えと名づけました。

●作り方二九五頁

牛肉といんげんの胡麻和え

義山切子《ぎやまんきりこ》沓形鉢《くつがたばち》

少し食べ応えのある前肴の欲しい、薄味系統の鍋ものなどには格好の和えもので、牛の赤身肉と彩りのよいいんげんを胡麻味噌衣で和えたものです。胡麻をベースにした和え衣は白和え衣などと同様に古典的和え衣の一種で、ここではいわゆる胡麻衣に焼き味噌を加えて香ばしさを際立たせ、質感の確かなガラス器に盛りつけたものです。

●作り方二九六頁

前肴にうってつけの煮もの

前肴に煮ものをあてる場合は、鍋のもつ"汁の多い煮もの"の側面を念頭におき、材料、調味、仕上げの形に新味を盛り込む工夫で活きてきます。

きゃら蕗《ぶき》の節粉《ふしこ》まぶし

南蛮手内金彩四方小鉢《なんばんでうちきんさいよほうこばち》

きゃら蕗は蕗を佃煮風に辛く煮た当座煮です。伽羅《きゃら》は梵語の多加羅《たから》の略で香木のことをいい、調理用語上は醤油だけで煮上げたものをいいます。このきゃら蕗に粉節をまぶし、松の実を散らしたもので、肴には最上の一品です。市販品もありますが、保存がききますから季節にまとめて作っておき、自家の味で出されることをお進めします。

●作り方二九七頁

煮やっこ

鳴海織部沓形小鉢《なるみおりべくつがたこばち》

湯豆腐の盛り切りの形が煮奴で、関西方面では特にお馴染みのものです。昆布だしで豆腐を温めて熱いかけつゆをかけ、薬味類をあらかじめ盛りつけてお出しする手法で、湯豆腐、冷や奴などと同様、豆腐そのもののおいしさを最も純粋に味わうことのできる逸品です。豆腐といえば、鍋料理の陰の主役といってもよい素材ですが、煮やっこには別の趣があり、よほど豆腐が主となる鍋以外は、抵抗なく添えられます。

●作り方二九七頁

冷やし冬瓜《とうがん》

緑交趾四方鉢《みどりこうちよほうばち》

下煮をした冬瓜に、トロリとした水晶あんをかけて冷やしたもので、ひんやりした口あたりが絶品です。冬瓜の出盛りは初秋ですが冬の瓜と書くのは、冬に種蒔きしたものの味がよいとされること、貯蔵に強く秋に収穫して冬まで食べられるため、などの諸説があります。

●作り方二九七頁

前肴にうってつけの蒸しもの

日本料理の蒸しものは蒸し器で蒸す、調味料で蒸し煮する、蒸籠で器ごと蒸すなど手法も多様で、酒の肴的前肴には欠かせません。

蒸し雲丹《うに》

生雲丹を箱ごと蒸し上げて作る蒸し雲丹は、隠し味の露生姜も冴えて、そのまま刺身替わりにもなる一品です。小洒落た器が鮮やかな色合いを一段と引き立てます。●作り方四〇〇頁

赤絵《あかえ》六角反《ろっかくそり》小鉢《こばち》

車海老の酒蒸し

華やかな車海老の赤、あしらいの胡瓜とその葉の緑が、いかにも食欲をそそる前肴です。このような少々凝った器には、一見、無雑作に思える盛りつけが、かえって料理のもつ若若しい雰囲気を感じさせます。●作り方四〇〇頁

古染付《こそめつけ》鯰形《なまずがた》向鉢《むこうばち》

三色大納言真蒸《だいなごんしんじょ》

魚のすり身を蒸して作る真蒸は、日本料理には欠かせない蒸しものの代表格です。すり身に飛び子の薄紅、枝豆の緑、卵の黄を混ぜて三層に重ね、大納言を散らした愛らしい趣を肴に仕立てています。●作り方四〇一頁

呉須《ごす》染付《そめつけ》椿文《つばきもん》四方《よほう》折上《おりあげ》小皿《こざら》

前肴にうってつけの趣向もの

瑞々《みずみず》しい魚介や肉、野菜を、切り整えた姿のまま客前に出す鍋の野趣に、少々細工を表立てた前肴が柔らかい雰囲気を添えます。

のし梅酒《さけ》粕《かす》

板状の酒粕を軽くあぶり、のし梅を重ねて色紙に切ったごく簡単なものですが、酒粕の芳醇な味わいとのし梅の甘酢っぱさが相まって、上品な酒の肴となります。のし梅は熟した梅の実をすって砂糖と葛粉を合わせて練り、竹の皮に薄くのしてゼリー状に固めたもので、水戸や山形に古くから伝わる名菓です。そのまま酒のつまみや細切りにして和えものなど料理にもよく使われます。

●作り方四〇三頁

義《ぎ》山《やまん》舟《ふな》形《がた》小《こ》鉢《ばち》

チーズの三色博多

チーズ五枚の間に水前寺海苔、雲丹板、胡瓜、もう一度水前寺海苔の順に重ね、切り口も彩りのよい和洋折衷の味の肴で、このようにいくつかの素材を板状に重ねたものを博多といいます。洋酒にもよく合う洒落た雰囲気の前肴です。

●作り方四〇四頁

南《なん》蛮《ばん》手《て》筋《すじ》目《め》小《こ》鉢《ばち》

昆布の舟盛り

二艘の昆布舟の一方に川海老と銀杏、片方にしめじと松の実をのせて、ひなびた趣のある器に盛り、紅葉した南天も映えて、山あいの川下りでもあろうかと思わせる風情の、秋の前菜風前肴です。

●作り方四〇四頁

織《おり》部《べ》丸《まる》小《こ》鉢《ばち》

料亭の鍋と前肴

お酒がはかどる鍋と前肴

〝料理店〟とひとことでいいましても、その料理の形式、内容は様々です。一見《いちげん》の客からその場で注文を受けて作る、即興(席)性の強い一品料理を出す小料理屋もあれば、その発祥から、お酒を飲ませる料理を一コースの献立に組み立てて出す、宴席を柱とした会席料理を食べさせる料理茶屋、すなわち会席料亭もあります。そして、茶事《ちゃじ》に精通し、古来の形式を守る料理茶屋もあり、この茶事料理を取りしきる懐石料亭は、茶道各流派の流儀に厳格に従うものです。さらにこの懐石を、各料理屋が自家流に柔らげ、お酒をより飲めるようにアレンジし、懐石趣向を打ち出した懐石風料理を出す料亭も加わっています。

料理屋、小料理屋、割烹《かっぽう》、料亭、料理茶屋と、呼称も多様で、必ずしもひとつの呼び名がその料理形式、内容を表わしているとは、いえないのが実情です。このほかにも、すし屋をはじめとする各種の専門料理店が競い合う、現代の料理界です。

献立に加える鍋の条件

ここでは、なかでも酒席料理の中核を成していると思われる、会席料理を食べさせる料亭を想定して、そこで献立の一品として出される鍋料理↖

最も大切な点が、会席献立はすべてが、お酒をおいしく飲んでいただくための料理で構成されていなければならない、ということです。ここに加える鍋もまた、酒の肴となる仕立てがまず条件です。

少々格式を感じさせる店構えであり、座敷の作りである場合の多い料亭で、ふと持ち出される小鍋は、否応《いやおう》なく席をなごませてくれます。ひと品の料理として見ても、献立の鮮やかなアクセントになるものです。派手やかに目を惹《ひ》くだけに、それだけの内容を具え、しかも他の料理とも心地よい調和を感じさせるようでなければなりません。

献立の鍋の前肴、その役割

そして、ここでの前肴は、客前の焜炉に蓋をした鍋がのせられ、しばしののち湯気が立ち昇り、続いて、煮えはじめの軽やかな音色が響き出すあたりまでの、いわば箸のつなぎ役を果たす一品、ということになります。それは必ずしも、前肴としての特別の一品である場合ばかりではなく、献立の品品の持ち出し方の緩急《かんきゅう》のつけ方によって、先付け、前菜、吸いもの、お造りそして主肴の鍋、と進むとするなら、お造りが前肴の役割を果たす場合もありましょうし、何か一品、ほんの少しコースから離

↙と、それを取りまく料理の一品としての前肴に視点をおいています。その宴席のひと組みの料理、すなわち献立の、ごく一般的な展開をみてみますと、まず開宴の乾盃の肴《さかな》である先付け、前菜の前段の料理にはじまり、続いて中心となる一汁三菜《いちじゅうさんさい》―吸いもの、お造り、煮もの、焼きもの―が中段に出され、さらにもう一献《いっこん》をという意味合いの、後段の肴である強肴《しいざかな》、進肴《すすめざかな》などが加わり、やがてご飯、止椀《とめわん》、香のものの、ご飯台《はんだい》に進み、食後の水菓子が出されて終宴となります。

これらはあくまでも基調であり、席の趣旨や予算、あるいは調理人により、また料亭の流儀によって、その都度省略や順の入れ替え、付け加えなどはあるものの、一汁三菜を柱に前・中・後段に渡り、酒の肴の趣の強いものを配して、最後はご飯で締めくくるという形で、これが現在一般にいうところの会席料理の献立の、最も平均的な姿です。そしてこの形は、ことさら会席料理を標榜《ひょうぼう》していない料理店においても、献立となればこれをベースに組み立てているのが通例です。

この献立の中段、お造りの次あたりに主肴《おもざかな》として、あるいは煮もの替わりとして、また多くは鍋とだけ献立表に印して、特別の趣向料理にあてられているのが、小鍋立ての鍋ものです。ここに出される鍋は、あくまでも日本料理の本流を踏まえて、季節感を内に外に打ち出し、献立全体の器揃《うつわぞろ》えの趣と、調和のとれた鍋と焜炉を用いること、そしてれた小品が、あてられることも少なくありません。

酒器様々

このさりげない料理を、いかにそれらしく嫌《いや》みなく仕立てるかは、簡単そうでいて、なかなかに技術を要するところです。献立のコースからは離れてとはいえ、鍋そのものとはもちろん、前後の料理の、味の流れを遮《さえぎ》ってしまうようであってはなりませんし、わずかに色合いの異ったもので、流れの息つぎとなるような一品が望ましいのです。

例えば、鍋が季節感を表立てない作りの場合は、これに呼応して前肴で少し季節感を強調し、あるいは色彩的に地味な仕立ての鍋であれば、前肴には少々彩りを際立たせる、濃い味の鍋であればやや控えめに、というように、献立のこの部分だけを拡大してみますと、ごく一般の、鍋に添える前肴の基本的な仕立て方の要点と、大きく変わるものではありません。どんな場合も、鍋に添える逸品である前肴は、小品であっても鍋と対等の力を秘めた料理でなければならないということを、前項に続いて、ここでも強調しておきたいと思います。

ただひとつ、料亭会席ということの制約を考えるなら、前肴もまた献立の中にあり、趣向の見せ場ともなる小鍋に添えられる一品である、ということを常に念頭におくことに尽きます。そして、この根底には、会席料理の献立はお酒を飲んでいただくための宴席料理であり、そこに加えられる小鍋立てと前肴のひと組みこそが、その中心となるべき料理であるということです。

魚介と京菜の寄せ鍋と鯛と鮪のお造り

料亭の献立、すなわち会席料理のひと献立に加える鍋は、同じ寄せ鍋であっても相応の格、他の料理との味の調和、器の醸《かも》しだす雰囲気など、おのずと仕立て方に気配りが要求されます。

●鍋作り方三三四頁、前肴作り方二七九頁

器／焼締《やきしめ》土鍋《どなべ》
織部《おりべ》草文《くさもん》焜炉《こんろ》
朱泥《しゅでい》茄子形《なすびがた》薬味鉢《やくみばち》
赤絵《あかえ》花鳥文《かちょうもん》小鉢《こばち》
色絵《いろえ》金線《きんせん》半開扇《はんかいせん》向鉢《むこうばち》
赤絵《あかえ》点彩《てんさい》小猪口《こちょこ》
瑠璃《るり》小波文《さざなみもん》徳利《とっくり》、共盃《ともさかずき》
志野《しの》鉄絵《てつえ》枕形箸置《まくらがたはしおき》
白杉《しろすぎ》利久箸《りきゅうばし》
黒漆《くろうるし》糸目《いとめ》折上《おりあげ》折敷盆《おしきぼん》

魴《ほう》鮄《ぼう》鍋と酢《す》牡《が》蠣《き》

魴鮄は鯛や鱸《すずき》と並び称される祝い魚で、武張った姿も、寒さとともに増す体色の赤味も祝い膳に華やぎを添えます。癖のない魴鮄の旨みに柚子の香り立つ酢牡蠣も映え、上等の酒肴膳です。

●鍋作り方三二一頁、前肴作り方三九一頁

器／黄瀬戸《きぜと》櫛文《くしもん》折上《おりあげ》四方《よほう》土鍋《どなべ》
黄瀬戸《きぜと》櫛目《くしめ》焜炉《こんろ》
提重形《さげじゅうがた》薬味入《やくみいれ》
辰砂《しんしゃ》草文《くさもん》小鉢《こばち》
黄瀬戸《きぜと》割山椒《わりざんしょう》
色絵《いろえ》唐子《からこ》瓔珞文《ようらくもん》瓢徳利《ひさごとっくり》
赤巻内金彩盃《あかまきうちきんさいさかずき》
呉須《ごす》網目《あみめ》菱箸置《ひしはしおき》
白杉利久箸《しろすぎりきゅうばし》
黒蠟色《くろろいろ》手斧目《ちょうなめ》四方《よほう》折敷盆《おしきぼん》

鯛と鯛の子の鍋と牛肉の葱《ねぎ》射《い》込《こ》み

品格も申し分のない鯛をその真子《まこ》とともに味わう鍋と、対照的に酷《こく》のある牛肉の巻きものです。鯛は刺身には不向きな端身《はしみ》も混ぜ、美しい皮目を見せた盛りつけで上手に使いこなします。

●鍋作り方二〇八頁、前肴作り方二八一頁

器／黄瀬戸《きぜと》葉形《はがた》平土鍋《ひらどなべ》
焼締《やきしめ》焜炉《こんろ》
吹墨《ふきずみ》瓢《ひさご》薬味鉢《やくみばち》
呉須《ごす》染付《そめつけ》小鉢《こばち》
白磁《はくじ》金彩《きんさい》重楓《かさねかえで》向鉢《むこうばち》
金彩《きんさい》蝶文《ちょうもん》徳利《とっくり》、共筒盃《ともつつさかずき》
白磁《はくじ》桔梗文《ききょうもん》折上箸置《おりあげはしおき》
白杉《しろすぎ》利久箸《りきゅうばし》
杉木地《すぎきじ》胴張《どうばり》折敷盆《おしきぼん》

鶏と魚介の楽しみ鍋と煎《い》り出し豆腐

鶏肉や魚介のいわゆる寄せ鍋を、関西風に〝楽しみ鍋〟と名づけました。色とりどりの素材も華やかなご馳走感にあふれ、格別の渾然《こんぜん》とした旨みに煎り出し豆腐の素朴な味わいが似合います。

●鍋作り方二〇一頁、前肴作り方二八七頁

器／織部《おりべ》折上《おりあげ》四方《よほう》土鍋《どなべ》
織部《おりべ》草文《くさもん》焜炉《こんろ》
竹手付《たけてつき》薬味入《やくみいれ》
洗朱《あらいしゅ》椿皿《つばきざら》
色絵《いろえ》汁次《しるつぎ》
赤絵《あかえ》玉縁《たまぶち》平鉢《ひらばち》
呉須《ごす》染付《そめつけ》竹文《たけもん》瓢徳利《ひさごとっくり》
呉須《ごす》染付《そめつけ》口紅盃《くちべにさかずき》
志野《しの》刻文《こくもん》箸置《はしおき》
白杉《しろすぎ》利久箸《りきゅうばし》
春慶《しゅんけい》筏盆《いかだぼん》

焼き穴子としめじの鍋と蟹とアボカドの生姜酢醤油、鶏ロール

関西では家庭でもよく作られる人気鍋のひとつで、穴子をたれ焼きや白焼きにして特有の生臭みを押えて使います。盛夏に向けて脂ののる穴子は、鱧《はも》、泥鰌《どじょう》と並ぶ〝夏の鍋〟の主役です。

●鍋作り方三二一頁、前肴作り方二九一、三八二頁

器／伊賀釉土鍋《いがゆうどなべ》
黒釉角形焜炉《こくゆうかくがたこんろ》
呉須赤絵小鉢《ごすあかえこばち》
吹墨長柄散蓮華《ふきずみながえちりれんげ》
紫蘇手金彩茄子形向鉢《しそできんさいなすびがたむこうばち》
赤絵平皿《あかえひらざら》
義山洋盃《ぎやまんようはい》
色絵桔梗箸置《いろえききょうはしおき》
赤杉利久箸《あかすぎりきゅうばし》、箸袋《はしぶくろ》
春慶半月折敷盆《しゅんけいはんげつおしきぼん》

鮭と鮭《さけ》鎌《かま》の鍋

鮭の鍋といえば北海道の〝石狩鍋〟が有名で、秋口に川を溯《さかのぼ》る秋味の身、頭、アラをブツ切りにして味噌味で煮込むものです。ここでは色鮮やかな紅鮭を鎌とともに薄味に仕立て、酒肴向きに調えています。

●作り方三二四頁

器／白釉掛土鍋《はくゆうかけどなべ》
灰釉焜炉《はいゆうこんろ》、焼杉敷板《やきすぎしきいた》
青磁瓢薬味鉢《せいじひさごやくみばち》
色絵女菱小鉢《いろえおんなびしこばち》
伊賀琵琶形散蓮華《いがびわがたちりれんげ》
白杉利久箸《しろすぎりきゅうばし》
黒漆縁果文四方盆《くろうるしふちかもんよほうぼん》

蟹とえのき茸の炒め和え

食べ応えのある鮭の鍋には、えのき茸の炒め煮に蟹のほぐし身を和えて、紫芽を添え味にした細やかな味わいの前肴をお進めします。箸休めには最適です。●作り方三九六頁

黄南京縁呉須小鉢《きなんきんふちごすこばち》

酒肴鍋の前肴集

料亭の鍋は、何よりも酒の肴にかなった味であることが身上です。ここではこの酒肴鍋《しゅこうなべ》に添えて一層鍋の味を引き立て、お酒を進める肴を素材と調味、仕立て、器の各面から試作しています。

イクラの柚子釜

色絵《いろえ》捻文皿《ねじりもんざら》

柚子をくり抜き、生造りの魚や酢のもの、和えものなどを盛る柚子釜は、料亭では前菜などでもお馴染みの手法です。ここでは彩りよく、イクラと若布を盛って三杯酢をかける酢のものの仕立てで、鍋を選ばない前肴の佳品となります。

●作り方二七九頁

蟹と野菜の揚げ和え

蟹棒、生椎茸、獅子唐辛子の三種をそれぞれ下揚げをして細かく切り揃えておき、割り醤油をかけたおろし大根の衣を軽くからめるように和えたものです。いずれも身近な素材で、どこといって奇を衒《てら》ったところのない作りの一品ですが、おいしく、控えめな雰囲気にかえって趣があります。主役の鍋に添えて出すぎず、隠れすぎず、いわばほどのよいこの前肴には、繊細な器とさり気ない盛りつけが似合います。

●作り方三九六頁

義山切子四方小鉢《ぎやまんきりこよほうこばち》

海老の双身《ふたみ》蒸し

呉須濃福の字小皿《ごすだみふくのじこざら》

海老のすり身に飛び子、黒胡麻をすり混ぜて俵形に整え、開いた車海老を握りずし風に重ねて蒸した一風変わった双身蒸しです。淡い味わいに溶き辛子が冴えます。

●作り方四〇一頁

百合根と海藻の梅肉和え

百合根と胡瓜、海藻の赤とさか、青糸のそれぞれを下拵えして盛り合わせ、露生姜を加えた三杯酢をかけてさらに梅肉を添えた酢のものです。百合根にはことに梅肉がよく合い、百合根の梅肉和えといえば古典的な酒の肴です。ここでは、海藻と胡瓜を合わせて生姜味の三杯酢を下味に、梅肉をからめて食べる仕立てですが、さっぱりとした舌触りで、寄せ鍋系統の複雑な味わいの鍋には、特に欠かせない前肴です。●作り方二九一頁

色絵《いろえ》芙蓉形《ふようがた》小鉢《こばち》

鶉《うずら》の照り焼き

酒の肴として古くから定評のある鶉の焼きものは、野趣そのものの香ばしさが郷愁をさそいます。あらかじめ骨をよくたたいておくこと、隠し庖丁を入れる、焼きすぎないなど調理には細やかな配慮が必要で、また、できるだけグロテスクにならない仕上げを心懸けます。●作り方二八一頁

色絵《いろえ》桔梗形《ききょうがた》小鉢《こばち》

牡蠣《かき》の新挽《しんび》き揚げ

あらかじめ酒塩で下味をつけた大粒の牡蠣を天ぷら衣にくぐらせ、さらに新挽き粉をつけて揚げた香ばしい揚げものです。新挽き粉はこうした変わり衣にはよく使われるもので、同様に使われる道明寺粉《どうみょうじこ》—蒸した餅米を乾燥させて細かく砕いたもの—を煎った製品で、関西方面ではみじん粉ともいいます。ほかに、ぶぶあられ、春雨、素麺なども衣にして仕上げの趣を演出します。●作り方二八八頁

呉須《ごす》赤絵《あかえ》金彩《きんさい》皿《ざら》

酒肴鍋の前肴集

お酒を一層おいしく、心愉《たの》しく味わっていただくための料理は、吟味された素材と確かな調理・調味であることが基本ですが、ここによい〝器と盛りつけ〟が加わることで格別のものとなります。

車海老とぜんまいの白和え

車海老、ぜんまい、オクラを味噌味の白和え衣で、和えながら食べていただきます。しっとりとまろやかな志野の器の肌合いも、三種の素材の清々しい彩りを包み込んで、落ち着いた前肴となります。●作り方二九六頁

志野《しの》縁点彩《ふちてんさい》
女菱小鉢《おんなびしこばち》

鶏の竜田《たつた》焼き

焼締十字形刻文長手皿《やきしめじゅうじがたこくもんながてざら》

竜田焼きの名は、材料を醤油に漬けてのち焼き上げた時の赤い色を、紅葉を川面に浮べて流れる竜田川に見立てた、古くからの趣向です。ここでは衣に卵黄をあしらって、一層秋の風情を深めました。日本料理の古名には、季節の物語が託されています。●作り方二八三頁

揚げ出し豆腐

水切りした豆腐に片栗粉をまぶして揚げ、かけつゆをかけたどなたもご存知の一品です。海苔の帯と添えのブロッコリーの緑、器の清楚な青がこの一品をちょっと気の利《き》いた肴に高めている鍵です。●作り方二八八頁

青磁草魚文鉢《せいじそうぎょもんばち》

蓴菜《じゅんさい》の二杯酢

呉須染付祥瑞文平皿《ごすそめつけしょんずいもんひらざら》

蓴菜は京都から東北一帯にかけての古沼に自生する水草で、古名を沼縄《ぬなわ》といい、高級素材のひとつです。旬の夏には生が出廻り、ここでは中でも貴重品の、走りの頃の小さい芽を摘んだ稚蓴《ちじゅん》を使って鑑賞用の小南瓜に盛り、身上のツルリとした舌触りとキュンと冷たい喉ごしを愉しんでいただきます。

●作り方二九二頁

海老と栗の吹き寄せ

網焼きの海老としめじ、焼き栗、煎り銀杏を彩りも愛らしく寄せ盛りにし、松葉を散らしたいかにも秋らしい風情の前肴です。〝吹き寄せ〟は、このように色とりどりの材料を取り合わせて、あたかも落ち葉や木の実が風に吹き寄せられたように、器の上に情景を写すところから料理名となったもので、焼きものや揚げものの風雅な手法です。

●作り方四〇四頁

瑠璃釉渦巻文平皿《るりゆううずまきもんひらざら》

牛タンの粕《かす》漬け

黄交趾緑彩輪花長手皿《きこうちりょくさいりんかながてざら》

薄皮をむいた牛の舌、牛タンを薄くそいで軽く塩をし、なじませたのち、柔らかくした酒粕に二日ほど漬けたものを網焼きにしたものです。熱あつにすだち汁がよく合って、酒の肴には絶好の一品です。

●作り方二八二頁

鱸《すずき》の潮《うしお》鍋

夏の高級魚鱸は、刺身や焼きものを仕立てたあとの頭や鎌《かま》をこうした潮鍋にして、出色の旨みを味わっていただきます。鱸はまた幼魚からセイゴ、フッコ、スズキと成長につれて名を変える出世魚です。

●作り方三一〇頁

器／鉄内焼漆手付鍋《てつうちやきうるしてつきなべ》
鉄製焜炉《てつせいこんろ》
黄瀬戸四方小皿《きぜとよほうこざら》
色絵紙風船小鉢《いろえかみふうせんこばち》

茗荷《みょうが》の子の含み揚げ

鱸と同時季、夏に旬を迎える茗荷の子の洒落た前肴です。茗荷に海老のたたき身を含ませ、新挽き粉をつけて揚げた香り高い揚げものに、レモンと梅肉の酸味も清々しく、彩りもモダンな一品です。

●作り方二八八頁

辰砂一葉皿《しんしゃいちようざら》

鱧《はも》鍋

本場関西では、料理人の腕の見せ場となっている〝鱧の骨切り〟はこの魚特有の繊細な小骨を、口に障《さわ》らないようにごく細かく庖丁を入れる技です。夏の祭膳の顔でもある鱧を、たっぷり使った酒肴鍋です。

●作り方三一六頁

器／緑楽金彩焙烙土鍋《みどりらくきんさいほうろくどなべ》
緑釉四方焜炉《りょくゆうよほうこんろ》、焼杉敷板《やきすぎしきいた》
伊羅保割徳利小鉢《いらばわりどっくりこばち》
織部菊形小鉢《おりべきくがたこばち》
呉須染付一閑人散蓮華《ごすそめつけいっかんじんちりれんげ》

五目蒸し卵

煎り卵をベースに蒲焼きの鰻、バラ数の子、絹さやを混ぜて茶巾絞りの要領で丸く蒸し上げて冷やし、冷めたい吉野あんを張ってわさびを添えます。凝った作りを表立てない、風雅な味わいの肴です。

●作り方四〇一頁

義山切子鉢《ぎやまんきりこばち》

酒肴鍋の前肴集

主となる鍋料理が季節感を表立てた仕立てであれば、前肴はこれを受けてなに気なく旬の味を忍ばせる、また肉類の鍋などであれば脇材料と前肴に季節感を託すなど、双方の均衡《バランス》が大切です。

帆立のひもと菜の花の三杯酢

萩《はぎ》播《すり》鉢《ばち》形《がた》小《こ》鉢《ばち》

生の帆立貝のひも、茹でた菜の花と細切りの人参を、それぞれ長く横一文字に盛り合わせ、三杯酢をかけて溶き辛子を天にあしらった、酢味の前肴です。この酢のものは、帆立の弾力のある歯応えを際立てる菜の花の茹で加減がポイントで、茹ですぎては台無しです。

●作り方三九二頁

焼き松茸

灰《はい》釉《ゆう》点《てん》彩《さい》木《もっ》瓜《こう》小《こ》鉢《ばち》

焼き松茸は万人向きには、だし汁と酒を合わせた中に少々漬けて焼きますが、ここでは酒客向きに、酒醤油にくぐらせて網焼きにしています。いずれの場合も、焼きすぎは禁物で、また、焼いたのちは手速く裂いて盛り、お出しします。

●作り方三八三頁

牛肉と浅葱《あさつき》の卵焼き

呉《ご》須《す》染《そめ》付《つけ》水《みず》草《くさ》文《もん》長《なが》手《て》皿《ざら》

牛の薄切り肉とあさつきを芯にした変わり卵焼きです。こうした卵焼きは芯の取り合わせを変えることで、味も彩りも変化をつけやすく、例えばあさつきの代わりに、三つ葉やほうれん草も結構です。また、鰻を芯にしたう巻き卵なども よく知られ、いずれも古くから定評のある酒の肴です。

●作り方三八三頁

蟹と貝割れ菜の砧《きぬた》巻き

蟹棒と茹で貝割れ菜を、甘酢につけた大根のかつらむき、いわゆる砧で巻いたものを、味噌と砂糖を味醂でのばして練り合わせ、溶き辛子を加えた辛子味噌で賞味していただく趣向です。巻きものは少々手間がかかりますが、手近な材料を使いながら仕上がりの見映えがよく、肴らしい雰囲気も備わってよいものです。応用もきき、時には昆布じめにした白身魚に胡瓜、あるいはうどなどを巻いてもおいしく、有りもの材料も容易に活用できます。●作り方二七九頁

御本手《ごほんで》三島《みしま》お多福鉢《たふくばち》

甘鯛のひと塩焼き

信楽《しがらき》四方皿《よほうざら》

ひと塩は生干しにする魚を塩水に浸して下味をつける手法で、ここでは背開きにした甘鯛に応用しています。甘鯛は〝若狭ぐじ〟の名で若狭産のものが知られ、水分の多いこの魚を浜塩といって、獲れたてを浜で塩をして遠隔地に運んだ伝統が、交通事情の変わった今に受け継がれ、特有の風味で珍重されます。●作り方二八三頁

ほおずき真蒸《しんじょ》

海老のたたき身と鶏の挽き肉を合わせてすり混ぜた真蒸を、丸く取って揚げたものです。前肴に何か夏らしいひと品が欲しいとき、平凡な真蒸が、ほおずきの赤い殻と葉つき胡瓜の取り合わせで、まぎれもなく夏の趣向となります。通例の献立に加えるには、やや目を惹きすぎるきらいのある見立てものの個性が、鍋という力強い主役を想定することで、むしろ愛らしい稚気《ちき》が表立ち、愉《たの》しい前肴となります。●作り方二八八頁

黄瀬戸《きぜと》高台平皿《こうだいひらざら》

酒肴鍋の前肴集

涼やかな酢のもの、香ばしい焼きもの・揚げもの、酷《こく》のある蒸しものなど、鍋料理に添えて精彩を放つ肴は多様です。あくまで酒が主役の、料亭の鍋膳には少々小味の利《き》いた前肴が喜ばれます。

烏賊《いか》と若布の生姜酢

烏賊、若布、胡瓜と相性のよい三種を合わせ、二杯酢に生姜を添えてお進めします。酢のものとしてはごく基本的な作りですが、烏賊は種類も多く、四季を通じて鮮度のよいものが手に入りやすく、例えば夏ならば障泥烏賊《あおり》に出盛りの胡瓜と上質の鳴門若布を組むなどで、ちょっと力のある一品となります。●作り方二九三頁

南蛮呉須染付《なんばんごすそめつけ》
菊形小鉢《きくがたこばち》

泥鰌《どじょう》のぐるぐる

呉須染付蝶文皿《ごすそめつけちょうもんざら》

開いた泥鰌を文字どおりぐるぐると金串に巻きながら刺して、白焼きののちたれで仕上げます。手作りの鉄砲串に刺し替え、粉山椒をふってお出しする通好みの酒の肴です。●作り方二八四頁

蟹爪のチーズ揚げ

蟹爪の殻の一部を鋏でぐるりと切り取り、チーズを加えた衣で風味よく揚げた一品です。鍋はただでさえ食べる際の手数《てかず》が多く、繁雑になりますから、添えの料理に蟹などを使う場合はできるだけ食べやすい作りを心懸けます。あしらいは仄《ほの》かに甘い栗の揚げものです。●作り方二八九頁

安南手小鉢《あんなんでこばち》

豚肉の真蒸《しんじょ》蒸《む》し

呉須染付《ごすそめつけ》
鳥文山形向鉢《ちょうもんやまがたむこうばち》

白身魚のすり身、鶏挽き肉などでお馴染みの真蒸《しんじょ》を豚の挽き肉に応用、おろし玉葱と塩、胡椒味で蒸し上げて表面を卵黄で化粧した少し洋風の味わいもある真蒸です。添えの梅肉と甘酢漬けの杵生姜が利《き》き味となって、あきさせない肴となります。形よく蒸し上げるには、ほんの少し調理にコツがあります。●作り方四〇二頁

五目磯辺

皮と脂身を取り除いて二度挽きした鶏肉を使った真蒸《しんじょ》で、椎茸、筍、人参のみじん切りが加わり、表面に海苔をつけてたれで焼いた五目磯辺の趣向です。同じ真蒸でも前掲の豚肉の真蒸蒸《む》しとは、味も雰囲気も異ってこちらは醤油味のたれの焼ける香ばしさと海苔の香りが相まって食欲をそそる一品です。気取らずに少々大振りに仕立てます。●作り方二八四頁

赤絵橘文平皿《あかえたちばなもんひらざら》

帆立の田楽

黒釉金彩平皿《こくゆうきんさいひらざら》

帆立貝を殻ごと天火で焼いた男性的な雰囲気の前肴です。一度殻から取りはずした帆立の身をきれいに整え、ひもの部分二、三カ所、貝柱の片面に十字の隠し庖丁を入れて、あらかじめ八分通りフライパンで焼いてから、粉山椒を加えた辛子味噌をのせて焼き上げます。粉山椒のほか、たたき木の芽、おろし柚子などでもまたおいしい一品です。●作り方二八四頁

海浜陶板焼き

常節《とこぶし》、蛤、車海老の魚介三種と鶏肉、野菜を彩りよく、ひと口ずつ取り合わせた酒肴向きの仕立ての陶板焼き。
蓋が鮑形の小洒落た陶板と他の器揃えにも、酒肴《しゅこう》膳らしい遊び心を嫌味なく演出したものです。

●作り方二六四頁

器／鮑形蓋付陶板《あわびがたふたつきとうばん》
飴釉焜炉《あめゆうこんろ》
赤絵点彩小猪口《あかえてんさいこちょこ》
青磁縁捻小鉢《せいじふちひねりこばち》

雲丹《うに》豆腐

卵豆腐の生地に生雲丹の裏漉しを加えて蒸し上げ、よく冷やした喉ごしもなめらかな一品です。素材の味そのものを愉《たの》しむ陶板焼きに添えて、対照的に繊細な味わいが際立つ、そんな前肴の例です。●作り方四〇二頁

義山瑠璃着小鉢《ぎやまんるりぎせこばち》

器と演出を愉《たの》しむ変わり鍋

伝統の趣《しゅ》向《こう》鍋と前肴

凝《こ》った仕立ての鍋とその前肴

鍋料理は、各種の料理店で一品料理として、あるいはひと組みの献立の主役ともなる料理として出され、その打ち解けた持ち味が活かされています。そしてその中には、早くから鍋を専門料理として看板に掲げてきた店が、多くあったこともまた、鍋を現在のように広範に浸透させるに至った、大きな要因となっています。この、看板に掲げられている鍋といって、まず思いだされるのが牛鍋、あるいはすき焼き、そしてしゃぶしゃぶをはじめ、すっぽん、ふぐ、鮟鱇《あんこう》の鍋。鶏の水炊き、牡丹《ぼたん》(猪)鍋、桜(馬肉)鍋、饂飩《うどん》すきなどですが、これらの多くは現在では老舗《しにせ》といわれる専門店が、幾代にも渡って受け継いできた名物鍋です。こうした鍋は、季節の風物詩として広く愛され、またその店のたたずまいは、古い街並みや時代を語る時の、鮮やかな背景ともなっているものです。

専門店の鍋は、いずれをとっても味はもちろん、それぞれに個性的なスタイルをもち、随所に凝った仕立てを見せて、商品価値を高めているものがすくなくありません。

変わり鍋の背景にあるもの

また一方では、料亭などが鍋ものをひとつの↖

映えて、大変美しいものです。

紙鍋は、赤銅《しやくどう》で編んだ網笊《あみざる》に和紙を重ねて汁を張り、焜炉にかけて材料を煮ます。〝只の国に襖紙美濃の大直しなどを加工して四角に取って箱型にして　早わざの料理鍋とし　五徳にかけ　炭火を強くして煮るに　少しも紙に焦げつかず　めいめい鍋にこしらえ貝焼きの代わりなどに用いるに至極興あるものなり……〟と江戸中期・享保年間に著わされた『萬金産業袋《まんきんなりわいぶくろ》』には、紙鍋と思われる記述があります。ただ、実際にこの紙鍋が商品化されたのは、昭和初期、それも高級料理屋に限ってのことのようです。

紙で鍋を作るとはいえ、普通の和紙をそのまま火にかけるわけではありません。当時は和紙に耐火性、耐水性をもたせるために、焼き明礬《みようばん》や蕨糊《わらびのり》など、七～八種を調合して紙に塗り、この内容が各料理屋の秘伝となっていました。煩雑《はんざつ》な手間を要するために、一般の店で出されることはまずなく、紙鍋専門の料理屋もできていたほどです。

現在では、特殊加工をしてある洋紙が各種出廻っていますし、紙鍋の専用紙も市販されています。この和紙を受ける網についても、赤銅ものの風情には及びませんが、ステンレス製の手軽なものが

↙趣向《しゅこう》料理として取り入れる際に、ほかとは少々異なった風情を加味し、より高級感を打ち出したものも目を惹《ひ》きます。この項で取り上げた竹鍋、紙鍋、石焼き鍋、宿借《やどか》り鍋などは、いずれも何らかの演出を盛り込み、それを前面に出すことで、鍋仕立ての趣向料理といった雅味《がみ》を感じさせる鍋ばかりです。そして、これらは鍋の典型から見れば、いわば〝変わり鍋〟の部類に入るものです。

さらにまた、変わり鍋を少々別の目で見るなら、河原の石を火中で熱く焼き、その熱でものを焼く、いわば石焼きの最も原初の姿。そして竹鍋は本来、土を焼いた広口の壺を火にかざして、その中でものを煮た古代中国の釜の発生にはじまり、より安定を計った結果、三本の脚を付けて火の上に立てた鼎《かなえ》を、竹筒に三本脚を付ける形に応用した猟場《りょうば》用の調理具であったもの。その、同じ竹筒を縦割りの舟形にした現代の竹鍋。また、遥《はる》かに原始的な、貝殻や大きな木の葉などを鍋代わりにした、歴史的事例を、何らかの形で反映させているものです。これらを思いがけず直截的《ちょくせつ》な姿で、あるいはかすかに彷彿《ほうふつ》とさせる形で、鍋料理として現代の膳にのせられる時、高級感さえ漂わせる〝変わり鍋〟として、私たちの前によみがえります。

今ひとつ、変わり鍋中の異色の存在が『紙鍋』です。文字どおり紙を鍋とし、火にかけて煮るこの鍋は、何よりも紙と火と水という取り合わせの不思議さが目を惹き、また、焜炉の炎に紙の白さが

鮑と帆立貝

ありますから、ことさら秘伝をもたなくとも、紙鍋を仕立てることができるようになっています。

凝った趣向の指すところ

このように紙鍋ひとつをみても、料理人の長年の執念が実って、食膳の趣向としては他に例を見ないほどの、凝った〝変わり鍋〟が生まれたのです。とかく、紙と火と水と、こればかりを強調しがちですが、和紙の特性である、強く、清潔な美しさ、そして、多少のアク類は吸収してしまうという利点をよく知り、追求したからこそのものであるのです。

趣向を凝らすといいますと、いきおい飾り立てるという方向や、奇抜な細工にばかり走るといった誤解をしやすいのですが、けっしてそうではなく、材料のもつ自然の姿形の美しさを、器の風情で受け止め、どこかに品のよい演出を加えることで一層個性を際立たせ、味わっておいしいばかりでなく、目にも愉《たの》しいという〝目福口福〟を、食べる人に感じていただくことができるのです。

そして、これらの凝った趣向の鍋に添える前肴は、総じて、見た目も味も簡潔な作りのものがよく、鍋と前肴の双方が趣を主張するものであっては、お互いの味を消し合い、相殺し合ってしまいます。

何よりも留意しなければならない点が、仕掛けばかりが大仰《おおぎょう》で、肝心の料理は印象にないといわれることです。前提にはまず、確かな調理調味があった上での装いこそが、趣向であるのです。

竹鍋と鶏つくねの団子

呉須染付山水文長手皿《ごすそめつけさんすいもんながてざら》

青磁浅鉢《せいじあさばち》

色絵草文亀甲形鉢《いろえそうもんきっこうがたばち》

瑞々《みずみず》しい猛宗竹のひと節を半分に割って鍋にし、火通りのよい魚介を取り合わせて青竹の香りとともに味わう贅沢な趣向鍋は、昭和初期から受継がれてきたものです。

●鍋作り方二四一頁、前肴作り方二八五頁

器／竹鍋《たけなべ》
焼締四方焜炉《やきしめよほうこんろ》

紙鍋と小海老と浅葱《あさつき》の黄身酢

竹鍋と同時期から高級料亭の特別料理としてもて囃された紙鍋は、火や水に弱いはずの紙を鍋代わりに使う意外性が喜ばれます。

●鍋作り方三四一頁、前肴作り方三九七頁

黒釉汁徳利《こくゆうしるとっくり》

器／紙鍋《かみなべ》

黄瀬戸焜炉《きぜとこんろ》

大徳寺青磁三島手四方鉢《だいとくじせいじみしまでよほうばち》

呉須染付桜川向鉢《ごすそめつけさくらがわむこうばち》

織部野菜形皿《おりべやさいがたざら》

青竹中節取箸《あおだけなかぶしとりばし》

色絵七宝盛器《いろえしっぽうもりき》

焙烙《ほうろく》焼きと卵豆腐の吸いもの

渋紙手《しぶがみで》徳利《とっくり》

赤絵《あかえ》四方《よほう》小猪口《こちょこ》

器／焼締《やきしめ》四方《よほう》陶板《とうばん》

志野《しの》芒文《すすきもん》四方《よほう》焜炉《こんろ》

黒漆《くろうるし》半月《はんげつ》折敷盆《おしきぼん》

玉子手《たまごで》小皿《こざら》

赤絵《あかえ》盃《さかずき》

青竹《あおだけ》箸置《はしおき》

赤杉《あかすぎ》利久箸《りきゅうばし》

黒《くろ》蠟色《ろいろ》拭輪《ふきわ》蒔絵《まきえ》吸物椀《すいものわん》

焙烙焼きの基本形は、専用の素焼きの焙烙鍋に煎り塩を敷き、松葉を敷いた上に材料を盛って蓋をし、蒸し焼きにする変わり鍋です。そして多くの場合、魚介を中心に茸《きのこ》類や銀杏などを寄せて秋の風情に仕立てる、いわゆる吹き寄せ風の趣向で目にも美しく、蓋を取った時に立ち昇る芳香をともに愉《たの》しんでいただくもので、料亭などの会席献立一般の形からみますと、焼き上がりの温かさを合わせて味わっていただく、盛り合わせの焼きものとして出されるものです。

ここでは、上品な白身魚の鱚《きす》に姿のよい川海老、食べ応えのある常《とこ》節《ぶし》という魚介揃いに椎茸、しめじ、銀杏とカシューナッツ、そして卵の取り合わせを長手の陶板鍋で試みています。

この焙烙焼きとともにお出しする前肴は、少したっぷりと汁気のある卵豆腐の吸いものなど、うってつけです。このほかの調理から選ぶなら、以下の三例などもそれぞれにしっとりとした味わいで、香り高い焙烙焼きに最適な品々です。

●鍋作り方三七一頁、前肴作り方四〇五頁

雲《う》丹《に》の磯辺揚げ

鮮度のよい生雲丹を四角に切った海苔にのせ、四隅を摘《つま》み合わせて中温の揚げ油でカラリと揚げます。この時、雲丹に完全に火が通りきらないうちに取り出すのがコツで、いわば半熟状の雲丹を大根の染めおろしで賞味していただきます。雲丹は、獲れる土地によって色の赤いもの、土色のもの、また大小ありますが、身が粒立って締まり、ひと箱の粒が揃っているものが上質です。

●作り方三八九頁

志《し》野《の》武《む》蔵《さし》野《の》皿《ざら》

茶《ちゃ》巾《きん》豆腐

青《せい》白《はく》磁《じ》割《わり》山《ざん》椒《しょう》

ぽってりと丸く形作った豆腐を淡い青白磁の器に盛り、艶やかな山椒味噌をかけて花穂じそを添えた品のよい一品です。よく水切りした豆腐に溶き卵と塩を加えてなめらかにすり混ぜ、等分して団子に丸めたものをガーゼにのせ、真中に溶き辛子を入れます。ガーゼの四隅を持って茶巾絞りの要領で絞って止め、熱湯で茹でて作ります。全体にあっさりとした仕立てですが、添える焙烙焼きの材料によっては、溶き辛子の代わりに焼き穴子や茹で海老などをしのばせてもおいしく、少し贅沢な前肴となります。

●作り方三九八頁

冬《とう》瓜《がん》の鶏そぼろあん

秋の趣向鍋の代表格である焙烙焼きには、この時季が旬の冬瓜を使った煮ものなども絶好の前肴となります。冬瓜をあらかじめ米のとぎ汁で下茹でし、水にさらしたのち八方地で煮含めます。これに鶏の挽き肉を甘辛味でそぼろ状に煎り、仕上げに水溶きの片栗粉でとろみをつけた鶏そぼろあんをかけて松葉柚子をあしらいます。淡泊で瑞々《みずみず》しい冬瓜に適度に酷《こく》のある鶏そぼろあんがよく合って、おいしい一品です。また時には、鶏を海老や穴子のそぼろに代えることで、ひと味違う趣がでます。

●作り方三九八頁

万《ばん》暦《れき》赤《あか》絵《え》鉢《ばち》

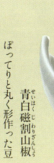

石焼き鍋

●作り方三七二頁

河原で石を熱して釣魚を焼いた原初の形が、炭火で熱した石を陶板に敷いて材料をのせ、客前で焼く趣向に発展しました。ここでは料亭風に、前もって焼いた魚介を保温と趣向を兼ねて石焼き鍋の仕立てにしています。

器／手付陶板《てつきとうばん》、那智黒石《なちぐろいし》
織部刻文瓢小皿《おりべこくもんひさごこざら》
赤絵玉縁鉢《あかえたまぶちばち》
白杉天削箸《しろすぎてんそげばし》

生雲丹《うに》のアボカド釜

アボカドは近年日本料理にも積極的に取り入れられ、その微妙な味わいが好まれるようになりました。この果実をよく冷やして釜にし、生雲丹を盛り込んで二杯酢をかけたサラダ感覚の前肴です。

●作り方三八〇頁

飴釉折込玉縁平鉢《あめゆうおりこみたまぶちひらばち》

納豆の磯辺揚げ

小粒の納豆を軽く刻んで醤油、溶き辛子、塩で下味をつけ、茹でた銀杏の薄切りを混ぜ合わせます。これを四角に切った海苔にのせ、四隅を摘《つま》んで素揚げにし、染めおろしを添えたものです。納豆は酒の肴の材料として根強い人気がある反面、特有の匂いを敬遠する方もありますが、揚げることで匂いも香ばしく軽減されて、ちょっと気の利《き》いた前肴となります。

呉須《ごす》染付《そめつけ》一葉鉢《いちようばち》

●作り方二八九頁

五目しそ焼き

赤絵《あかえ》象嵌《ぞうがん》平鉢《ひらばち》

鶏の挽き肉に醤油、砂糖、溶き卵を混ぜてよくすり混ぜ、椎茸、人参の繊切りを加えて丸く平らに形作ります。フライパンで焼きながら醤油、酒、味醂を合わせた幽庵地をからめるようにして火を通します。仕上げに裏側に片栗粉を塗った大葉を両面につけて焼き上げます。鶏の挽き肉の代わりに海老や烏賊《いか》のたたき身で応用してもおいしく、いずれも染めおろしを添えてお進めします。

●作り方二八五頁

筒大根の木の芽味噌

筒むきにした大根を柔らかくなるまで下茹でし、練り味噌をかけて木の芽をあしらった、見るからに清楚で品のよい一品です。筒むきは古くからの大根のむき方で、筒大根の呼び名のほかに竹大根ともいい、これより細く小さくむくことを篠《しの》にむくといいます。なめらかな練り味噌に木の芽の香りで賞味する〝風呂吹き大根〟の銘々盛りの形の前肴です。

呉須《ごす》木瓜《もっこう》向鉢《むこうばち》

●作り方二九八頁

松茸と帆立の酒蒸し

絵唐津《えがらつ》芙蓉形《ふようがた》小鉢《こばち》

松茸と帆立の貝柱をそれぞれ酒塩で下味をつけ、吸い地程度に味を調えただし汁を張って煮立たせ、茹でた銀杏と三つ葉を加えてもうひと煮立ちさせて汁ごと器に盛り分け、薄い半月切りのすだちを添えるもので、いわば松茸の土瓶蒸しを一般の器でお出しする形です。魚介の〝焼きもの〟仕立ての石焼き鍋には絶好の、汁気の多い、香り高い前肴です。いずれも淡泊な旨みが身上の素材ですから酒塩だけのあっさりした味つけが活きてきます。

●作り方四〇二頁

むき蛤の宿《やど》借《か》り鍋

●作り方三三八頁

器／栄螺殻《さざえから》
志野釉四方焜炉《しのゆうよほうこんろ》、銅金網《どうかなあみ》、白杉敷板《しろすぎしきいた》
天啓赤絵四方薬味皿《てんけいあかえよほうやくみざら》
蕎麦釉小鉢《そばゆうこばち》

越瓜《しろうり》の蟹印籠《いんろう》

越瓜の中心をくり抜いて蟹棒を詰めたもので、このような作りを〝印籠〟といい、伝統の手法です。三杯酢をかけてわさび味でお進めするさわやかな肴です。●作り方三八〇頁

流釉貝殻鉢《ながれゆうかいがらばち》

栄螺《さざえ》の殻にむき蛤を入れた壺焼き風の仕立てで、このように殻と中身の貝が別種の作りを〝宿借り〟、同一の場合を〝家《いえ》盛り〟といって、古くからある手法です。伴は相性のよい茸類《きのこ》を主に彩りのよい野菜ともみじ麩です。

博多焼き

志野鉄絵長手皿《しのてつえながてざら》

鶏の骨つきもも肉を酒と醤油を同割で合わせた中に漬けて下味をつけ、金串を打って直《じか》焼きにした一品で、鶏料理の本場博多に因んだ料理名です。酒の肴であることを念頭において、通常下味によく使う味醂は除いて酒醤油だけの味つけです。またもも肉は、骨の内側に隠し庖丁を入れておくことも大切です。●作り方二八五頁

烏賊《いか》の菊巻き

吹墨割山椒《ふきずみわりざんしょう》

刺身用の烏賊を使って菊海苔で巻き、二杯酢をかけて甘酢漬けの杵生姜を添えたもので、どんな鍋に添えても失敗のない前肴です。烏賊は捌《さば》いて皮をむき、四角に整えたのち裏側に五ミリ間隔の浅い切り目を入れて薄塩をあてておきます。菊海苔は板状のまま布巾に挟んで湯につけて戻し、甘酢に漬けます。巻き簀で巻き上げたのちラップでくるんで冷蔵し、供するごとに小口から切り分けて盛りつける手順です。●作り方二八〇頁

川海老の黄身覆輪《きみふくりん》

雪持一葉皿《ゆきもちいちようざら》

川海老の腹側に縦に切り目を入れ、さっと茹でたのち殻をむき、七、八分熟の煎り卵を川海老の腹に詰めて乾いた布巾で形を整えて蒸し上げ、すだちか橙の絞り汁をかけて仕上げます。このようにひとつの材料に、他の材料を薄く被せて層にした作りを〝覆輪〟といいます。また、卵ともう一種の材料が同量の場合は黄身袱紗《ふくさ》と呼び、伝統の手法となっています。

●作り方四〇二頁

牡蠣《かき》の松島揚げ

鼠志野兜小鉢《ねずみしのかぶとこばち》

酒塩で下味をつけた牡蠣のむき身を、青海苔粉を混ぜた揚げ衣で揚げたものです。広島と並び称される牡蠣の名産地、宮城県の松島湾を想定した料理名にしています。牡蠣の揚げものは、このように衣にひと味加えることで仕上がりの印象も変わり、いろいろなバリエーションが愉《たの》しめます。ここではまた、薄く半月に切ったレモンで挟むように盛りつけて粉山椒をふり、香りもよく酒落た趣の前肴になりました。●作り方二八九頁

帆立の宿《やど》借《か》り焼き

●作り方三三七頁

帆立が鮑の殻を鍋に借りた宿借り鍋です。鮑の殻はなるべく大きなものを選び、穴には錬ったご飯粒を詰めて煮汁がもれないように整えます。また使う前には、殻を水に浸しておくと火にかけて焦げる心配がありません。

器／鮑鍋《あわびなべ》
飛騨《ひだ》焜炉《こんろ》
赤絵《あかえ》片口《かたくち》小鉢《こばち》
砂子《すなご》青磁《せいじ》捻皿《ひねりざら》
白竹《しろちく》籐巻《とうまき》取箸《とりばし》

海老詰め小玉葱《こたまねぎ》の煮おろし

帆立の宿借り鍋に添えたい前肴は小玉葱の中身をくり抜き、海老のたたき身を詰めて下揚げしたのち煮汁で煮上げ、仕上げに大根おろしを加えた一品です。●作り方二九八頁

赤絵《あかえ》水玉文《みずたまもん》小鉢《こばち》

サーモンと水前寺海苔の二色はさみ

薄く酢味をつけて下茹でした小口切りの蓮根の間に、それぞれ甘酢をくぐらせたスモークサーモンと水前寺海苔を挟んだ先付け風の作りの一品です。帆立の宿借り鍋に添える前肴は、量感のある煮ものなどのほかに、こうしたいかにも酒肴らしい仕立てと味わいの肴も、趣があってよいものです。蓮根は見た目にも面白い効果が出せますが、癖のない持ち味で変化のつけやすい素材です。●作り方四〇四頁

呉須《ごす》染付《そめつけ》雲文《くももん》捻皿《ひねりざら》

わかさぎの二色揚げ

鉄絵《てつえ》紅葉《もみじ》文《もん》筏《いかだ》小皿《こざら》

公魚《わかさぎ》の揚げたものは、骨まで賞味できてしかも軽く、お酒好きの方々には人気の高いものです。ここでは半量に新挽き粉、半量に青海苔粉をまぶしてカラリと揚げています。この時、どちらも魚全体にまぶしてしまわずに、頭と尾は残してつけると品のよい仕上がりになります。●作り方三八九頁

土佐豆腐

豆腐に鰹節をまぶして揚げたもので、鰹の本場四国は土佐に因んでつけた料理名です。あらかじめ香ばしく煎って冷ました削り節を粗くもみほぐします。水切りして一丁を四つに切った木綿豆腐に片栗粉、溶き卵をつけたのち削り節をまぶして揚げ、器に盛って茹でたグリーンアスパラを添え、ひと煮立ちさせた割り醤油を注ぎます。こうした身近な素材の料理も、土佐豆腐の名を表立てることで格段の趣が備わり、ひと品の肴となります。●作り方三九〇頁

志野《しの》鉄絵《てつえ》点彩《てんさい》小鉢《こばち》

姫筍《ひめたけ》のしのび焼き

呉須《ごす》鉄絵《てつえ》縁《ふち》点彩《てんさい》小皿《こざら》

姫筍は岡山県以北の各地で四月から六月頃まで採取される笹竹《ささたけ》の子で、地方によって鈴筍、五三竹《ごさんちく》、根曲り竹などと呼ばれているものです。生のものは筍と同様、アク抜きが必要ですが、水煮の瓶詰も出廻っていて手軽に使えます。この前肴は姫筍にそぎ切りにした鶏の手羽肉をぐるりと巻き、金串を打って素焼きにしたのちたれで焼き上げたもので、独特の快い歯応えが愉《たの》しめる一品です。●作り方三八五頁

帆立と車海老、しめじ、銀杏、卵を昆布舟にのせてココット風の蒸し焼きにした趣向鍋です。市販の昆布舟は二種あって大きい方が鍋向きです。小さい方は通常、揚げ銀杏や松の実など酒肴の盛りつけ用に使われます。

帆立と海老の舟昆布鍋

●作り方三五八頁

器／昆布舟《こんぶぶね》
緑釉焜炉《りょくゆうこんろ》、金網《かなあみ》、玉子手受皿《たまごてうけざら》
呉須網目文小皿《ごすあみめもんこざら》
金唐草文取皿《きんからくさもんとりざら》

揚げ茶筅《ちゃせん》茄子

茶筅茄子は、茄子に縦の切り込みを入れた形が茶道具の茶筅に似るところからきた名です。舟昆布鍋の淡い味によく合うこの揚げ茄子の器は編笠の形です。●作り方三九〇頁

萩編笠向鉢《はぎあみがさむこうばち》

陶板焼き鍋と煎肴

陶板焼き鍋の活かし方

〝変わり鍋〟、すなわち仕立てに趣向を折り込んだ鍋のうちでも、ひと際異色であり、独立した分野を感じさせるものに、焼き鍋系統の鉄板焼き鍋と、陶板焼き鍋があります。

　いずれも、焼き鍋料理として流行しだしたのは戦後のことです。客前に油を引いた鉄板と焜炉を持ち出し、この上で魚介類などを焼かせたもので、大阪に発祥があると思われます。ただ日本料理屋でというよりも、和風、洋風の鉄板焼き屋があり、レストラン形式の洋風では、ステーキや魚、鮑などを焼き、当初から専門店化していたのが特徴です。

　さらに時代を遡《さかのぼ》るなら、鍬《くわ》焼き、鋤《すき》焼きの名で、鉄器で焼いていたと伝えられるものがあります。実際の農具の鍬や鋤では、とうてい焼けるとは思えませんが、耳触りの風雅さからこう呼ばれたのでしょう。ことに鋤焼きは、渡来農具の唐鋤《からすき》の鋤形の鉄板で、魚の切り身を焼いている有名な挿絵が、享和三年（一八〇三年）に著わされた『即興料理素人庖丁』にありますが、その当時も鉄板焼きがあったことの傍証《ぼうしょう》にはせよ、現在のすき焼きの原型とはいえません。牛肉のすき焼きの〝すき〟は、肉を薄く剥《す》く、つまり薄くそぎ切りにするところからきたという説を、著者はとります。この剝き焼↖

のでも、割れるものがあることは避けられず、十器作って半分残れば上々と覚悟しなければなりません。残ったものは、非常に長もちするものです。

　陶板焼きの調理上の注意のひとつに、材料を焼く前に、あらかじめ油を引くことが挙げられますが、最もよいのがサラダ油です。ついで牛脂がよく、鶏、豚肉の脂では、はねてしまい、またバターは焦げやすく、真黒になってしまいます。

　次に挙げられるのが火種の種類です。火力、雰囲気とも一番相応《ふさわ》しいのが炭火で、次がガス火です。卓上用のガス焜炉を使い、はじめは弱火で陶板を熱し、材料を焼き出したら強火にします。ただし、充分に使い込んだ陶板であれば、最初から強火で使えます。陶板はまた、土鍋での材料の煮上がりに比べて、焼き上がるまでの時間が少々かかりますから、小鍋向きに改良された現状の固型燃料では、途中で火が尽きることが多いのです。

　総じて鉄板よりも、陶板のほうが火の廻り具合が柔らかく、なによりも雅味の感じられるところに、変わり鍋としての商品価値も高まります。

　そして肝心なことは、火が通りにくいからといって、材料のどれもが薄切りというのでは、見た目もおいしさも、半減してしまうということです。

↙きよりも厚い切り身を焼いたものを、くわ焼きといっていました。ともあれ牛肉のすき焼き、鰤《ぶり》や鴨のくわ焼き、これらが鉄板焼きの原型です。そして、これらの発想の元には、河原の石を火中で熱く焼き、その熱でものを焼いた、原始の石焼きの姿があったものと思われます。

陶板焼きの持ち味とその扱い

陶板焼きは昔、石鍋といって、石を砕いたものを釉薬《ゆうやく》と共に固めて素焼きにしたものや、煉瓦《れんが》様のもので焼いていた流れがあります。磁器では火通りが悪いうえに、割れやすく、これに比べて陶板は使ううちに水分を吸収し、油を引き重ねられることで徐々に強くなります。土鍋を使い込むうちに、強化されるのと同様の理屈です。

鉄板や陶板は、比較的表面積の大きいものを使い、油を引いて材料を焼くのが一般的ですが、今回本書を作るにあたり、いわばミニチュア版ともいえる一人前用の小陶板を、陶芸家の坪島土平氏に創っていただきました。仰々しさもなく、雅趣《がしゅ》のある大変よい陶板をお目にかけることができます。いずれにせよ、趣向を表立てる料理ですから、少々個性的で風情のある陶板を使いたいものです。窯《かま》でいうなら、土っぽい信楽《しがらき》系や多治見《たじみ》、常滑《とこなめ》あたりの作家に依頼するとよく、これらの窯のものは直《じか》火にかけても、比較的強いのが特徴です。ただ、割れにくいとはいえ、やはりどんな名人が創ったも

焼き味が美味な野菜類

焼き鍋は本来が、新鮮な生の魚介類、野菜類を直に焼いて、その焼き味をストレートに味わい、野趣を愉《たの》しむものですから、上品に仕立てることには限界があり、いかにも海の匂い、土の香りが漂うところに、その醍醐味《だいごみ》があるのです。

これからの変わり鍋、陶板焼き

この陶板焼き鍋に添える前肴は、直焼きとはいえ油脂を使って焼き上げますから、ひとことでいえば、口中をさっぱりと調えるものが望まれ、こってりとした味のものは、控えたほうが賢明です。この一点さえ留意すれば、酢のものや和えものをはじめ、比較的広範な組み合わせが可能です。

また、つけつゆにはレモンの絞り汁やレモン醤油、天つゆなどを、そして薬味には、もみじおろしに刻みねぎ類の取り合わせがよく合います。できればここに、漬けものを別立てでお出しすれば、なお気《き》の利いた陶板焼きとなります。

そしてこの陶板焼き、鉄板焼きには、蓋はしないほうが見た目の格好もよく、焼き味とともに匂いが漂い出て、いかにも食欲を誘います。いずれも野趣が持ち味の、この二種の焼き鍋は、土鍋よりも一段と使える材料の幅は広く、とりわけ肉類を多く出せることから、若い客層にも喜ばれます。

目の前で焼き上がっていく魚介、野菜、肉類のそれぞれの持ち色の変化が、自然の演出ともなって愉しく、より一層の可能性を秘めた変わり鍋です。

鮑《あわび》の陶板焼き

●作り方二六六頁

手付竹薬味入《てつきだけやくみいれ》

金彩春秋文汁次《きんさいしゅんじゅうもんしるつぎ》

赤絵片口小鉢《あかえかたくちこばち》

黒刷毛目四方折敷盆《くろはけめよほうおしきぼん》

鉄釉梅花文四方皿《てつゆうばいかもんよほうざら》

器／黒釉刻文矢筈陶板《こくゆうこくもんやはずとうばん》
焼締四方焜炉《やきしめよほうこんろ》

志野鉄絵枕箸置《しのてつえまくらはしおき》
赤杉利久箸《あかすぎりきゅうばし》

サーモンと菊のすだち和え

色絵巾着形小鉢《いろえきんちゃくがたこばち》

活きのよい鮑を丸ごと焼いた大変贅沢な陶板焼きです。鮑は切り離す直前まで庖丁で深く切り込みを入れておきます。鮑には表面の肉色が紅い雌貝と、青みを帯びた雄貝があり、陶板焼きには肉質の柔らかい雌貝を使い、コリコリとした歯触りの雄貝は生造りの水貝や酢のものに適します。いずれにしても、鮑は焼きすぎてはおいしくありません。強めに整えた火でさっと焼いて召し上がっていただきます。

この鮑の陶板焼きの前肴には、スモークサーモンの細切りに菊の花とあさつきを混ぜて、すだちの絞り汁に醤油とだし汁を加えたすだち酢で和えた、おだやかな酸味と香りの和えものです。

●前肴作り方二九三頁

はまちの陶板焼き

●作り方三六六頁

提重形薬味入《さげじゅうがたやくみいれ》

赤絵玉縁小鉢《あかえたまぶちこばち》

器／灰釉鉄絵長手陶板《はいゆうてつえながてとうばん》

信楽四方焜炉《しがらきよほうこんろ》

黄交趾縁緑彩四方皿《きこうちふちりょくさいよほうざら》

黒朱縁刷毛目四方折敷盆《くろしゅぶちはけめよほうおしきぼん》

脂ののった魬《はまち》をバターで焼き、もみじおろしとあさつきを薬味に酢醤油で賞味していただく陶板焼きで、つけ合わせのさつま芋は前もって蒸しておき、青梗菜《チンゲンツァイ》は下茹でします。魬にはバターが大変よく合いますが、バターだけでは焦げやすいため、サラダ油を混ぜて中火よりやや弱火の火加減で焼いていただくとよいでしょう。

鶏皮としめじの当座煮

呉須木瓜向鉢《こすもっこうむこうばち》

この量感のある陶板焼きには、充分に脂抜きした鶏皮としめじを酒と醤油で煎り煮をした、箸休め風の当座煮を前肴にお進めします。歯応えの変化と七味唐辛子の利《き》いた醤油味がよく合います。●前肴作り方二九九頁

小鰈《こがれい》と鱚《きす》の陶板焼き

●作り方二六五頁

蕎麦釉鉄絵小鉢《そばゆうてつえこばち》

欧風調味料入《おうふうちょうみりょういれ》

器／灰釉透入陶板《はいゆうすかしいりとうばん》
黄瀬戸丸形焜炉《きぜとまるがたこんろ》

黄瀬戸鉄十字文玉割《きぜとてつじゅうじもんたまわり》

織部釉葉形盛器《おりべゆうはがたもりき》

白竹両細取箸《しらちくりょうぼそとりばし》

蟹と沢庵《たくあん》の和風ドレッシング和え

呉須赤絵小鉢《ごすあかえこばち》

鰈と鱚に車海老、烏賊《いか》。新鮮な魚介をたっぷりと寄せて焼きたてを味わっていただく、目にも愉《たの》しい陶板焼きです。鰈はおろして皮目に切り込み、鱚は背開きにして中骨をとる、烏賊には鹿の子の庖丁目と、もれなく下拵えをして火通りのよいように整えることが大切です。大振りの陶板を使って多人数の宴席にも向く仕立てです。

この豪快な陶板焼きには、醤油味に溶き辛子を利《き》かせた和風ドレッシングで和えた趣の変わった和えものです。材料は蟹棒、沢庵、胡瓜、スライスチーズをすべて細く切り揃えたもので、仕上げに黒胡麻を散らして彩りのよい前肴です。●前肴作り方二九三頁

五《ご》色《しき》陶板焼き

●作り方三六四頁

呉《ご》須《す》草《そう》魚《ぎょ》文《もん》輪《りん》花《か》小《こ》鉢《ばち》

器／志《し》野《の》焼《やき》締《しめ》四《よ》方《ほう》陶《とう》板《ばん》
信楽《しがらき》四《よ》方《ほう》焜《こん》炉《ろ》

藍《あい》交《こう》趾《ち》六《みっ》角《かく》皿《ざら》

目の前で活けの色合いから、焼き上がりの鮮やかな赤色に変わる様の愉しめる車海老も、陶板焼きには最適の素材です。ここは秋の山の幸えのき茸と椎茸を伴に、長手の陶板で焼いていただく趣向です。すべての材料を盛り合わせて客前に出す盛り皿は、焼き終えたのちに興醒めにならないようにできるだけ上質の器を使いたいものです。

豆腐の信田巻き

飛《とび》青《せい》磁《じ》小《こ》判《ばん》形《がた》小《こ》鉢《ばち》

器揃えにも凝った趣向を盛り込んだこの陶板焼きには、豆腐と油揚げを主材料にしてなかなかに手数《てかず》を要する蒸しものの前肴で、焼きもののストレートな旨みを細やかに引き立てる味わいです。

●前肴作り方四〇二頁

浅《あさ》蜊《り》の陶板焼き

●作り方三六七頁

瑠《る》璃《り》釉《ゆう》梅《うめ》形《がた》小《こ》鉢《ばち》

青《あお》織《おり》部《べ》布《ぬの》目《め》礫文《もん》大《おお》皿《ざら》

器／焼《やき》締《しめ》伊《い》羅《ら》保《ぼ》透《すかし》入《いり》陶《とう》板《ばん》

志《し》野《の》草《くさ》文《もん》耳《みみ》付《つき》四《よ》方《ほう》焜《こん》炉《ろ》

白《しろ》杉《すぎ》利《り》久《きゅう》箸《ばし》、箸《はし》袋《ぶくろ》

鶏の酒蒸し

赤《あか》絵《え》木《もっ》瓜《こう》縁《ふち》付《つき》平《ひら》皿《ざら》

大振りの浅蜊を季節にたっぷりと味わっていただく陶板焼きです。香りづけに大蒜《ニンニク》を炒めた油を引いて焼く趣向で、レモン汁が最上の薬味となります。浅蜊の料理では、砂を完全にはかせておくこと、殻と殻を打ち合わせて鈍い音のする死貝を除いておくことが基本です。この陶板焼きには、隠し味の胡椒が冴える鶏の酒蒸しに白髪葱《しらがねぎ》、茹でた菊海苔とグリーンアスパラを醤油味でお進めする前肴です。

●前肴作り方四〇二頁

鶏と夏野菜の陶板焼き

●作り方三六二頁

呉須染付開扇向鉢《ごすそめつけかいせんむこうばち》

志野鉄絵四方盛皿《しのてつえよほうもりざら》

色絵汁次《いろえしるつぎ》

器／黄瀬戸透入陶板《きぜとすかしいりとうばん》
伊賀耳付焜炉《いがみみつきこんろ》

鮭と鶏の三杯酢

色絵朝顔形小鉢《いろえあさがおがたこばち》

茄子、トマト、じゃが薯《いも》、グリーンアスパラとお馴染みの夏野菜を中心に、すべてが手近な素材を寄せた陶板焼きです。手軽でありながら旬に味わう焼き味は格別で、肩の凝らない雰囲気の席には最適です。

この素材の味そのものを味わう陶板焼きに取り合わせた前肴は、走りの生鮭を使った酢のものです。酒塩で下味をつけた生鮭を網焼きにしたのちほぐしたもの、鶏の手羽肉を酒で蒸し煮にして裂いたもの、細い短冊に切った水前寺海苔、小口切りの胡瓜の四種を三杯酢で和え、黄身そぼろをのせた味わい豊かな一品です。●前肴作り方三九四頁

陶板串焼き

●作り方三六八頁

器／鉄釉透入四方陶板《てつゆうすかしいりよほうとうばん》
織部耳付四方焜炉《おりべみみつきよほうこんろ》

赤絵輪花小鉢《あかえりんかこばち》

赤絵玉縁小鉢《あかえたまぶちこばち》

青竹鉄砲串《あおだけてっぽうぐし》

呉須染付山水文大皿《ごすそめつけさんすいもんおおざら》

白竹取箸《しろちくとりばし》

鱚《きす》の雲丹《うに》揚げ

黄瀬戸重貝形向鉢《きぜとかさねがいがたむこうばち》

鶏肉、豚肉と鶉の卵、海老と烏賊と獅子唐、茄子と椎茸、玉葱と人参の五組の素材をそれぞれひと口大に切り揃えて、青竹の鉄砲串に刺した陶板焼きは見た目にも愉《たの》しく、食べやすく、特に若い方々の宴席などにはうってつけの趣向です。注意したい点は、火通りのよい素材同士、通りにくい素材同士の組み合わせにすること、陶板に油を多めに引いて焼きやすく仕立てることです。

この洋風の趣もある串焼きには、鱚を練り雲丹を加えた雲丹衣で揚げた、酒肴《しゅこう》らしい作りの前肴を添えます。●前肴作り方三九〇頁

牛フィレのひと口陶板焼き

●作り方二五九頁

飴釉小鉢《あめゆうこばち》

色絵汁次《いろえしるつぎ》

器 志野鉄絵陶板《しのてつえとうばん》

紅志野焜炉《べにしのこんろ》

呉須点彩薬味皿《ごすてんさいやくみざら》

黄南京八掛形平皿《きなんきんはっけがたひらざら》

烏賊《いか》のレモン酢

義山瑠璃着水玉文小鉢《ぎやまんるりぎせみずたまもんこばち》

ひと口大に切った上質の牛フィレ肉を、焼きながら賞味していただく陶板焼きです。箸でつまみやすい酒の肴向きの仕立てで、色鮮やかな季節野菜を取り合わせることで一段と和風の肉料理らしい雰囲気が備わります。ことに茄子は油と大変に相性がよいため、陶板焼きには格好の素材です。ここでは小茄子系の千成茄子を使って、火通りをよくするために皮目に茶筅茄子形の縦の庖丁目を入れています。薬味には肉の焼き味をさっぱりと調えるもみじおろしとあさつき、つけつゆは酢醤油です。

前肴は、種類の多い烏賊の中でも上品な味わいの鯣《するめ》烏賊を細切りにし、熱湯に通したオクラの小口切りを添え、薄い半月切りのレモンをしのばせて、その風味と辛子醤油で味わう酢のものです。●前肴作り方二九四頁

牛ロースの陶板焼き

●作り方三六〇頁

器／志野《しの》点彩《てんさい》透入《すかしいり》陶板《とうばん》
伊賀《いが》耳付《みみつき》焜炉《こんろ》

萩《はぎ》擂鉢形《すりばちがた》向鉢《むこうばち》

欧風《おうふう》義山《ぎやまん》調味料入《ちょうみりょういれ》

渋紙手《しぶがみで》四方皿《よほうざら》

浅蜊《あさり》としめじの土瓶蒸し

万古《ばんこ》急須形《きゅうすがた》蒸茶碗《むしちゃわん》

牛ロース肉に饂飩《うどん》を取り合わせた量感たっぷりの陶板焼きに、吸いもの替わりにもなる浅蜊としめじの土瓶蒸しのひと組です。肉は切らずにひとり一枚ずつを大きめの陶板で焼き、各人に箸とともにナイフ・フォークを用意するステーキ感覚の陶板焼きで、大根おろしと小口切りのあさつき、酢醤油を添えます。肉を酢醤油につけ、サニーレタスでくるんで食べていただく趣向も加えています。この陶板焼きを多人数の席に応用する場合は、給仕人が客前で肉を塊のまま焼き、切り分けてお進めする演出豊かな供し方も喜ばれます。

●前肴作り方四〇三頁

牛薄切り肉の陶板焼き

●作り方三六〇頁

欧風花文調味料入《おうふうかもんちょうみりょういれ》

器／灰釉刻文陶板《はいゆうこくもんとうばん》

志野焜炉《しのこんろ》

焼締浅鉢《やきしめあさばち》

黒蠟色八角折敷盆《くろろいろはっかくおしきぼん》

信楽銀彩蔦文撫角皿《しがらきぎんさいつたもんなでかくざら》

素魚《しろうお》と若布の生姜酢

呉須染付水草文小鉢《ごすそめつけみずくさもんこばち》

牛イチボ肉の薄切りと木耳《きくらげ》、卵、葛《くず》切り、わけぎを寄せた陶板焼きです。イチボ肉は腰のランプ肉の上部の三角形をした肉で、フィレ、ロース肉などと同様に肉質が細かく、柔らかい部位で、薄切りにしてこうした陶板焼きやバター焼き、すき焼きなどによく使われるおいしい肉です。

前肴は品のよい素魚《しろうお》を若布と取り合わせて、生姜味の二杯酢で賞味していただく繊細な味わいの酢のものです。素魚はハゼ科の稚魚で、よく知られる白魚《しらうお》はニシン系でやや素魚より大きく、外見はほとんど同じですが別種のものです。

●前肴作り方二九四頁

牛射《い》込《こ》み葱《ねぎ》の陶板焼き

●作り方三六一頁

三色手付薬味入《さんしょくてつきやくみいれ》

緑金彩小鉢《みどりきんさいこばち》

万暦緑釉魚文平皿《ばんれきりょくゆうぎょもんひらざら》

器／鉄釉四方陶板《てつゆうよほうとうばん》
志野草文焜炉《しのくさもんこんろ》

雲丹《うに》の宿《やど》借《か》り蒸し

染付山水輪花平皿《そめつけさんすいりんかひらざら》

柔らかい牛ロース肉の薄切りでわけぎを巻いた射込み葱をメインに、味で知られる舞茸、さっぱりとしたもやしと隠元《いんげん》を取り合わせて洒落た作りの陶板で焼き、酢醤油で味わう趣向です。薬味にはもみじおろしとあさつき、切り海苔の三種を添えて、酒席に出して異和感のない肉料理のしつらえを心懸けた陶板焼きです。

前肴は、雲丹を帆立の貝殻にのせて蒸し上げて菜の花を添え、わさび醤油でお進めする古典的な酒の肴です。●前肴作り方四〇三頁

異国趣味の鍋と前肴

中国、韓国、欧米の味を和風に

日本料理の鍋ものの豊かさは、改めていうまでもありませんが、常に新味を加え、より一層商品価値を高めることも、忘れてはならないことです。

ここでは、中国と韓国、さらに欧米の鍋料理から、その味と趣向を取り入れ、和風へのアレンジを試みました。その一例とした洋風浅蜊鍋などは、クラムチャウダーの和風化です。ただ、鍋地に牛乳を使う発想そのものは、事新しいものではなく、奈良の郷土料理鍋として残っている〝飛鳥鍋《あすか》〟が、まさしく鶏肉を牛乳で煮る牛乳鍋です。奈良・妙楽寺の修業僧たちの考案によるとされますが、この地にはすでに唐から牛乳が伝えられ、飲まれていたという背景があります。

このように仏教文化の流入と共に、あるいはポルトガル、オランダとの交易により、また明治の開国後の通商の副産物として、日本の食文化は、思いがけず深く、諸外国の影響を受けているのです。

鍋料理も、ことさら日本に限ったものではなく、世界中にその国独自の形をもった鍋があり、中には歴史の交流を感じさせる類似点も見い出せます。

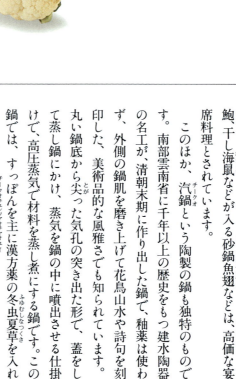

歴史が香る鍋、未来派の鍋

約五千年もの大昔から、土を練り、造型し、↖

を取り合わせて盛り込み、煮込む形です。鱶《ふか》ヒレ、鮑、干し海鼠《なまこ》などが入る砂鍋魚翅《シャークオユイチー》などは、高価な宴席料理とされています。

このほか、汽鍋《チークオ》という陶製の鍋も独特のものです。南部雲南省に千年以上の歴史をもつ建水陶器の名工が、清朝末期に作り出した鍋で、釉薬は使わず、外側の鍋肌を磨き上げて花鳥山水や詩句を刻印した、美術品的な風雅さでも知られています。丸い鍋底から尖《とが》った気孔の突き出た形で、蓋をして蒸し鍋にかけ、蒸気を鍋の中に噴出させる仕掛けで、高圧蒸気で材料を蒸し煮にする鍋です。この鍋では、すっぽんを主に漢方薬の冬虫夏草《ふゆむしなつくさ》を入れたスープ鍋、汽鍋虫草脚魚《チークオチユンソアオチヤオユイ》などに、医食同源を旨とする中国ならではの趣があります。なにより、広大な風土にあって各地方独自の材料を、変幻自在に調味するこの国の鍋料理は、比類なく個性的です。

韓国にはまた、日本とは少々趣の異なった鍋料理があります。まず、韓国版おふくろの味として、近年日本でも作られているスープ鍋のチゲがあります。味つけは、韓国独特のコチュジャン(唐辛子味噌)、チョッカル(アミの塩辛)、味噌の三種を柱として、キムチと豚肉のキムチチゲをはじめ、バリエーションも豊富です。また、日本のすき焼きを

↙焼き上げる製陶技術をもっていた中国では、調理道具である鍋の発達史は、そのまま食生活の進歩と重なり、早くから、現代の鍋料理に見られる煙突の付いた独特の鍋、火鍋《フオクオ》(子《ツ》)の祖となる陶灶《タオツァイ》や陶爐《タオルウ》が焼かれています。現代の火鍋子は、これらの陶器のものを金属に写したもので、銅の地金で鋳造し、内側を錆《さび》、緑青《ろくしょう》止めの渡金をした煙突付きの鍋で、台皿に水を張り、中央の煙筒によく熾《おこ》った炭火を入れて、その周囲を取りまく形の鍋部分に熱が伝わる様式で、鍋そのものに熱源が組まれているために、熱効率が大変によいことが特徴です。

そして、この火鍋子をはじめ、鍋の名がそのまま料理名ともなり、多種多様な材料を煮ながら、これもまた様々なたれで食べる形が、一般的です。

火鍋子の料理の種類は中国全土にあり、日本でもよく紹介される有名なものだけをみても、まず、日本のしゃぶしゃぶの原型としても知られる北京の羊肉のしゃぶしゃぶ涮羊肉《シュアンヤンロウ》、四川の毛肚火鍋《マオトウフオクオ》は牛の胃袋をはじめレバー類、魚介、野菜類の鍋。華中江南江北部の什錦火鍋《シイチンフオクオ》、上海の吃暖鍋《チーヌアンクオ》は寄せ鍋風、広東の打邊爐《ターピエンルウ》は活けの魚介類を煮る生鍋《ションクオ》。また台湾にも沙茶火鍋《シャーチャーフオクオ》、石頭火鍋《シートウフオクオ》などの火鍋料理があり、これらの火鍋子と水餃子《ぎょうざ》が、中国では正月料理の代表的なものともなっています。

ついで、日本の鍋と最も形式が似ていると思われるのが砂鍋子《シャークオツ》です。砂鍋は素焼きか、または釉薬《うわぐすり》をかけた厚手の土鍋で、これに魚介、肉類と香草類

中華葉菜、洋野菜など

思わせるチョンゴルは、鍋も平底の鉄鍋で、醤油、すり胡麻、大蒜《ニンニク》などで下味をつけた牛肉、魚介類を野菜類とともに焼き煮にするものです。

これらの家庭的な鍋に対して、中国の火鍋子が朝鮮半島に渡って宮廷料理に取り入れられ、韓国の材料に置き替えられた寄せ鍋、神仙炉《シンソンロ》は、魚介、肉、野菜類を緑赤黄白黒と彩りを調えて二十種以上も取り合わせ、切り揃えて鍋に放射状に盛り込み、牛肉のスープで煮合わせる豪華なものです。

総じて韓国には、中国ほど鍋料理の種類はなく、ひと昔前の日本がそうであったように、鍋をそのまま人前に出すことを、無作法とする風潮が根強くあったことにもよるようです。

以上の隣国の鍋と比べて、欧米各国の鍋事情は少々スタイルを異にします。いわゆる鍋料理らしい鍋は、スイスのチーズ・フォンデュくらいです。主に家庭料理の分野に無数にある、大鍋にたっぷりと煮て銘々が皿に取り分ける形の料理に、鍋ものと一脈通じる寛《くつろ》いだ雰囲気はあるものの、これらは大抵、欧州全域にバリエーションのあるビーフシチュー型の煮込み料理か、南仏の魚介のブイヤベース型のスープ煮料理に類し、家庭以外で鍋がテーブルに出されることは希です。

ただしかし、これらの煮込み、スープ煮料理は、材料や味のベースに和風の色合いを加え、一人前用の小鍋に盛ることで、いわば未来派の変わり鍋ともなり、特に若向きの献立にはうってつけです。

海老と焼売《しゅうまい》の中華風陶板焼き

●作り方二六八頁

海老のたたき身を使った手造りの焼売が中華風の雰囲気を醸《かも》しだしているこの陶板焼きは、車海老、卵、そしてしめじをはじめとりどりの野菜をふんだんに寄せて、家族連れの席などにお出ししたい気取らない仕立てです。

華風調味料入《かふうちょうみりょういれ》

呉須染付《ごすそめつけ》 山水文角鉢《さんすいもんかくばち》

呉須赤絵小鉢《ごすあかえこばち》

器／鉄絵四方透入陶板《てつえよほうすかしいりとうばん》 渋紙手掛釉《しぶがみでかけゆう》 耳付四方焜炉《みみつきよほうこんろ》

豚肉とぜんまいの当座煮

色絵口捻小鉢《いろえくちひねりこばち》

豚のバラ肉とぜんまいを一度炒めたのち、だし汁と酒醤油の味で汁気がなくなるまで煎り煮にした前肴です。こうした当座煮は、脂のある材料が少しでも加わると格段に酷《こく》が出ておいしくなります。またここでは、仕上げに粉山椒をふり入れて味を引き締め、白胡麻を散らしていますが、大人向けに七味唐辛子に代えたり、炒める際に赤唐辛子の小口切りを入れるとピリリとして、よい酒の肴となります。

●作り方二九九頁

餃《ぎょう》子《ざ》鍋

●作り方二七二頁

赤《あか》絵《え》吹墨《ふきずみ》四《よ》方台皿《ほうだいざら》

青磁《せいじ》輪花《りんか》小鉢《こばち》

器／錫《すず》火鍋子《ホウコウズ》

お馴染みの餃子を本場の火鍋子《ホウコウズ》を使って鍋仕立てにしました。脇の野菜類も切り方をひと工夫し、また餃子の火通りに合わせて下拵えをし、鍋地をたっぷり張って供し、煙筒に火が通る趣もともに愉《たの》しんでいただきます。

ソーセージの変わりソースかけ

織部《おりべ》高台皿《こうだいざら》

既製のハムやソーセージ類も、添え野菜やソース次第でよい酒肴になります。ここでは餃子鍋との味のバランスから、下茹でした青梗菜《チンゲンツァイ》を添え、トマトケチャップをベースに梅肉、タバスコ、薄口醤油を加えてよく練り混ぜた変わりソースをかけています。このほか豆板醤《トウバンジャン》、コチュジャン、辛子なども味の変化に役立ちます。

●作り方四〇五頁

帆立と肉団子の中華風鍋

●作り方二七二頁

緑南京角切四方小皿《みどりなんきんすみきりよほうこざら》

器／赤絵菊文土鍋《あかえきくもんどなべ》
砂焜炉《すなこんろ》

赤絵長絵《あかえながえ》
散蓮華《ちりれんげ》

呉須染付玉割《ごすそめつけたまわり》

中華スープで鶏の骨つきもも肉を煮込んで汁ごとベースにし、肉団子、蒸し帆立、焼き豆腐、野菜類を寄せた量感あふれる中華風寄せ鍋です。薬味には刻みあさつきと、中国版唐辛子味噌豆板醤《トウバンジャン》をピリリと利《き》かせます。

砂肝《すなぎも》のソース蒸し

呉須赤絵四方小鉢《ごすあかえよほうこばち》

鶏の砂肝は特有のコリッとした歯触りと、モツ類の中では癖のない持ち味が好まれて酒の肴にはよく使われます。酒醤油であっさりと炒め煮にしておいしく、またこのようにウスターソースの味もよく合います。脂肪や膜をきれいに除いてよく洗い、薄く小麦粉をまぶしてサラダ油で炒め、ウスターソースと水を加えて汁気がなくなるまで蒸し煮にしたものです。サニーレタスとともに器に盛りつけ、甘酢漬けの紫キャベツを添えて白胡麻を散らし、エキゾチックな彩りの前肴となります。

●作り方二九九頁

鮭缶の辛味鍋と
牛肉の三つ葉巻き

缶詰の鮭をレタスなど洋野菜と取り合わせた豆板醤《トウバンジャン》の辛味が決め手の鍋で、鮮魚とはひと味違うおいしさです。前肴は牛肉の巻きものを酒醤油味で焼き煮にした一品です。

●鍋作り方二七三頁、
前肴作り方二八五頁

呉須赤絵玉割《ごすあかえたまわり》

色絵長柄散蓮華《いろえながえちりれんげ》

器／黒陶土鍋《こくとうどなべ》
黒釉焜炉《こくゆうこんろ》

織部釉刻文小皿《おりべゆうこくもんこざら》

呉須染付山水文長手皿《ごすそめつけさんすいもんながてざら》

肉団子と豆もやしの韓国風鍋

●作り方三七四頁

器／欧風染付片手土鍋《おうふうそめつけかたてどなべ》
鼠志野刻文焜炉《ねずしのこくもんこんろ》、耐熱受皿《たいねつうけざら》

赤絵長柄散蓮華《あかえながえちりれんげ》

吹墨貝形鉢《ふきずみかいがたばち》

呉須瓢徳利《ごすひさごとっくり》、共盃受皿付《ともさかずきうけざらつき》

合挽き肉と玉葱のみじん切りを溶き卵でつなぎ、酒醤油で下味をつけた団子の旨みがスープに溶けだし、伴の豆腐や野菜をおいしく仕上げる鍋です。歯応えの快い大豆もやしはことに韓国料理には欠かせない野菜です。

牡蠣《かき》のベーコン巻き

緑南京龍文小判皿《みどりなんきんりゅうもんこばんざら》

新鮮な牡蠣のむき身をスライスベーコンで巻き、サラダ油をごく薄く引いたフライパンで転がしながら焼きます。ベーコンはカリッと、牡蠣は八分どおりの火通りに仕上げるのがコツです。牡蠣の特有の風味にベーコンは大変よく合い、レモン汁も相まって絶好の前肴になります。

●作り方二八六頁

韓国風寄せ鍋

●作り方二七四頁

韓国の寄せ鍋は中国式の火鍋子《ホウコウズ》そのままの形の神仙炉《シンソンロ》を使って、二十種もの具を入れる贅沢な〝宮廷料理〟です。材料をすべて切り揃えて鍋に放射状に盛り込むのが特徴で、この本場の鍋の華やかさを借りた仕立ての鍋です。

染付牡丹文散蓮華《そめつけぼたんもんちりれんげ》
色絵蓋付四方鉢《いろえふたつきよほうばち》
色絵輪花小鉢《いろえりんかこばち》
軟陶色絵四方小鉢《なんとういろえよほうこばち》
器／錫神仙炉《すずシンソンロ》
瑠璃釉沢瀉箸置《るりゆうおもだかはしおき》
白杉天削箸《しろすぎてんそげばし》、箸袋《はしぶくろ》

泥鰌《どじょう》の時雨《しぐれ》煮

赤絵輪花小鉢《あかえりんかこばち》

時雨煮は、貝類のむき身に生姜、山椒などの香りのものを加えて甘辛く佃煮風に煮たものをいい、三重県桑名の蛤の時雨煮などが有名です。ここでは開いた泥鰌に応用して、醤油と酒を合わせた煮汁にやや太めの繊切りにした生姜をたっぷりと加え、汁気がなくなるまで煮上げます。煮崩れしやすいですから丁寧に扱い、きれいに仕上げてお出ししたい伝統の肴です。●作り方二九九頁

洋風牛タンの煮込み鍋

●作り方三七五頁

宗丹《そうたん》菊《ぎく》小《こ》吸物《ずいもの》椀《わん》

染付《そめつけ》一閑人《いっかんじん》散蓮華《ちりれんげ》

伊万里《いまり》錦手《にしきで》菊形皿《きくがたざら》

器／欧風《おうふう》色絵《いろえ》片手《かたて》土鍋《どなべ》
飴釉《あめゆう》焜炉《こんろ》、耐燃《たいねん》受皿《うけざら》

洋風の煮込み料理も一人前用の小鍋に盛り込んで、いわゆる小鍋立てのしつらえでお出しすると、保温効果もあり、目先も変わって喜ばれます。じっくりと煮込んだタンシチューを欧州民芸窯の片手鍋に盛った例です。

海老のみどり揚げ

義山《ぎやまん》切子《きりこ》八角皿《はっかくざら》

牛タンの煮込み鍋に添える前肴は、車海老を刻みパセリを加えた衣で揚げた変わり揚げをあてています。ワインでも召し上がりながらという若い客層などには、それなりにボリュームもあって、愉しんでいただける和洋折衷のひと組です。みどり揚げの衣には、パセリのほか大葉やあさつきを刻んで使っても、香り、味ともに甲乙つけがたい味わいになります。

●作り方三九〇頁

洋風海浜鍋

●作り方三七五頁

呉須《ごす》菊文《きくもん》散蓮華《ちりれんげ》、織部《おりべ》釉刻文受皿《ゆうこくもんうけざら》

轆轤目《ろくろめ》茶巾入《ちゃきんいれ》、木綿《もめん》布巾《ふきん》

器／手付《てつき》琺瑯鍋《ほうろうなべ》
飴釉《あめゆう》焜炉《こんろ》、耐燃《たいねん》受皿《うけざら》

万暦《ばんれき》赤絵《あかえ》草魚文《そうぎょもん》浅鉢《あさばち》

南欧料理のブイヤベースを少々和風にアレンジしました。このまま和風の小鍋に盛っても似合う仕立てです。車海老、白身魚、蛤などの魚介と野菜を寄せて、隠し味に醤油を落とした魚のスープであっさり煮ています。

ラムチョップの香り焼き

赤絵《あかえ》点彩《てんさい》蛇の目《じゃのめ》皿《ざら》

ラムチョップは、肋骨のついた仔羊のロース肉を一本ずつ切り離してあるものです。これを醤油、酒、砂糖に葱と生姜を加えたつけ汁に漬けたのち、フライパンで両面を焼きます。焼き色がついたらつけ汁を加え、蓋をして弱火で柔らかく蒸し焼きにし、溶き辛子とレモンを添えてお進めします。羊や猪肉のように癖の強い肉は、香味野菜で調味して臭みを押えます。

●作り方三八六頁

洋風浅《あさ》蜊《り》鍋

●作り方二七六頁

義山《ぎやまん》片口《かたくち》小鉢《こばち》

呉須《ごす》染付《そめつけ》一閑人《いっかんじん》散蓮華《ちりれんげ》

色絵《いろえ》三葉形《みつばがた》小鉢《こばち》

器／欧風《おうふう》片手《かたて》土鍋《どなべ》

灰釉《はいゆう》焜炉《こんろ》

浅蜊とブロッコリー、玉葱を牛乳ベースのスープで煮込んだクラムチャウダー風の牛乳鍋で、銀杏ともみじ麸を散らして仕上げ、すだち汁を落として味わう和風の色づけも異和感なく、汁ものの感覚で食べられる鍋です。

茹で豚

紅志野《べにしの》口捻《くちひねり》浅鉢《あさばち》

あっさりと和風仕立ての牛乳鍋には、少し食べ応えのある茹で豚を前肴にしました。豚肉はロースやもも、イチボなど柔らかく旨みのある部位を塊《かたまり》で使います。塩、胡椒で下拵えし、葱と生姜、粒胡椒と山椒の実、酒を加えた汁でアクを取りながらじっくりと茹で上げ、茹で汁ごと冷ましたのち、ほどよい厚さに切ります。レモンと染めおろしを添えてお進めします。

●作り方二九九頁

鍋の材料のいろいろ

鍋の中で出会う材料と鍋《なべ》地《じ》、その背景

本書ではここまで、鍋料理の多様で豊かな持ち味について、様々な角度から見てきました。今一度基本に立ってまとめるなら〝鍋料理は、一般に魚介類、肉類、野菜類、豆腐に代表される加工品など、広範な材料から相性のよいもの同士を、主役、脇役的に配して取り合わせ、これらの旨みを引き出すことのできる鍋地、すなわち調味されただし汁を煮汁として煮合わせ、そのままか、あるいは柑橘《かんきつ》酢醤油などのつけつゆにつけ、もみじおろしや刻《きざ》み葱《ねぎ》類などの薬味を添えて、卓上焜炉にのせた鍋を前にして煮ながら食べる料理である〟ということができます。この項では、この、鍋の味を構成している—主材料と脇材料、これらを煮る鍋地、そしてつけつゆと薬味—のうち、まず最大の決め手となる材料の取り合わせ方の基本例、そしてこれらにひと味変化をつけ、特徴立てる工夫のいくつかを取り上げ、鍋ならではの豊かさに触れています。

本欄では鍋料理の味わいの、もうひとつの要素である、材料と鍋地を好条件で出会わせる煮方《にかた》、すなわち〝煮る手法〟についてまとめてみましょう。

すきとちり、水炊きの手法

鍋を煮る手法で〝すき〟と称するものは二つ↖

車海老《くるまえび》　北寄貝《はっきがい》　鮟鱇《あんこう》

毛蟹《けがに》　牡蠣《かき》　魴鮄《ほうぼう》

鶏の水炊きを指し、九州博多の名物鍋として知られ、また全国的に作られています。この鍋は蒙古系の料理が朝鮮半島を経て江戸中期に長崎に、さらに明治初頭に博多に入り、文明開化の牛鍋ブームの影響もあって、ここを基点に鍋料理として定着したものです。現在の水炊きは博多の手法を軸に、名古屋以西では大量のヒナ鶏を、水から強火でグラグラと長時間煮て、白濁《はくだく》した酷《こく》のあるスープを作る形。これに対して東では、弱火で静かに煮続けて、澄んだあっさり味のスープに仕立てます。

このように同じ系統の鍋も、それぞれの土地の色合いをもち、少しずつ作り方が違うのも興味深いところです。よく知られる例に、関東での牛鍋が関西ではすき焼きとして広まり、また東京で創案された鶏鍋は、関西に入って鶏すきとなるなどがあります。ともあれ、新鮮な素材と最適の鍋地が揃い、さらに最もよい状態で煮上げる手法が加わって、はじめてひとつの個性のある、おいしい鍋となります。そして、これらの手法の特徴は、そのまま鍋の名称、すなわち鍋名にストレートに表わされる場合が少なくありませんが、中には地方によってはすきとちりが混用されている例や、独自の名をつけている場合もあり、現状は様々です。

↙あります。ひとつは、牛肉のすき焼きに代表される、主に肉を薄く剝《す》き身にして、これを専用の鍋地である割り下か、あるいは調味料をからめる形で焼き煮にするものです。このすき焼きの名の由来の諸説については、すでに前々項一七六頁で述べたとおりですが、元来はごく普通の焼きものが、割り下などを加えて煮ながら食べられることで、鍋料理の仲間入りをしたものと考えられます。

もうひとつ、〝すき(鍋)〟は、魚介の鍋に多く採られる手法で、本来は漁師が獲れた小魚類を何でもかでも寄せて、船上で最も手軽な、鍋ものにした漁場料理で、野趣に富んだこの作りの旨みを、のちに料理屋などが取り入れ、商品化したものです。これもまた基本形は、少なめに張っただし汁の中で、魚介をさっと焼き煮にするもので、淡泊な魚の持ち味を損なわないように、すき鍋の鍋地は薄味に、酒を加えた八方地で仕立て、煮つまるごとに薄めの昆布だしを差して、味を調えるのが通常です。

次に〝ちり(鍋)〟は、熱い湯に魚の身が触れると、ちりちりっと身が締まるところから、湯煮《ゆに》、すなわち味のついていない湯か、せいぜい昆布だし程度の薄味の、多めの鍋地で煮る鍋を、この、身の煮える状態をそのまま呼び名にしたもので、魚ならふぐちりをはじめ、鱈《たら》、鯛などの白身魚のちり、肉ならばしゃぶしゃぶがこの応用例です。

〝水炊き〟の手法は、文字どおり材料を水から炊き上げるものです。そして、単に水炊きといえば、

銀杏《ぎんなん》　白滝《しらたき》　糸蒟蒻《いとこんにゃく》　椎茸《しいたけ》　酸橘《すだち》　飛竜頭《ひりょうず》　芹《せり》

続いては、鍋全体の仕立て方に、明快な形のあるものの例を挙げておきましょう。

関東の寄せ鍋、関西で楽しみ鍋

鍋料理の、ごく一般的なイメージを代表しているのが〝寄せ鍋〟です。多種多様な材料を取り合わせて、煮上がるそばから食べる素朴な作りで、何よりも、種々の材料が醸《かも》しだす渾然《こんぜん》とした旨みは、鍋の醍醐味《だいごみ》そのものです。この、寄せ鍋という直截的《ちょくせつ》な鍋名は主に関東で使われ、同種の鍋を関西では楽しみ鍋と呼んで、いかにもそれらしさを表現しています。東西ともこの鍋には、魚介類をふんだんに入れますが、関西では特徴的に、生麩、湯葉、飛竜頭《ひりょうず》、焼き穴子が入れられます。総じて生臭みの強い青魚や、匂いが妨げとなる韮《にら》などの野菜さえ除けば、魚介と野菜、肉と野菜など、取り合わせは自在で、これらを煮合わせる鍋地は八方地が基本です。

そして、このように身だくさんの鍋では特に、盛りつけが仕上がりを左右します。小鍋立てにする場合は、材料を直接鍋に盛り、大鍋の場合は、別皿に盛り込んで出す形が一般的ですが、いずれも配色よく、立体感のある盛りつけを心懸けます。

以上のほかにも、煮方、仕立て方、鍋名の関わりから見れば、大根おろしを加えた煮おろし鍋なども、その外見からみぞれ鍋、吹雪《ふぶき》鍋の名で呼ばれ、またこの鍋の体の暖まる特長から、寒夜《さむよ》の鍋と総称されるなど、風雅な趣向の感じられる例です。

魚介の鍋

魚を主とした鍋

日本料理をひと言でいうなら、それは〝魚料理〟であるといって過言ではありません。まわりを海に囲まれ、複雑な海岸線がもたらす新鮮な海の幸—魚介—をそれらが最も生かされる調味と調理、すなわち最小限の手を加えることで、その魚介特有の旨み—持ち味—を引き出し、堪能《たんのう》するための調理を理想とした料理こそが日本料理であるのです。その上さらに幸運なことに、起伏の多い地味《ちみ》豊かな陸地で穫れる細やかな野菜類、山菜類、木に成る実などが、魚介類の周囲に四季とりどりにあって、料理に一段と繊細な味わいと美しい彩りを添えてくれます。このような自然の恵みを労せずして味わえ、あるいは身近に手にして調理できることは、なんと素晴しいことでしょうか。

鍋料理もまた例外ではなく、こうした自然環境のもとに先人達の生活の中から生まれ、その姿にはどこか懐しい温かさが感じられます。この本では、鍋料理のこんな幸福で愉しい気分が食べる方々に伝わるようにとの思いで、一五三品の鍋ものを作りました。この中のあるものは古法に従い、あるものは時代感覚を加味し、またあるものは新しい鍋の味を模索しつつ創作したものです。そして、この数多い鍋を素材構成、すなわち使っている材料に視点を絞ってみますと、約七割近くが何らかの形で魚介類を主材料として成り立っているものです。

ここでは、まず基本的な、魚一種を主とした鍋の三様を例に、それぞれの魚ならではの特質を表立てた調理と、伴の野菜類との取り合わせの例を上げています。このような鍋の場合は、主となる魚の最も味ののった季節—旬《しゅん》—に、じっくりと旨みを味わう形の鍋となります。この本でも幾多の例を試作しましたが、春ならば少し贅沢に鯛を、夏ならば鱧《はも》や泥鰌《どじょう》、穴子などの長魚を、秋冬ならば鰤《ぶり》や鮪《まぐろ》をというように、季節を逃さず存分に味わうことのできる鍋となります。

鮎魚女《あいなめ》は鱧《はも》と同様に〝骨切り〟の必要な小骨の多い魚で、身も柔らかいため、手際よく下拵えをすることが大切です。北海道から朝鮮、中国にわたる海域に分布し、漁場によって体色が黄色系、赤褐色系のものとあります。四、五月頃が旬で、鮎に似ると定評のある上品な味わいから鮎並の字もあてられ、また関西方面ではあぶらめとも呼びます。調理は煮もの、

焼きもの、椀種、唐揚げなどが主。鍋にも向き、持ち味を損なわないように、ここでも使っている舞茸など茸《きのこ》類をはじめ、癖のない野菜類を寄せて薄味のちり仕立てにします。身の外見どおり、品のよさが料理にも表立つ魚です。

鮎《あい》魚《な》女《め》鍋

●作り方三二七頁

器／鉄《てつ》絵《え》筋《すじ》文《もん》木《き》蓋《ぶた》付《つき》土《ど》鍋《なべ》
志《し》野《の》芒《すすき》文《もん》四《よ》方《ほう》焜《こん》炉《ろ》

伊《い》賀《が》片《かた》口《くち》小《こ》鉢《ばち》

信《しが》楽《らき》轆《ろく》轤《ろ》目《め》角《かく》皿《ざら》

呉《ご》須《す》捻《ねじ》文《もん》散《ちり》蓮《れん》華《げ》

めばるの煮込み鍋

●作り方二一五頁

赤絵《あかえ》蓋付《ふたつき》小鉢《こばち》

渋紙手《しぶがみで》小鉢《こばち》

赤絵《あかえ》汁次《しるつぎ》

器／銅製《どうせい》欧風鍋《おうふうなべ》
緑釉《りょくゆう》焜炉《こんろ》受皿付《うけざらつき》

〝春においしい筍、眼張《めばる》〟といわれるほどに、めばるは季節感のある磯魚です。体色によって黒めばる、赤めばる、金めばるに分けられますが、店頭に並ぶのは主に赤めばるで、味も最上とされます。比較的安価でもあり、身締まりがよく扱いやすいため、鍋には適しています。ただ生臭みの強い魚ですから、酒を使った鍋地にして臭みを消します。ここでは筒切りにして濃いめの味で煮込み風に仕立て、香りのよいポン酢醤油で食べていただく形です。

はまちの鎌《かま》の鍋

●作り方二一九頁

呉須赤絵六角小鉢《ごすあかえろっかくこばち》

呉須染付薬味小鉢《ごすそめつけやくみこばち》

器／灰釉笹文土鍋《はいゆうささもんどなべ》
灰釉焜炉《はいゆうこんろ》

関西では出世魚鰤《ぶり》の一メートル以下のものが魬《はまち》で、関東ではこれをイナダと呼びます。ただ現在は養殖ものがほとんどですが、刺身、焼きものなどに広範に使われています。ここでは鎌の部分を活用して相性のよい大根をはじめ、葱、白菜、白滝などお馴染みのザク類に、珍らしいところで箒茸《ほうきたけ》を取り合わせて鍋に仕立てています。脂気の強い魚ですから、あらかじめ薄塩をあててしばらくおき、熱湯を回しかけてから盛り込むことが大切です。

海老・蟹・貝を主とした鍋

海老・蟹は、ともに身の穏《おだ》やかな旨み、優美とも豪快とも形容される姿、そして火に通して赤く変わる殻の美事さが尊ばれて、日本料理の華ともいわれる素材です。貝類はまた、種類によって大きく異なる個性的な味わいと、自然の造形美そのままの殻も相まって、鍋料理には欠かせない素材のひとつとなっています。

ここでは、これらの甲殻類、貝類を主材料とした鍋を取り上げました。

〝海老〟は、鍋料理においても一尾そこに加わることで見端が一変する、使い甲斐のある素材です。一般に鍋に使われる種類は、伊勢海老、車海老、大正海老、芝海老が主流です。海老の文字は、髭《ひげ》が長く腰の曲がったその姿に翁《おきな》を見て、長寿の縁起をかけたものとされ、古くから祝い事にも使われる素材で、中でも伊勢海老は別格です。鍋にする場合も、なによりも姿を最大限に表立てた仕立てにし、身ばかりでなく殻からも出る旨みを使い尽します。小型の海老の中では最も味がよく、使用頻度の高い種類が車海老です。背の鮮やかな縞模様、尾先の青い色相が特徴で、これを活かすためにも有頭・殻つきのまま使うべきで、頭や殻を取ってしまっては台無しです。このほか、多くは冷凍もので出廻る大正海老も、やや水分が多いのが難点ですが、車海老よりは格段に安価で形も悪くないため、寄せ鍋に加えたり、芝海老などと同様に、たたき身にして使うには大変重宝です。

〝蟹〟も種類が多く、それぞれに活用する部位が異なります。長い脚に身の多いたらば蟹、ずわい蟹の系統、胴に身の入《い》った渡り蟹など、ほとんどの蟹が鍋に使われます。脚の長い種類は、獲れたてを捌《さば》いて脚や爪の部分だけを茹でて冷凍した形で出廻りますので、取り合わせの野菜類などを工夫することで、変化に富んだ蟹鍋を比較的手軽に愉《たの》しむことができます。

〝貝〟もまた多様で、鮑、牡蠣ならば鍋の主役に、帆立貝なら主にも脇にもというように、蟹と負けず劣らず地方色豊かで、伝統的な仕立てが数多くあります。そして、蛤や浅蜊などの中、小型の貝類は主材料としてだけでなく、寄せ鍋などの旨みの補い役としても貴重な素材です。貝類の鍋はまた、海老・蟹の鍋にもまして、酒の肴になる鍋としての定評があります。

伊勢海老を鍋にする時は、この海老のもつ特性—姿・形・色の華やかさ、贅沢感、香り高い旨み—を充分に活かす仕立てにします。活けものなら、殻からも身からも大変よいだしが出ますから薄味に、ザク類も控えめにして酒と塩だけで味を調えるのが一番です。冷凍ものは、どうしても大味《おおあじ》で水っぽくなりますが、濃いめの昆布だしを鍋地に使い、醤油味にしたり、味噌仕立てにするなどの工夫をすることで、充分にご馳走鍋となります。

伊勢海老鍋

●作り方三一六頁

色絵馬上盃《いろえばじょうはい》

呉須染付四方汁次《ごすそめつけよほうしるつぎ》

焼締武蔵野小鉢《やきしめむさしのこばち》

器／鉄絵土鍋《てつえどなべ》
灰釉焜炉《はいゆうこんろ》

蟹《かに》脚《あし》の鍋

●作り方三三三頁

灰釉赤絵折上鉢《はいゆうあかえおりあげばち》

赤絵銀彩馬上盃《あかえぎんさいばじょうはい》

器／志野土鍋《しのどなべ》
緑釉焜炉《りょくゆうこんろ》

冬季のずわい蟹、毛蟹、たらば蟹、夏季の渡り蟹など、全国各地で様々な種類の蟹が水揚げされます。鍋料理にはほとんどの種類が使われますが同じ蟹でも渡り蟹のように胴に身の多いものや、たらば蟹のように脚に身の詰まっている種類があり、活用部位が違います。中でも〝香箱《こうばこ》〟とも〝セイコ〟とも呼ばれる雌のずわい蟹は、びっしり詰まったみそが売りものので鍋地に溶き混ぜたり、たれのポン酢に混ぜるなどして特長が活かされています。

蛤鍋

●作り方三三八頁

呉須《ごす》染付《そめつけ》芙《ふ》蓉文《ようもん》玉割《たまわり》

器／赤絵《あかえ》菊文《きくもん》土鍋《どなべ》
飴釉《あめゆう》焜炉《こんろ》

蛤の旬は真冬で、昔から旧暦の三月三日〝雛の節句〟が食べ納めの日とされてきました。蛤の潮汁、焼き蛤などの料理や、鍋料理では寄せ鍋系統の脇材料として親しまれています。

蛤を主とした鍋では塩味で仕立てる潮鍋、味噌仕立ての蛤鍋なども結構なものです。また このように薬味や酢醤油類を添えない場合の鍋地は、醤油や味醂を加えてはっきりした味つけにするか、吸い地程度の薄味に調えて汁の多い仕立てにすると、個性が際立ちます。

魚介の取り合わせ鍋

車海老ときんめ鯛の鍋

●作り方三一七頁

海老は料理のいかんによらず、魚介の中でも使い映えのする素材の筆頭に上げられます。味のよさはもちろん、優美な姿、火通りによる発色のよさが相まって、料理に一尾入ることでぐんと見端が違ってきます。そして数ある種類のうち、伊勢海老を別格として車海老が最も特徴を表立てています。鍋に使う時は、相性のよい白身魚とともに昆布だしをベースに、酒と塩での味つけが最適です。ここではきんめ鯛と錦糸卵、細切り昆布を寄せました。

色絵《いろえ》四方《よほう》汁次《しるつぎ》

焼締《やきしめ》刻文《こくもん》四方《よほう》皿《ざら》

色絵《いろえ》蝶文《ちょうもん》平皿《ひらざら》

器／砂鍋《すなべ》
志野《しの》焜炉《こんろ》

車海老と蛤の鍋

●作り方三一八頁

青竹汁次《あおだけしるつぎ》

杉木地胴張折敷盆《すぎきじどうばりおしきぼん》

黄南京龍文小判形豆皿《きなんきんりゅうもんこばんがたまめざら》

鉄絵四方鉢《てつえよほうばち》

色絵桔梗箸置《いろえききょうはしおき》

白杉利久箸《しろすぎりきゅうばし》

器／伊賀釉土鍋《いがゆうどなべ》

黒釉焜炉《こくゆうこんろ》、焼杉敷板《やきすぎしきいた》

車海老の淡い旨みだけでは、一品の鍋料理としては物足りない場合もあります。そこで相性のよい白身魚―きんめ鯛、鱸《すずき》、きんき、めばるなど―を寄せますが、ここでも蛤とその蒸し汁の旨みを足し、昆布だしと酒塩味で仕立てています。また鍋底の浅い、蓋に高さのあるこのような土鍋は、立体的に盛りつけやすく、量も比較的たっぷりに見せられる形です。添えた汁次《つ》ぎも少々贅沢に、普通は凝った酒器として使われる青竹の細工ものです。

肉類の鍋

牛肉・豚肉を主とした鍋

日本人の肉食の歴史は遠く古代まで遡《さかのぼ》ります。これが途中、仏教の伝来と隆盛にともなって肉類は食生活の表面から姿を消し、ただ薬食いという形で一部に息を密めます。この間の紆余曲折《うよきょくせつ》の詳述は研究書に譲るとして、今日の肉料理の形態に直接つながる肉食の再開は、〝文明開化〟をその契機とします。

明治になって欧米の文化が雪崩れ込むとともに、〝牛肉〟を食べることが文明人の証《あかし》とされ、牛鍋屋が大流行します。これは神戸に始まり、港づたいに関東へ、関西へと入り、その地で独自のスタイルを生み出します。これが現在も残る割り下を使う関東風のすき焼きの手法であり、直《じか》に焼き煮する関西風のそれです。また昨今、すき焼きと並び称されるしゃぶしゃぶは戦後になって登場したものです。いずれにしろ、牛肉は鍋素材としてもまだまだ創意工夫の余地が残され、演出効果の高い陶板焼きなどは、その好例となりましょう。

〝豚肉〟は江戸末期に沖縄料理が九州に伝わり、特に長崎などで一種の郷土料理として食べられていました。本格的に食べられ始めたのは、明治末期の東京においてで、それは肉じゃが、豚カツというユニークな料理としてでした。いわば、和・洋・中と折衷《せっちゅう》される形で料理の幅も広がり、鍋料理もこの途上で試みられたもので、ほどよい脂肪分の旨みは鍋にも向き、安価な使いよさも見逃せません。

〝鶏肉〟を使った鍋では水炊きが古く、蒙古系の料理が朝鮮を経て、江戸中期に長崎、明治初期には博多へと伝わり、先述の文明開化の牛鍋ブームの影響もあって鍋料理として定着したものです。この、鶏のスープ煮鍋の手法は、のちの鶏の鍋料理の原型ともなっています。鶏肉は各種の肉の中でも淡泊で、日本人好みであるところから、すき焼き様《よう》の鶏鍋からモツ類の鍋まで、広く親しまれています。また魚介類との相性もよく、寄せ鍋には欠かせない肉となっています。

面白い味わいの土鍋を使って、ひと口大に切った牛ロース肉と横二つに大きく切った豆腐を塩、胡椒味でステーキのように焼き、野菜とともに肉の焼き汁で焼き饂飩《うどん》を作って、ご飯代わりにお進めする仕立てです。肉類の鍋らしく量感たっぷりで、これに吸いものなどを加えれば〝食事〟を目的とした鍋膳の好例となりましょう。若い客層には、時として凝った趣向の鍋料理よりも、実質的なこうした作りが歓迎されます。若向きに参考までに添えた小品は、繊切りビーツと貝割れ菜、あさつきのフレンチドレッシング・サラダです。

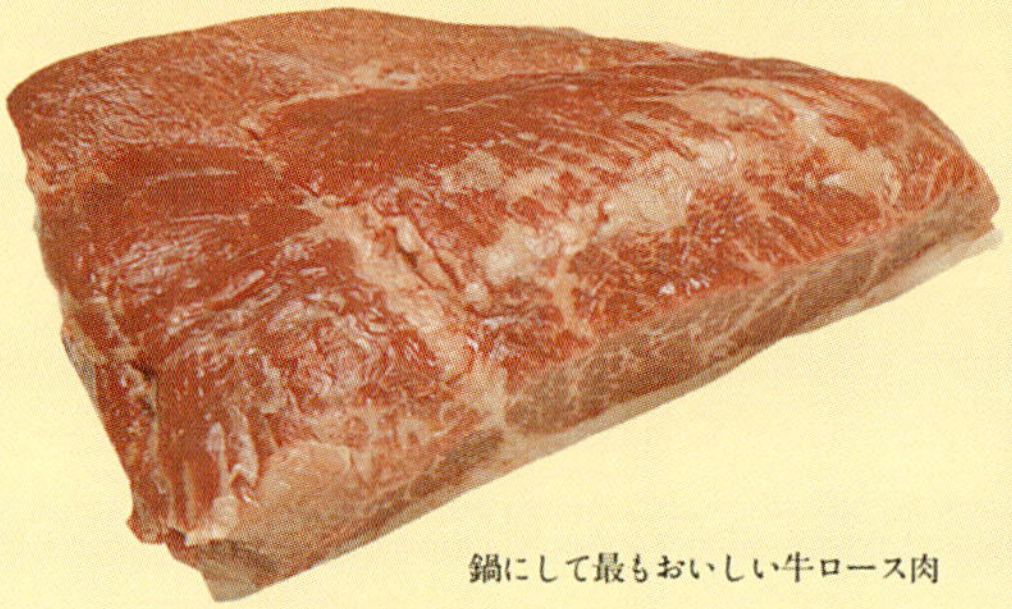
鍋にして最もおいしい牛ロース肉

牛肉と豆腐の土鍋焼き

・作り方二七一頁

呉須《こす》鉄絵《てつえ》小鉢《こばち》

器／欧風土鍋《おうふうどなべ》
黄瀬戸《きぜと》丸形焜炉《まるがたこんろ》

呉須《ごす》染付《そめつけ》雲文《くももん》六角皿《ろっかくざら》

呉須《こす》染付《そめつけ》四方大皿《よほうおおざら》

牛フィレの陶板焼き

●作り方三六〇頁

肉質の柔らかい牛フィレ肉の片面に隠し庖丁を入れて食べやすくし、葱、高菜、椎茸、もやしなど、和風のつけ合わせで年配の方にも愉しんでいただける作りの陶板焼きです。陶板にサラダ油を引いて葱で香りづけをしたのち、塩、胡椒味で肉、野菜を焼く手順です。

欧風《おうふう》金彩《きんさい》調味料《ちょうみりょう》入《いれ》

器／鉄絵《てつえ》掛釉《かけゆう》陶板《とうばん》
焼締《やきしめ》掛釉《かけゆう》焜炉《こんろ》

色絵《いろえ》輪花《りんか》小鉢《こばち》

紅殻《べんがら》梅形《うめがた》折敷《おしき》盆《ぼん》

呉須《ごす》染付《そめつけ》六角《ろっかく》盃《さかずき》

呉須《ごす》染付《そめつけ》笠文《かさもん》浅鉢《あさばち》

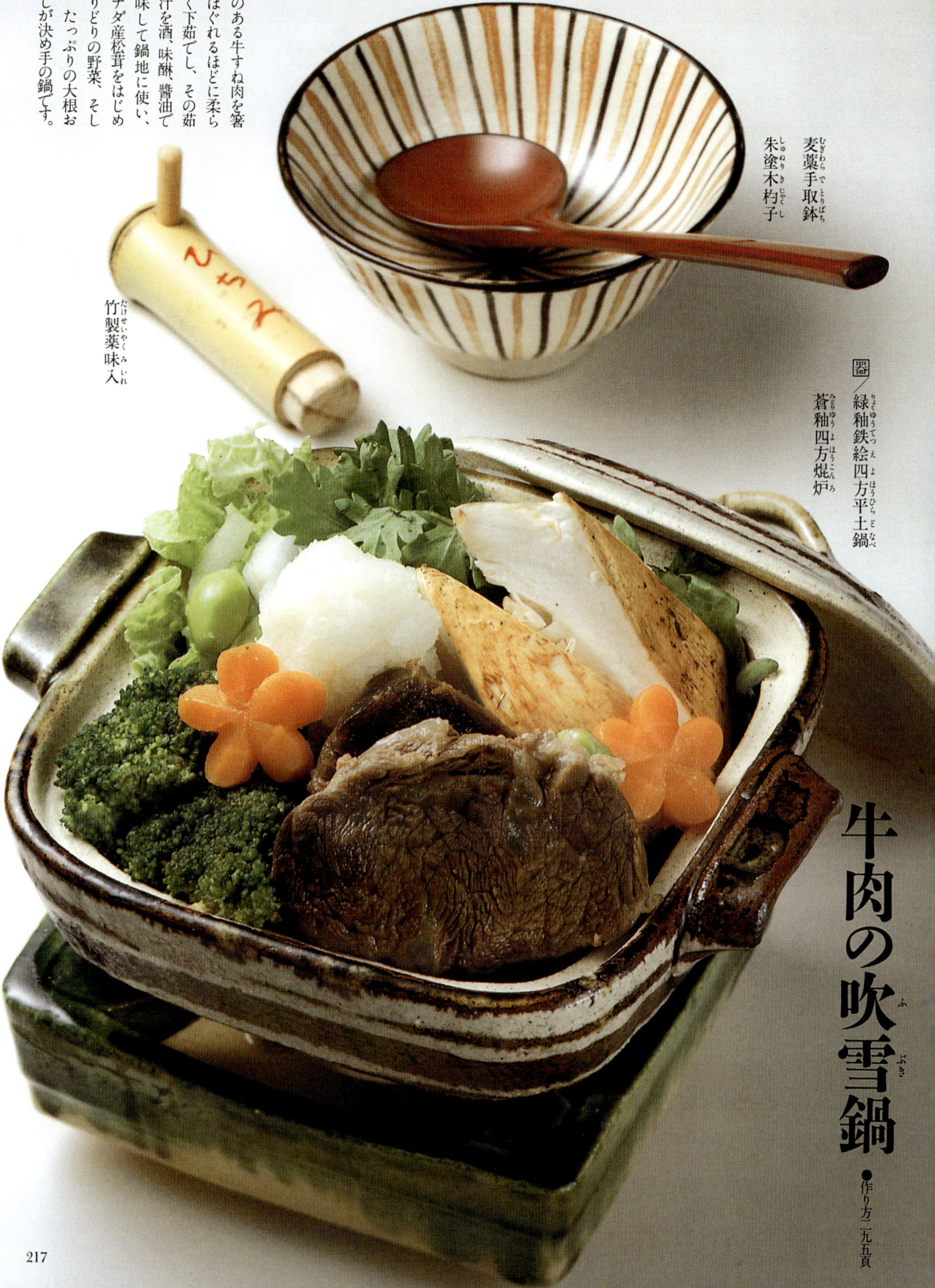

牛肉の吹《ふ》雪《ぶき》鍋

●作り方二九五頁

器／緑釉《りょくゆう》鉄絵《てつえ》四方《よほう》平土鍋《ひらどなべ》
蒼釉《みどりゆう》四方《よほう》焜炉《こんろ》

麦藁手《むぎわらで》取鉢《とりばち》
朱塗《しゅぬり》木杓子《きじゃくし》

竹製《たけせい》薬味入《やくみいれ》

力のある牛すね肉を箸でほぐれるほどに柔らかく下茹でし、その茹で汁を酒、味醂、醤油で調味して鍋地に使い、カナダ産松茸をはじめとりどりの野菜、そして、たっぷりの大根おろしが決め手の鍋です。

豚肉の湯豆腐鍋

●作り方三四八頁

南蛮手小鉢《なんばんでこばち》

御本手三島《ごほんでみしま》お多福小鉢《たふくこばち》

緑釉二割薬味入《りょくゆうふたつわりやくみいれ》

呉須染付楓平皿《ごすそめつけかえでひらざら》

器／焼締火襷四方土鍋《やきしめひだすきよほうどなべ》
緑釉焜炉《りょくゆうこんろ》、玉子手受皿付《たまごでうけざらつき》

湯豆腐そのものの作りでは、少々さっぱりしすぎて物足りないといった場合には、このように豚肉、春雨、わけぎなどが少量加わることで、豆腐の味わいも深まり、量感も補うことができます。豚肉は旨みのあるバラ肉を使い、仕立ては湯豆腐の基本地である昆布だし、薬味はもみじおろしとあさつき、つけつゆは香りのよいポン酢醤油というスタンダード版です。因みに添えた香のものは、沢庵と日野菜漬け、糠漬け胡瓜の三種盛りです。

器／灰釉辰砂唐草文平土鍋《はいゆうしんしゃからくさもんひらどなべ》
緑釉焜炉《りょくゆうこんろ》

呉須染付四方小鉢《ごすそめつけよほうこばち》

呉須赤絵片口小鉢《ごすあかえかたくちこばち》
呉須染付散蓮華《ごすそめつけちりれんげ》

豚バラ肉の紅白鍋

●作り方二九七頁

この鍋は著者の家に伝わる懐しい料理をアレンジしたもので、もとは鴨を使って椀盛《わんも》りにしたものです。ここでは豚肉に代えて、現代風の鍋料理に仕立ててみました。大根おろしを加えた鍋は冷めにくく、体も暖まるため、寒い夜などにはうってつけです。料理名の〝紅白鍋〟は、おろし人参の紅、大根の白を紅白に見立てたもので、おだやかな華やかさも醸しだされています。紅白とも粗いおろし金でおろした、いわゆる〝鬼おろし〟にしています。

鶏肉と野菜の取り合わせ鍋

菜《な》鶏《とり》鍋

●作り方二〇一頁

鶏肉は博多名物〝水炊き〟のように、これ一種を鍋にして味わい尽すこともできる肉素材ですが、身上の淡泊な旨みを他の材料に移す形の〝寄せ鍋〟にしても持ち味は活かされます。

ここでは白菜と小松菜、すなわち菜と鶏を取り合わせた鍋です。鶏はゼラチン質が他の部位より多く含まれ、独特の旨みのでる手羽先肉を使っていますが、もちろん胸肉、もも肉でも応用できます。料理名の菜鶏は、代を引き継ぐ名取りに掛けて、おめでたい趣旨の席にお出ししても喜ばれます。

呉須《ごす》染付《そめつけ》小鉢《こばち》

織部《おりべ》菊文《きくもん》小皿《こざら》

器／白釉掛《はくゆうかけ》籠目《かごめ》文《もん》土鍋《どなべ》
鉄釉《てつゆう》焜炉《こんろ》

芋《いも》鶏《とり》鍋

●作り方三四三頁

器／灰釉《はいゆう》鉄鍋《てつなべ》写《うつし》土鍋《どなべ》
鉄製《てっせい》手付《てつき》鍋敷《なべしき》

青竹《あおだけ》細工《さいく》鋏《ばさみ》

呉須《ごす》染付《そめつけ》四方《よほう》小猪口《こちょこ》

見るからに親しみやすい〝ごった煮鍋〟です。里芋を主に人参、しめじ、白菜、白滝、よもぎ麩と茹で卵、銀杏そして鶏もも肉と、相性のよい材料ばかりを取り合わせたこの鍋では、鶏肉は味つけ役、いわば陰の主役といった役割です。鍋地は、だし汁に白醤油と味醂の調味で野菜の持ち色を損なわず、汁が濁らないように仕上げることが大切です。芋鶏のほか、里芋とたこ、里芋と烏賊《いか》も相性がよく、いずれも特に女性客には受けのよい鍋になります。

精進ものの鍋

精進素材を主とした鍋

精進料理は本来、仏教の殺生戒《せっしょうかい》に従って純植物性の素材だけで作られた料理をいいます。京都に見られる禅宗系の精進料理は、室町時代中期に伝わった僧院料理がその原型です。また普茶《ふちゃ》料理の名で知られる黄檗山《おうばくさん》系の精進料理は、京都宇治の黄檗山万福寺の開祖隠元《いんげん》禅師が、中国から帰化する際にもたらした形式で、食前の顔寄せの茶礼において茶を普《あまね》くするの意を由来としています。いずれの形式にせよ精進料理では、辣韮《らっきょう》、韮《にら》、大蒜《ニンニク》などの匂いの強いものを除く野菜、そして豆腐をはじめとする大豆の加工品—湯葉、油揚げ、厚揚げ、飛竜頭《ひりょうず》—などが中心素材です。この項ではこうした精進素材を使い、しかし、もうひと味を魚介や肉の旨みで補って、現代人向きにアレンジした精進風鍋ものの例です。

厚揚げの陶板焼き鍋

●作り方二七〇頁

志野《しの》鉄絵《てつえ》玉割《たまわり》

白竹《しろちく》朱塗《しゅぬり》分《わけ》細工《さいく》取箸《とりばし》

厚揚げといえば精進素材の代表的なものですが、むしろお惣菜の材料として身近で、煮ても焼いてもおいしい温かみのある素材です。ここでは厚揚げの香ばしい焼き味を主に、夏野菜の小茄子と南瓜を取り合わせ、味に酷《こく》を補うための豚バラ肉、香りづけの葱、彩りの銀杏の六種を寄せて、鉄蓋つきの陶板で焼きます。焼き鍋は総じて、素材の持ち味がストレートに反映されますから下拵えが大切です。厚揚げは必ず熱湯を回しかけて油抜きをします。南瓜は櫛形に切って下茹でするか、ごく

器／鉄蓋付《てつぶたつき》陶板《とうばん》、焼杉敷板《やきすぎしきいた》
春慶《しゅんけい》枇木目《へぎめ》半月《はんげつ》折敷盆《おしきぼん》

薄く切って直接焼く形にします。小茄子は水にさらしてアクを抜き、銀杏は茹でておき、それぞれの火通りにバラつきのないように整えておきます。

料理の材料同士の相性というものは微妙で、厚揚げに合わせる肉は牛肉や鶏肉ではしっくりこず、ここはやはり豚肉です。そうして仕上げの味は、もみじおろしとあさつきを薬味に醤油味の取り合わせです。

この陶板は、鉄製の椀形の蓋をする面白い趣向のもので、陶板を火にかけて温まったらサラダ油を引き、豚肉と厚揚げ、そのほかの材料の順で焼き上げ、蓋をして客前にお出しします。保温性にも優れ、見た目も個性的な鍋です。このように焼き杉の敷板にのせて出してもよし、焜炉にかけて材料は別の盛り皿に盛りつけてお出しし、焼きながら愉《たの》しんでいただく形にすることもできます。

五目野菜鍋

●作り方二四四頁

呉須染付鹿文菊形深鉢《ごすそめつけしかもんきくがたふかばち》

器／鉄絵蛇の目文土鍋《てつえじゃのめもんどなべ》
鉄釉焜炉《てつゆうこんろ》

呉須染付点彩小皿《ごすそめつけてんさいこざら》

数種類の野菜が鍋に加わる場合は、彩りのよさもさることながら、持ち味に確かな味のあるもの、水気が多くシャキッとした歯触りのもの、香りのよいものなど、味わいの調和のよさを配慮して取り合わせることが大切です。ここでは人参、大根、玉葱、白菜、椎茸を主に、白滝、茹で卵を寄せ、厚揚げの三角揚げと合挽き肉を味の補いにしています。近年は健康上から野菜に関心が高まっていることからも、豊富な種類を活かす工夫が必要です。

砧《きぬた》大根の鍋

●作り方二四四頁

器／伊賀《いが》刷毛目《はけめ》文《もん》土鍋《どなべ》
灰釉《はいゆう》焜炉《こんろ》

鮫皮下金《さめかわおろしがね》

赤絵《あかえ》玉縁《たまぶち》耳《じ》杯形《はいがた》小鉢《こばち》

桂むきにした大根を巻き戻して作る砧大根を主に、巻き湯葉と焼き豆腐、根三つ葉、わけぎ、白菜、そして大根には何か一種油気のある材料が必要で、例えば油揚げなどを使いますが、ここでは豚の薄切り肉を加えています。銀杏を散らして清楚な趣のある鍋になりました。砧大根は八方地で下茹でし、鍋地はだし汁に酒塩の薄味です。これに味噌と味醂、砂糖、柚子皮のすりおろしを加えて練り混ぜる柚子味噌をつけだれに、賞味していただく趣向です。

饂《う》飩《どん》ちり

●作り方三五三頁

黄《き》瀬《ぜ》戸《と》小《こ》鉢《ばち》

器／白釉《はくゆう》唐草文《からくさもん》秀衡《ひでひら》土鍋《どなべ》
蒼釉《みどりゆう》四方《よほう》重形《かさねがた》焜炉《こんろ》

軟陶《なんとう》色絵《いろえ》四方《よほう》小皿《こざら》

呉須《ごす》鉄絵《てつえ》浅鉢《あさばち》

魚介、鶏肉、野菜類など、多種類の材料を取り合わせてでる混然とした旨みが、酒と塩で味を調えただし汁に溶け込んだところで、コシの強い饂飩《うどん》を煮る仕立てです。これひと品で、いわば酒の肴から食事まで愉《たの》しめるという趣向です。具の数、種類が多ければ多いほどおいしく、白焼きの穴子や蛤、帆立などもよく使われます。入れてはいけないものといえば、脂分が少々邪魔になる牛、豚肉を除けば大抵の材料の取り合わせが可能です。

しめじときりたんぽの鍋

●作り方三五五頁

器／灰釉《はいゆう》唐草《からくさ》文《もん》秀衡《ひでひら》土鍋《どなべ》
黒釉《こくゆう》焜炉《こんろ》、焼杉《やきすぎ》敷板《しきいた》

飛青磁《とびせいじ》中鉢《ちゅうばち》

呉須《ごす》赤絵《あかえ》六角《ろっかく》小皿《こざら》

きりたんぽが鍋に加わるだけで、北国の冬の情趣が感じられ、また量感も加味されます。このきりたんぽと相性のよい材料といってまず上げられるのが茸《きのこ》類で、ここで使ったしめじをはじめ、椎茸、舞茸、箒《ほうき》茸などを合わせておいしく、また次に上げられるのが鶏肉です。ここでは合挽き肉を使って、焼き豆腐や昆布蒲鉾、そして野菜類の淡泊な味の補いと彩りにしていますが、本場秋田なら、味に力のある地鶏の比内鶏《ひないどり》を使うところです。

京風細工ものを使った鍋

新鮮な魚介に瑞々《みずみず》しい野菜、上質の肉に季節の野菜などを取り合わせて、素材同士の味の調和を万全にはかり調えた鍋も、なにかもうひとつ、締めくくりとなるもの、あるいは彩りにポイントが欲しい場合があります。そんな時、銀杏を散らしたり、自然の風情を模した人参の飾り切りなどを添えて、それとなく季節感を強調したり、色づけの仕上げとします。しかし、いつもいつもこればかりでは目先も変わらず、曲《きょく》がありません。

そこで思い出していただきたいのが、各種の細工ものです。例えば、湯葉のいろいろ、練りものの細工もの、生麩の細工ものなどで、いずれも関西料理、ことに京都風の日本料理ではお馴染みのものばかりです。湯葉のはんなりとした口あたりは、鍋に加えて味わいにも情緒があり、また鍋ものでは見馴れた魚の生身を加工した練りもの類も、小さく色鮮やかに作られた細工蒲鉾などは、味の上からも変化をつけてくれます。そして、和菓子を思わせる華やかで愛らしい細工麩は、歯触りも心地よく、ふっと箸を止めさせてくれます。

いずれも鍋にあって主材料となるものではなく、ひとつ、ふたつ加わることで鍋全体にある種の雰囲気、いわば京風の柔らかい趣を醸しだしてくれます。そして、やや個性の沈みがちの鍋などには、それなりの性格づけのよりどころともなる、小さいながらも力量の備わった品々です。

細工蒲鉾4種（上より、左から右へ）
紅白小袖《こそで》蒲鉾、小菊揚げ蒲鉾、
小菊蒲鉾、千代結び蒲鉾

生湯葉2種（上より）
巻き湯葉、平湯葉

細工生麩《なまふ》3種　もみじ麩、観世麩《かんぜふ》、
柚子味噌入り手まり麩

乾湯葉5種　樋（とい、
またはとゆ）湯葉

くちなし入り結び
湯葉、大原木《おはらぎ》湯葉、
麩入り細工湯葉、
巻き湯葉

海老と湯葉真《しん》蒸《じょ》の鍋

●作り方三五七頁

義山《ぎやまん》ピーマン形《がた》小鉢《こばち》

黒漆《くろうるし》湯《ゆ》桶形《とうがた》汁次《しるつぎ》

器／蒼釉芒文《みどりゆうすすきもん》土鍋《どなべ》
飴釉焜炉《あめゆうこんろ》

湯葉真蒸は、押した豆腐を裏漉ししたものに鶏の挽き肉と茹で銀杏を混ぜ、塩で味を調えて団子に丸め、生湯葉で包んだものです。冷凍して市販されていますが、これを蒸すか揚げて料理に使います。鍋に加える時は、竹串で裏に数カ所穴をあけておくと味の通りがよくなります。ここでは蒸した湯葉真蒸に、茹で車海老、茹で筍、カナダ産松茸、千石豆などを寄せています。湯葉真蒸のはんなりした京風の趣と味わいを引き立てる品々です。

鮭包みの鍋

●作り方二五七頁

蕎麦釉片口小鉢《そばゆうかたくちこばち》

伊賀刻文小皿《いがこくもんこざら》

器／欧風土鍋《おおふうどなべ》
鉄製手付鍋敷《てっせいてつきなべしき》

灰釉鉄絵琵琶形《はいゆうてつえびわがた》
散蓮華《ちりれんげ》、
色絵受皿《いろえうけざら》

生身《なまみ》、すなわち白身魚のすり身で鮭のすり身を包んで蒸し上げたものが〝鮭包み〟です。近年、新種のおでん種として従来の練り製品とともに市販されている細工ものです。鮭のほか、蟹や海老のすり身を使ったものもあり、いずれも薄い塩か、醤油と少量の砂糖で下味がついています。鮭包みは口あたりも柔らかく、色合いもきれいですから鍋も華やぎます。姫筍、玉こんにゃく、ブロッコリーなどと取り合わせて、軽いおでん風に仕立ててみました。

豚肉と東寺巻きの鍋

●作り方二五七頁

白釉《はくゆう》武蔵野《むさしの》撫角《なでがく》深鉢《ふかばち》
白杉《しろすぎ》天削《てんそげ》取箸《とりばし》

器／紅志野《べにしの》金手付《かなでつき》土鍋《どなべ》
灰釉《はいゆう》焜炉《こんろ》

東寺巻きは、繊切りの木耳《きくらげ》、茹でたぜんまいと銀杏、白滝などを生湯葉で巻いてパリッと揚げたものです。かつて京都の東寺が、湯葉を使った精進料理で名を馳せたことから、京都では湯葉を単に〝東寺〟と呼称したところからの名です。この東寺巻きに薄切りの豚もも肉、鳴門蒲鉾、千石豆、つるむらさき(菜)、わけぎ、白菜、白滝と、風合いの少々異なる材料を寄せて歯触りの変化、味わいの相乗効果も出せて面白味のある鍋に仕上がりました。

ひと手間加えた素材を使った鍋

たたき・真蒸《しんじょ》ものの鍋

鍋料理の最も基本の形は、鮮度のよい魚介、肉、野菜類を、味と彩りの調和よく取り合わせ、これらを食べよく切り整えてそのままを、ごく単純明快な味つけの鍋地で煮合わせるものです。そしてここには、素材の持ち味を大切にし、過剰な調理をできるだけ避けて、自然の旨みをストレートに味わうことをよしとする日本料理の理想がそのまま反映され、実現されています。こうした鍋料理の、いわば素朴な味わいを基調にし、保ちつつ、今ひとつ味の変化、見た目の変化をつけ加える調理上の工夫、という観点で取り上げた課題がこれらの〝ひと手間加えた素材を使った鍋〟です。

そのひとつは、鶏、牛肉、魚介などを出刃庖丁でたたいて細かくしてまとめ、これを鍋に加える〝たたき〟の手法です。そしてさらに、これらのたたき身に味と彩りの補いとなる人参、葱類のみじん切り、卵などをすり混ぜてこれを丸め、蒸し上げたり、下茹でした〝真蒸もの〟を鍋に加える手法です。真蒸は正式には、これらに山の芋をすり混ぜるところから、糝薯とか真薯の文字もあてられて、日本料理では古典の手法で、煮ものや椀種、口取りなどによく使われるものです。

二つめは、これも古くからある包み込む形を応用したもので、湯葉に山菜類などを包むなどでお馴染みの手法を、ここでは少々若向きにキャベツと白菜で挽いた肉類や野菜を包んでいます。次は、鱧《はも》や鰻、穴子などによく見られる伝統の手法で、あらかじめ白焼きしたものを鍋に加えるものです。

最後は、茄子に代表される野菜や、小魚、鶏肉などを前もってひと揚げしておき、鍋に加えるものです。ここでは、こうしたよく知られる手法の典型のものを例としています。時として、月並みになりがちな鍋の素材も、ひと手間加えることでまた新しい表情を見せ、味わいに一層の深みを感じさせてくれます。

捌《さば》いた鶉《うずら》を骨ごと庖丁でたたいて煮る手法の鍋です。鶉のほかに骨ごとたたく料理があるのは鴨で、いずれも骨が口にあたらないように、充分たたくことがコツです。土鍋にザク切りの白菜を敷き、焼き豆腐、よもぎ麩、人参、白滝、葱を盛りつけたのち、あらかじめバットに平らに伸ばしておいた鶉のたたき身を、ひと口大ずつへりから崩し取って鍋に入れます。これにだし汁を醤油と味醂で調味した薄味の鍋地を注いで煮上げ、もみじおろしとあさつき、酢醤油でお進めします。鶉の癖を押えたい場合は、薬味に大根おろしを加えたり、鍋地を味噌味に変えることもします。

鶉《うずら》のたたき鍋

●作り方二〇五頁

器／呉須《ごす》網目《あみめ》文《もん》深《ふか》土鍋《どなべ》
鎌倉彫《かまくらぼり》鍋敷《なべしき》

麦藁手《むぎわらで》小鉢《こばち》

竹《たけ》手付《てつき》薬味入《やくみいれ》

牛肉のたたき鍋

●作り方二九五頁

器／伊羅保《いらぼ》刷毛目《はけめ》文《もん》平土鍋《ひらどなべ》
飴釉《あめゆう》焜炉《こんろ》受皿付《うけざらつき》、焼杉敷板《やきすぎしきいた》

蕎麦釉《そばゆう》片口《かたくち》小鉢《こばち》

青磁《せいじ》輪花《りんか》平皿《ひらざら》

前出の鶏のたたきと少々違い、牛もも肉を小さく切ってから庖丁で粗くたたき、玉葱と人参のみじん切り、卵白と生パン粉を合わせて粘りが出るまでよく練り混ぜる手法です。このたたき肉をまず割り下で煮て卵とじで味わい、さらに割り下を足して別盛りのザクを煮る二段構えの鍋です。ここでは肉を一人前用の土鍋に直《じか》盛りの形ですが、多人数鍋に仕立てる場合は、たたき肉も別皿に同様の菊花形に盛って出し、少しずつ煮ていただきます。

鶏真《しん》蒸《じょ》のみたらし鍋

●作り方二〇三頁

器／錫打出鍋《すずうちだしなべ》
緑釉焜炉《りょくゆうこんろ》
竹製薬味入《たけせいやくみいれ》
呉須安南手平鉢《ごすあんなんでひらばち》
呉須染付捻文散蓮華《ごすそめつけねじりもんちりれんげ》

皮と脂を除いた鶏肉を庖丁でたたき、卵、砂糖、醤油で調味してよくすり混ぜ、人参と葱のみじん切りを加えて鶏の真蒸を作り、丸《がん》に取って熱湯で茹でるか蒸して冷まし、二個ずつを鉄砲串に刺してみたらしにします。みたらしは、京都下鴨神社の御手洗《みたらい》川に因んで名づけられた名物のみたらし団子のように、串に刺した形をいいます。なに気ない真蒸も串に刺すことで立体感が増し、鍋に加えて食べやすく、面白味のある仕上がりとなります。

鶏真《しん》蒸《じょ》のおでん鍋

●作り方三五一頁

天啓赤絵網目草魚文浅鉢《てんけいあかえあみめそうぎょもんあさばち》

杉木地蒸籠《すぎきじせいろう》

器／赤絵菊花文土鍋《あかえきっかもんどなべ》
黒釉焜炉受皿付《こくゆうこんろうけざらつき》

鉄絵豆皿《てつえまめざら》

干し椎茸と葱のみじん切りを混ぜて小判形にまとめた鶏真蒸を、すじ、串に刺した揚げボール、そして豆腐、小蕪、絹さやを取り合わせておでん鍋に仕立てています。市販の練りものに手造りの鶏真蒸、野菜類が加わることで彩りもよく、またひと味違った旨みがでます。おでんは多人数分を一括して仕込んでおき、一人前用の土鍋で温めてお出しします。さらに、参考までにおでんに茶めしの通例に慣って、蟹めしを添えてみました。

鶏と帆立の真《しん》蒸《じょ》鍋

●作り方二〇四頁

伊《い》賀《が》瓢《ひさご》片《かた》口《くち》鉢《ばち》

呉《ご》須《す》赤《あか》絵《え》口《くち》捻《ひねり》小《こ》鉢《ばち》

呉《ご》須《す》染《そめ》付《つけ》輪《りん》花《か》浅《あさ》鉢《ばち》

灰《はい》釉《ゆう》琵《び》琶《わ》形《がた》散《ちり》蓮《れん》華《げ》

器／鉄《てつ》絵《え》蛇《じゃ》の目《め》文《もん》土《ど》鍋《なべ》

飴《あめ》釉《ゆう》焜《こん》炉《ろ》受《うけ》皿《ざら》付《つき》

金《きん》彩《さい》開《かい》扇《せん》箸《はし》置《おき》

白《しろ》杉《すぎ》天《てん》削《そげ》箸《ばし》

鶏肉の真蒸地に帆立貝のすり身を加えると、口あたりが柔らかくなり、旨みも増します。ここでは、これに人参のみじん切りを加えて彩りを整えています。真蒸はこのように材料の取り合わせも様々ですが、形もいろいろあり、真蒸地を軽く握って表面に握り跡を残したこの形を〝手取《てど》り真蒸〟と呼びます。また、この真蒸は前もって蒸したり、下茹でせずに生のまま鍋に入れます。煮ている間に帆立の旨みが煮汁に浸み出て、よいだしになります。

鶏のつくね鍋

●作り方二〇四頁

器／鼠釉《ねずみゆう》独楽《こま》筋《すじ》深鍋《ふかなべ》
緑釉《りょくゆう》焜炉《こんろ》

〝つくね〟は、魚介や肉類の身を庖丁でたたいて細かくし、よくすって作る点は真薯《しんじょ》と同じですが、つくねは真薯よりもやや粗《あら》めにたたき、〝捏《つく》ねる〟ように手でまとめ、形作るところから、こう呼びます。ここでは鶏肉のすり身に人参と葱のみじん切りを加えてこれを丸く取り、平らに形作って、サラダ油を引いて熱したフライパンで焼きます。これを青梗菜《チンゲンツァイ》、しめじと取り合わせた鍋で、鶏のつくねの焼き味の旨みが出ておいしく、煮崩れもしません。

器／色《いろ》絵《え》花文《はなもん》土鍋《どなべ》、焼杉敷板《やきすぎしきいた》

お好みおでん鍋

●作り方三五一頁

魚のすり身を加工した市販の練りものも、真蒸ものの同類です。三色串と海老巻き、はんぺん、つみ入れの四種の練りものに、大根、人参、ブロッコリー、椎茸、そして白滝、茹で卵ととりどりの色合いも愛らしく、味わいの変化も愉《たの》しめるおでん鍋です。鍋地を濁らせないように、はんぺん以外の練りものは熱湯をかけて油抜きし、大根とブロッコリー、人参は下茹でするなどの下拵えを済ませ、弱火で煮込んで仕上げ、溶き辛子を添えてお出しします。

白焼きをした魚を使った鍋

鱧《はも》の白焼き鍋

●作り方三一七頁

鱧は、白焼きにすると生とはまた違った旨み、香ばしさがあります。丁寧に骨切りした鱧を金串に刺して七分どおり焼き、薄い焼き色をつけておきます。この鱧を主によもぎ麩、春雨、茹で卵をはじめ、春菊、白菜、葱、椎茸を取り合わせて薄味に仕立てています。急須形の鍋を使って、煮汁もともにお進めします。

呉須《ごす》色絵《いろえ》口捻《くちひねり》深鉢《ふかばち》

呉須《ごす》点彩《てんさい》輪花《りんか》平皿《ひらざら》

器／黒楽《くろらく》急須形《きゅうすがた》鍋《なべ》
鉄製《てっせい》手付《てつき》鍋敷《なべしき》

鰻の柳川鍋

●作り方三二〇頁

色絵《いろえ》辰砂散蓮華《しんしゃちりれんげ》
瑠璃釉鉄絵点彩花形小鉢《るりゆうてつえてんさいはながたこばち》
赤絵金彩《あかえきんさい》
鈴形薬味入《すずがたやくみいれ》
伊賀浅鉢《いがあさばち》
器／鉄釉掛四方平土鍋《てつゆうかけよほうひらどなべ》
鉄製四方焜炉《てっせいよほうこんろ》

〝柳川鍋〟は泥鰌《どじょう》を卵でとじる手法が基本形ですが、これを少々アレンジして白焼きにした鰻を使ったもので、鰻の余分な脂が除かれて大変おいしい鍋になります。柳川鍋というからには、ごぼうのささがきが入らなければなりませんが、ここではこれに椎茸、人参、春菊を加えて彩りと、鰻の旨みを移して味わう仕立てにしています。鍋も決まりものの塗りの柳川鍋ではなく、ちょっと洒落た長手の平鍋で、中身も鍋も趣味の勝った作りです。

ひと包みした素材の鍋

ロールキャベツ鍋

●作り方三四五頁

お馴染みのロールキャベツを醤油ベースの鍋地で和風に、小鍋仕立てにして目先も変わり、新鮮です。しかもキャベツの中身には小振りの餃子という、こちらはいわば中華風であり、全体としては和・洋・中の鍋の中の出会い、という趣で、鍋地を中華や洋風のスープ・ベースにすれば、それぞれの味わいが際《きわ》立ちます。

呉須染付《ごすそめつけ》
点彩輪花浅鉢《てんさいりんかあさばち》

器／紅志野刷毛目文土鍋《べにしのはけめもんどなべ》
飴釉焜炉受皿付《あめゆうこんろうけざらつき》

ロール白菜鍋

●作り方二四五頁

呉須濃福の字平皿《ごすだみふくのじひらざら》

灰釉豆皿《はいゆうまめざら》

器／鼠釉呉須魚文土鍋《ねずゆうごすぎょもんどなべ》、籐巻鍋敷《とうまきなべしき》

ロールキャベツのキャベツを白菜に代え、中には豚の挽き肉、干し椎茸、茹で筍、人参、葱の五種を塩、胡椒で調味した俵形の肉団子を包み込んでいます。これを、だし汁に味醂、砂糖、薄口醤油と塩を加えた、少し甘みの勝《か》った鍋地でじっくりと煮込み、ほうれん草をはじめ、彩りのよい野菜を寄せて食べ応えのある小鍋立てです。このロール白菜やロールキャベツは、一日分を目安にあらかじめ煮ておくと味もよく浸み込み、手間も省けて重宝です。

下揚げをした素材の鍋

茄子の煮おろし鍋

●作り方三四六頁

茄子に鶏挽き肉を挟んで揚げた、いわゆる"茄子のはさみ揚げ"を大根おろしと煮た"煮おろし鍋"です。これをそのまま蓋ものなどの器に盛れば見馴れた一品の煮ものの趣ですが、小鍋立てにすることで熱あつの、魅力のある煮ものの替わりとなります。煮おろし鍋にはこのほか、鶏肉や白身魚などを衣揚げにしたものなども、揚げ味の香ばしさが大根おろしと鍋地に溶け出して、格別の味わいとなります。

器／三島手《みしまで》土鍋《どなべ》、籐巻鍋敷《とうまきなべしき》

鱚《きす》の唐揚げ鍋

●作り方三二五頁

黄南京《きなんきん》
四方豆皿《よほうまめざら》

鳴海織部《なるみおりべ》
沓形小鉢《くつがたこばち》

器／灰釉辰砂唐草文平土鍋《はいゆうしんしゃからくさもんひらどなべ》
飛騨焜炉《ひだこんろ》、焼杉敷板《やきすぎしきいた》

鱚の唐揚げを主材料にした鍋です。鱚はいうまでもなく上等の料理魚ですが、小骨が多いために生のままでは鍋ものには向きません。骨までカラリと揚げて使うと食べよく、また特有の淡泊な旨みが鍋に加わって、大変おいしく仕上がります。揚げものを具にした鍋には、揚げ餅を入れた長崎の〝昌平鍋《しょうへいなべ》〟などが有名で、どこかエキゾチックな趣があります。

鱚のほか、こうした形の揚げ煮鍋には小鯛や公魚《わかさぎ》などの唐揚げでも応用できます。

鶏の唐揚げ鍋

●作り方二〇三頁

器／焼締《やきしめ》焙烙形《ほうろくがた》土鍋《どなべ》
黒釉《こくゆう》焜炉《こんろ》
黄南京《きなんきん》龍文《りゅうもん》菱組《ひしくみ》小皿《こざら》
色絵《いろえ》菱《ひし》小鉢《こばち》

この鶏の唐揚げ鍋は別名を〝唐人鍋《とうじん》〟ともいって、中国料理にヒントを得た変わり鍋です。あらかじめ下茹でをした筒むき大根と亀甲形に面取りした里芋、そして椎茸と白菜、白滝に、紅白の結び蒲鉾が鮮やかな彩りを添える取り合わせで、材料の切り方にも中国風の趣を加味しました。薄味で小鍋に仕立てたこの唐揚げ鍋を銘々の前に持ち出し、小皿に盛り分けた薬味のもみじおろしとあさつきをひと組ずつ、酢醤油とともにお配りします。

鍋料理の器の愉《たの》しみ

ひと膳《ぜん》の中心となる鍋の重要性

鍋料理は総じて、調理としてはむしろ単純明快、素朴なものでありながら、一旦《いったん》焜炉を伴って膳に持ち出されるとき、他のどんな料理も及ばない期待感と、寛《くつろ》いだ雰囲気を醸《かも》しだし、容易にひと膳の中心的な役割を果たす料理となります。そして、こうした鍋料理の特長を支えているのが、そのバラエティーに富んだ器揃《うつわぞろ》えです。すなわち器としての鍋、火床である焜炉を主に、これを取りまく取り皿・鉢、汁次(注)ぎ、薬味入れ、散り蓮華、網杓子、骨入れなど、器選びのいかんによって、鍋料理は一段と商品価値が高まり、また献立など他の料理と組み合わせて、より趣のある膳が整います。

この項では、これらの鍋と周囲の器の種々を個別に取り上げ、まず第一に、それぞれが充分に機能を具えていること、しかも、これらが膳に配されるとき、ひと組みの器揃えとして快《こころよ》いハーモニーを奏でるような、器選びの基本に視点をおいて展開しています。

鍋料理のこの器類を見るとき、なによりもまずその特異性は、煮炊きする道具であるはずの鍋を、そのまま膳にのせることにあることは、いうまでもありません。しかし、鍋料理は郷土料理の鍋の例を見るまでもなく、その原初は囲炉裏《いろり》鍋であ↙

黒陶四方土鍋《こくとうよほうどなべ》
織部釉四方焜炉《おりべゆうよほうこんろ》

左の焜炉は、著者の家で昭和初期から使用していたもので楽《らく》の土で創《つく》られております。
家では魚介の酒蒸しの際に客前に持ち出す形で用いておりました。
〝小鍋立て〟など、まだ見受けられなかった戦前の例です。

さらに、蒸し器の最も原始の姿と思われる丸底の陶釜の底に穴をあけた形のものを、水を張った陶鬲の上にのせて火にかけ、蒸気を利用する陶甑《タオツォン》などを、その歴史資料に見ることができます。

これらの煮炊きする道具の進歩は、そのまま中国料理の基礎の充実となり、また奥行の深さにつながるものです。陶器の発明から時を経ず、鉄鍋を鋳造し、また陶器ではその後、現在の煙筒のある金属製の火鍋子《フオクオツ》の原型といわれる煙突付きの鍋、陶灶《タオツァオ》や陶爐《タオルウ》を作り、約千年前には、蒸気鍋の汽鍋《チークオ》、土鍋の砂鍋《シャークオ》など、現在も鍋料理をはじめ、広く料理の煮炊きに使われている鍋の、原型となるものは大抵、出揃っていたと考えられます。

鍋で煮ることからはじまる料理

わが国の文献に、初めて鍋に類するものの記述が表われたのは、今から約千二百年余前、奈良時代に編まれた最古の史書『日本書紀』の巻八に、御甑《みなへ》という文字で、魚菜を煮る道具として出ています。この甑《なへ》が肴瓮《なへ》、すなわちさかなを煮る瓶様《かめよう》の土器を指すとされ、ここにはまた飯櫃《めしびつ》にあたる御筥《みはこ》も出現していますが、これらはいずれも、天皇の食事を整える際の記述であることから、庶民の日常道

↙り、おそらくはじめはご飯を炊き、やがて汁やごった煮風の副食物を煮たものと思われ、家族の座の中央にかけた鍋から、同じものを食べ合うことで生まれる共食意識《きょうしょくいしき》が、一族の和につながっていきます。このことがまた、鍋もの自体の性格に大いに反映されたものと考えられます。

こうした原始的ともいえる鍋ものが、現在のように鍋料理としての形をもつようになったのは、明治以降の、いわば商業資本の眼力が、鍋ものの根底に流れる共食意識への郷愁を見据《みす》え、あますところなく受け継いできたことによる、ということができましょう。

これら、鍋料理の成長と表裏をなし、大いにかかわってきたのが、蓋のある、たっぷりと大きな鍋であり、この器としての鍋こそが鍋料理の陰の主役であるといって過言ではありません。ここでは、鍋の理解をより深めるために、調理道具の鍋の変遷の大まかな部分を、最も影響を受けたとされる中国の例を含めて、たどってみましょう。

中国の製陶技術と鍋の小史

中国では、今から約五千年も前に、すでに陶器の器を焼き上げる技術をもっていました。まず、筒形で丸底の壺様《つぼよう》の陶罐《タオクアン》。広口で丸底、耳付きの陶釜《タオフウ》、そしてこれを火中に立てるため、三本の脚を付けた形の陶鼎《タオティン》。さらに熱効率を高めるために丸底を三つ岐《また》に分けて脚と鍋底を兼ねた形にした陶鬲《タオリイ》、

飴釉栄螺形鍋《あめゆうさざえがたなべ》
飴釉焜炉受皿付《あめゆうこんろうけざらつき》

三島手土鍋共玉割揃《みしまでどなべともたまわりぞろい》

具とは、別のものであったことが想像されます。

さらに、平安中期に出された最古の漢和辞書である『倭名類聚鈔《わみょうるいじゅしょう》』には〝唐式の鉄鍋はカナナベという〟と記されています。日本で鉄の製練が行われはじめ、鉄器が広く使われるようになったのは古墳時代から奈良時代(四世紀~七世紀)とされ、この間には中国から銅製の鼎《かなえ》が伝来しています。これらの金属製の鍋、カナナベとの区分上肴瓮《なへ》は土《つち》ナべと呼ばれるようになったといわれています。この土ナべは平安中期頃までは、一般には〝堝《つぼ》〟と呼ばれ、鉄製の鍋は前述のとおりカナナベ、あるいは鼎《かなえ》に因んでカナへと呼ばれていました。のちに鉄製のものは金偏《かねへん》で単に鍋、堝《つぼ》は同じ煮炊きに使うことから土鍋と表わされるようになったものと考えられています。

このような、いわゆる鍋らしい鍋の出現以前は、各地の縄文遺跡から発掘されている尖底《せんてい》土器に遡《さかのぼ》り、これは炉の中に長く尖《とが》った底部を突き立てて、煮炊きに使用したものです。いずれにしろ、土器の鍋とともに〝煮る〟という調理の本格的な歴史ははじまり、同時にまた〝料理〟がはじまります。

人類史上に最初に土器の鍋が登場したのは、約八千年前とされ、それ以前には木の葉、石や貝殻など、自然そのものが器となり、鍋の代わりでした。生食《なましょく》から直《じか》焼きへ、そしてさらに煮る調理が加わったことで、飛躍的に食物の種類は増え、より一層おいしく食べる工夫へと、つながっていきます。

土鍋のいろいろ

ご承知のように焼きものには磁器と陶器があり、ごく簡単にいえば、磁器は指先で軽く弾《はじ》くと高く硬《かた》い音がし、陶器は比較的低く鈍《にぶ》い音のするのが特徴です。土鍋は柔らかい火当たりを必要とするところから、ほとんどのものが陶器です。中でも釉薬《うわぐすり》をかけない素焼きの、いわば土鍋らしい土鍋は近年少なくなり、また釉薬のものでは楽《らく》焼きの土鍋なども煮上がり具合のよいものですが、これとて昨今は高級品扱いです。著者が今日までに出会った使いよい土鍋は、総じて蓋が椀を伏せたような形で、全体におおらかな丸みがあって、丸形も角形も、浅いものも相対的に懐《ふところ》の大きいものでした。つまりは熱が均等に行き渡り、保温性も高く、ものを煮るのに最適の形です。そしていったいに鍋は、多人数の場合も人数倍というほどに大きい必要はありません。一度に煮込んで出すおでん鍋などはむしろ例外で、ほとんどは客前で材料を加えては、煮えばなを食べていただくものだからです。ここに並べた鍋も、四人用目安で大きいものは内径二十五・深さ十センチ、小さいもので内径二十・深さ八センチほどです。よい鍋とは用に適《かな》い、しかもその姿が膳の雰囲気に合うもの、です。

蕎麦釉刷毛目文土鍋《そばゆうはけめもんどなべ》

灰釉鉄絵土鍋《はいゆうてつえどなべ》

緑釉土鍋受皿付《りょくゆうどなべうけざらつき》

蒼釉芒文土鍋《みどりゆうすすきもんどなべ》

赤楽土鍋《あからくどなべ》

鉄釉梅花文土鍋《てつゆうばいかもんどなべ》

赤楽土鍋《あからくどなべ》

鉄絵土鍋《てつえどなべ》

黒楽土鍋《くろらくどなべ》、杉木地敷板《すぎきじしきいた》

黒陶《こくとう》土《ど》鍋《なべ》

赤《あか》絵《え》菊文《きくもん》土《ど》鍋《なべ》

黒釉耳付《こくゆうみみつき》土《ど》鍋《なべ》

色《いろ》絵《え》花文《はなもん》土《ど》鍋《なべ》

欧風焼締耳付《おうふうやきしめみみつき》土《ど》鍋受皿付《なべうけざらつき》

欧風色《おうふういろ》絵《え》土《ど》鍋《なべ》、焼杉敷板《やきすぎしきいた》

浅《あさ》手《で》の土鍋

鉄絵《てつえ》白釉《はくゆう》掛《かけ》線文《せんもん》土鍋《どなべ》

鉄絵《てつえ》白釉《はくゆう》掛《かけ》紅葉《もみじ》文《もん》土鍋《どなべ》

灰釉《はいゆう》辰砂《しんしゃ》唐草《からくさ》文《もん》平《ひら》土鍋《どなべ》

伊賀《いが》釉《ゆう》土鍋《どなべ》

焼締《やきしめ》耳付《みみつき》土鍋《どなべ》

鉄鍋と金属製鍋

伊羅保《いらぼ》刷毛目《はけめ》文《もん》平《ひら》土鍋《どなべ》受皿《うけざら》付《つき》

灰釉《はいゆう》焼締《やきしめ》平《ひら》土鍋《どなべ》

赤楽《あからく》平《ひら》土鍋《どなべ》受皿《うけざら》付《つき》

囲炉裏《いろり》に自在鉤で吊した鉄の田舎鍋の光景は、我々日本人にはひとつの郷愁です。また鉄鍋といえば、底の平らなすき焼き鍋が身近で、近年は新様のものが沢山出ていますが、昔から盛岡産の南部鉄製のものが有名です。鉄鍋は熱伝導、保温性ともによく、油も馴染みやすいため土鍋に次いで古くから使われてきました。重くて扱いにくいという難点はあるにせよ、鋳物《いもの》の厚手のものほど上質です。このほか金属の鍋には、銀、錫《すず》、真鍮《しんちゅう》、銅、ステンレス製のものなどがあります。銀製の鍋は見た目も美しく、煮え具合もよいのですが、高価なため、もともと数が出廻っていません。比較的手に入りやすいのは真鍮に錫引きした厚手の鍋で、ただ長く使ううちに錫が落ちやすく、錫引きの補修が必要です。純粋の錫鍋は一般に薄手で、用途を選びます。ステンレス製は小ぎれいで洗いも楽《らく》ですが、やや安手に見えるのが欠点です。その点銅製の鍋は、外見、機能性ともに最上で、西洋料理のプロが調理用によく使うものですが、日常の手入れは忘れません。鉄鍋に限らず金属製の鍋は、少々高価でも上質のものを選びます。大切に使えば一生ものとなり、膳においたときの風格も違います。

真鍮手付鍋《しんちゅうてつきなべ》、焼杉蓋《やきすぎぶた》

新様鉄製平鍋《しんようてつせいひらなべ》、焼敷板《やきしきいた》

錫打出鍋《すずうちだしなべ》

鉄内焼漆手付鍋《てつうちやきうるしてつきなべ》、焼杉蓋《やきすぎぶた》

銅製欧風鍋《どうせいおうふうなべ》

鉄内焼漆手付四方鍋盛台入《てつうちやきうるしてつきよほうなべもりだいいれ》、焼杉蓋《やきすぎぶた》

小鍋のいろいろ

近年、鍋ものは一品料理としてだけではなく、料理屋や旅館などの献立の中にも積極的に取り入れられるようになっています。それにつれて、鍋、すなわち大勢でつつき合うものという従来のとらえ方に加えて、銘々の前に鍋の並ぶ〝小鍋立て〟が好評を博しています。酒の入る席などではことに、各自のペースで箸が進められることが喜ばれ、また給仕人の側からは、手間の省ける点も受けてのことで、このことは、鍋ものが今後一層受け入れられ、中でも小鍋の需要は高まることを予測させるに充分です。

こうした背景から、ここに改めて寄せてみた小鍋は、小さいもので内径十五センチ、大きくても十八センチほどの小

紅《べに》志野《しの》刷毛目《はけめ》文《もん》土鍋《どなべ》

白釉《はくゆう》籠目《かごめ》文《もん》土鍋《どなべ》

白釉《はくゆう》花《か》文《もん》石鍋《いしなべ》

志野《しの》白釉《はくゆう》掛《かけ》土鍋《どなべ》受皿《うけざら》付《つき》

白釉《はくゆう》芙蓉《ふよう》文《もん》土鍋《どなべ》

練込《ねりこみ》土鍋《どなべ》

白釉《はくゆう》縁《ふち》鉄絵《てつえ》土鍋《どなべ》

楽掛釉《らくかけゆう》染付《そめつけ》四方《よほう》土鍋《どなべ》受皿《うけざら》付《つき》

織部《おりべ》四方《よほう》土鍋《どなべ》、杉《すぎ》木地《きじ》敷板《しきいた》

振りの鍋です。ただ小鍋ながらも八センチ前後の深手のもの、五センチ足らずの浅手のもの、また丸形だけでなく角形あり、長手のものありと、大鍋と同様の多様さで、汁気の多少、材料の大小などで使い分けます。総じて小鍋には、鍋の長所でもあり、場合によっては難点でもある一見して大味の雰囲気が薄れ、見た目にも可愛らしく、細やかな雅趣も感じられます。さらに今後、小鍋立ての鍋料理が注目され、内容的にも研究が深められるのと並行して、器である小鍋にも、個性的な面白い味わいのものが出てくるのではないかと期待がもてます。

焼締《やきしめ》内楓《うちかえで》絵付《えつけ》土鍋《どなべ》受皿付《うけざらつき》

黒釉掛《こくゆうかけ》土鍋《どなべ》

伊羅保《いらぼ》鉄絵《てつえ》土鍋《どなべ》

焼締《やきしめ》火襷《ひだすき》四方《よほう》土鍋《どなべ》

織部《おりべ》釉《ゆう》土鍋《どなべ》受皿付《うけざらつき》

伊羅保《いらぼ》小判形《こばんがた》土鍋《どなべ》受皿付《うけざらつき》

焼締《やきしめ》火襷《ひだすき》沓形《くつがた》鍋《なべ》受皿付《うけざらつき》

焼締《やきしめ》鉄釉掛《てつゆうかけ》土鍋《どなべ》

鉄絵《てつえ》蛇《じゃ》の目《め》文《もん》土鍋《どなべ》受皿付《うけざらつき》

専用鍋のいろいろ

専用鍋は、いずれも鍋ものの種類を限定することで生まれた鍋です。しかしながら用途はひとつに限られず、それぞれの特長を生かすことで容易に兼用鍋ともなるものです。

●行平鍋は歌人在原業平の兄、行平が海女に潮を汲ませて塩を焼いた故事に因んで、塩を焼く器から起こったとされ、注口《そそぎぐち》と把手《とって》、蓋のある深鍋をいいます。熱がゆっくり伝わり、保温力も高いためお粥《かゆ》や雑炊に最適の鍋です。

●湯豆腐鍋は、つけつゆ用の徳利も同時に温められる作りで、蓋が半月に切ってあります。

●新様の柳川鍋二種。柳川鍋の決定版といえば、巻頭三十二頁の塗りの枠に素焼きの浅鍋を組み込んだ形です。ただ献立に加える場合などには、こんな小洒落た鍋が似合います。

●蒸し鍋、つまり洋風にいえばココットです。蓋も底も丸く、熱い蒸気を抱き込む形で蛤などの蒸し鍋、茸《きのこ》類など香りのものを使った蒸し汁仕立てのほか、小鍋としても使えます。

●すき焼き鍋はお馴染みの鉄鍋ですが、把手が蟹の形の凝った趣向のものです。

●火鍋子《ホウコウズ》は中国鍋で、神仙炉《シンソンロ》はこの鍋が韓国

焼締白釉草文柳川鍋《やきしめはくゆうくさもんやながわなべ》

黄瀬戸風行平鍋《きぜとふうゆきひらなべ》

鉄釉掛四方柳川鍋《てつゆうかけよほうやながわなべ》

伊羅保湯豆腐鍋《いらぼゆどうふなべ》

に伝わり、宮廷料理に取り入れられた歴史があります。よく熾《おこ》った炭火を煙筒に入れて食卓に出すもので熱伝導が早く、高い火力を必要とする中国の鍋ものが生んだ鍋です。本来は、これより高く煙筒の突き出た形で、銅製、真鍮製などがあり、高級品には表面に刻文や繊細な装飾が施されています。この例は現代風にやや簡略化された作りのもので、最近ではガスを熱源に組み込んだものもあり、しゃぶしゃぶなどにもよく利用されています。

●スイスの名物鍋、チーズ・フォンデュ用の鍋で、機能的にも大変優れた専用鍋の代表格。西欧にはこのほかスペインのパエリア用浅鍋など、料理に合わせた専用鍋が多くあります。

次頁では、個性的な和風専用鍋、陶板焼き鍋と焙烙鍋を取り上げています。

●陶板の原形をたどると——鉄板、石鍋、煉瓦様《よう》のもの——に遡《さかのぼ》ります。陶板は水分を吸収しやすく、油を引き、使い込むうちに徐々に強化される鍋です。

●焙烙鍋は、素焼き、共蓋《ともぶた》で着《き》せ蓋形、蓋に蒸気穴のないものが基本形です。近年は新様の洒落た形や、釉薬《ゆうやく》文様のものなど、愉《たの》しい趣向のものが多く見られるようになっています。

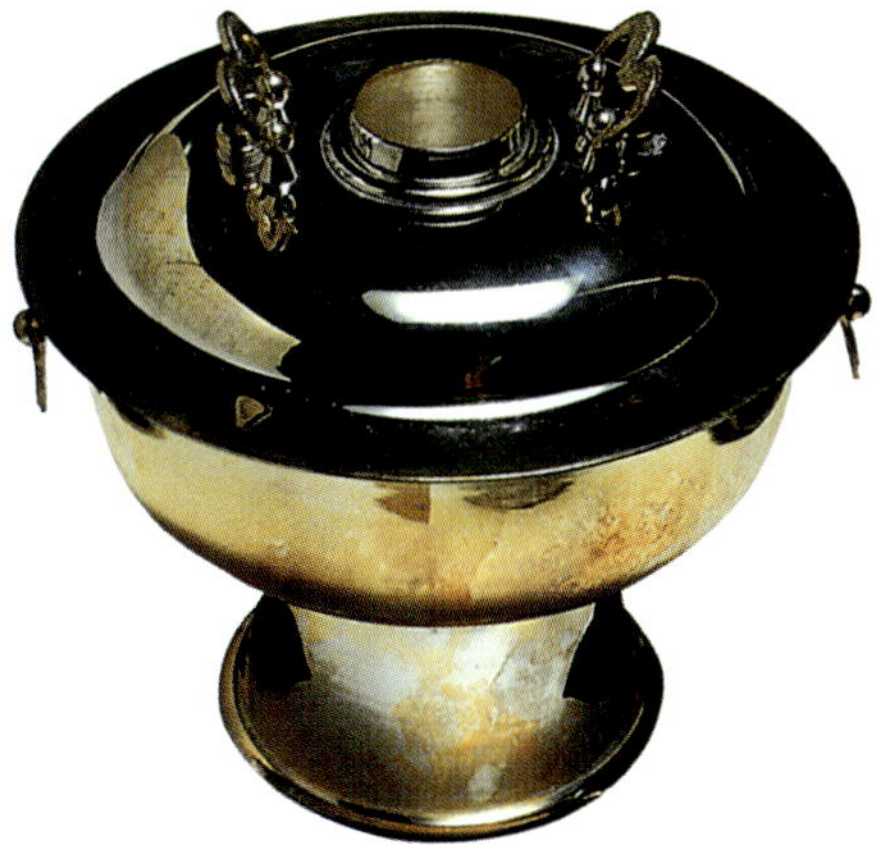

錫《すず》火鍋《ホウコウ》子《ズ》（錫《すず》神仙《シンソン》炉《ロ》）

黒梨地《くろなしじ》赤絵《あかえ》摘付《つまみつき》蒸鍋《むしなべ》

ステンレス製
フォンデュ鍋一式

新様《しんよう》鉄《てつ》変《か》わり手付《てつき》鋤焼鍋《すきやきなべ》

陶板焼き鍋

焼締《やきしめ》緑釉《りょくゆう》蓋付《ふたつき》陶板《とうばん》

赤楽《あからく》陶板《とうばん》

三島《みしま》手《で》蓋付《ふたつき》陶板《とうばん》

黒《くろ》紫蘇《しそ》手《で》蓋付《ふたつき》陶板《とうばん》

鉄《てつ》蓋付《ふたつき》陶板《とうばん》

焼締《やきしめ》鉄《てつ》絵《え》蓋付《ふたつき》陶板《とうばん》

焙《ほう》烙《ろく》鍋

蒼《みどり》釉《ゆう》鉄絵《てつえ》秋草《あきくさ》文《もん》焙烙《ほうろく》受皿《うけざら》付《つき》

素《す》焼《やき》焙烙《ほうろく》受皿《うけざら》付《つき》

焼締《やきしめ》緑釉《りょくゆう》掛《かけ》沓形《くつがた》焙烙《ほうろく》受皿《うけざら》付《つき》

志《し》野《の》鉄《てつ》絵《え》焙烙《ほうろく》受皿《うけざら》付《つき》

焼締《やきしめ》焙烙《ほうろく》

緑楽《みどりらく》金彩《きんさい》焙烙《ほうろく》

渋紙《しぶがみ》手《で》欧風《おうふう》切立《きったち》焙烙《ほうろく》

伊《い》羅《ら》保《ぼ》手《で》刷《は》毛《け》目《め》文《もん》焙烙《ほうろく》受皿《うけざら》付《つき》

兼用鍋のいろいろ

兼用、すなわち多目的に使われる鍋を集めてみました。前頁の専用鍋に対照するものですが、一般的にある鍋がひとつの用途にしか使えないというものは陶板焼き鍋くらいで、ほとんどの鍋は工夫次第で幾通りかに、使い分けることができます。下に挙げた二例四点は、当初から兼用を目的として作られた鍋です。まず右列はごく典型的な小鍋で、中に平底鉢を組み込むことで柳川鍋としても使えるもの。左列の急須形の小鍋は、少々凝った小鍋立てに使えるほか、汁が主体の土瓶蒸し鍋としても使えるものです。

●次頁は、柳川用の組み込み鍋をはずして焙烙鍋として使えるものなど、適宜に工夫のできる六種の兼用鍋の例を挙げています。

●そして続く頁には、ごく一般的に多目的に使える鍋として深手の小鍋と、同様に和風の鍋ものにも応用できる欧風の小鍋を取り上げています。深小鍋は、汁気の多い小鍋立てに向くほか、お粥《かゆ》や雑炊、蒸し鍋などにも兼用できる自在性《じざいせい》のある鍋で、このことは欧風小鍋にもそのままあてはまります。

白釉籠目文土鍋《はくゆうかごめもんどなべ》

黒楽急須形鍋《くろらくきゅうすがたなべ》

同＝柳川鍋兼用

同＝土瓶蒸器兼用

鉄《てつ》絵《え》筋文《すじもん》四《よ》方平《ほうひら》土《ど》鍋《なべ》木《き》蓋付《ぶたつき》(盛り器)

白釉《はくゆう》花《か》文柳川石鍋《もんやながわいしなべ》(焙烙)受皿付《うけざらつき》

新様鐶付鉄鍋《しんようかんつきてつなべ》(鋤焼鍋)

鉄《てつ》絵十字《えじゅうじ》文《もん》四《よ》方平《ほうひら》土《ど》鍋《なべ》(柳川鍋)

新様《しんよう》手《て》付鉄鍋《つきてつなべ》、杉《すぎ》木《き》地《じ》敷板《しきいた》(鋤焼鍋)

鉄釉《てつゆう》四《よ》方平《ほうひら》土《ど》鍋《なべ》(柳川鍋)

深小鍋と欧風小鍋

欧風《おうふう》組込《くみこみ》土《ど》鍋《なべ》

白釉掛《はくゆうかけ》呉《ご》須《す》網《あみ》目《め》文《もん》深《ふか》土《ど》鍋《なべ》

伊《い》賀《が》深《ふか》土《ど》鍋《なべ》

欧風丸文片手《おうふうまるもんかたて》土《ど》鍋《なべ》

白釉掛《はくゆうかけ》
春夏秋冬文《しゅんかしゅうとうもん》
辰砂深《しんしゃふか》土《ど》鍋《なべ》

鼠釉呉《ねずみゆうご》須《す》魚文《ぎょもん》土《ど》鍋《なべ》、焼杉敷板《やきすぎしきいた》

欧風赤巻片《おうふうあかまきかた》手《て》土鍋取皿揃《どなべとりざらぞろい》

鼠釉独《ねずみゆうこ》楽《ま》筋《すじ》土鍋《どなべ》

白釉掛《はくゆうかけ》茄子《なすび》文《もん》土《ど》鍋《なべ》

洒《しゃ》落《れ》鍋四趣

この四種類の鍋は、それぞれに少々凝った趣向を折り込んだ作りの、四つの趣の鍋で用途は幅広く自在に使えるものです。

●右列上は、平口の片手鍋です。木目のきれいな焼き杉の蓋がつき、厚手で深さもほどよく、汁気の多い仕立ての鍋にも、身沢山の鍋ものにも使いやすい形です。

●右列下は、鉄鍋の風合いを焼きもので出した炉鍋形の鍋で、色も形もどことなく鄙《ひな》びた雰囲気を醸《かも》しだしています。彩りのよい野菜を多く使った鍋ものなどには似合いです。

●左列上は、木通蔓《あけびづる》の手も洒落た片口鍋で著者が長年使っているものですが、近年はこの種の鍋を見かけることが少なくなりました。口付きのこの形は、膳にのせて落ち着きがあるうえ、雅趣があってよいものです。また汁まで愉《たの》しむ鍋などには、機能性からも活用できるものです。

●左列下は、古い鉄鍋の典型的な田舎鍋の形を陶器に移した趣向のもので、いやがうえにも席の雰囲気を盛り上げてくれます。

こうした個性的な作りの鍋は、とかく決まりものになりがちな鍋料理に新味を与え、なに気なく使って洒落た味わいの増すものです。

白釉手付平口土鍋《はくゆうてつきひらくちどなべ》

焼締鉄鍋写炉鍋《やきしめてつなべうつしろなべ》

焼締口付木通蔓手土鍋《やきしめくちつきあけびづるでどなべ》

紅志野金手付土鍋《べにしのかなでつきどなべ》

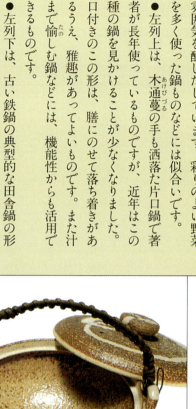

卓上焜炉のいろいろ

材料、仕立て、鍋ともに万全を期して整えた鍋ものの、最後の仕上げは焜炉、すなわち熱源です。この項では現在使われている卓上用焜炉を、熱源の種類も合わせて取り上げました。

●右列上は陶器の五徳《ごとく》形丸焜炉、下は飛騨焜炉です。いずれも炭火を用いるもので、火力、趣ともに最も望ましいものです。炭火も飛騨焜炉も、昨今はすっかり高級品となってしまいましたが、赤く熾《おこ》った炭が鍋下からほの見える風情は、鍋料理の温《あたた》かみそのものです。

●左列二点は固形燃料を使うものです。近年登山キャンプの携帯用固形燃料が改良され、小鍋立てなど、ひと鍋がちょうど煮上がり食べ終わるくらいまでもつように作られた、新種の固形燃料が市販されています。この燃料は小ぎれいで特有の匂いも押えられていますので、使い勝手は合格点をつけられます。下の五徳形焜炉は専用の火袋をセットしたものです。炭火には比ぶべくもありませんが、炎の色を見ることのできる様式です。

●次頁、右列上は卓上用の一口ガス焜炉で、火力も確かで、なにかと手軽なためによく使わ

緑釉焜炉《りょくゆうこんろ》、玉子《たまご》手《で》受皿付《うけざらつき》

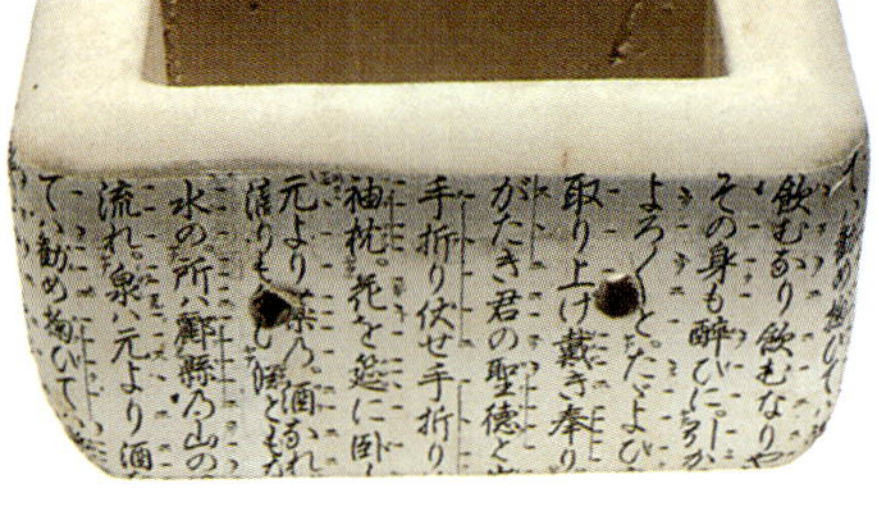

飛騨長手焜炉《ひだながてこんろ》

真鍮手付焜炉《しんちゅうてつきこんろ》

灰釉櫛目文焜炉《はいゆうくしめもんこんろ》、火袋付《ひぶくろつき》

れていますが、どうしても情緒に欠けます。下は電磁式のプレート形のもので、最近は熱量の調節のできるものが出廻っています。手がかからず汚れないという点では、次列の電熱器類と同様ですが、どちらも火が見えない物足りなさと、機能的すぎて雰囲気に欠けることは補うべくもありません。

●左列二点は電熱器のいわば改良型で、できるだけ味けなさを表立てないように焜炉らしい趣を心懸けた作りのものです。

このほか、営業用としても家庭用としてもよく使われている、カセットボンベ内蔵型の卓上用ガス焜炉などがあり、火力の点からは不足はありません。いずれを選ぶにせよ、まず鍋の安定がよく、必要な火力を備えていることが第一で、その上でそれぞれの席の趣に似合った焜炉を用意したいものです。総じていえば、料理屋など専門店には陶器の五徳形の小型焜炉などが、風情の上からもおすすめできます。次頁では、そんな視点から選んだ十八種の焜炉を並べてみました。

蒼釉《みどりゆう》四方《よほう》重形《かさねがた》焜炉《こんろ》、電熱源《でんねつげん》組込《くみこみ》一式《いっしき》

鉄製《てつせい》焜炉《こんろ》瓦斯《ガス》用《よう》

角型《かくがた》電熱器《でんねつき》

角型《かくがた》電磁《でんじ》保温器《ほおんき》

焜炉十八選

灰釉《はいゆう》櫛目《くしめ》文《もん》焜炉《こんろ》、火袋《ひぶくろ》、玉子手《たまごで》受皿付《うけざらつき》

鉄釉《てつゆう》丸形《まるがた》焜炉《こんろ》

緑釉《りょくゆう》焜炉《こんろ》、玉子手《たまごで》受皿付《うけざらつき》

飴釉《あめゆう》焜炉《こんろ》受皿付《うけざらつき》

黒釉《こくゆう》角形《かくがた》焜炉《こんろ》

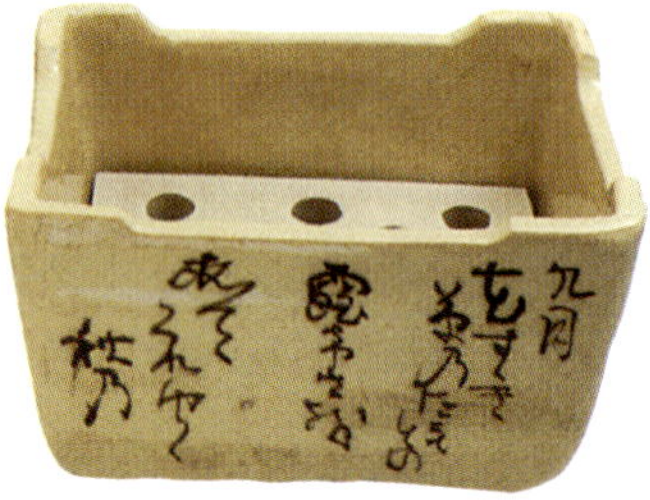

志野《しの》武蔵野《むさしの》文《もん》四方《よほう》焜炉《こんろ》

鉄釉《てつゆう》紫蘇手《しそで》焜炉《こんろ》、飛青磁《とびせいじ》受皿付《うけざらつき》

西班牙《スペイン》製《せい》焜炉《こんろ》

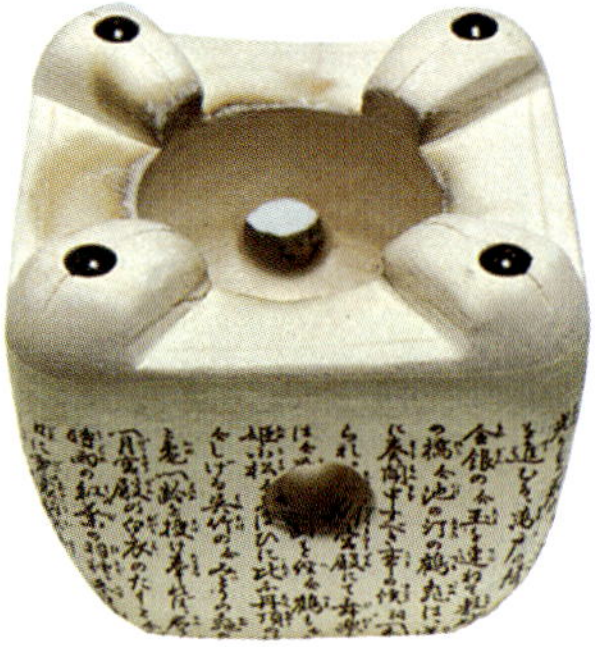

飛驒《ひだ》焜炉《こんろ》

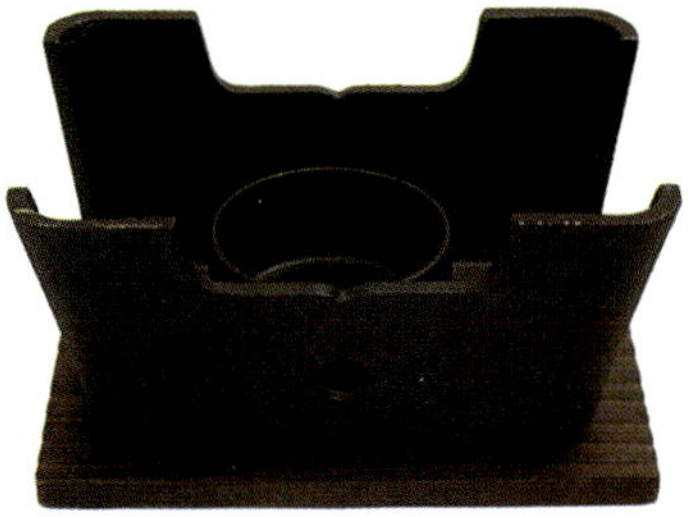

鉄製《てつせい》長手《ながて》焜炉《こんろ》、焼杉《やきすぎ》敷板《しきいた》

飴釉《あめゆう》焜炉《こんろ》受皿付《うけざらつき》

黒釉《こくゆう》焜炉《こんろ》

欧風《おうふう》鉄製《てつせい》焜炉《こんろ》、火袋《ひぶくろ》、台一式《だいいっしき》

紅志野《べにしの》焜炉《こんろ》

灰釉《はいゆう》櫛目文《くしめもん》焜炉《こんろ》

鉄製《てつせい》新様《しんよう》五徳形《ごとくがた》焜炉《こんろ》、火袋《ひぶくろ》、受台付《うけだいつき》

鉄製《てつせい》五徳形《ごとくがた》焜炉《こんろ》受台付《うけだいつき》

蕎麦釉《そばゆう》焜炉《こんろ》受皿付《うけざらつき》

個性的な鍋と焜炉

津・広永窯 坪島土平作品集

現在、これだけ鍋料理が料理専門店や、その献立に取り入れられていながら、こと器としての鍋とその焜炉となりますと、もうひとつ新味が欲しいように思われます。著者も今般、沢山の鍋ものを作るにあたって市場《しじょう》を見て廻りましたが、その多くは手元にある祖父や父の頃から使い込んできたものを、凌《しの》ぐものではありませんでした。特に小鍋立て向きのひとり用の鍋は、大きいものをそのまま小形に写したという域を出ないものが目につきました。そこで、三重県津市の広永窯の陶芸家坪島土平氏のお手を煩わせてひとり用の面白い、雅趣のあ

渋紙手《しぶがみで》葉形《はがた》平《ひら》土鍋《どなべ》

伊羅保《いらぼ》箱形《はこがた》土鍋《どなべ》

織部《おりべ》長手《ながて》平《ひら》土鍋《どなべ》

黄瀬戸《きぜと》葉形《はがた》平《ひら》土鍋《どなべ》

鉄釉《てつゆう》長手《ながて》土鍋《どなべ》

鉄釉《てつゆう》折上《おりあげ》変形《かわりがた》土鍋《どなべ》

朱泥釉《しゅでいゆう》折上《おりあげ》土鍋《どなべ》

鉄釉《てつゆう》草文《くさもん》長手《ながて》土鍋《どなべ》

鉄釉《てつゆう》舟形《ふながた》土鍋《どなべ》

る鍋、焜炉をたくさん創っていただきました。ここではその中から、特に持ち味の出ていると思われる鍋をまず十八種、次頁には焜炉を十八種、合わせて三十六趣を再録してみました。

こうして見てみますと、小鍋は大きい鍋に比べて、より器としての柔軟性があるように思われます。小さく形作るという枠をはずしてもっと自由に、このような新しい試みがなされると、より味わい深い鍋の膳が実現できるものと期待がふくらみます。次頁の焜炉なども、こうなりますとやはり炭火で整えて、その香りまで味わいたくなります。

伊羅保《いらぼ》焼締《やきしめ》透入《すかしいり》四方《よほう》陶板《とうばん》

灰釉《はいゆう》透入《すかしいり》陶板《とうばん》

黄瀬戸《きぜと》櫛目《くしめ》文《もん》折上《おりあげ》四方《よほう》土鍋《どなべ》

鉄釉《てつゆう》透入《すかしいり》四方《よほう》陶板《とうばん》

黄瀬戸《きぜと》透入《すかしいり》陶板《とうばん》

織部《おりべ》鹿《か》の子《こ》文《もん》折上《おりあげ》四方《よほう》土鍋《どなべ》

織部《おりべ》透入《すかしいり》四方《よほう》陶板《とうばん》

志野《しの》点彩《てんさい》透入《すかしいり》陶板《とうばん》

織部《おりべ》折上《おりあげ》四方《よほう》陶板《とうばん》

坪島土平作品集

焜炉十八選

渋紙《しぶがみ》手《で》丸形《まるがた》焜炉《こんろ》

瑠璃《るり》流《ながれ》釉《ゆう》掛《かけ》耳付《みみつき》四方《よほう》焜炉《こんろ》

伊賀《いが》耳付《みみつき》丸形《まるがた》焜炉《こんろ》

渋紙《しぶがみ》手《で》楔《くさび》透入《すかしいり》丸形《まるがた》焜炉《こんろ》

織部《おりべ》釉《ゆう》耳付《みみつき》四方《よほう》焜炉《こんろ》

黄瀬戸《きぜと》耳付《みみつき》丸形《まるがた》焜炉《こんろ》

渋紙《しぶがみ》手《で》透入《すかしいり》丸形《まるがた》焜炉《こんろ》

志野《しの》鉄絵《てつえ》草文《くさもん》四方《よほう》焜炉《こんろ》

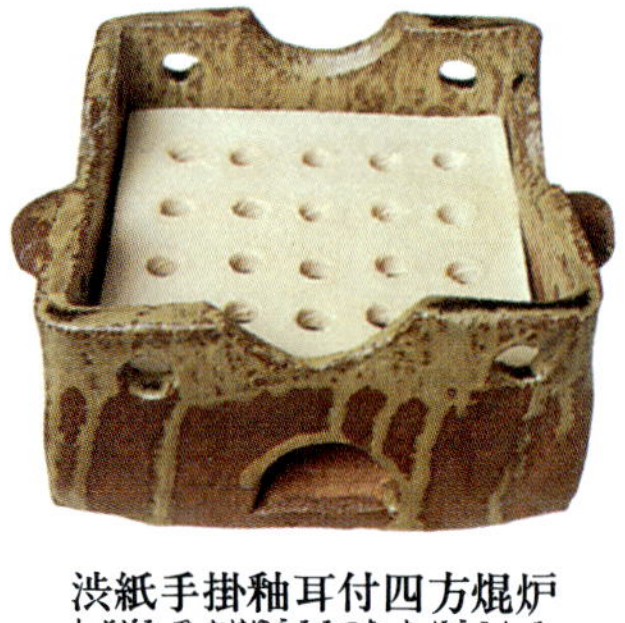

渋紙《しぶがみ》手《で》掛釉《かけゆう》耳付《みみつき》四方《よほう》焜炉《こんろ》

織部《おりべ》草文《くさもん》透入《すかしいり》丸形《まるがた》焜炉《こんろ》

黄瀬戸《きぜと》透入《すかしいり》丸形《まるがた》焜炉《こんろ》

焼締《やきしめ》菱形《ひしがた》焜炉《こんろ》

志野《しの》掛釉《かけゆう》透入《すかしいり》丸形《まるがた》焜炉《こんろ》

黄瀬戸《きぜと》櫛目文《くしめもん》透入《すかしいり》丸形《まるがた》焜炉《こんろ》

鉄絵《てつえ》丸形《まるがた》焜炉《こんろ》

鼠志野《ねずみしの》櫛目文《くしめもん》透入《すかしいり》丸形《まるがた》焜炉《こんろ》

黄瀬戸《きぜと》透入《すかしいり》丸形《まるがた》焜炉《こんろ》

紅志野《べにしの》口反《くちぞり》丸形《まるがた》焜炉《こんろ》

脇の器と小道具のいろいろ

鍋の膳を取り巻き、盛り立てる器は多種多様です。鍋ものをひとつの料理ととらえる時、これほど脇に数多くの器や小道具を必要とする料理も、類を見ません。それだけにそれぞれの機能を不足なく備え、全体の調和や雰囲気を演出するには、相応の細やかな心配りが必要です。脇が整っていてこその主役です。ここでは、取り皿と取り鉢、汁次ぎ、薬味入れ、骨入れ、散り蓮華と、いずれも鍋料理に欠かせない脇の器類を種別に取り上げました。

取り皿、取り鉢

とかく鍋料理といえば、まずそこに郷愁を感じてしまうせいか、脇の器にも土の香りの強い民芸調のものを合わせがちです。もちろん民芸窯の器といっても作りは千差万別で、一該にいえるものではありませんが、ごく一般的には鍋ものひと揃いに一種ほどの民芸ものであれば、時にはよいものですが、どれもというのでは、素朴が故の無骨さが表立ってしまって感心できません。このことから、取り皿や取り鉢を選ぶ場合にも一旦民芸ものから目を転じて取り合わせていただきたいものです。取り皿類は、鍋が煮上がるまでは何ものらずに客前に置かれるか、入ってもポン酢醤油などのつけつゆが注がれているだけであり、煮上がれば終始手に触れる器でもあります。それだけにこの器の印象は、全体の器揃いの雰囲気に大きくかかわってくるものです。たとえば、ここに挙げた例の中にもある、藍の色も落ち着いた染め付けのものなどは、比較的どんな鍋にも合わせやすく、他の器類とのバランスもとりやすいもののひとつといえましょう。またこの器の深い浅いは、鍋の仕立てによる汁気の多少、あるいは具の大きさによって選びます。大きさも、取り分けた具が冷めるほどに大きすぎては無格好ですが、小さすぎては鍋との間を往復する手数《てかず》がふえて落ち着きません。そして決まりものでは、すき焼きなどで卵を割り入れる〝玉割り〟と呼ぶ深手の小鉢などもあります。つまりは主となる鍋ものの仕立てに合うことが第一です。その上で、さらにその鍋のもつ雰囲気や趣向に添うものであれば、広範な傾向のものから取り合わせを愉《たの》しむことができます。鍋と揃いの作りで、取り皿類があらかじめ組まれたものも市販されていますが、できるだけ別趣のものから選びたいものです。

器／右列上より
砂子《すなご》青磁《せいじ》捻皿《ひねりざら》
赤絵《あかえ》鳥文《ちょうもん》平鉢《ひらばち》
青磁《せいじ》六花《ろっか》弁《べん》唐草文《からくさもん》浅鉢《あさばち》
灰釉《はいゆう》鉄絵《てつえ》平鉢《ひらばち》
織部《おりべ》切立鉢《きったちばち》

中列上より
窯変《ようへん》鉄絵《てつえ》皿《ざら》
瑠璃《るり》鉄絵《てつえ》文平皿《もんひらざら》
呉須《こす》染付《そめつけ》点彩《てんさい》輪花《りんか》小鉢《こばち》
磁州風《じしゅうふう》平皿《ひらざら》
色絵《いろえ》四方鉢《よほうばち》
呉須《ごす》染付《そめつけ》中鉢《ちゅうばち》

左列上より
赤絵《あかえ》玉縁文《たまぶちもん》浅鉢《あさばち》
呉須《こす》赤絵《あかえ》小鉢《こばち》
灰釉《はいゆう》赤絵《あかえ》金彩《きんさい》折上皿《おりあげざら》
呉須《こす》染付皿《そめつけざら》
伊羅保《いらぼ》中鉢《ちゅうばち》

汁《しる》次《つ》ぎ

鍋ものに添える〝汁〟には、いくつかの種類があります。まず、鍋が煮詰まってきた時、多くの場合は〝昆布だし汁〟を少しずつ差していくことで、煮汁の濃さを調節します。

また、関東風のすき焼きや鶏鍋などでは、煮汁の〝割り下〟を添える必要があります。

このほかにも、やはり煮詰まってきたり、具の出し入れのうちに汁気が少なくなった場合、鍋地である〝合わせだし汁やスープ〟を追い次ぎする場合も、鍋によっては生じてきます。

今ひとつは、ちり仕立てなど湯煮系統の鍋にはポン酢醤油などのたれ〝つけつゆ〟が付きものです。

そして、これら各種の汁類を入れるための専用の器を総称して〝汁次(注)ぎ〟といっています。

一般に汁次ぎといえば、手付きで筒形の土瓶風のものが典型の形となっていますが、割り下などの鍋地入れ用には、膳の人数によっては大きめのものが欲しくなります。追い次ぎ用のだし汁入れなどは、多人数鍋なら昔の一升徳利などの鄙《ひな》びた雰囲気のものを使ったりします。

また、だし汁用とつけつゆ用の二種の汁次ぎが膳に並ぶような場合は、揃いの大・小のものなどを使うのも洒落ています。ここにも様々の形の汁次ぎを並べてみましたが、徳利形のものから、醤油差しをひとまわり大きくしたほどのものなど、愉《たの》しいものがいろいろあります。

必要量の汁が納まり、その汁がたれずに注ぎやすいこと、安定感のよいことが何より大切です。この条件に合えば、近年出廻っている変わり形の水差しなどを使うのも、気が利《き》いています。

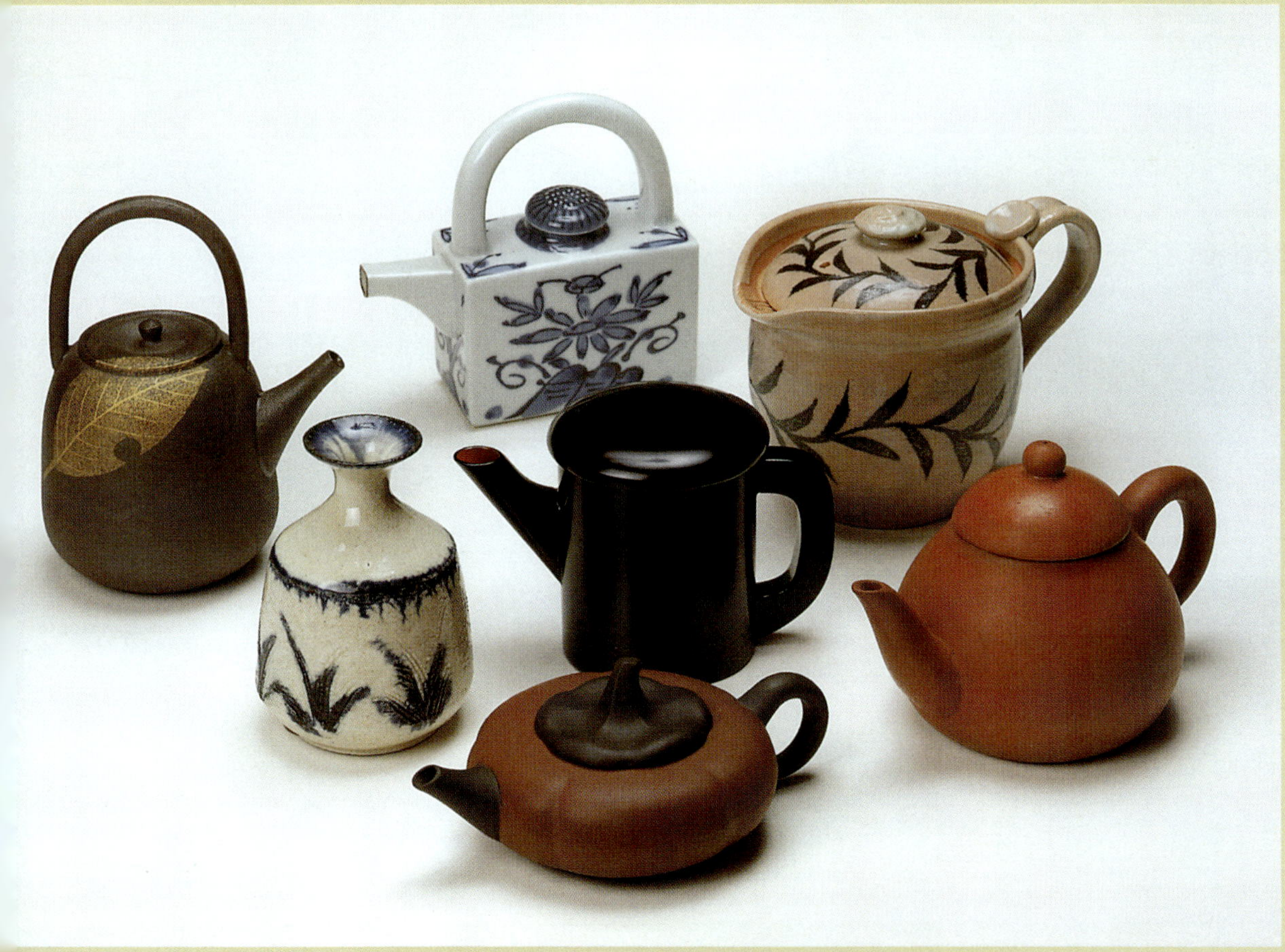

坪島土平作

器／右列上より

呉須《ごす》染付《そめつけ》花鳥《かちょう》文《もん》汁次《しるつぎ》

色絵《いろえ》枯柳《かれやなぎ》文《もん》汁次《しるつぎ》

中右列上より

色絵《いろえ》蝶《ちょう》文《もん》汁次《しるつぎ》

色絵《いろえ》蹲《うずくまり》汁次《しるつぎ》

中左列上より

呉須《ごす》染付《そめつけ》麦藁《むぎわら》文《もん》汁次《しるつぎ》

色絵《いろえ》木賊《とくさ》文《もん》瓢《ひさご》茶入《ちゃいれ》形《がた》汁次《しるつぎ》

左列上より

色絵《いろえ》捻《ねじり》文《もん》汁次《しるつぎ》

赤絵《あかえ》牡丹《ぼたん》文《もん》汁次《しるつぎ》

器／右列上より

楽《らく》鉄絵《てつえ》柳《りゅう》文《もん》汁次《しるつぎ》

朱泥《しゅでい》瓜《うり》形《がた》汁次《しるつぎ》

中列上より

呉須《ごす》染付《そめつけ》草《くさ》文《もん》四方《よほう》汁次《しるつぎ》

黒漆《くろうるし》湯桶《ゆとう》形《がた》汁次《しるつぎ》

朱泥《しゅでい》柿《かき》の実《み》汁次《しるつぎ》

左列上より

南蛮《なんばん》手《で》金彩《きんさい》一葉《いちよう》汁次《しるつぎ》

瑠璃《るり》釉《ゆう》草《くさ》文《もん》徳利《とっくり》形《がた》汁次《しるつぎ》

薬《やく》味《み》入れ

鍋に添えてその味を一段と引き締め、また利《き》き味となるのが薬味です。この薬味にはいくつかの種類があってその代表的なものは、もみじおろし、葱《ねぎ》類、粉山椒、七味唐辛子です。葱は地方によっても多くの種類がありますが、浅葱《あさつき》と分葱《わけぎ》が最もよく使われます。このほかにも時には、おろし大根やおろし生姜が薬味の役割で使われます。これらの薬味類を、それぞれの鍋の持ち味に合わせ、例えば水炊きや薄味のだし汁で炊く系統の鍋には、ポン酢醤油などのつけつゆにもみじおろしと浅葱の小口切りが添えられます。また、味の濃い鍋や、やや癖のある材料を使った鍋などに、香辛料の意味で使われるのが粉山椒や七味唐辛子で、これも薬味の一種であり、これらのものを入れて客前に出す器が、ここで取り上げている〝薬味入れ〟です。

この器は、薬味の多様さに合わせて形、材質ともに大変バラエティーに富んでいます。ここでも並べていますように、鍋料理の薬味の多くは、もみじおろしと浅葱というように、二種以上を取り合わせて出す場合も多いため、その器も双子《ふたご》といって、ひとつの器に中仕切りのある作りのものが、膳の上が煩雑にならないこともあって、よく使われている形です。このほか、組みや対になっている小鉢類、提げ重式で中に小猪口が入れ子《いれこ》になったものなど、なかなかに凝った趣向のものが目につきます。また、七味唐辛子などは市販容器となっている竹製の筒や、瓢《ひさご》などを模した形の木製器など、格好の小道具となります。総じて薬味類は、あまり少量ですと鍋の印象も淋しく感じられるものです。人数分に比して少し多めに、たっぷりと入るように大きめの薬味入れを用意しますと、鍋料理全体が大変豊かに仕上がります。

坪島土平作

器／右

呉須《ごす》染付《そめつけ》花蝶文《かちょうもん》手付《てつき》薬味入《やくみいれ》

中列上より

呉須《ごす》染付《そめつけ》線文《せんもん》双子《ふたご》薬味皿《やくみざら》

呉須《ごす》染付《そめつけ》蕨文《わらびもん》双子《ふたご》薬味皿《やくみざら》

左

伊賀《いが》双子《ふたご》薬味皿《やくみざら》

器／右列上より

呉須《ごす》染付《そめつけ》十字《じゅうのじ》手鉢形《てばちがた》薬味入《やくみいれ》

金銀彩《きんぎんさい》木製刳《もくせいくり》薬味鉢《やくみばち》

呉須《ごす》染付《そめつけ》露芝文《つゆしばもん》双子《ふたご》薬味入《やくみいれ》

青磁《せいじ》瓢《ひさご》薬味入《やくみいれ》

中列上より

赤絵《あかえ》花鳥文《かちょうもん》手付《てつき》薬味入《やくみいれ》

提重形《さげじゅうがた》三色《さんしょく》組込《くみこみ》薬味入《やくみいれ》

古染付《こそめつけ》松竹梅文《しょうちくばいもん》手付《てつき》薬味入《やくみいれ》

焼締《やきしめ》茄子形《なすびがた》薬味入《やくみいれ》

竹製《たけせい》手付《てつき》薬味入《やくみいれ》一対《いっつい》

左列上より

提重形《さげじゅうがた》呉須《ごす》小鉢《こばち》組込《くみこみ》薬味入《やくみいれ》

呉須《ごす》点彩《てんさい》双子《ふたご》薬味皿《やくみざら》

白竹《しろちく》手付《てつき》双子《ふたご》薬味入《やくみいれ》

器／上段右より

呉須《ご す》染付《そめつけ》捻文《ねじりもん》散蓮華《ちりれんげ》、南蛮手《なんばんで》受皿《うけざら》
呉須《ご す》染付《そめつけ》菊文《きくもん》種量形《たねばかりがた》散蓮華《ちりれんげ》
銀製《ぎんせい》網杓子《あみじゃくし》（角形）
銀製《ぎんせい》網杓子《あみじゃくし》（丸形）
銀製《ぎんせい》網杓子《あみじゃくし》（手付角形）

中段右より

呉須《ご す》染付《そめつけ》一閑人《いっかんじん》散蓮華《ちりれんげ》受皿付《うけざらつき》
伊賀《い が》琵琶形《び わ がた》散蓮華《ちりれんげ》、蕎麦釉《そ ば ゆう》受皿《うけざら》
渋紙手《しぶがみで》蓮華《れんげ》焼締《やきしめ》手付《て つき》取廻《とりまわし》

下段右より

呉須《ご す》染付《そめつけ》牡丹文《ぼ たんもん》散蓮華《ちりれんげ》（小）
呉須《ご す》染付《そめつけ》牡丹文《ぼ たんもん》散蓮華《ちりれんげ》（大）
洗朱《あらいしゅ》長柄《ながえ》木杓子《き じゃくし》
朱塗《しゅぬり》長柄《ながえ》木杓子《き じゃくし》
染付《そめつけ》蔓草文《つるくさもん》長柄《なが え》散蓮華《ちりれんげ》

骨《はね》入れ

箸が進むうちに汁で薄まってしまったつけつゆや、鶏や魚介類の骨、殻などを入れる器が〝骨入れ〟です。脇の器の中では控えめで、目立ちすぎないことが求められます。また、小骨程度なら一席にひとつで足りますが、多人数の席や大きな骨、貝殻類の多く出る鍋には人数分用意して、膳の進行がきれいにはかどるように配慮いたします。

器／右より

御本手《ご ほん で》骨入《はねいれ》
色絵《いろ え》唐子文《から こ もん》骨入《はねいれ》

散《ち》り蓮《れん》華《げ》

鍋料理の脇の器、小道具類で最も重要視すべきものが、具をすくって取り皿、鉢などに運ぶこの散り蓮華です。散り蓮華、すなわち蓮《はす》の花びらがはらりと散ったひとひらの形に見立てた、風雅な名のつけられた小杓子《こじゃくし》ですが、これはというものは少ないのです。

元来は中国料理から出たもので、市販のものにも中華風のものは多くありますが、どれも少々物足りません。かといって、焼き鍋類以外はどんな鍋にもひとりにひとつずつ必要なものですから、出す側としては数が必要で、凝ったものがひとつ、二つというのでは間に合いません。少しよいものをとなれば、割烹専門の陶器店や窯元に特注しているのが現状です。　機能的に視て、汁や具のすくいやすいものは、海の部分に少々深さがあって、柄の長めのものなどが、使い心地もよいようです。

また、この散り蓮華と並んで大切な小道具がすくい網です。以前は京都あたりでしか求められなかった洋銀で編んだ瀟洒《しょうしゃ》な手作り品が、昨今は広く出廻っていて重宝です。このほかにも銅網のものや、木の長柄のついた透入りの金属製のもの、丸や角形と洒落たものが目につきます。これらのすくい網は、一人用の小鍋立てであれば小振りのもので結構ですが、多人数の鍋で、ひと鍋にひとつという場合には大きめのものの方が、映りもよいようです。脇の器、小道具類のいずれもが、あくまで基本的には用に適《かな》ってこそのものですが、この条件が満たされるなら、中心となる鍋ものの趣に合って、おやっと目を愉《たの》しませるものであれば一層、鍋の味わいを深めてくれます。

器／十種《じゅっしゅ》変《が》わり散蓮華《ちりれんげ》
坪島土平作

鍋類の取り扱いについて

土鍋といえば壊れやすいというのが定説。昔から料理屋では十個買って七～八個残れば上々とされたものです。必ずしも不注意ばかりでなく、おろす際の作業―アク抜き、火入《ひい》れ―の途中で割れてしまうこともありがちです。これに成功したら充分に時間をおいて、鍋を枯《か》らしてから使います。そして土鍋は特に、同じものばかりを使わずに使用後はよく洗って陰干しし、完全に乾ききってから使うようにしますと、長く持つばかりでなく鍋肌のシミなどを防ぐことができます。

新しい鍋のおろし方

土鍋

新品の土鍋はすぐには使えず、写真のような手順で火入れをします。一カ月以上おくと再び塩やアクが浮きますから、湯を沸かしては洗うことをくり返し、よく慣らしてから使います。

1　土鍋を水洗いして乾かし、水を充分張って火にかけ、塩をひと握り入れます。

土鍋〈小鍋の場合〉

土鍋のおろし方は、人によって幾通りかがありますが塩を使うこの方法のほか、小麦粉を煮立てる方法もあります。そして、いずれも使いはじめは一度お粥《かゆ》を炊くと、鍋が強化されます。

1　水をたっぷり張った大鍋に土鍋を沈めて火にかけ、塩をひと握り入れます。

土鍋のひびの手当て

土鍋を使い込むうちに自然に入ったひびは、漏《も》れることもなく、かえって長持ちするものですが、扱いの不注意で入ったひびは、軽傷のものであれば次の方法で漏れを防ぐことができます。

1　ひびの入った土鍋にご飯を入れ、湯をたっぷり張って火にかけます。

2　おかゆを炊く要領で1時間ほど煮続け、中身を除いて冷まし、水洗いします。

2　蓋をし、塩とアクが吹き出して水が少量になるまで煮続け、火を止めます。

仕上げ　よく冷まして洗い、水だけを煮立てては捨てる作業を2～3度します。

仕上げ　水を張った大鍋に沈めて火にかけ、水量が7割方減るまで煮る別法。

2　蓋をして1時間ほど煮続け、湯を捨てて冷まし、次に水だけで煮立てます。

鉄鍋

鉄鍋は次の作業ののち、よく洗って乾かします。さらに、使いはじめに一度空《から》炊きして水を一気にかけ、タワシで洗ってから再び火にかけて焼き、食用油で拭いておくと鉄の匂いが出ません。

みがき砂でよく洗い、水を張って火にかけ、さつま芋屑を入れて約1時間煮ます。

鮑の殻の穴詰め

鮑の殻は、家《いえ》盛りなどの盛りつけや宿借り鍋にするなど、その自然の風情を利用した料理や鍋ものが、昔からあります。鍋に使う前には必ず穴をふさぎ、よく水に浸けてから火にかけます。

よく煮沸して洗い上げた殻を乾かし、ご飯粒を練って、しっかりと穴に詰めます。

散り蓮華のおろし方

散り蓮華も土鍋に順ずる方法で、あらかじめ火入れをするとアクも抜け、割れにくくなります。作業には、煮立てすぎてぶつかり合わないように、火加減に注意する必要があります。

水を張った大鍋に蓮華を沈め、塩を入れて、踊らせないように静かに煮続けます。

鍋と前肴の調理

作り方と基礎知識

鍋に欠かせない基本だし汁のとり方

鍋料理のベースとなる煮汁を、本書では鍋地《なべじ》と呼称しています。この鍋地には、昆布と鰹節の合わせ一番だし（略称だし汁）をはじめ、これを基本として作る八方地、薄味のちり鍋系統に使う昆布だし、水炊き系統に使う鶏ガラスープ、そして火の通りにくい材料の下煮にも使う二番だしなどが主要なもので、ほかにすき焼き系統専用の割り下があります。総じて大切な点は、鍋もののだしはあくまで煮込んだ末においしいという、味の〝あたり〟をつけることで、多種の材料を使う通常の鍋は、薄めのだしであっても材料の旨みがこれに加わること、これに対して、ひとり用の小鍋立ての場合は材料が少量のため、だしは相対的に濃厚でなければ、おいしくはならないということです。

昆布と鰹節の合わせ一番だし—基本の合わせだし汁

1　幅広昆布を必要量用意し、これを広げます。きつく絞っておいたぬれ布巾で丁寧に拭きながら、ゴミや汚れを取り除きます。

4　沸騰したら、すぐに一旦火を止めます。分量の削り鰹節を、一度に鍋に入れ込みます。

分量表

昆布と鰹節の合わせ一番だし

幅広昆布	40～50cm
削り鰹節	70g前後
水	20カップ

だし汁用の昆布には、よく出廻っているものに北海道産の日高昆布、羅臼《らうす》昆布、利尻昆布などがあります。日高昆布はいわば家庭用であり、後者の羅臼昆布、利尻昆布は

2　大鍋に分量の水を張って火にかけます。きれいに拭いた昆布を、長いまま端から鍋に入れます。

3　鍋の湯が沸騰する直前に昆布を引き上げたのち、あらためて煮立たせます。

5　削り鰹を入れるとすぐにアクが浮いてきます。これを丁寧にすくい取ったのち、しばらくおいて削り鰹が沈むのを待ちます。

6　別器に、鍋を傾けて静かに汁だけを移し、さらに別器に漉し器をかけて布巾を広げ、残りのだし汁を注ぎ入れて完全に漉します。

一般に高級品とされています。このほかにも、三陸以北沿岸で多く採れますが、いずれの場合も、傷がなく、肉厚で弾力があり、乾燥し過ぎていない、上級品を用います。

次に、昆布と鰹節の合わせだしのとり方の、幾つかのポイントを挙げましょう。

●昆布には表面にしか旨みがないため、水洗いをしたり、切り目を入れると、かえって昆布臭さが出てしまいます。また、昆布のだしが最も出る湯温は80〜90度で、100度を越すと昆布の不純物や、旨みの妨《さまた》げになる成分が出てしまうため、必ず沸騰する直前に引き上げます。

●材料分量の目安としては、『水一升（1.8ℓ）に昆布一尺（約30cm）、削り鰹ふた握り（約60g）』となります。ただし、少量の場合は、水3カップに対して昆布15cm、削り鰹30gとなり、割合が変わることもポイントです。

●大量にだしをとる場合は、昆布を引き上げたのち、一度火を止めてから削り鰹を入れます。これはグラグラと煮立ったところに入れると、汁が黒ずんでしまうからです。

●だしが出た段階で、削り鰹だけを鍋の底に残して、上澄みのだし汁だけを取り分けるのは、せっかく出ている昆布と鰹節の旨み成分が、削り鰹の蛋白質《たんぱく》によって再吸収されるのを防ぐためです。微妙な均衡《きんこう》で醸《かも》しだされる自然の旨みこそ、だしの味です。

二番だし
—下煮用だし汁

昆布と鰹節の合わせだし汁(一番だし)をとったあとの削り鰹に、分量の水を加えてもう一度煮立たせてとるだしを、二番だしと呼んでいます。ごく簡略にいえば、一番だしは吸いもの用に、二番だしは下煮用として料理一般に使われ、鍋料理であれば材料をあらかじめ下煮をする際などに、よく使われるだし汁です。20カップの水で合わせだしをとったあとの、もと70gの削り鰹には7カップの水を加えて、約3分間煮立てて二番だしをとります。この場合も、必要以上に削り鰹の分量割合を多くしたり、長く煮立て過ぎては、かえって風味、旨みを損なうもとです。バランスこそが第一です。

分量表

二番だし

一番だしで使用した鰹節…………(もと約70g)
水……………7カップ

八方地(八方だし)
—万能だし汁

分量表

八方地

昆布と鰹節の合わせ一番だし…………………8カップ
味醂…………………1カップ
醤油…………………1カップ
＊ただし、鍋用に薄口醤油使用

1　分量の昆布と鰹節の合わせだし汁を鍋に入れ、軽く煮立ったところで味醂を入れます。

薄八方と甘八方

昆布と鰹節の合わせ一番だしに、味醂と醤油を加えただし汁を、どんな料理にも—八方に—使える、との意味合いから『八方だし』とか、『八方地』という料理用語で呼んでいます。この八方地の調味料の割合は、地方性や、料理人によっても微妙に異なり、それが味の個性ともなっているのです。著者は『だし八に対して味醂一、醤油一の割合』を一応の基本としていますが、やはりその時々によって変えて使います。一般的にも、醤油を薄口醤油にした薄八方、味醂を多くしたり砂糖を足した甘八方、酒を加えた酒八方などの名で使い分けています。鍋料理の八方地も材料により、割合は変わります。

分量表

薄八方

合わせだし…………10カップ
味醂…………………1カップ
薄口醤油……………1カップ

甘さを控えた薄八方

合わせだし…10カップ
味醂………… 2/3カップ
薄口醤油…… 1カップ

1　鍋に一番だしをとったあとの削り鰹を入れ、分量の水（もと70gの削り鰹であれば7カップ）を入れて火にかけます。

2　3分間ほどグラグラと煮立て、火からおろしたのち、削り鰹が沈んだら、鍋を傾けて別器に汁だけを取り分けます。

2　味醂を加えてひと煮立ちさせ、アルコール分を完全に煮切ったのち、薄口醤油を加えます。

3　薄口醤油を加えて仕上がりです。醤油を加えたのちは、香りが飛んでしまいますから、決して煮立たせずに火からおろします。

昆布だし汁(水出し)

昆布だしをとる昆布は、合わせだしの場合と同様に、上質のもの—肉厚で弾力があり、乾き過ぎていず、白い粉を吹いて香りがよい—を使います。まず表面の汚れをきつく絞ったぬれ布巾で拭き取り、これを『水6カップに対して20cm角』を目安に用意し、最低一時間ほど分量の水につけてだしをとります。古くは水三升(5.4ℓ)に昆布ひと幅(昆布の単位長さで約135cmをいう)、といわれました。大量の場合は、ひと晩水につけ込みますが、いずれの場合も昆布に切り目を入れたり、細かく切ったりせずに、長いままで使うのがコツです。昆布だしは、調理に際してひと煮立ちさせるのが通常の扱いです。

分量表

昆布だし

水……………………6カップ
幅広昆布…………20cm角

鶏ガラスープ
――水炊き他だし汁

鶏ガラのスープをとる時には、まず流水で余分なもつ(内臓)ととり(赤い肺臓)を取り除くことが大切です。そのほかのコツは、

●鶏ガラの煮汁を煮立てる時、ガラを鍋の中で動かさないことです。動かすと汁が白く濁ってしまいます。

●スープをとり終えた鶏ガラは、できるだけ手早く引き上げることです。ガラをそのまま入れておくと、ガラの滓《かす》がスープに出てしまい、味を悪くするもととなります。

1　鶏ガラを洗い桶に入れ、流水で洗います。洗いながら、もつ、とり、脂肪を丁寧に取り除きます。

分　量　表

鶏ガラスープ

(スープ20カップ分)

鶏ガラ	5羽分
水	30カップ

4　大鍋に鶏ガラを入れ、分量の水を注ぎ入れて火にかけます。蓋はせずに最初は中火で、煮立ってきたら弱火にして煮続けます。

だし昆布の再利用法

昆布と鰹節の合わせだしや、水出しの昆布だしなど、一度だし汁をとったあとの昆布には、まだ穏《おだ》やかな旨みが残っています。特に、鍋料理に関するこの昆布の活用法としては、結び昆布にしておでん種に、細く刻んで薄味の鍋の味の補いに、湯豆腐や鱈《たら》ちり豆腐などの鍋底に敷いて、その癖《くせ》のない旨みをだしとして利用するなど、いずれも昔からの、いわば賢い再利用法です。

結び昆布に

おでんでお馴染みの結び昆布です。おでんはだし汁のほかに、たくさんの材料から出る旨みが独特の味わいとなり、結び昆布も〝だしの出る具〟の一種となります。ただすでにベースは調っているのですから、一度だしをとった昆布の程《ほど》のよさを活用します。

1　だし昆布を適当な長さに切り、縦に半分に切り、さらに3～4等分にします。

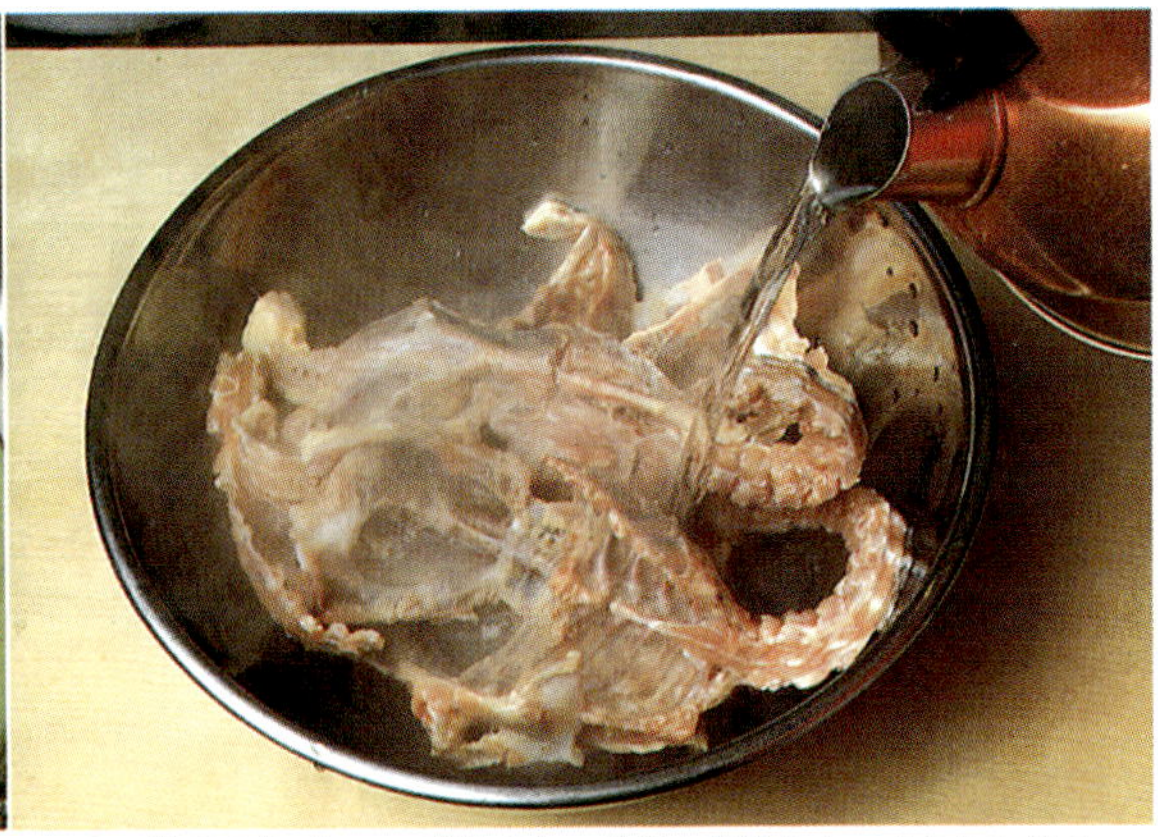

2　鶏ガラをボールに移し入れ、全体に熱湯をたっぷりとかけて脂《あぶら》抜きをします。

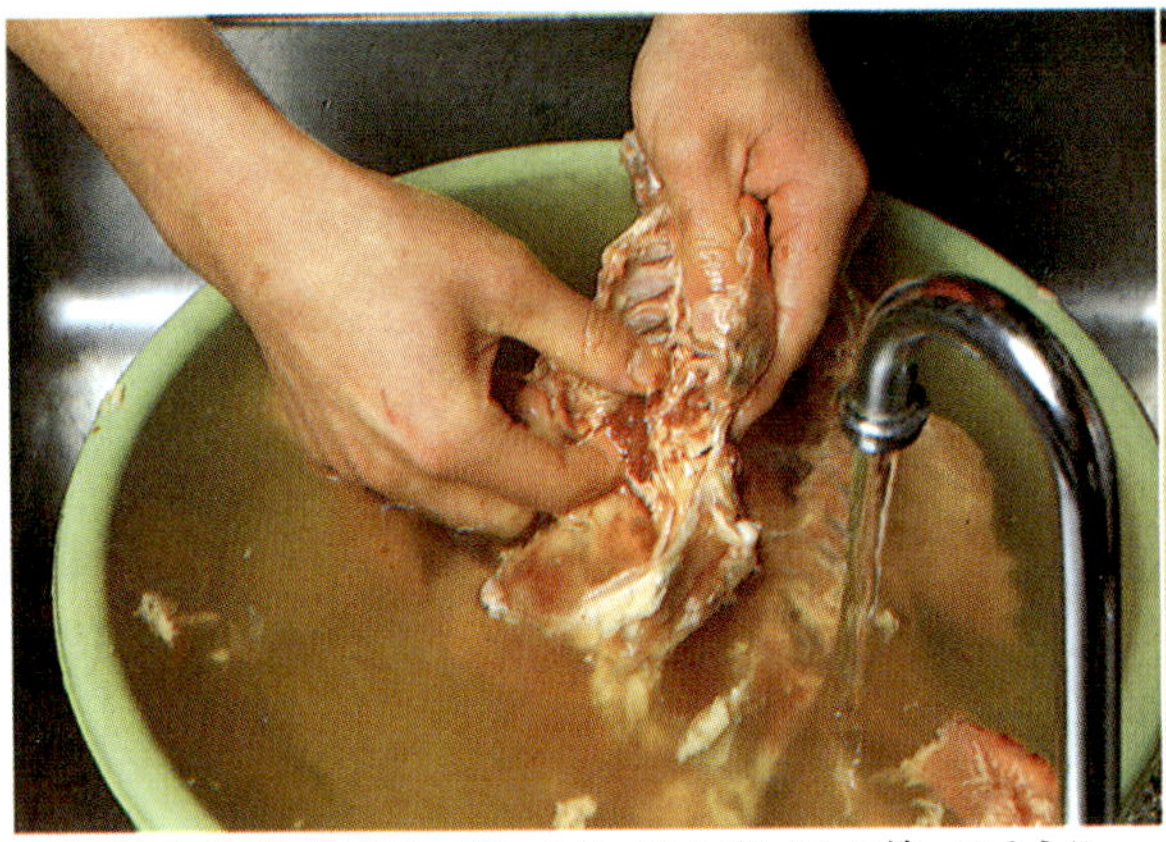

3　再び、鶏ガラを洗い桶に入れ、流水できれいに洗ってそうじをします。

5　水を張ったボールを用意し、途中、浮いてくるアクを丁寧にすくい取って水に放ち、これをくり返してアクを完全に除きます。

6　煮汁の量が、はじめの2/3量ほどになったら鶏ガラを引き上げ、汁を布巾で漉し取ります。

湯豆腐に

湯豆腐の鍋の底に敷くだし昆布も、一度だしをとったあとの昆布が最適です。新しい昆布ではかえって昆布特有の匂いが強過ぎて、豆腐の滋味を損ないます。豆腐の大きさによって昆布の長さを決めますが、2/3丁の豆腐に対して12cm長さが目安となります。

豆腐をゆったりと受けられる大きさに切り、湯豆腐の鍋底に敷きます。

2　形よくひと結びします。煮込んで大き過ぎては不格好、小さくては貧弱です。

作り方頁の内容・構成について

一、本巻〝作り方〟頁は、まず「鍋料理の作り方(二九三〜三七七頁)」と「前肴の作り方(三七八〜四〇五頁)」に大別、掲載しています。

- さらに「鍋の作り方」については、本巻各部・章の主題にそってその実例とした総計一五三品の鍋を、改めて主材料別、および主題が自ずから調理法に直結、もしくは、一括することで調理の特徴をより鮮明にすると思われるものはそれを優先し、〈肉類を主とした鍋〉〈魚介を主とした鍋〉〈野菜を主とした鍋〉〈加工品、そのほかを主とした鍋〉〈陶板焼きほか、直焼きの鍋〉〈異国趣味の鍋〉の六項目に再分類し、該当する個々の鍋の作り方をその手順にそって記述しています。
- 「前肴」一二二品については、より実用に即して調理法別に〈生造《なま》り、刺身ものの前肴〉〈焼きものの前肴〉〈揚げものの前肴〉〈酢のものの前肴〉〈和えものの前肴〉〈煮ものの前肴〉〈蒸しものの前肴〉〈趣向ものの前肴〉〈そのほかの調理の前肴〉の九項目に再分類し、それぞれの作り方を手順説明しています。また、この項目の順序は、そのまま前肴への適応性の高さをも示すものです。
- なお、鍋・前肴ともに該当する完成写真との対照を、参照頁としてそれぞれの鍋料理名、前肴料理名の脇に明記しています。

二、鍋の調理手順は「■材料」「■作り方」の二欄に分け、材料については〈人数分〉、作り方については鍋の調理過程の特徴に即して、〈下ごしらえ〉〈盛りつけと供し方〉に欄を分け、下ごしらえについては1、2、3……の順序を表記、よりわかりやすい記述を期しています。また、これら調理法の理解の助けとなり、さらに料理全般の基礎知識となる、いわゆる調理のコツ、材料に関する基礎知識、料理一般の知識、当該の鍋にまつわる話、などを適宜《てきぎ》「■調理覚え書」として、作り方欄の末尾に付記しました。

- 前肴の調理手順は「■材料」「■作り方と盛りつけ」の欄に分け、材料については〈人数分〉、作り方については手順のポイントを簡明に記述しています。また、鍋の作り方と同様の意図から「■調理覚え書」を、適宜付記しています。いずれも、当該完成写真に付した解説と合わせてお役立てください。

三、鍋の調理手順欄には、対照する完成写真の、いわば仕上がりからは原材料の状態がわかりにくいと思われるもの、すなわち調理によって外見の著しく変化するものは、これを補う意味から、材料を調理前の状態で集めた写真を加えています。また、鍋の作り方の六項目については「■調理覚え書」を、さらにわかりやすく補足し、具体的な手引きとなる〝主要材料の取り扱い方法〟〝魚介のおろし方〟などの手順写真、あるいは調理の基礎となる関連材料写真と、その説明を適宜掲載し、より立体的な構成を期しています。広く料理一般に応用できるものでもあります。

四、対照する完成写真の鍋料理名に〝小鍋立て〟の表記のあるものも、作り方欄の当該鍋料理名には省略を基本とし、「■材料」の下に限定した人数分「〈一人分〉」で兼用表記するものです。ただし、特に〝小鍋立て〟の表記のあるものは、他に同材料、別調理の鍋のあることを示し、これらは混乱を避けるために完成写真の鍋名に従って〝小鍋立て〟を移記し、区別しています。たとえば魴鮄鍋《ほうぼう》(三二一頁)と小鍋立て魴鮄鍋(三二一頁)などが、その一例です。

五、材料表記の基準分量は、鍋・前肴ともに1カップは200 c.c.、大匙1(杯)は15 c.c.、小匙1(杯)は5 c.c.です。

- 材料欄の分量表記のうち、特に数量を限定せず「適宜」と表記のものについては、材料の状況により、あるいはお好みによってほどよい量を加減してご用意、ご使用いただきたいものです。
- 材料表記中、特に限定のないものについては酢は米酢を使用、味醂と酒は、あらかじめ煮切ってアルコール分を排除してあるものを用いています。また単に「醤油」と表記のものは濃口醤油を使用しています。
- 材料表記中には、竹の皮、紐《ひも》類、楊枝など、いわば調理道具に順ずると思われるものは省略しています。作り方〈下ごしらえ〉をご参照のうえ、適宜ご用意ください。
- 材料の種類のうち、椎茸は生椎茸、豆腐は特定のない限り木綿豆腐を指しています。
- 魚介類をはじめ、卵、人参、玉葱《ねぎ》、じゃが薯《いも》など、個々の大きさに格差のあるものについては、大小の限定のない限り、すべて中くらいの大きさのものを基準に、数量表記をしています。
- なお、鍋料理の材料分量は、総じて器である鍋の形に大きく影響されます。掲載の鍋とその材料分量を〝一応の目安〟ととらえていただき、実践に際してはご使用の鍋の形、大きさ、その仕立て方などにより、適宜加減していただきたいものです。

六、鍋の盛りつけとその供し方については、まず、鍋に直《じか》に盛って客前に持ち出し、焜炉にかけるもの。一部を直に盛り、順次加える材料を盛り皿に盛って共に出すもの。また、鍋には鍋地のみを張って焜炉にかけ、材料はすべて盛り皿に盛って持ち出すもの、の三例に大別されます。いずれも、作り方〈盛りつけと供し方〉欄の記述中、『……焜炉にかけて』以降が客前での操作にあたるものです。実践に際しては、諸方・各店のスタイルに即し、鍋料理の〝最良のもてなし法〟を打ち出されるための、ご参考になさってください。

肉類を主とした鍋

関東風すき焼き

●三四頁参照

■**材料**〈四人分〉

牛ロース肉の薄切り……600〜800g
ねぎ……1本　白滝……1把
焼き豆腐……1丁　椎茸……4枚
春菊……½把　牛脂……適宜
＊割り下（昆布だし、味醂、醤油＝各½カップ　砂糖大匙5）
卵……適宜

■**作り方**

【下ごしらえ】

1 ねぎは斜め切りにします。
2 白滝は水から茹でて笊にとり、水にさらしながらもみ洗いしたのち、食べよい長さに切ります。
3 焼き豆腐は八つ切りにします。
4 椎茸は、石づきを取って笠の汚れを拭き、十字の切り込みを深く入れます。
5 春菊は、葉先の柔らかい部分だけをつみ取ります。
6 割り下用の昆布だしと各調味料を合わせ、ひと煮立ちさせて汁つぎに移しておきます。

【盛りつけと供し方】

牛肉は、大皿に1枚ずつ横一文字に盛り、牛脂をのせます。別の盛り皿にねぎを立てて盛り、手前に白滝、焼き豆腐、椎茸、春菊を盛ります。

すき焼き鍋を焜炉にかけて熱し、牛脂を全体に引いて油をなじませます。まず、ねぎと牛肉を入れて割り下を注ぎ、煮立ったらほかの材料を少しずつ加え、煮えばなを溶き卵とともにおすすめします。

■**調理覚え書**

●牛ロース肉の薄切りは、霜降りの状態のよいものを用意します。また、常温では傷みやすいばかりでなく、変色しますので、盛りつける直前まで冷蔵し、手を氷水で冷やしながら扱います。

●牛脂は背脂より、腹の脂のほうがよい味になります。

●このすき焼きや、しゃぶしゃぶでは、大皿に盛りつけられた牛肉の見事さが、ひとつの見せ場となります。肉と野菜類は必ず別盛りにします。また牛肉は、ここでは"一文字"に盛りつけましたが、ほかに"ぼたん"や"平《ひら》"と称する盛りつけ方があります。ぼたんは、牡丹の花びらに似せて、内側に折り込みながら立体的に盛りつける方法。平は、ぼたんを平らに盛りつけるものです。一文字と平は、厚みのない霜降り肉が向き、ぼたんにはやや肉に厚みがあり、外側に白い脂肪のついたものが向きます。いずれにせよ、肉が一枚ずつはがれやすいことが、盛りつけの基本です。また、ひと並べでは、はがしたあとの空きが淋しいので、なるべく二段に重ねて盛りつけたいものです。

●割り下は必ず多めに用意し、煮立ってきたら足せるようにします。辛くなりすぎたら、昆布だし汁か酒を加えて味を調えます。

しゃぶしゃぶ

●三八頁参照

■**材料**〈四人分〉

牛赤身肉……100g　豆腐……½丁
水菜……50g　白菜……2枚
ねぎ……100g
＊鍋地（昆布だし適宜）
＊胡麻だれ（味噌大匙4　すり胡麻大匙6　醤油大匙3　砂糖大匙2　酒大匙4　味醂大匙2　酢大匙5　辣《ラー》油《ユ》適宜）
あさつき……適宜

■**作り方**

【下ごしらえ】

1 牛肉はごく薄く切ります。
2 豆腐は四つに切ります。
3 水菜は、葉先だけを5〜6cm長さに切ります。
4 白菜は縦半分に切り、茎の白い部分だけをできるだけ長く（約10cm）、斜め細切りにし、ねぎも白い部分を同じ長さの斜め薄切りにします。

長(白)ねぎの切り方

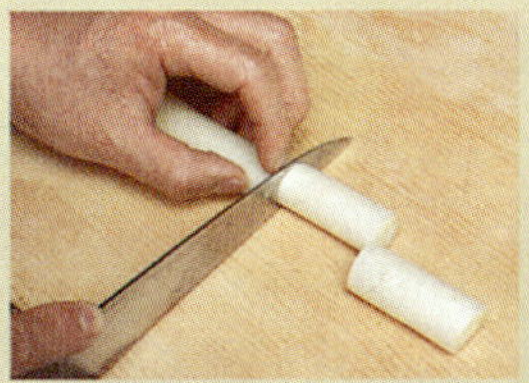

ブツ切り
斜め切りと並んで鍋には多用される切り方。一般的に4〜5cm長さに切り揃えて盛る。

斜め切り
すき焼きなど、比較的少量の鍋地で焼き煮にする系統の鍋に向き、切り口も美しい。

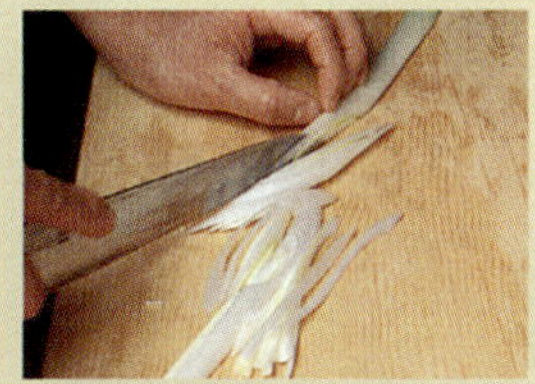

繊（せん）切り
火通りがよく、しゃぶしゃぶなど、さっと鍋地にくぐらせて食べる鍋に向く斜め薄切り。

5胡麻だれを作ります。まず、味噌をフォークに刺し、中火の遠火で焦がさないように焼いてすり鉢に入れ、すり胡麻を加えてすり混ぜます。醤油、砂糖、酒、味醂の順に加えながらさらにすり合わせ、仕上げに酢を加えて溶きのばします。

6あさつきは、小口切りにします。

【盛りつけと供し方】

盛り皿に白菜とねぎ、水菜を盛り、牛肉を形よく広げて盛り、豆腐を盛り添えます。胡麻だれは、小鉢に盛り分けて辣油をたらし、あさつきも別器に盛ります。

鍋に昆布だしを張って焜炉にかけ、煮立ったらまず牛肉を、続いて野菜を入れ、いずれも煮すぎないようにふり煮をし、胡麻だれと薬味のあさつきで食べていただきます。途中、浮いてくるアクは、小まめに取り除きます。

■**調理覚え書**

●しゃぶしゃぶ用の牛肉は、霜降り肉のように脂の多いものでなく、旨みののった柔らかい赤身肉（もも肉かランプ肉）を、刃渡りの広い庖丁でごく薄く切り、切りたてを湯煮するのが理想です。切りたてが無理なら、機械でなく手切りのほうが口あたりもよく、これを、一人前ずつラップにはさんでひと並べにして用意、冷蔵しておきます。

●白菜、ねぎはすぐ火が通るよう、また肉と同様に、箸でふり煮しやすいように細め、薄めに切り揃えます。

●胡麻だれはすり混ぜるときに、もうよいというところで、さらにひと息すり込むことがコツです。また、胡麻だれに加える酢は、はじめから入れると固まってしまうため、必ず調味料の最後に加えます。作りおきをする場合は、酢を加えずに保存し、その都度酢をすり混ぜるようにします。

●近年、土鍋でしゃぶしゃぶを出す店が増えています。金属の鍋より比較的安価で、手入れが簡単、風情もあるためでしょう。ただ難点は、土鍋の火の廻りの遅さです。熱伝導のよい錫や銅の鍋は、一定の高い湯温が要求されるしゃぶしゃぶには最適で、卓上の火力でも湯が早く沸きます。

牛肉のつみ入れ鍋

●七八頁参照

■**材料**〈一人分〉

牛肉のつみ入れ（八〜十人分　牛もも肉600g　玉ねぎ1/2個　人参100g　卵白1個分　生パン粉1/2カップ　塩少少　サラダ油適宜）……1/8〜1/10量

白菜……1枚　大根……60g

こんにゃく…30g　椎茸……1枚

若布……適宜　貝割れ菜……適宜

人参……適宜

＊鍋地（昆布だし2カップ　酒大匙5　醤油大匙1/2弱）

■**作り方**

【下ごしらえ】

1つみ入れ用のすり身を作っておきます。牛もも肉は、小さく切ってから出刃庖丁でたたきます。玉ねぎのみじん切り、人参のすりおろしをさっと油炒めし、肉とともにすり鉢に入れて卵白、パン粉を加えてよくすり混ぜ、塩で調味します。これをバットに移してラップをかけ、冷蔵しておきます。

2白菜はザク切りにします。

3大根は、1.5〜2cm厚さの半月切りにして皮をむき、下茹でします。

4こんにゃくは、両面をすりこぎでたたいてからさっと茹で、ひと口大に切ります。

5椎茸は石づきを取って汚れを拭き、若布は水で戻して熱湯をかけ、色出しをして適当な長さに切ります。

6貝割れ菜は根元を切り落とし、人参はもみじ型で抜いて下茹でします。

7鍋地用の昆布だしを煮立て、酒、醤油を順に加えます。

【盛りつけと供し方】

土鍋に白菜を敷き、大根、こんにゃく、椎茸、若布、貝割れ菜を彩りよく盛ります。バットに用意のすり身を、箸でへりから崩してひと口大ずつ取り、軽くまとめて3個ほど鍋に加え、人参のもみじをあしらいます。鍋地を静かに注ぎ、焜炉

白菜の切り方

そぎ切り
ザク切りよりも火通りがよく、斜め細切りよりも噛み応えがある。料理一般に多用される。

ザク切り
ザクザクと切る鍋ならではの切り方。転じて鍋の野菜類を総称して〝ザク〟ともいう。

斜め細切り
まず縦半分に切り、茎だけを約10cmほどに長く切る。火通りがよく、しゃぶしゃぶ向き。

鍋野菜の代表格、白菜は中国原産。葉茎がふっくらと肉厚で、しかも全体がよく締まり、ずしりと重いものが良質品。

にかけてお出しします。

■調理覚え書

●大根とこんにゃくは下茹でしたのち、八方地で煮含める方法もあります。添える料理との味のバランスで、いずれかを選びます。

牛肉の吹雪《ふぶき》鍋

●二一七頁参照

■材料〈一人分〉

牛肉の煮込み（二十～三十人分　牛すね肉塊2～3kg　酒、塩＝各少々）……100g
松茸（カナダ産）……35g
ブロッコリー……40g
春菊……10g　白菜……1枚
銀杏……3粒　人参……適宜
大根……適宜　塩……適宜
＊鍋地（牛すね肉の茹で汁2カップ　酒、味醂、醤油＝各適宜）
七味唐辛子……適宜

■作り方

【下ごしらえ】

1 牛すね肉の塊は、約100gずつに切り分けて深鍋に入れ、たっぷりと水を張って強火にかけます。煮立ってきたら火を弱め、アクと脂を取り除きながら茹でます。

2 アクが出なくなったら火を止め、肉を圧力鍋に移します。茹で汁を布巾で漉して入れ、酒、塩を加えて調味したのち、加圧して沸騰後20～30分かけ、肉が柔らかくなるまで煮ます。（圧力鍋を使用しない場合は、弱火で3～4時間煮込みます。）

3 カナダ松茸は、石づきを削って大きくそぎ切りにし、ブロッコリーは塩茹でにして小房に分けます。

4 春菊は、葉先の柔らかい部分だけをつみ取り、白菜はひと口大のザク切りにします。

5 銀杏は鬼殻を割り取り、鍋に入れてひたひたの水で茹でながら、穴杓子の底で軽くこするようにして薄皮をむき、水にとります。

6 人参は梅型で抜き、さらに両面に庖丁で切り込みを入れてねじり梅を作り、茹でます。大根は、目の粗いおろし金ですりおろし、鬼おろしを作ります。

7 鍋地は、2の牛肉の茹で汁を漉してひと煮立ちさせ、酒、味醂、醤油でやや濃い目に味を調えます。

【盛りつけと供し方】

土鍋に白菜を敷き、牛すね肉とほかの野菜類を形よく盛り合わせ、鍋地を注いでから鬼おろしをこんもりと盛ります。焜炉にかけ、鬼おろしを崩しながら煮て、七味唐辛子を薬味に賞味していただきます。

■調理覚え書

●牛すね肉の代わりに、すじ肉を使って同様の調理をしてもよいでしょう。いずれにしろ、少量の肉では旨みが出ないため、大きな塊を一度に煮込んで、小分けして使うことが肝心です。

牛肉のたたき鍋

●二三四頁参照

■材料〈一人分〉

牛肉のたたき（五～六人分　牛もも肉600g　玉ねぎ1/2個　人参100g　卵白1個分　生パン粉1/2カップ　塩少々　サラダ油適宜）……1/5～1/6量
卵黄……1個　焼き豆腐……1/2丁
こんにゃく……30g　若布……20g
ねぎ……50g　春菊……10g
＊割り下（昆布だし、味醂、醤油＝各1/2カップ　砂糖大匙5）

■作り方

【下ごしらえ】

1 牛もも肉は小さく切ってから、出刃庖丁で粗くたたきます。

2 玉ねぎはみじん切り、人参はすりおろして、合わせてさっと油炒めします。

3 ボールにたたき肉と野菜、卵白、生パン粉を合わせ、粘りがでるまで手でよく練り混ぜて塩で味を調え、人数に分けて冷蔵しておきます。

4 焼き豆腐は四つに切ります。

5 こんにゃくは、すりこぎで両面を軽くたたき、さっと茹でて食べよい大きさの薄切りにします。

6 若布は水で戻し、笊に入れて熱湯をまわしかけ、手早く冷水にとって色出しし、水気を絞って筋を取り、ほどよい長さに切ります。

7 ねぎは斜め切りにし、春菊は、葉先の柔らかい部分だけをつみ取ります。

8 割り下用の昆布だしと各調味料を合わせ、ひと煮立ちさせて汁つぎに移しておきます。

【盛りつけと供し方】

土鍋の底にたたき肉を平らにのし、木杓子で菊花形に筋目を入れて、中央に卵黄を落とします。4～7の野菜類は、盛り皿に形よく盛りつけます。

この鍋は牛のたたき肉を卵とじでまず味わい、さらに割り下でザクを煮て味わうという二段構えの鍋です。客前で土鍋を焜炉にかけて、割り下をひたひたに張り、卵黄を肉の上に溶き広げて蓋をし、蒸し焼きにします。箸が進み、たたき肉が残り少なくなったら割り下を足し、今度はザクを少しずつ煮ながら食べていただきます。

■調理覚え書

●たたき用の肉は、全くの赤身より三割ほど脂身が入っているほうが、美味です。また、牛肉のほかに鶏肉でもよく作られ、この場合は、皮と脂を丁寧に取り除きます。魚介類では、鰺や鰯をたたいて刻みねぎやおろし生姜、卵、調味料を混ぜ合わせた"つみ入れ"がよく知られ、帆立貝や北寄貝、海老などにも人気があります。魚介の場合は、濃い味の割り下よりも、八方地くらいの味つけが適します。

●たたき肉に玉ねぎや人参を加えると、味がよくなるうえ量《かさ》も増えます。混ぜる前にサラダ油で炒め、冷まして使うと、野菜臭さがなくなります。玉ねぎの代わりにねぎの白い部分もよく、このほか椎茸、筍なども歯触り、味ともに結構です。これらのみじん切りを手早く、手軽に用意するには、スピードカッターが大変便利です。

豚肉のはりはり鍋

●六一頁参照

■材料〈一人分〉

豚ロース肉…100g　焼き豆腐……1/4丁
壬生菜（壬生産の水菜）…………70g
白菜…………1枚　ねぎ…………1/2本
もみじ麩……少々
＊鍋地（八方地《だし汁2カップ　味醂、薄口醤油＝各1/4カップ》）
＊変わり酢醤油（酢、醤油＝各同割量　胡麻油少々　大根おろし適宜　豆板《トウバン》醤《ジャン》少々）
あさつき……適宜

■作り方

【下ごしらえ】

1 豚ロース肉は、100gを三枚の薄切りにします。

2 焼き豆腐は二つに切ります。

3 壬生菜は、葉先だけを7～8cm長さに切ります。

4 白菜は縦半分に切り、茎の白い部分だけをできるだけ長く（約10cm）、斜め細切りにし、ねぎも白い部分を同じ長さの斜め薄切りにします。

5 もみじ麩は小口から薄切りにします。

6 鍋地の八方地は、だし汁を煮立てて味醂を入れ、ひと煮立ちしたら薄口醤油を加えます。

7 変わり酢醤油用の酢、醤油を合わせて取り鉢に入れ、胡麻油を加えます。大根おろしと豆板醤は用意しておき、お出しする直前に盛り添えます。

8 あさつきは小口切りにします。

【盛りつけと供し方】

土鍋に壬生菜、白菜、ねぎ、焼き豆腐を盛り込み、中央に豚肉三枚を、両端を折り込んで立てかけるように花びら形に盛り、芯にもみじ麩をあしらいます。鍋地を注いで焜炉にかけ、肉に火が通ったら、変わり酢醤油にあさつきを散らして食べていただきます。

■調理覚え書

●豚肉のおいしさが決め手の鍋です。上質の豚ロース肉は、淡い艶のあるピンク色で、見た目も美しいものです。色の悪いものは避けて下さい。また、ロース肉は脂肪が肉の風味にもなりますから、外側の脂肪を取りすぎないことも肝心です。

●鍋地は八方地を使っていますが、より淡泊な昆布だし仕立てても、よいものです。

梅花風呂吹《ふろふ》き鍋

●七九頁参照

■材料〈一人分〉

豚もも肉……70g
＊大根の下煮（大根200g　米のとぎ汁または米粒少々　だし汁、酒、白醤油＝各適宜）
ブロッコリー………………20g
うずらの卵…2個　菊花…………2輪
しめじ………40g　酢…………少々
＊鍋地（だし汁2カップ　酒1/5カップ　塩小匙2/3　醤油少々）
＊酢醤油（酢、醤油＝各適宜）
もみじおろし…適宜　あさつき……適宜

■作り方

【下ごしらえ】

1 豚もも肉は薄切りにし、肉の繊維にそって3～4cm長さの細切りにします。

2 大根は約5cm厚さの輪切りにして皮を厚くむき、面取りしたのち十字の隠し庖丁を入れます。

3 鍋に米のとぎ汁、または米を入れた水を張り、大根を入れて竹串がスッと通るまで下茹でし、汁をこぼして下煮用のだし汁を張り、酒、白醤油で味を調えてから、さらに柔らかく煮含めます。

4 ブロッコリーは、色よく茹でて笊にあげ、あおいで冷まし、小房に分けます。

5 うずらの卵は蒸籠で蒸し上げ、冷水にとって殻をむきます。

6 菊花は、酢を少々加えた熱湯でさっと茹でて水にさらし、水気を絞ります。

7 しめじは石づきを取り、ほぐします。

8 鍋地用のだし汁を煮立て、各調味料を加えて味を調えておきます。

9 酢醤油、もみじおろしを用意し、あさつきを小口切りにします。

【盛りつけと供し方】

土鍋の中央に風呂吹き大根を盛り、鍋地を注いで焜炉にかけます。豚肉とブロ

大根の庖丁遣《づか》いの基本

冬野菜の代表、大根は尻細・丸など形状別、産地別に種類豊富。この宮重《みやしげ》大根は愛知産の青首種で、肉質は密で甘い。

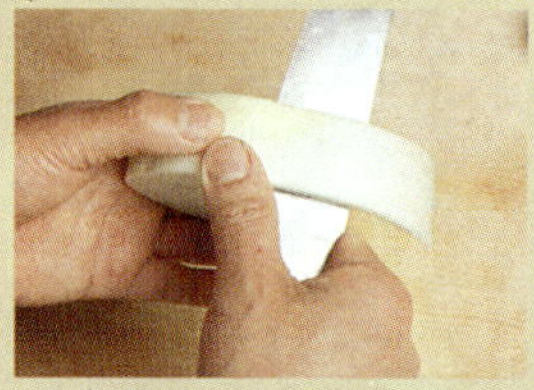

1 **皮むき**
まず5cmほどの厚さの輪切りにし、厚く、ぐるりと皮をむき取ります。

2 **面取り**
次に、切り口の円周に沿って庖丁を入れ、角を落とし、煮崩れを防ぎます。

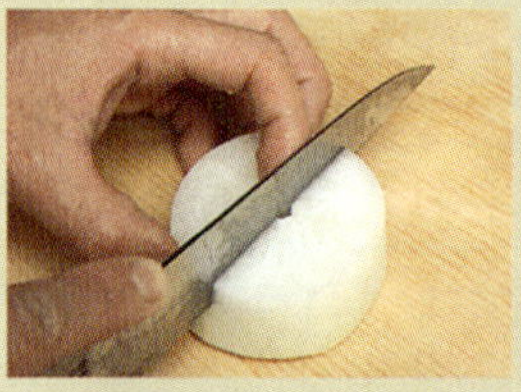

3 **隠《かく》し庖丁**
大根など火の通りにくい根菜類は、裏面に十字の切り目を入れて煮ます。

ッコリー、うずらの卵は別皿に盛り、鍋地が煮立ちはじめたところで少しずつ加え、もみじおろしとあさつきを薬味に、酢醤油で食べていただきます。お好みで薬味だけで召し上がるのも美味です。

■調理覚え書

●風呂吹きにする大根は、厚めの輪切りにしたのち、必ず切り口の角を面取りして下さい。煮崩れしにくく、見た目も優しい感じになります。この時、裏面に十字の隠し庖丁を入れておくと、火の通りが早く、味もよく浸み込みます。大根の旨みを味わうこうした鍋には、欠かせない仕事です。また、風呂吹き大根は、煮上げた直後よりも、煮汁につけて一昼夜ほどおくと、より一層味が深まります。

●豚肉は、赤身だけよりも少し脂があるほうが味が出ます。ただし、脂が多すぎてもアク引きが煩わしくなります。ここでは豚肉を、火が早く通り、また箸で取りやすいように細切りにしたところ、目先も変わって面白い効果が出ました。牛肉や鶏肉でも応用できます。

豚肉のちり鍋

●一〇四頁参照

■材料〈一人分〉

豚薄切り肉…100g　白菜…………1枚
えのき茸……½株　ねぎ…………½本
サラダほうれん草…………¼把
白滝…………½把　もみじ麩……少々
＊鍋地（八方地〈だし汁2カップ　味醂、薄口醤油＝各¼カップ〉）
＊ポン酢醤油（橙の絞り汁、醤油＝各同割量）
もみじおろし…適宜　あさつき……適宜

■作り方

【下ごしらえ】

1 豚肉は一枚を二つに切り、軽く巻いて熱湯を通します。

2 白菜はザク切りにし、えのき茸は根元を切ってほぐし、そうじします。

3 ねぎは5cm長さのブツ切りにし、ほうれん草は食べよい長さに切ります。

4 白滝は水から茹でて笊にとり、水にさらしてもみ洗いしたのち、食べよい長さに切ります。もみじ麩は、小口から5mm厚さに切ります。

5 鍋地の八方地を作ります。だし汁を煮立てて味醂を入れ、ひと煮立ちしたら薄口醤油を加えます。

6 ポン酢醤油、もみじおろしを用意し、あさつきを小口切りにします。

【盛りつけと供し方】

土鍋に豚肉を盛り、野菜と白滝を形よく盛り合わせ、もみじ麩をあしらいます。鍋地を注いで焜炉にかけ、煮上がったらポン酢醤油にもみじおろし、あさつきでおすすめします。

豚肉の水炊き鍋

●一二五頁参照

■材料〈一人分〉

茹でバラ肉（四人分　豚バラ肉塊500g　米ぬか1カップ　昆布だし6～7カップ　ねぎ、生姜＝各適宜　酒½カップ　塩小匙1　味醂少々）…¼量
壬生菜（壬生産の水菜）…………60g
焼き豆腐……¼丁　白滝…………30g
ねぎ…………½本　もみじ麩……少々
銀杏…………3粒
＊鍋地（豚バラ肉の茹で汁適宜）
＊酢醤油（酢、醤油＝各同割量）
もみじおろし…適宜　あさつき……適宜

■作り方

【下ごしらえ】

1 豚肉は、米ぬかとともに鍋に入れて煮立ったら弱火にし、アクと脂を引きながら茹でます。竹串がスッと通るくらい柔らかくなったら水にとり、ぬかを洗い落とします。

2 肉を別鍋に入れて昆布だしを張り、ねぎのぶつ切り、生姜の薄切り、分量の酒を加え、弱火で茹でます。途中、塩、味醂で味を調え、箸でほぐれるほどに柔らかくなったら火を止め、茹で汁を漉しておき、肉を50～60gずつに切り分けます。

3 壬生菜は根元を切り落とし、焼き豆腐は二つに切ります。白滝は水から茹でて笊にとり、水にさらしてもみ洗いしたのち、食べよい長さに切ります。

4 ねぎは4～5cm長さのブツ切りにします。もみじ麩は小口から薄切りします。銀杏は鬼殻を割り、茹でながら穴杓子の底でこすって薄皮をむきます。

5 酢醤油、もみじおろしを用意し、あさつきを小口切りにします。

【盛りつけと供し方】

土鍋にまず壬生菜を盛り、茹で豚とほかの材料を形よく盛りつけてもみじ麩、銀杏を散らします。肉の茹で汁を注いで焜炉にかけ、もみじおろしとあさつきを薬味に、酢醤油で食べていただきます。

■調理覚え書

●豚バラ肉の塊は、タコ糸で縛っておくと煮崩れが防げます。また、茹でる時は圧力鍋の活用で時間短縮できます。

●茹で肉は、その日に使いきらない分は、茹で汁に浸したまま冷蔵保存し、使う際にもう一度火にかけて、肉の表面に固まった脂を溶かします。

豚バラ肉の紅白鍋

●一一九頁参照

■材料〈一人分〉

豚バラ肉……80g　わけぎ…………50g
大根…………120g　人参…………40g
＊鍋地（だし汁2カップ　赤唐辛子1本　味醂、醤油＝各¼カップ）
すだち…………1個

■作り方

【下ごしらえ】

1 豚バラ肉は、ひと口大の薄切りにしてさっと湯通しします。

2 わけぎは6～7cm長さに切ります。

3 大根、人参は皮をむき、それぞれを目の粗いおろし金ですりおろし、水気をきつく絞ります。

4 鍋地用のだし汁に、種を取って小口切りにした赤唐辛子を入れて煮立て、味醂、醤油を順に加えておきます。

5 すだちは二つに切ります。

【盛りつけと供し方】

土鍋に豚肉とわけぎを盛ります。別鍋におろした大根と人参を混ぜ入れ、鍋地を注いでひと煮立ちしたら、土鍋に静かに移し入れ、焜炉にかけて供します。煮えばなを、すだちの絞り汁で賞味していただきます。

■調理覚え書

●大根と人参の割合は三対一。これよりも人参の量が多いと紅の色が勝って、品が損なわれます。また、目の粗いおろし金で"鬼おろし"にして、水気をきつく絞るのがコツで、目が細かいと煮汁をたっぷり含んでしまい、味がもたつきます。

鶏の水炊き

●三五頁参照

■材料〈四人分〉

鶏肉の下煮、および鍋地(二十人分　鶏10羽分　水適宜　酒、塩(鶏のスープ5カップに対して酒$\frac{1}{4}$カップ、塩小匙1.5の割合)味醂少々)……………$\frac{1}{5}$量
春菊……………1把　ねぎ…………2本
白菜……………6枚　人参…………1本
椎茸……………4枚　豆腐…………1丁
＊酢醤油(酢、醤油＝各同割量)
もみじおろし…適宜　あさつき……適宜

■作り方

【下ごしらえ】

1 鶏は、水炊き用に骨つきのままに捌《さば》いたものを用意します。胴は二つに割ってよく洗い、ひとつを五〜六切れ、ももと手羽は、それぞれ二〜三切れのブツ切りにしてボールに入れ、流水の下に置いて指で脂を取りながら、濁りが出なくなるまで洗います。

2 大鍋に移してたっぷりの水を張り、臭みを消すために酒を加えて強火にかけ、煮立ったら火を弱めてアクと脂を丁寧に取り、水を足しながら静かに煮ます。

3 煮汁が$\frac{1}{3}$量ほど減ったら塩と味醂を加え、吸い地よりやや濃い目に味を調えます。鶏の骨が箸ではずれるくらいまで時間をかけて煮上げ、スープを布巾で漉しておきます。

4 春菊は、葉先の柔らかい部分だけをつみ取ります。ねぎは5cm長さ、白菜はひと口大にそれぞれブツ切りにします。

5 人参はシャトウ形に切り、下茹でしておきます。椎茸は石づきを取って十字の飾り庖丁を入れます。

6 豆腐は八つ切りにします。

7 酢醤油、もみじおろしを用意し、あさつきを小口切りにします。

【盛りつけと供し方】

鉄鍋に鶏肉を人数分盛り込み、たっぷりとスープを注いで焜炉にかけます。別皿に豆腐と野菜類を盛りつけ、酢醤油、もみじおろし、あさつきを添えてお出しします。まず、よく煮込んだ鶏肉の旨みを愉しんでいただき、徐々に野菜を加えてスープとともに味わっていただきます。

■調理覚え書

●水炊きには、大きく分けて二通りの作り方があります。本場の博多近辺では、ひな鶏を二十杯(羽)以上もまとめて水から鍋に入れ、煮立ったらアクを取り、強火で長時間グラグラ煮立てて作ります。こうしますと、鶏肉の脂肪分がスープの中に溶け込み、こくのあるスープができますが、見たところは白く濁っています。これに対して名古屋から東では、澄んだあっさり味のスープに仕立てる手法をとります。そのためには、弱火で静かに煮続け、浮いてくるアクや脂は、気を抜かずに丁寧に取り除かなくてはなりません。

●本当においしい水炊きを作るには、潰《つぶ》した鶏のお腹の温かいうちに調理することです。そこまでは無理としても、鶏の鮮度には、充分気を配らなければならない料理です。また、地鶏ではなく、ブロイラーを利用する場合は、特有の臭みを除くために酒や香味野菜を加えたり、野菜やほかの具を多種取り合わせることで、癖《くせ》も柔らぎ、味を補うことができます。

鶏の水炊き寄せ鍋

●二二四頁参照

■材料〈一人分〉

鶏肉の下煮、および鍋地(二十人分　鶏骨つきもも肉20本　水12ℓ　酒、塩(鶏のスープ5カップに対して酒$\frac{1}{4}$カップ、塩小匙1.5の割合))……$\frac{1}{20}$量
飛竜頭……………1個　茹でうどん…$\frac{1}{3}$玉
白滝……………$\frac{1}{2}$把　わけぎ…………2本
人参…………適宜　細工湯葉…………2個
ぜんまいの大原木《おはらぎ》(戻しぜんまい、かんぴょう＝各適宜)…………………2束
＊酢醤油(酢、醤油＝各同割量)
もみじおろし…適宜　あさつき……適宜

■作り方

【下ごしらえ】

ぜんまいの戻し方

干しぜんまい二種
早春の山菜、ぜんまいは乾燥保存され、一年中手に入ります。日本産(右上)と韓国産。

1　必要量のぜんまいに、ひたひたの水を張って弱火にかけます。熱くなるまで手でもみほぐします。

2　手を入れていられないほど熱くなったら水を換え、再び弱火にかけて、熱くなるまでもみ続けます。

3　手触りが柔らかく、充分に戻ったらそのまま茹でて、ふっくらとさらに戻したのち、水洗いします。

1 鶏の骨つきもも肉は、一本を三~四つのブツ切りにしてボールに入れ、流水の下に置いて指で脂を取りながら、濁りが出なくなるまで洗います。
2 大鍋に移してたっぷりの水を張り、臭みを消すために酒を加えて強火にかけ、煮立ったら火を弱めて、アクと脂を丁寧に取りながら静かに煮ます。
3 煮汁が$\frac{1}{3}$量ほど減ったら塩を加え、吸い地程度に味を調えます。鶏の骨が箸ではずれるくらいまで、1~2時間かけて煮上げ、スープを布巾で漉して鍋地を用意しておきます。
4 飛竜頭は熱湯をかけて油抜きをし、茹でうどんは、笊に入れて熱湯をくぐらせます。白滝は水から茹でて笊にとり、水にさらしてもみ洗いしたのち、ひと口大に結びます。
5 わけぎは4~5cm長さに切り、人参は1cm厚さの輪切りにして梅型で抜き、庖丁を入れてねじり梅にし、茹でます。
6 ぜんまいの大原木を作ります。戻したぜんまいを束ね、同じく戻したかんぴょうで結びます。
7 酢醤油、もみじおろしを用意し、あさつきは小口切りにします。

【盛りつけと供し方】

土鍋にまずうどんを盛り、鶏肉を中心に、すべての材料を彩りよく盛り込みます。鶏のスープを注いで焜炉にかけ、煮上がったら酢醤油にもみじおろし、あさつきで賞味していただきます。

■調理覚え書
●鶏の骨つきもも肉は、あらかじめ下煮をしますが、この時、最低二十本ほどはまとめて仕込んだほうが効率がよく、また、スープの味もぐんとよくなります。

鶏鍋

●五九頁参照

■材料〈一人分〉
鶏もも肉……20g　鶏手羽肉……35g
鶏砂肝……10g　鶏レバー……40g
玉ねぎ……$\frac{1}{4}$個　春菊……10g
白菜……1枚　白滝……30g
人参……適宜　わけぎ……適宜
＊割り下（昆布だし、味醂、醬油＝各$\frac{1}{2}$カップ　砂糖大匙5）
卵……1個

■作り方
【下ごしらえ】
1 鶏もも肉と手羽肉は、皮と脂身を取り除き、ごく薄くそぎ切りにします。
2 砂肝は開いて砂袋を取り除き、皮から肉を四枚そぎ取ります。
3 レバーは黄色く変色している部分を取り除き、薄くそぎ切りにします。
4 玉ねぎは縦半分に切って薄切りにし、春菊は、葉先の柔らかい部分だけをつみ取ります。白菜はひと口大のザク切りにします。
5 白滝は水から茹でて笊にとり、水にさらしてもみ洗いしたのち、食べよい長さに切ります。
6 人参は1cm厚さの輪切りにして梅型で抜き、庖丁で切り込みを入れてねじり梅を作り、茹でておきます。
7 わけぎは斜め切りにします。
8 割り下用の昆布だしと各調味料を合わせ、ひと煮立ちさせて汁つぎに移しておきます。

【盛りつけと供し方】

土鍋に、奥のほうからレバー、砂肝、もも肉、手羽肉の順に平らにきれいに盛りつけ、わけぎをあしらいます。別皿に、このほかの野菜を形よく盛りつけます。

土鍋に割り下を注いで焜炉にかけ、煮上がったところを、溶き卵でまず味わっていただき、最後に野菜を少しずつ加えて食べていただきます。

■調理覚え書
●鶏肉は、できるだけ薄くそぎ切りにすることが大切で、味がよくしみ込みます。鶏肉の部位は、正肉だけよりも手羽やももを選びます。また、正肉よりもモツ類を加えたほうが旨みが増します。特有の癖《くせ》や、臭みも濃い味の割り下で煮ると気になりませんし、新鮮なものであれば、血抜きせず、そのまま使ったほうがよい味がでるものです。
●従来、鶏鍋は一人30匁（約110g）といわれていましたが、銘々鍋の時はもう少し少なくします。多人数盛りにする場合は、鍋に直《じか》に盛りつけずに盛り皿に先の順序で盛りつけて下さい。味がよいとはいえ、モツ類を加えて盛りつける時は、まず色のよい正肉を手前に、モツはその後方に寄せて、できるだけ見映えをよくすることが肝心です。
●こうした肉の鍋には、溶き卵がよく合いますが、お好みで七味唐辛子や山椒も結構なものです。

ぜんまいの大原木（おはらぎ）の作り方

1　戻したぜんまいを揃え、少しずつずらして長く束ねながら、戻したかんぴょうで等間隔に結びます。

2　細くなっている右端に、ぜんまいを補足して太さを揃え、同様にかんぴょうで結び止めます。

3　結び束ねた部分が中央にくるように、端から等間隔に切り整えていきます。

4　一度にまとめて作っておき、密封できるビニール袋に入れて冷蔵保存すれば、二週間はもちます。

砧《きぬた》巻きの博多鍋

●六六頁参照

■材料〈一人分〉

鶏肉の下煮、および鍋地（二十人分　鶏骨つきもも肉20本　水適宜　酒、塩、醤油（鶏のスープ5カップに対して酒$\frac{1}{4}$カップ　塩、醤油＝各少々））……………………$\frac{1}{20}$量
大根の砧巻き（大根65g　人参20g　米のとぎ汁適宜）…………2巻き
若布……15g　よもぎ麩……$\frac{1}{6}$本
わけぎ……60g　白菜……1枚
もみじおろし…適宜　あさつき……適宜
すだち……1個

■作り方

【下ごしらえ】

1 鶏の骨つきもも肉は、一本を三〜四つのブツ切りにしてボールに入れ、流水の下に置いて指で脂を取りながら、濁りが出なくなるまで洗います。

2 大鍋に移してたっぷりの水を張り、臭みを消すために酒を加えて強火にかけ、煮立ったら火を弱めて、アクと脂を丁寧に取りながら静かに煮ます。

3 煮汁が$\frac{1}{3}$量ほど減ったら塩と醤油で味を調え、鶏の骨が箸ではずれるくらいまで柔らかく煮上げて、スープを布巾で漉し、鍋地を用意しておきます。

4 砧巻きを作ります。大根は葉元を4〜5cm長さに切り、皮を厚くむいてかつらむきにします。人参は4〜5cm長さの細切りにしてさっと茹で、これを芯にかつらむきで巻いてゆき、竹皮で二カ所をきっちりと縛り、米のとぎ汁で下茹でしたのち、食べよい長さに切り分けます。

5 若布は水で戻し、笊に入れて熱湯をまわしかけ、手早く冷水にとって色出しし、水気を絞って筋を取り、ほどよい長さに切ります。よもぎ麩は二枚に切り、わけぎは4〜5cm長さに、白菜はザク切りにします。

6 もみじおろしを用意し、あさつきは小口切りにし、すだちは二つに切ります。

【盛りつけと供し方】

鍋に白菜を敷き、鶏肉、若布、よもぎ麩、わけぎを順に盛り、砧巻きを切り口を上にして盛り込んでスープを注ぎ、焜炉にかけます。煮上がったら、お好みでもみじおろしとあさつき、あるいはすだちの絞り汁で食べていただきます。

鶏の雪花鍋

●一〇〇頁参照

■材料〈一人分〉

鶏もも肉……100g　こんにゃく……$\frac{1}{3}$枚
ねぎ……$\frac{1}{4}$本　白菜……$\frac{1}{2}$枚
豆腐……$\frac{1}{2}$丁　サラダ油……適宜
大根……180g　もみじ麩……少々
＊鍋地（だし汁2カップ　酒大匙1.5　塩小匙1）
七味唐辛子…適宜

■作り方

【下ごしらえ】

1 鶏もも肉は、脂を取り除いてひと口大に切ります。

2 こんにゃくは、すりこぎで両面をたたいてさっと茹で、鶏肉と大きさを揃えて切ります。

3 ねぎは斜め薄切りに、白菜はひと口大のザク切りにします。

4 豆腐は布巾に包んで巻き簀で巻き、斜めにしたまな板にのせて重石《おもし》をし、厚みが半分くらいになるまで押します。
これを2〜3cm角に切り、サラダ油を薄く引いた鍋かフライパンで、崩しながらポロポロになるまで煎ります。

5 大根は葉元の太い部分を使い、皮をむいて目の粗いおろし金でおろして笊にとり、汁気を切ります。

6 もみじ麩は、小口から5mm厚さに切り、二〜三切れ用意します。

7 鍋地用のだし汁を煮立て、酒と塩で味を調えて再びさっと煮立てます。

【盛りつけと供し方】

土鍋に白菜を敷いて鶏、こんにゃく、ねぎを盛り、この上に煎り豆腐と鬼おろしをのせてもみじ麩を散らし、鍋地を注

大根の砧巻きの作り方

1 まず、大根をかつらむきにします。葉元に近い部分を使い、厚く皮をむいたのち、薄くむきます。

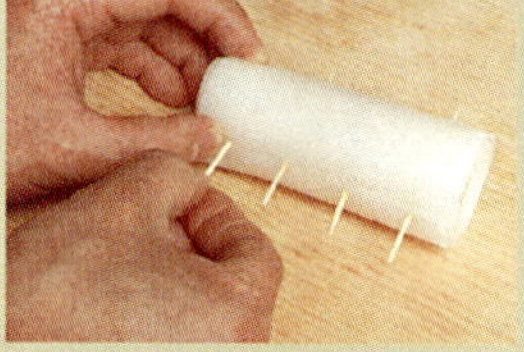

2 人参の細切りを軽く茹で、これを芯に、かつら大根をゆるみなく巻き、竹皮で縛るか楊枝で止めます。

3 米のとぎ汁で下茹でしたのち、食べよい長さに切り分けて楊枝をはずし、崩さないように盛ります。

いで焜炉にかけます。ひと煮立ちしたところを、七味唐辛子を添えておすすめします。

■**調理覚え書**

●大根おろしと煎り豆腐の淡い味が身上の鍋ですから、だしに酒塩だけの薄味仕立てです。物足りないようでしたら、醤油を少々たらすと味がしまります。

●鍋のおいしくなる季節に出廻る秋大根は、一年中で最も味がよいものです。茎に近い太い部分が特に柔らかでおいしく、これを利用して〝鬼おろし〟を作ります。大根おろしの辛みは肉や魚貝の臭みを消し、消化を助ける酵素のジアスターゼをたっぷり含んでいます。鶏肉のほか、牛や豚肉、魚貝などでも応用して下さい。また、ここでは鶏肉を生のまま入れていますが、一度揚げて鍋に入れる〝煮おろし風〟にするのもよいものです。いずれにしろ、大根おろしの入る鍋は煮すぎては台無しで、煮えばなが食べ頃です。

●豆腐は木綿豆腐を使い、しっかりと水切りすることがポイントです。水分の多い絹漉し豆腐はこの鍋には不向きです。

五色《ごしき》水炊き鍋

●九六頁参照

■**材料**〈一人分〉

鶏肉の下煮、および鍋地(二十人分　鶏骨つきもも肉20本　水適宜　酒、塩《鶏のスープ5カップに対して酒¼カップ、塩小匙1.5の割合》……1/20量

白菜巻き（白菜2枚　人参40 g）

若布………20 g　ねぎ………½本

春菊………30 g　白滝………40 g

梅麩………2枚　銀杏………3粒

＊酢醤油（酢、醤油＝各同割量）

もみじおろし…適宜　あさつき……適宜

■**作り方**

【下ごしらえ】

1 鶏の骨つきもも肉は、1本を三〜四つのブツ切りにしてボールに入れ、流水の下に置いて指で脂を取りながら、濁りが出なくなるまで洗います。

2 大鍋に移してたっぷりの水を張り、臭みを消すために酒を加えて強火にかけ、煮立ったら火を弱めて、アクと脂を丁寧に取りながら静かに煮ます。

3 煮汁が⅓量ほど減ったら塩を加え、吸い地程度に味を調えます。鶏の骨が箸ではずれるくらいまで、1〜2時間かけて煮上げ、スープを布巾で漉して鍋地を用意しておきます。

4 白菜巻きを作ります。白菜は芯の固い部分をそぎ取ってさっと蒸すか茹で、人参は白菜の長さに揃えて細切りにし、茹でます。巻き簀に白菜二枚を互い違いに広げて重ね、人参を芯にしてきつく巻いて水気を絞り、筒状に形を整えます。巻き簀をはずしてラップで包み、しばらくおいてひと口大に切り、ラップをはずしておきます。

5 若布は水で戻し、笊に入れて熱湯をまわしかけ、手早く冷水にとって色出しし、水気を絞って筋を取り、ほどよい長さに切ります。

6 ねぎは4 cm長さのブツ切りにし、春菊は葉先の柔らかい部分だけをつみ取ります。

7 白滝は水から茹でて笊にとり、水にさらしてもみ洗いしたのち、食べよい長さに切ります。梅麩は、小口から薄切りにします。

8 銀杏は鬼殻を割り、茹でながら穴杓子の底でこすって薄皮をむき、水にとります。

9 酢醤油、もみじおろしを用意し、あさつきは小口切りにします。

【盛りつけと供し方】

土鍋に鶏肉と白菜巻き、若布、ねぎ、春菊、白滝を彩りよく盛り込み、鶏のスープを注いで梅麩、銀杏を散らして焜炉にかけます。ひと煮立ちしたところを酢醤油に、もみじおろし、あさつきを添えておすすめします。

■**調理覚え書**

●スープのおいしい鍋ですから、酢醤油を使わずに、具を食べ終わったらスープを取り鉢に注いで、味わっていただくのもよいでしょう。手付きで、注ぎ口のある土瓶形の土鍋を使ったのも、そんな趣向からです。

●白菜巻きの芯は人参のほか、ほうれん草、小松菜などもよく使われます。巻きものは少々手間がかかりますので、一日分を目安に作りおきし、盛りつけるたびに切り分けるようにします。ひと巻きで四切れが、ほどよい大きさでしょう。

菜《な》鶏《とり》鍋

●一二〇頁参照

■**材料**〈一人分〉

鶏手羽中《なか》……3本　小松菜……50 g

白菜………3枚　人参………30 g

塩………少々

＊鍋地（だし汁2カップ　味醂、薄口醤油＝各⅕カップ弱）

＊酢醤油（酢、醤油＝各同割量）

もみじおろし…適宜　あさつき……適宜

■**作り方**

【下ごしらえ】

1 鶏手羽中は、チューリップ形に整えます。骨に沿って太い方に向けて庖丁目を少し入れ、骨に付いている身を指でしごき下ろして寄せ、形作ります。

2 小松菜は、塩を加えた熱湯でさっと茹でて水にとり、根を揃えて水気を絞り、5〜6 cm長さに切ります。白菜はザク切りにします。

3 人参は5 mm角で6〜7 cm長さのスティック状に切り、下茹でします。

4 鍋地のだし汁を煮立て、味醂を入れてひと煮立ちしたら醤油を加え、チューリップ形の鶏肉を入れ、さっと煮ます。

5 酢醤油、もみじおろしを用意し、あさ

つきを小口切りにします。

【盛りつけと供し方】

土鍋に白菜を敷いて小松菜、人参を盛りつけ、鶏肉と煮汁を加えて焜炉にかけます。酢醤油にもみじおろし、あさつきを添えておすすめします。

■調理覚え書

●菜鶏鍋の鶏肉は、もも肉、胸肉でも作りますが、ここではゼラチン質がより多く、旨みもある手羽中《なか》で試みました。ただ、手羽は肉量が少なく、そのままでは食べにくいのでチューリップ形にしました。この形の市販品もありますので、肉色のきれいな鮮度のよいものなら、利用するのも能率的です。

●菜も、ほうれん草、青梗菜などで応用できますが、小松菜はアクが少なく、葉先が柔らかいため、茹でずに鍋に加えることもできます。

鶏と魚介の楽しみ鍋

●一四七頁参照

■材料〈一人分〉

鶏もも肉……40g　鶏レバー……40g
蛤……1個　車海老……1尾
生鱈子……1腹
穴子のたれ焼き（白焼き穴子1/4尾　酒少々　味醂、醤油=同割適宜）
蕪と里芋の下煮（蕪、里芋=各適宜　米のとぎ汁または米粒少々　八方地適宜）
わけぎ……適宜　人参……少々
白滝……30g　観世麩《かんぜぶ》……適宜
樋湯葉《といゆば》……適宜　塩……少々
ぜんまいの大原木《おはらぎ》の下煮（戻しぜんまい、かんぴょう=各適宜　八方地適宜）……2束
＊鍋地（八方地《だし汁2カップ　味醂、薄口醤油=各1/4カップ》）
＊ポン酢醤油（橙の絞り汁、醤油=各同割量）
もみじおろし…適宜　あさつき……適宜

■作り方

【下ごしらえ】

1 鶏もも肉は皮と脂を取り除き、ごく薄いそぎ切りにし、鶏レバーは黄色く変色している部分を取り除いて、同様に薄くそぎます。

2 蛤は洗って一晩、海水程度の塩水につけて砂をはかせておき、ぬめりをよく洗います。車海老は、殻つきのまま背に縦の切り目を入れ、竹串で背わたを抜きます。

3 生鱈子は、ひと口大のブツ切りにして熱湯にくぐらせ、冷水にとったのち水気をきっておきます。

4 穴子は酒をふってさっとあぶり直し、あらかじめ、味醂と醤油を合わせて三割方煮つめたたれを用意しておき、このたれでつけ焼きをし、ひと口大に切ります。

5 蕪は筒むきにし、里芋は皮をむいて亀甲形に面取りして約5㎜厚さに切り、それぞれを米のとぎ汁か、米粒を入れた水で茹でて八方地で煮含めます。

6 わけぎは5～6㎝長さに切ります。人参は、1㎝弱の厚さの輪切りにして梅型で抜き、さらに庖丁を入れてねじり梅を作り、下茹でします。

7 白滝は水から茹でて笊にとり、水にさらしてもみ洗いしたのち、食べよい長さに切ります。

8 観世麩は小口から薄切りにし、樋湯葉は4～5㎝長さに切って、ぬるま湯につけて戻し、軽く水気を絞ります。

9 ぜんまいの大原木は、戻したぜんまいを束ね、同じく戻したかんぴょうで結んで作り、八方地で煮含めておきます。

10 鍋地の八方地は、鍋にだし汁を煮立てて味醂を入れ、ひと煮立ちしたら薄口醤油を加えます。

11 ポン酢醤油、もみじおろしを用意し、あさつきを小口切りにします。

【盛りつけと供し方】

土鍋に鶏肉をはじめ、十四種の材料を彩りよく、形よく盛りつけ、鍋地を注ぎます。焜炉にかけ、煮上がったところをポン酢醤油にもみじおろし、あさつきで賞味していただきます。

■調理覚え書

●〝楽しみ鍋〟はいわゆる〝寄せ鍋〟の関西での呼び名です。寄せ鍋は、材料の種類が多ければ多いほど、具もだしもおいしく仕上がるものです。東西を問わず、この鍋には魚介類が多く入りますが、関西では地の野菜はもちろん、各種の生麩、湯葉、飛竜頭などが欠かせません。魚介と野菜、肉と野菜の取り合わせなら、ほとんど相性に問題はなく、肉と魚介の場合も、牛・豚肉のように味の強い肉と魚介を合わせることはあまりありませんが、鶏肉だけは味わいが淡泊なために、ほとんどの材料と折り合ってくれます。土地土地のものをふんだんに活用していただきたいものです。

●楽しみ鍋は、盛りつけも大切な要素です。一人前の小鍋の場合は、鍋に直接盛り込み、大鍋の場合は別の盛り皿に盛って客前に出しますが、いずれも色の取り合わせとバランス、立体感の出し方が腕の見せどころとなります。

海老芋の皮むきと面取り・下茹での方法

この海老芋や八つ頭《がしら》、京芋、セレベスなどは、自然薯《じねんじょ》など山の芋類に対し、里で採れるところから里芋と総称される。

1　縦に厚く皮をむきながら、輪切りにした面が六角の亀甲形になるように、〝六面に面取り〟をします。

2　色よく煮上げるには、下茹での際、酢か米粒を加える、米のとぎ汁で茹でるなどの方法があります。

鶏の唐揚げ鍋

●二四六頁参照

■**材料**〈一人分〉
鶏の唐揚げ（鶏もも肉100g　塩、胡椒＝各少々　片栗粉、揚げ油＝各適宜）
里芋の下煮（里芋1個　塩少々　だし汁適宜）
大根の下煮（大根70g　米のとぎ汁、だし汁＝各適宜）
椎茸………3枚　白菜………1枚
白滝………70g　結び蒲鉾……適宜
＊鍋地（八方地《だし汁2カップ　味醂、薄口醤油＝各¼カップ》）
＊酢醤油（酢、醤油＝各同割量）
もみじおろし…適宜　あさつき……適宜

■**作り方**
【下ごしらえ】
1 鶏もも肉は、脂を取り除いてひと口大に切り、塩、胡椒をふります。全体に片栗粉をまぶし、中温よりやや高めに熱した揚げ油でカラリと揚げます。
2 里芋は皮をむき、面取りをして半分に切り、水をたっぷり張った鍋に入れて塩を加え、茹でこぼしてぬめりを洗い落としたのち、だし汁で煮含めます。
3 大根は、3～4cm厚さの輪切りにして半月に切り、面取りしながら丸く筒むきにします。米のとぎ汁で茹でこぼしたのち、だし汁で煮含めておきます。
4 椎茸は、石づきを取って笠の汚れを拭き取り、白菜はひと口大のザク切りにします。
5 白滝は水から茹でて笊にとり、水にさらしてもみ洗いしたのち、食べよい長さに切ります。
6 鍋地の八方地を作ります。だし汁を煮立てて味醂を入れ、ひと煮立ちしたら薄口醤油を加えます。
7 酢醤油ともみじおろしを用意し、あさつきを小口切りにします。
【盛りつけと供し方】

土鍋に白菜を敷いて鶏の唐揚げと、下煮をした里芋、大根の汁気をきって盛り合わせ、椎茸、白滝を盛り、結び蒲鉾をあしらいます。鍋地を注いで焜炉にかけ、煮上がったところを酢醤油にもみじおろし、あさつきで食べていただきます。

鶏真蒸《しんじょ》のみたらし鍋

●二三五頁参照

■**材料**〈一人分〉
鶏の真蒸（四人分　鶏もも肉500g　溶き卵½個分　砂糖、醤油＝各小匙1　人参80g　ねぎ40g）………¼量
大根………20g　人参………40g
ねぎ………20g　白菜………2枚
いんげん……20g　塩………適宜
＊鍋地（だし汁2カップ　味醂、薄口醤油＝各⅕カップ弱）
粉山椒……適宜

■作り方
【下ごしらえ】
1 鶏もも肉は、皮と脂を取り除いて出刃庖丁でよくたたきます。このたたき身を400gすり鉢に入れ、溶き卵、砂糖、醤油を加えてよくすり混ぜ、人参とねぎをみじん切りにして加え、手でよく混ぜ合わせて鶏の真蒸を作り、一個30gの丸《がん》にとって熱湯に落として茹でるか、蒸籠に並べて蒸します。冷めたら鉄砲串に二個ずつ刺してみたらしにします。
2 大根、人参は皮をむき、5mm角で6～7cm長さのスティック状に切ります。
3 ねぎは斜め切りにし、白菜はザク切りにします。
4 いんげんは筋を取り、八分どおり火が通るまで塩茹でにし、斜め半分に切ります。
5 鍋地用のだし汁を煮立てて味醂を入れ、ひと煮立ちしたら　薄口醤油を加えます。
【盛りつけと供し方】
錫《すず》の鍋に白菜を敷いて大根、人参、ねぎを盛り、鶏のみたらしを串が上に出る

鶏肉のたたき身の作り方・保存の方法

1　鶏（もも）肉の皮、脂の部分を取り除いたのち、肉の厚いところを切り開いて残った脂を取り、筋に庖丁の刃先を入れて取り除きます。

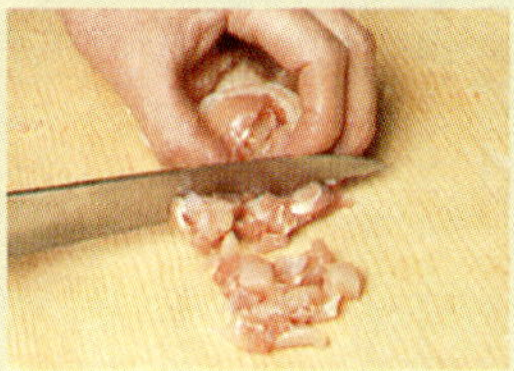

2　まずはじめに、少し粗めに刻んでおきます。

3　続いて、出刃庖丁か専用の叩《たた》き庖丁を使って、縦横に庖丁を落としてはたたき身を寄せ、これを繰り返して、充分にたたきます。

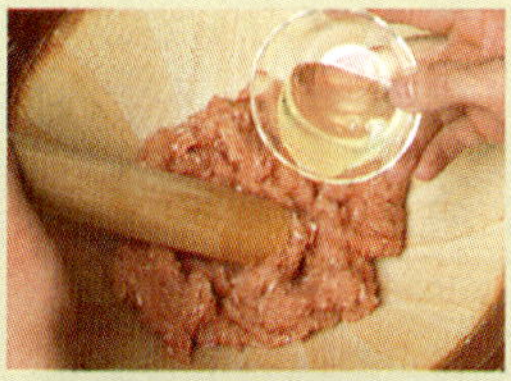

4　庖丁でよくたたいたのちすり鉢に移し、卵白などのつなぎをはじめ、必要に応じて調味料を加え、粘りが出るまですり混ぜます。

5　一度に使う分量に小分けして平らにのし、ラップか専用のビニール袋に入れて密封し、冷凍庫で保存すれば、能率よく注文に応じることができます。

◉鶏真蒸のベースとなるたたき身は、よくすり混ぜたのち料理に応じた形にまとめますが、彩りや味の補いに、刻み人参、ねぎなどを加える場合もあり、この時は、これらを加えた時点でするのをやめ、水でしめらせた手か木ベラでざっくりと混ぜ合わせます。

ように、立てかけるように盛り込み、いんげんを盛り添えます。鍋地を注いで焜炉にかけ、煮えばなを粉山椒で食べていただきます。

■調理覚え書

●鶏の真蒸を作るたたき身は、古くは二本のたたき庖丁を打ち鳴らして、念入りにたたいたものですが、近年は挽き肉器で二度挽きしたり、フードプロセッサーを使っての省力化が一般的なようです。いずれの方法も、下順備で鶏の皮と脂を丁寧に取り除くことが、おいしく作るコツです。また、このたたき身をねばりが出るほど、すり鉢ですって真蒸に仕上げますが、人参やねぎを入れる場合は、これらを加えた時点でするのを止め、手かヘラで混ぜ合わせるようにします。

鶏と帆立の真蒸《しんじょ》鍋

●二三七頁参照

■材料〈一人分〉

鶏、帆立の真蒸（五人分　鶏もも肉400g　帆立貝100g　人参40g　溶き卵½個分　塩小匙½　片栗粉大匙1）…⅕量
春雨…………60g　ねぎ…………30g
白菜………1枚　人参…………適宜
＊鍋地（八方地《だし汁2カップ　味醂、薄口醤油＝各¼カップ》）
＊酢醤油（酢、醤油＝各同割量）
もみじおろし…適宜　あさつき……適宜

■作り方

【下ごしらえ】

1 鶏もも肉は肉の厚みを開いて皮と脂を取り除き、出刃庖丁でよくたたきます。

2 帆立貝は貝柱にひも、肝を混ぜて細かく刻み、出刃庖丁でよくたたきます。

3 すり鉢に二種のたたき身を入れ、人参をみじん切りにして溶き卵、塩、片栗粉とともに加えて粘りがでるまでよくすり混ぜ、俵形にまとめます。

4 春雨は茹でて戻し、水にさらして食べよい長さに切ります。

5 ねぎは斜め切り、白菜はザク切りにし、人参は1cm厚さの輪切りにして梅型で抜き、庖丁で切り込みを入れてねじり梅にし、茹でておきます。

6 鍋地の八方地は、だし汁を煮立てて味醂を入れ、ひと煮立ちしたら薄口醤油を加えます。

7 酢醤油、もみじおろしを用意し、あさつきを小口切りにします。

【盛りつけと供し方】

土鍋に白菜を敷き、真蒸と春雨、ねぎ、人参を形よく盛ります。鍋地を注いで焜炉にかけ、煮えばなを酢醤油にもみじおろし、あさつきでおすすめします。

■調理覚え書

●真蒸は生のまま鍋に入れる形ですが、作りおきして翌日に持ち越す場合は、あらかじめ八方地で煮て火を通しておき、この煮汁も鍋地に加えると美味です。

●冷凍の帆立貝を使う場合は、布巾に庖んでよく水気を取るか、片栗粉を少し多めに加えると水っぽさが軽減されます。

鶏のつくね鍋

●二三八頁参照

■材料〈一人分〉

鶏つくね（四人分　鶏もも肉400g　溶き卵½個分　砂糖、醤油＝各小匙1　人参80g　ねぎ40g）………¼量
しめじ………40g　椎茸………2枚
白菜………1枚　青梗菜《チンゲンツァイ》……80g
サラダ油……適宜　塩………少々
＊鍋地（だし汁2カップ　味醂、薄口醤油＝各⅕カップ弱）

■作り方

【下ごしらえ】

1 鶏もも肉は肉の厚みを開いて皮と脂を取り除き、出刃庖丁でよくたたいたのちすり鉢に入れ、溶き卵、砂糖、醤油を加えてすり混ぜ、人参とねぎをみじん切りにして加え、手でよく混ぜ合わせます。これを十二等分してそれぞれを丸めてつくね、表面を平らに形作ります。

2 フライパンにサラダ油を熱し、強火でつくねの両面に軽く焦げ色をつけたのち蓋をし、弱火にして八分どおり火を通しておきます。

3 しめじは石づきを取って二〜三本ずつにほぐし、椎茸も石づきを取って笠の汚れを拭き、白菜はザク切りにします。

4 青梗菜は株の根元に十字の切り目を入れ、たっぷりの熱湯に塩少々を加えた中に根元の方から入れて茹で、冷水に取って水気を絞り、半分に切ります。

5 鍋地用のだし汁を煮立てて味醂を入れ、ひと煮立ちしたら薄口醤油を加えます。

【盛りつけと供し方】

土鍋に白菜としめじ、椎茸、青梗菜を盛り、つくねを形よく盛り込みます。鍋地を注いで焜炉にかけ、煮上がったところをおすすめします。

■調理覚え書

●鶏のたたき身をすりこぎでする時は、

本しめじ（茸《たけ》）

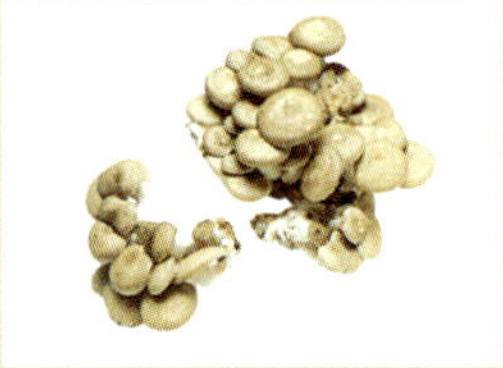

俗に"香り松茸、味しめじ"といわれ、秋に松林や雑木林で採れる本しめじは貴重品。市販の多くは栽培種で平茸《ひらたけ》の類。

青梗菜（チンゲンツァイ）二種

輸入品。アブラ菜科、白菜の仲間で原産地は温暖な華中以南。白梗菜《パクゲンツァイ》、塌菜《タアツァイ》など同類の菜はいずれも茎が肉厚で美味。

日本で最も普及し、都市近郊を主に栽培も盛んな中国野菜。早・中・晩生の三品種のうち、日本産はこの小型早生種が主。

水でぬらして使うとすりやすく、また手で形作る際も、指先をしめらすと手に付かず、作業がしやすくなります。
●つくねも真蒸も、このように肉類や魚介の身をたたいて作りますが、つくねは真蒸《しんじょ》よりもやや粗《あら》めにたたき、捏《つく》ねるように手でまとめて形作るものです。このつくねを油焼きにすることで、焼き味の旨みを鍋に加え、また煮崩れも防げます。
●鍋地は薄八方地のほか、味噌仕立てにしても酷《こく》がでて美味です。

鶉《うずら》のたたき鍋

●二三二頁参照

■**材料**〈二人分〉

鶉……………1羽　焼き豆腐……1/4丁
白滝…………60g　よもぎ麩……1/6本
人参…………適宜　ねぎ…………50g
白菜…………1枚　揚げ油………適宜
＊鍋地（八方地《だし汁2カップ　味醂、薄口醤油＝各1/4カップ》）
＊酢醤油（酢、醤油＝各同割量）
もみじおろし…適宜　あさつき……適宜

■**作り方**

【下ごしらえ】

1 鶉は首つると足先を切り落とし、胸骨に添って両面に庖丁を入れて左右に開きます。胸骨を開いて内臓を取り除き、水洗いして布巾でよく水気を拭きます。

2 開いた方を上にして乾いたまな板にのせ、出刃庖丁で縦、横、斜めに骨ごとよくたたくか、挽き肉器で二度挽きしてバットに移し、ラップをかけて一旦冷蔵しておきます。

3 焼き豆腐は二つに切ります。

4 白滝は水から茹でて笊にとり、水にさらしてもみ洗いしたのち、食べよい長さに切ります。

5 よもぎ麩は二枚に切り、きれいな油で素揚げしたのち熱湯をかけ、油抜きをしておきます。

6 人参は細いものなら斜め二つ切りに、太いものなら食べよい大きさの斜め切りにして、下茹でします。ねぎは斜め切りにし、白菜はザク切りにします。

7 鍋地の八方地は、だし汁を煮立てて味醂を入れ、ひと煮立ちしたら薄口醤油を加えます。

8 酢醤油、もみじおろしを用意し、あさつきを小口切りにします。

【盛りつけと供し方】

土鍋に白菜を敷き、焼き豆腐、人参、白滝、よもぎ麩、ねぎを順に盛り、バットの鶉のたたき身を、へりからひと口大ずつ鍋に盛り込みます。静かに鍋地を注いで焜炉にかけ、煮えるそばから酢醤油に、もみじおろしとあさつきを添えて食べていただきます。

■**調理覚え書**

●鶉は、あらかじめ捌《さば》いてあるものを利用すれば、より手軽にできます。
●鶉の癖《くせ》を気にする向きには、鍋地を味噌仕立てにするか、薬味にたっぷりの大根おろしと、あさつきの小口切りを混ぜたものなどにすると食べよくなります。

魚介類を主とした鍋

魚すき

●七二頁参照

■**材料**〈四人分〉

鯛の頭……1尾分
鯛のおろし身…………200g
紅鮭の上身…150g　車海老……8尾
蟹脚…………8本　烏賊《いか》…………1杯
蛤……………12個　蒸し帆立……4個
豆腐…………1丁　白滝…………100g
しめじ………40g　春菊…………1/2把
ねぎ…………2本　白菜…………4枚
いんげん……8本　人参…………適宜
銀杏…………12粒　塩…………適宜
＊鍋地（昆布だし適宜）
＊酢醤油（酢、醤油＝各同割量）
もみじおろし…適宜　あさつき……適宜

■**作り方**

【下ごしらえ】

1 鯛の頭は縦半分に梨割りにしたのち、三〜四つのブツ切りにします。おろし身はほどよい大きさに切ります。

2 紅鮭はブツ切りにします。

3 車海老は、背に縦の切り目を入れて背わたを抜き、蟹脚は側面の薄い方の殻をそいでおきます。

4 烏賊は開いて皮をむき、裏側に細かく縦横の庖丁目を入れ、ひと口大に切ります。

5 蛤は、海水よりやや薄めの塩水につけて砂をはかせたのち、殻をよく洗います。蒸し帆立は、片面に十字の隠《かく》し庖丁を入れておきます。

6 豆腐は八つ切りにし、白滝は水から茹でて笊にとり、もみ洗いして食べよい長さに切ります。

鯛の三枚おろしの手順

真鯛

〝百魚の王〟鯛の中でも味・姿ともに最高級の真鯛。調理法も多彩なら、捨てるところのない魚の代表でもあり、上身《じょうみ》はもちろん頭、鎌《かま》、皮も美味。

1　まず、あらかじめ両面の鱗《うろこ》を鱗引きで丁寧に引き、腹に切り目を入れてわたを除いたのち、頭を左にして置き、胸びれの下に庖丁を深く入れます。

2　背側を手前に裏返し、庖丁をやや右に傾けぎみにして表側と同様に胸びれの下にあて、中骨に達するまで深く切り込みを入れます。

3　えら口に添って手前に庖丁を引くように動かし、背山まで切り目を入れていきます。

4　庖丁を切り目の中央に立てるようにあて、刃元の嶺《みね》に左手の腹を打ちつけるようにあてて鎌付きの頭を断ち落とし、ささらで血合いを洗い流します。

5　身は腹側を手前にやや斜めに置き、腹の切れ目を尾まで伸ばすように庖丁を入れ、腹から背に向かい、中骨に添って表の身をはずします。

6　続いて裏の身も、背びれに添って切り目を入れたのち、今度は背から腹に向けて中骨に添って身をはずし、片身二枚と中骨の〝三枚におろします〟。

◉鯛に限らず、魚をおろす際に注意しなければならないことは、まず第一に手荒に扱わないこと。そして、わたやえらを取り除いて血合いを洗い流すほかは、おろす途中で水洗いしないことです。固く絞ったぬれ布巾を常備して、血をぬぐい取り、庖丁を拭くにとどめてください。

鯛の頭のおろし方

1　まず鎌の部分をはずします。頭を立てるように置き、えら口に添って切り離し、背側の固い部分は庖丁の嶺をたたくようにし、片側も同様にします。

2　鎌を二切れと頭に切り分けたのち、頭は切り口を下に、胸びれを左右にして立てます。口から庖丁を突き立てるように刺し入れます。

3　左手でしっかりとあご側を押さえ、庖丁を鼻先から直角に倒すように右下に切り込みます。

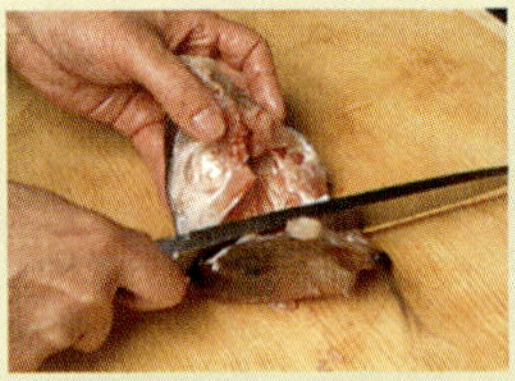

4　開くように置き、中央に庖丁を落として真二つにします。この状態が通常いうところの〝梨割り〟です。

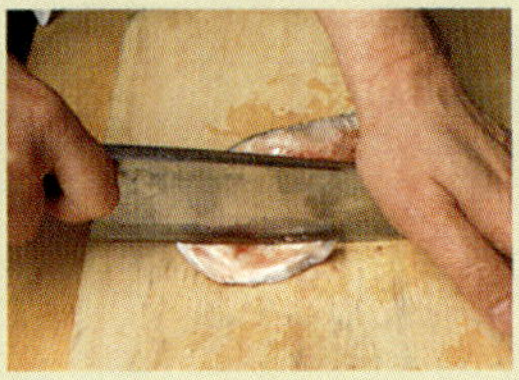

5　料理によって、さらに小さくする必要のある場合は、まず、えら蓋《ぶた》の部分を内側から庖丁で切り落とします。

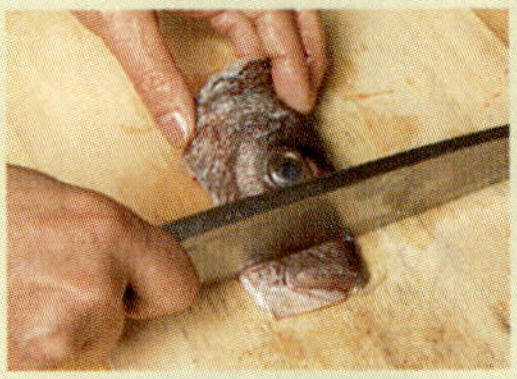

6　さらに、口先から三等分ほどを目安に切り分けます。口と目の間に庖丁を入れて、まず切り離します。

7　続いて残りを二等分します。目をよけて庖丁を入れ、手の腹で庖丁の嶺を打つようにあてて、切り分けます。

◉鯛の頭、鎌は上身に劣らず利用価値の高い料理素材です。両部位とも塩焼き、木の芽焼き、幽庵《ゆうあん》焼きなど焼きものに、特に頭は兜《かぶと》焼きと銘打たれて膳を彩ります。また骨《こつ》蒸しなどの蒸しものに、蕪と煮合わせて鯛蕪《たいかぶら》に、少し小さく切り分ければ潮汁《うしお》などの吸いものをはじめ、アラ煮にすれば、通《つう》好みの酒の肴としても喜ばれるなど、多彩な味わいと趣をもっています。

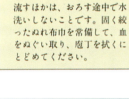

7 しめじは石づきを取って小さくほぐしておき、春菊は、葉先の柔らかい部分だけをつみ取ります。
8 ねぎは3～4cm長さのブツ切りにし、白菜はザク切りにします。
9 いんげんは筋を取り、人参は1cm厚さの輪切りにして梅型で抜き、庖丁で切り込みを入れてねじり梅にし、茹でます。
10 銀杏は鬼殻を割り取り、茹でながら穴杓子の底で転がして薄皮をむき、水にとります。
11 鍋地の昆布だし、酢醤油ともみじおろしを用意し、あさつきを小口切りにします。

【盛りつけと供し方】

大皿に魚介類を華やかに盛り、ザク類を彩りよく配します。土鍋に鍋地を張って焜炉にかけ、煮立ったら鯛の頭、蟹、蛤と、旨みの出るものから順に入れてゆき、煮えばなを酢醤油と薬味のもみじおろし、あさつきで賞味していただきます。

■調理覚え書

●この系統の鍋は磯場料理といって、漁師が小魚などで作って仲間うちで食べたもので、古くは〝どぶ鍋〟と呼んでいました。手近な魚介を次々にどぶりと入れ込んだところからの名で、昔は醤油が貴重であったため、味噌仕立てが常でした。
●鯛や鮭のほか、魴鮄《ほうぼう》、かわはぎ、鰤《ぶり》の脂身などを使っても、また美味です。
●魚介をあらかじめ鍋地につけ込んだのち、盛り皿に盛って客前に出す手法の魚すきもあります。

小鍋立て魚すき

●四〇頁参照

■材料〈一人分〉

鯛のおろし身……………………50g
車海老……………2尾　烏賊《いか》……………1/6杯
しめじ………30g　京人参…………30g
貝割れ菜……1/4把　ねぎ……………1/2本
白菜…………1/2枚　銀杏……………3粒
＊鍋地（酒八方《だし汁2カップ　酒1/5カップ　味醂、薄口醤油＝各1/5カップ弱》）
＊酢醤油（酢、醤油＝各同割量）
もみじおろし…適宜　あさつき……適宜

■作り方

【下ごしらえ】

1 鯛は、おろし身を50g大の薄切りにしたものを用意します。
2 車海老は背に縦の切り目を入れて背わたを抜き、烏賊は開いて皮をむき、裏側に細かく鹿《か》の子庖丁を入れ、ひと口大に切ります。
3 しめじは石づきを取ってほぐします。
4 京人参は拍子木に切り、下茹でします。
5 貝割れ菜は根元を切り落としておき、ねぎは斜め薄切りにします。
6 白菜は茎の白い部分は縦に細長く切り、残りはザクに切ります。
7 銀杏は鬼殻を割り取り、茹でながら穴杓子の底で転がして薄皮をむき、水にとります。
8 鍋地用のだし汁を煮立てて酒、味醂を入れ、ひと煮立ちしたら薄口醤油を加えます。
9 酢醤油、もみじおろしを用意し、あさつきを小口切りにします。

【盛りつけと供し方】

土鍋に、魚介が主体になるように材料を形よく盛り合わせ、鍋地を控えめに張って焜炉にかけます。酢醤油に薬味を添えて煮えばなをおすすめします。

■調理覚え書

●烏賊は火が通った時くるりと丸まり、また食べよいように、片側に飾り庖丁を入れます。飾り庖丁には〝鹿の子庖丁〟〝松笠庖丁〟〝杉皮庖丁〟などがあります。

鹿の子庖丁は、庖丁の刃先をいかの表面に対して真直におろし、全体に細かい斜め格子の切り目を入れるものです。

松笠庖丁は、庖丁の刃先を寝かせてそぐ時のような角度で、斜め格子の切り目を入れます。

杉皮庖丁は、刃先は真直におろして縦に幾筋もの切り目を入れるものです。

こうした手法は、烏賊のほか鮑、赤貝などのかみ切りにくい素材に応用され、焼き上がり、煮上がるにつれて身がはぜ、それぞれの庖丁目が模様となって、くっきりと浮き立つ様《さま》も、よいものです。

鯛の明石《あかし》鍋

●六二頁参照

■材料〈一人分〉

鯛の鎌《かま》……………適宜　鶏手羽肉……40g
白滝…………50g　大根……………50g
ねぎ…………50g　春菊……………30g
白菜…………1枚　塩…………………適宜
米のとぎ汁…適宜

烏賊（いか）の薄皮のむき方

1　氷水を用意します。鍋に湯をわかして80℃程度の一定温度に保ち、烏賊の肉厚の部分から入れます。

2　手早く全体を湯にくぐらせます。

3　表面の色が変わりかけたら氷水にとり、素早く冷やして取り出し、水気をきります。

4　布巾で水気をよく拭いたのち、手で薄皮をするりとむきます。最も簡単に薄皮をむく方法です。

＊鍋地（昆布だし2カップ　酒、塩＝各少々）
＊酢醤油（酢、醤油＝各同割量）
もみじおろし…適宜　あさつき……適宜

■作り方

【下ごしらえ】

1 梨割りにした鯛の頭から、鎌の部分だけを切り離して用意します。鎌に薄塩をふってしばらくおき、熱湯を回しかけて水にとり、残り鱗《うろこ》を丁寧に取り除いて水気を拭き取っておきます。

2 鶏手羽肉は皮と脂を取り除き、ひと口大に切ります。

3 白滝は水から茹でて笊にとり、もみ洗いして食べよい長さに切ります。

4 大根は3㎝厚さの半月に切り、面取りしながら丸く筒むきにしたのち、米のとぎ汁で柔らかくなるまで茹で、水にとっておきます。

5 ねぎは4〜5㎝長さに切り、春菊は葉先の柔らかい部分だけをつみ取ります。

6 白菜はザク切りにします。

7 鍋地用の昆布だしをひと煮立ちさせ、酒と塩を加えて味を調えます。

8 酢醤油、もみじおろしを用意し、あさつきを小口切りにします。

【盛りつけと供し方】

土鍋にザク類、鶏手羽肉を形よく盛り、鯛の鎌、筒むき大根を盛り合わせます。鍋地を注いで焜炉にかけ、煮上がったところで酢醤油と薬味でおすすめします。

■調理覚え書

●鯛の鎌は脂がのって大変おいしく、よいだしも出ます。一人前用の小鍋立ての場合は、小振りか中くらいの鯛の鎌を使って、短時間でもだしが出やすいようにほどよく切り分けて盛り込むとよいでしょう。

●この鍋は、鮭、鰤《ぶり》、勘八《かんぱち》などの鎌でも応用できます。こうした酒の肴になる鍋は、甘みを控えた鍋地で仕立てます。

鯛と鯛の子の鍋

●一四六頁参照

■材料〈一人分〉

鯛のおろし身……………80g
鯛の真子《まこ》……適宜　紅白蒲鉾……適宜
椎茸………2枚　ねぎ………適宜
人参………適宜　銀杏………3粒
＊鍋地（八方地《だし汁2カップ　味醂、薄口醤油＝各$\frac{1}{4}$カップ》）
＊酢醤油（酢、醤油＝各同割量）
もみじおろし…適宜　あさつき……適宜

■作り方

【下ごしらえ】

1 鯛はひと口大のブツ切りにします。

2 鯛の真子は筋の血抜きをしてブツ切りにし、裏返してたっぷりの熱湯で茹で、冷水にとります。

3 紅白蒲鉾は縦長に切り、7〜8㎜幅、3〜4㎜厚さにしてひと結びし、結び蒲鉾を作ります。

4 椎茸は石づきを取って笠の汚れを拭き取り、ねぎは斜め薄切りにします。

5 人参は1㎝厚さの輪切りにし、もみじ型で抜いて下茹でしておきます。

6 銀杏は鬼殻を割り取り、茹でながら穴杓子の底で転がして薄皮をむき、水にとります。

7 鍋地の八方地は、だし汁をひと煮立ちさせ、味醂、薄口醤油を加えます。

8 酢醤油、もみじおろしを用意し、あさつきを小口切りにします。

【盛りつけと供し方】

土鍋に鯛とその真子を盛り、そのほかの材料を彩りよく盛り添えます。鍋地を注いで焜炉にかけ、煮えばなを酢醤油にもみじおろしとあさつきを添えて、賞味していただきます。

■調理覚え書

●鯛の鱗《うろこ》は非常に硬いので、少しでも残っていると口あたりが損なわれます。おろす際は丁寧に取り除くことが大切です。また、鯛は皮目の美しい魚です。皮は引かず、むしろ目立つように盛りつけます。ただし、大鯛で皮の硬い場合は皮に鹿《か》の子庖丁を入れるか、皮を引いて使うようにします。

鯛と蛤の鍋

●一〇七頁参照

■材料〈一人分〉

鯛のおろし身……………70g
蛤の蒸し煮（蛤3個　昆布だし2カップ　酒適宜）
三色大納言真蒸《しんじょ》（前肴の作り方四〇一頁参照）……………適宜
糸こんにゃく……50g　しめじ………30g
わけぎ………50g　白菜………1枚
人参………適宜　銀杏………2粒
＊鍋地（蛤の酒蒸し汁2カップ）

大根の筒むきの仕方・下茹での方法

1　大根を3㎝厚さの輪切りにしたのち、半分に、すなわち半月に切ります。

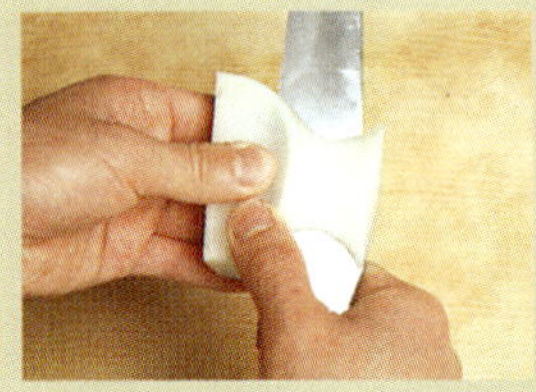

2　半月の弧の面から庖丁を入れ、角を落とす面取りをしながら、丸く筒状にむき整えます。

3　筒の両端を、形なりにさらにひとむきずつして、上に置いた仕上げ例のような枕形に整えます。

4　下茹ではたっぷりの水を張った鍋で、米粒を加えて茹でるか、米のとぎ汁で茹で、水にさらします。

＊ポン酢醤油（橙の絞り汁、醤油＝各同割量）
かぼす……適宜
もみじおろし…適宜

■作り方

【下ごしらえ】

1 鯛はひと口大のブツ切りにし、皮目を上にして平笊に並べ、布巾をかけて熱湯を回しかけ、皮霜にします。
2 蛤は砂をはかせたものを用意し、鍋に入れて昆布だし、酒を加えます。蓋をして火にかけ、蒸し煮にして口が開いたら火を止めて取り出したのち、蒸し汁は布巾で漉して鍋地用にとっておきます。
3 三色大納言真蒸は2cm厚さほどに切り分けておきます。
4 糸こんにゃくは水から茹でて笊にとり、もみ洗いして食べよい長さに切ります。
5 しめじは石づきを取ってほぐし、わけぎは5～6cm長さに切ります。
6 白菜はザク切りにし、人参は1cm厚さの輪切りにして梅型で抜き、庖丁で切り込みを入れてねじり梅を作り、下茹でしておきます。
7 銀杏は鬼殻を割り取り、茹でながら穴杓子の底で転がして薄皮をむき、水にとります。
8 醤油に橙汁を合わせてポン酢醤油を作り、もみじおろしを用意します。かぼすを半分に切ります。

【盛りつけと供し方】

土鍋に白菜を敷いて鯛、蛤、三色大納言真蒸を盛り、野菜類を彩りよく盛り合わせます。鍋地の蛤の蒸し汁を注いで焜炉にかけ、ひと煮立ちしたらポン酢醤油にかぼすを絞り、もみじおろしを添えて賞味していただきます。

■調理覚え書

●蛤を酒蒸しにする時は、貝の口が少し開き始めたところで取り出すのがコツです。蒸し過ぎると身が縮んで固くなってしまいます。
●三色大納言真蒸は、主に口取りや酒の肴として出される蒸しものですが、このように鍋の具にも活用できます。口あたりも優しく、彩りの地味な鍋には華やかさも添えてくれます。

小鯛と魚《うお》素《ぞう》麺《めん》の鍋

●六二頁参照

■材料〈一人分〉

小鯛……½～1尾　魚素麺………100g
焼き豆腐……½丁　宝袋…………2個
わけぎ……30g　卵…………½個
＊鍋地（薄八方（だし汁2カップ　味醂、薄口醤油＝各⅕カップ））
＊酢醤油（酢、醤油＝各同割量）
もみじおろし…適宜　あさつき……適宜

（ただし春菊は予備材料）

■作り方

【下ごしらえ】

1 小鯛は三枚におろします。頭と尾の部分はそのまま、身はブツ切りにします。
2 魚素麺、宝袋は市販品を利用します。魚素麺は笊に入れ、熱湯に通してほぐしておきます。
3 焼き豆腐は二～三つに切ります。
4 わけぎは7～8cm長さに切ります。
5 卵は茹でて殻をむき、菊花形の飾り切りにします。
6 鍋地のだし汁を煮立てて味醂を入れ、ひと煮立ちしたら薄口醤油を加えます。
7 酢醤油、もみじおろしを用意し、あさつきを小口切りにします。

【盛りつけと供し方】

土鍋に小鯛を形よく盛り、魚素麺、宝袋、焼き豆腐、わけぎを盛り合わせ、茹で卵を中央にのせます。鍋地を注いで焜炉にかけ、酢醤油にもみじおろし、あさつきでおすすめします。

■調理覚え書

●魚素麺は、白身魚のすり身と山の芋、卵白少々を丁寧にすり混ぜ、素麺の押し出し器で湯の中に突き出して作ります。主に椀種に使われますが、鍋の具として使ってみるのも面白みがあります。市販品には挽き茶、卵黄、雲丹などを加えて彩りと味に変化をつけたものもあり、手軽に使えますが、自家製にできればなおよく、店の味の見せ場ともなります。
●宝袋はおでん種として市販されています。油揚げの中に細切りの野菜、白滝、豚肉、茹で銀杏などを詰めて、口をかんぴょうで結んだものです。これも自家製にすれば、中身もいろいろ変化がつけられます。

鯛の真子《まこ》(腹子)の下処理

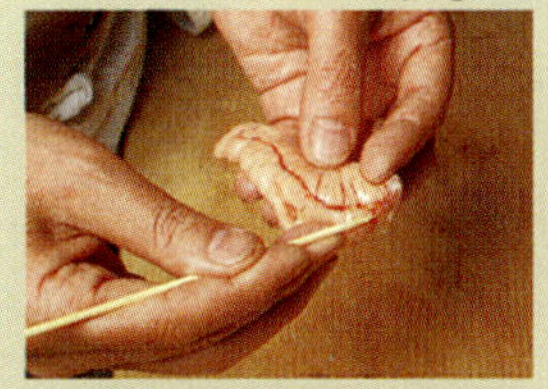
血抜きは、筋側を上にしてそっと伸ばすように持ち、竹串の先で筋に傷をつけて、血を丁寧に押し出します。

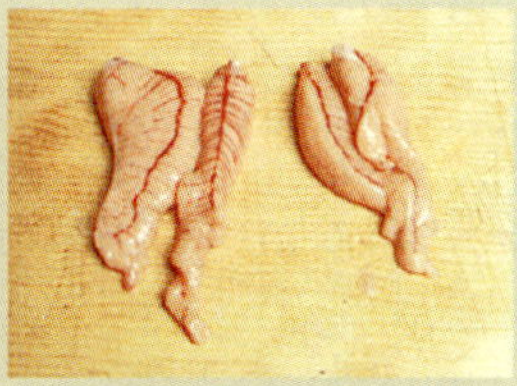
鯛の真子
真子は使用する料理のいかんによらず、必ず筋の血抜きをします。右が血抜き済みの例。

鱸《すずき》の潮《うしお》鍋

●一五四頁参照

■材料〈一人分〉
鱸の頭、鎌《かま》…130g　若布……30g
豆腐……¼丁　白滝……50g
大根……20g　小松菜……20g
白菜……½枚　ねぎ……適宜
人参……適宜　菊花……2輪
銀杏……3粒　塩……適宜
酢……少々
＊鍋地（水2カップ　だし昆布10～15cm
　塩小匙⅔　酒大匙2）
＊酢醤油（酢、醤油＝各同割量）
もみじおろし…適宜　あさつき……適宜

■作り方
【下ごしらえ】
1 鱸の頭と鎌は、食べよい大きさのブツ切りにして笊に並べ、塩をふって15分ほどおいたのち、さっと水洗いします。
2 若布は水で戻して笊にとり、熱湯を回しかけて冷水にとり、色出ししたのち筋を除いてほどよい長さに切ります。
3 豆腐は二つに切り、白滝は水から茹でて笊にとり、もみ洗いして食べよい長さに切ります。
4 大根は短冊に切って下茹でし、小松菜は根元を切り落としておきます。
5 白菜はザク切りにし、ねぎは3～4cm長さに切ります。
6 人参は1cm厚さの輪切りにし、もみじ型で抜いて下茹でしておきます。
7 菊花は、酢をおとした熱湯でさっと茹で、水でさらして水気を絞ります。
8 銀杏は鬼殻を割り取り、茹でながら穴杓子の底で転がして薄皮をむき、水にとります。
9 酢醤油、もみじおろしを用意し、あさつきを小口切りにします。
10 鍋地用の水と調味料を合わせて調理用の鍋に入れ、鱸の頭と鎌を入れて火にかけます。ひと煮立ちしたらだし昆布を取り出しておきます。

【盛りつけと供し方】
土鍋に先に取り出しただし昆布を敷き、若布、豆腐、白滝、そのほかの野菜類を盛り、あらかじめひと煮立ちさせた鱸を形よく盛り合わせ、煮汁を注いだのち、もみじ人参、銀杏、菊花を彩りよく配します。焜炉にかけて煮えばなを酢醤油、もみじおろしとあさつきで、賞味していただきます。

■調理覚え書
●この鍋は基本的な潮汁仕立てです。煮汁には魚のよいだしが出ていますので、仕上げには、この汁で雑炊を作って愉《たの》しんでいただくとよい鍋です。

鱸(すずき)の頭のおろし方

1　残り鱗を完全に除いたのち、腹《うろこ》寄りから庖丁を入れて真二つに開き、二切れとも口先を落とします。

2　えら蓋《ぶた》をそれぞれ切り落とし、目を傷つけないよう料理に応じて三～四切れのブツ切りにします。

鮟《あん》鱇《こう》鍋

●一二三頁参照

■材料〈一人分〉
鮟鱇の七つ道具（柳肉＝正肉、袋＝胃、ぬの＝卵巣、とも＝肝、皮、えら、ひれ）……120g
豆腐……¼丁　こんにゃく…¼枚
小蕪《かぶ》……1個　ねぎ……1本
春菊……10g　白菜……1枚
人参……適宜　塩……適宜
米のとぎ汁…適宜
＊鍋地（だし汁3カップ　味噌大匙4
　《酒または味醂＝予備》）
粉山椒……適宜

■作り方
【下ごしらえ】
1 鮟鱇は、おろしてあるものを用意します。七つ道具のうち、ともは塩をあててしばらくおき、茹でてひと口大の小口切りにし、あとの部位は食べよい大きさに切っておきます。
2 豆腐は二つに切り、こんにゃくはすりこぎで両面をよくたたいたのち、茹でて薄切りにします。
3 蕪は丸く皮をむき、米のとぎ汁で竹串がスッと通るまで茹でておきます。
4 ねぎは斜め切りにし、春菊は葉先の柔らかい部分だけをつみ取っておき、白菜はザク切りにします。
5 人参は5～6cm厚さの輪切りにし、もみじ型で抜いて茹でておきます。

小松菜二種

長大型の〝晩生種〟小松菜
早・中・晩生種など多種あり、冬菜、雪菜、鶯《うぐいす》菜などの季節に因んだ美しい呼び名もある。

〝東京〟小松菜
江戸の昔から東京・小松川で栽培されたアブラ菜科の葉菜。現在も近隣県で全国量の八割。

⑥鍋地のだし汁をひと煮立ちさせ、味噌を漉し入れます。味をみて酒か味醂を少々加えて調えます。

【盛りつけと供し方】

土鍋の正面奥のあたりに野菜類、豆腐、こんにゃくを盛り、手前に鮟鱇を盛り込みます。鍋地を注いで焜炉にかけ、煮上がったら粉山椒を添えておすすめします。

■調理覚え書

●鮟鱇は七つ道具すべてを鍋にして味わうことができます。ここではともの部分だけを下茹でしましたが、食べ慣れない向きには、他の部位も一度熱湯にくぐらせてから鍋に盛り込むと、特有の泥臭さが消えて、食べやすくなります。ただし、通にはその心配は無用です。

●一般的には鮟鱇鍋は、だし汁に醤油、砂糖、味醂を加えた甘辛い割り下で煮ることの多いものですが、ここでは江戸のどぶ汁風に味噌味《あじ》で仕立てています。お酒のはかどる仕立てでもあり、伴の春菊の香りも鮟鱇には欠かせません。

味噌仕立て鮟鱇《あんこう》鍋

●七〇頁参照

■材料〈四人分〉

鮟鱇のおろしたもの……………1kg
だし巻き卵（卵5個　だし汁1/2カップ　塩、味醂＝各少々）………8切れ
焼き豆腐……1/2丁　椎茸…………8枚
春菊…………1/2把　白菜…………4枚
ねぎ…………2本　塩……………適宜
サラダ油……適宜
むきもの＝菊花大根・人参（大根15cm　人参15cm　京人参適宜）………4輪
＊鍋地（だし汁6カップ　味醂1/2カップ　薄口醤油3/4カップ　味噌適宜）
粉山椒……適宜

■作り方

【下ごしらえ】

①鮟鱇はおろしたものを用意し、七つ道具のすべてを使います。ともは塩をあててしばらくおき、茹でてひと口大に切り、あとの部位は食べよい大きさに切っておきます。

②だし巻き卵を作ります。卵をボールに割りほぐし、だし汁と味醂、塩を加えてよく混ぜたのち漉しておきます。卵焼き鍋を熱してサラダ油を引き、卵汁の1/4量を流し入れて半熟状になったら手前に三つに折り、鍋の向う側に寄せて手前にサラダ油を引き、卵汁の残りの1/3量を流し入れ、手前から向う側の片寄せてある下にも箸を差し入れて流し込みます。半熟状になったら手前に二つ折りにして再び向う側に寄せ、同様に1/3量ずつを流し入れる手順を繰り返して焼き上げ、まな板に取って庖丁で形を整え、切り分けておきます。

③焼き豆腐は四つに切り、椎茸は石づきをとって笠の汚れを拭き取ります。

④春菊は葉先の柔らかい部分だけをつみ取っておき、白菜はザク切りに、ねぎは3～4cm長さに切ります。

⑤菊花大根と菊花人参を作ります。大根と人参は15cm長さに揃えておき、それぞれをかつらむきにして塩水につけ、しんなりしたら静かに縦二つに折りたたみ、袋側から7mm幅、断ち側1/3ほど残して切り目を入れてゆきます。

⑥京人参を花の芯用に、直径2cmほどの筒状にむき、これを四本作って下茹でしておきます。これを芯に切り込みを入れた大根を端から巻いてゆき、巻き終わりを楊枝で止めます。同様に人参も巻き、大根と人参の菊花二輪ずつを作って水に放し、花びらが開くまでしばらくおきます。

⑦鍋地のだし汁をひと煮立ちさせ、味醂、薄口醤油を加え、味噌を漉し入れて味を整えます。

【盛りつけと供し方】

平笊の向う半分を目安にザク類、だし巻き卵、むきものの菊花二種を形よく盛り合わせ、手前に鮟鱇を盛り込んだのち受け皿にのせて客前にお出しします。真鍮《しんちゅう》製の鍋に鍋地を張って焜炉にのせ、ひと煮立ちしたところで、鮟鱇を主にほどよくザク類を配しながら煮てゆき、順次煮えばなを粉山椒とともにおすすめします。

■調理覚え書

●前掲の小鍋立て〈一人前用〉鮟鱇鍋を四人前用の大鍋にアレンジしたものです。材料を大皿に別盛りしてお出しする形で、中身もむきものの紅白の菊花を加えるなど、ぐんと派手やかな仕立てです。真冬の、旬の時季にたっぷりと味わっていただく"鮟鱇鍋の一夜"にはうってつけの肩の凝らない鍋ものです。

魴鮄《ほうぼう》鍋

●九〇頁参照

■材料〈二人分〉

魴鮄…………1尾　豆腐…………1/3丁
飛竜頭《ひりょうず》……2個　白滝…………1/2把
紅・白小袖蒲鉾…………各2切れ
桜麩…………4切れ　椎茸…………2枚
春菊…………1/3把　白菜…………2枚
＊鍋地（だし汁4カップ　味醂1/3カップ　薄口醤油1/2カップ弱）
＊酢醤油（酢、醤油＝各同割量）
もみじおろし…適宜　あさつき……適宜

■作り方

【下ごしらえ】

①魴鮄は、庖丁の嶺《みね》でぬめりとともに鱗《うろこ》をこそげ取り、えらとわたを取って三枚におろしたのち、おろし身を食べよい大きさにブツ切りにします。

②豆腐は二つに切り、飛竜頭は笊に並べて熱湯を回しかけ、油抜きします。

③白滝は水から茹でて笊にとり、もみ洗いして食べよい長さに切ります。

④小袖蒲鉾は紅、白とも7～8mm厚さに各二切れずつ切り、桜麩は5mm厚さに切っておきます。

⑤椎茸は石づきを取り、笠の汚れを拭き取って十字の飾り庖丁を入れます。

⑥春菊は葉先の柔らかい部分をつみ取っておき、白菜はザク切りにします。

⑦鍋地のだし汁をひと煮立ちさせ、味醂、薄口醤油を加えます。

⑧酢醤油、もみじおろしを用意し、あさつきを小口切りにします。

【盛りつけと供し方】

土鍋に魴鮄を主にザク類を全体の$\frac{1}{3}$量ほど盛り込み、鍋地を注いで客前の焜炉にかけます。残り$\frac{2}{3}$量の材料は盛り皿に彩りよく盛り込んでお出しします。煮上がったら、酢醤油に薬味のもみじおろしとあさつきで食べていただきます。食べ進むにつれて順次具を足し、煮えばなを味わっていただきます。

■調理覚え書

●献立の中に組み込む鍋は、他の料理との間の取り方がポイントとなります。料理を一度に客前に並べる形式では、先付け、刺身あたりの前段を食べ終わる頃に鍋が煮え立つように、別皿で持ち出す材料との量のバランスを配慮します。一品ずつ順に出す形式では、客前であまり間をあけずに蓋が取れるように、七～八分どおり煮て持ち出します。

●ここでは鍋は二人分の仕立てにし、他の料理は銘々の盛りつけです。比較的気取らない席で、少人数の場合などには鍋を一緒に愉《たの》しめる親しみのある作りであり、また、ある程度の量を煮ることで旨みの出る素材の鍋を、献立に加える場合にも向く仕立てです。

小鍋立て魴《ほう》鮄《ぼう》鍋

●一四五頁参照

■材料〈二人分〉

魴鮄……$\frac{1}{2}$尾　魴鮄の腹子…適宜
巻き湯葉……2個　もみじ麩…2切れ
豆腐……$\frac{1}{8}$丁　椎茸……2枚
葉ねぎ……適宜　銀杏……2粒
酒……少々
＊鍋地（薄八方〔だし汁2カップ　味醂、薄口醤油＝各$\frac{1}{5}$カップ〕）
＊酢醤油（酢、醤油＝各同割量）
もみじおろし…適宜　あさつき……適宜

■作り方

【下ごしらえ】

1 魴鮄は庖丁の嶺《みね》でぬめりとともに鱗《うろこ》をこそげ取り、胸びれの下から庖丁を斜めに入れて頭を落とします。切り口からわたを抜き取って水洗いしたのち、3～4cm幅で骨ごと筒切りにし、酒をふりかけておきます。

2 腹子は血の筋に竹串を刺して血抜きをし、ひと口大に切っておきます。

3 巻き湯葉はぬるま湯で戻して、水気を絞ります。もみじ麩は小口から3mm厚さに二切れ切っておきます。

4 豆腐は八つ切りの一切れを用意します。

5 椎茸は石づきを取り、笠の汚れを拭き取り、葉ねぎは4～5cm長さに切り揃えます。

6 銀杏は鬼殻を割り取り、茹でながら穴杓子の底で転がして薄皮をむき、水にとります。

7 鍋地のだし汁を煮立てて味醂を入れ、ひと煮立ちしたら薄口醤油を加えます。

8 酢醤油、もみじおろしを用意し、あさつきを小口切りにします。

【盛りつけと供し方】

土鍋の向う側に野菜類ともみじ麩ほかを盛り、手前に魴鮄とその子を盛り込みます。鍋地を注いで焜炉にかけ、煮上がったら酢醤油に薬味のもみじおろし、あさつきで賞味していただきます。

■調理覚え書

●ここでは、筒切りにした魴鮄を生のまま鍋に盛っていますが、生臭さを押えたい場合には、あらかじめ熱湯を回しかけて湯霜にしてから盛り込みます。

鱈《たら》ちり

●四一頁参照

■材料〈一人分〉

鱈のおろし身……180g
豆腐……1丁　春雨……20g
人参……適宜　銀杏……3粒
塩……適宜
＊鍋地（昆布だしをとったあとの昆布15cm　湯2カップ）
＊酢醤油（酢、醤油＝各同割量）
もみじおろし…適宜　あさつき……適宜

■作り方

【下ごしらえ】

1 鱈は生のおろし身を用意し、身を締めて煮崩れを防ぐために全体に軽く塩をあて、しばらくおいて洗います。薄塩の切り身を使う場合は、水につけて塩気を抜きます。いずれの場合も食べよい大きさに切ります。

2 豆腐は六つ切りにします。

3 春雨は中国産の緑豆春雨を用意し、熱湯でさっと茹でて戻し、笊に上げて水にさらし、澱粉を抜いたのち水気をよくきり、5cm長さに切ります。

4 人参は1cm厚さの輪切りにし、梅型で抜いて下茹でしておきます。

5 銀杏は鬼殻を割り取り、茹でながら穴杓子の底で転がして薄皮をむき、水にとります。

6 酢醤油、もみじおろしを用意し、あさつきを小口切りにします。

【盛りつけと供し方】

土鍋に昆布だしをとったあとのだし昆布を敷き、鱈と豆腐、春雨を盛り合わせ、銀杏と梅形人参を彩りよく配します。鍋の縁から静かに湯を注ぎ入れ、焜炉にかけ、鱈に火が通り、豆腐がゆらりと上がってきたら手早く酢醤油にとり、薬味のもみじおろしとあさつきを添えて食べていただきます。

■調理覚え書

●鍋底に敷くだし昆布は、一番だしをとったあとのものを利用します。新しい昆布で煮立てると昆布特有の匂いが強過ぎて、淡泊な鱈の持ち味が損なわれます。昆布を敷かずに、あらかじめとっておいた昆布だしを張ることもできますが、豆腐が鍋底にくっつきやすいこともあって、昆布を敷くこの形が典型となっています。

鱈《たら》鍋

●二一〇頁参照

■材料〈一人分〉
鱈の鎌《かま》、またはおろし身……200 g
鱈の白子……適宜　焼き豆腐……1/6丁
白滝……30 g　白菜……1枚
わけぎ…2〜3本　菜の花……適宜
大根……30 g　人参……30 g
銀杏……3粒　塩……適宜
＊鍋地（八方地《だし汁2カップ　味醂1/4カップ弱　薄口醤油1/4カップ》）
＊レモン醤油（レモンの絞り汁、醤油＝各同割量）
もみじおろし…適宜　あさつき……適宜

■作り方

【下ごしらえ】

1 鱈の鎌は二〜三つくらいにブツ切りにし、水で洗って薄塩をあて、15分ほどおいたのち再び水洗いして、残り鱗《うろこ》とぬめりを取り除きます。

2 鱈の白子は薄い塩水でふり洗いし、ほどよい大きさに切り、たっぷりの熱湯にさっとくぐらせて冷水にとります。

3 焼き豆腐は1/6丁用意し、白滝は水から茹でて笊にとり、もみ洗いして食べよい長さに切ります。

4 白菜はザク切りにし、わけぎは5〜6 cm長さに切ります。菜の花は塩茹でして水にとり、水気をきつく絞ります。

5 大根と人参は、縦薄切りにしたのち、14〜15 cm長さに細長く切り揃え、軽く下茹でしておきます。

6 銀杏は鬼殻を割り取り、茹でながら穴杓子の底で転がしながら薄皮をむき、水にとります。

7 鍋地の八方地は、だし汁を煮立てて味醂を入れ、ひと煮立ちしたら薄口醤油を加えます。

8 醤油にレモンの絞り汁を合わせてレモン醤油を作り、もみじおろしを用意し、あさつきを小口切りにします。このほかレモンの櫛切りを一切れ用意します。

【盛りつけと供し方】

土鍋の向う側に焼き豆腐、白滝、白菜、わけぎを盛り、手前に鱈とその白子を盛り込んで大根と人参の細切りを真直に揃えて中央に渡し、銀杏を散らします。鍋地を注いで焜炉にかけ、煮上がったらレモン醤油に薬味のもみじおろし、あさつきで食べていただきます。

■調理覚え書

●鍋にする鱈は、なるべく生のものを用意し、薄塩をして使います。これは身割れを防ぐためです。塩鱈の場合は、塩抜きをして使いますが、味は生よりも劣ります。

●鱈の白子は湯ぶりをしてから鍋に加えます。活きのよいものであれば、湯ぶりをして冷水にとり、そのまままつけておけば二日ほどは味が落ちません。

鮭のっぺい

●五三頁参照

■材料〈二人分〉
生鮭のおろし身……400 g
すき昆布……65 g　里芋……140 g
大根……200 g　人参……40 g
ごぼう……50 g　しめじ……40 g
青梗菜《チンゲンツァイ》……70 g　塩……適宜
酢……少々　米のとぎ汁…適宜
＊鍋地（だし汁4カップ　酒1/2カップ　醤油大匙2　塩小匙2　片栗粉大匙2）
粉山椒……適宜

■作り方

【下ごしらえ】

1 生鮭は厚めの切り身にし、ひと口大のブツ切りにします。

2 すき昆布は水につけて戻し、食べよい長さに切っておきます。

3 里芋は皮をむいて面取りし、食べよい大きさに切ったのち、たっぷりの水に塩少々加えた鍋に入れ、下茹でします。

4 大根は1 cm厚さの輪切りにし、皮をむいていちょう形に切り、米のとぎ汁で下茹でします。人参は3〜4 cm厚さの輪切りにしたのち、半月に切ります。

5 ごぼうはささがきにし、切るそばから水にさらしてアク抜きをし、酢水でさっと湯がいておきます。

6 しめじは石づきを取って小房にほぐします。青梗菜は根元に十字の切り目を入れ、塩茹でして冷水にとり、水気を絞って4〜5 cm長さに切ります。

7 鍋地のだし汁と他の調味料を合わせて火にかけ、鮭と青梗菜を除くすべての材料を入れて煮ます。材料が柔らかくなったら水溶きの片栗粉を入れ、とろみをつけて火からおろします。

鱈(たら)と二種の"子"

白子《しらこ》
鱈の雄《おす》の腹子が白子。形状から菊子ともいう。鍋をはじめ汁もの、煮ものに珍重される。

鱈子《たらこ》
鱈の雌《めす》の腹子が鱈子。特に助宗鱈の鱈子が美味で、このため真鱈よりも漁は依然盛ん。

真鱈《まだら》（本《ほん》鱈ともいう）
東北北部から北海道周辺の海に分布。腹部が膨らんでいる。助宗《すけそう》(介党《すけとう》)鱈は細身の種類。

【盛りつけと供し方】

土鍋に煮上がった材料を汁ごと盛りつけ、鮭と青梗菜を盛り合わせて焜炉にかけます。鮭に火が通ったら、薬味に粉山椒を添えておすすめします。

■調理覚え書
●鮭は切り身だけでなく、頭や鎌《かま》、アラを使うと一層おいしくなります。切り身は長く煮ると身割れするため、供する直前に鍋に盛りつけますが、アラ類の場合は、あらかじめほかの材料と一緒に煮込んだほうが、よいだしが出ます。
●里芋のぬめりが煮汁を酷《こく》のある味に仕上げます。このため、下茹でしたのちは水洗いせず、そのまま煮込みます。
●こうした汁鍋は、具がたくさん入るほどおいしくなりますから、ここで使っている材料のほか、じゃが薯《いも》やコーン、豆腐、こんにゃくなども鮭にはよく合います。また本来、大鍋で十人分以上を、煮崩さないように煮ておくとよい鍋です。

鮭と鮭《さけ》鎌《かま》の鍋

●一四九頁参照

■材料〈一人分〉
紅鮭のおろし身……………150 g
紅鮭の鎌……適宜　焼き豆腐……1/4丁
白滝……50 g　もみじ麩……適宜
大根の下煮（大根80 g　米のとぎ汁、八方地＝各適宜）
わけぎ……50 g　白菜……1枚
銀杏……2粒　塩……適宜
＊鍋地（八方地《だし汁2カップ　味醂、薄口醤油＝各1/4カップ》）
＊酢醤油（酢、醤油＝各同割量）
もみじおろし…適宜　あさつき……適宜

■作り方
【下ごしらえ】
1 紅鮭は厚めの切り身にして、火通りのよいように二〜三カ所切り目を入れます。鎌は食べよくブツ切りにし、薄塩をあてて15分ほどおいたのち、熱湯を回しかけます。
2 焼き豆腐は二つに切り、白滝は水から茹でて笊にとり、もみ洗いして食べよい長さに切ります。もみじ麩は、小口から3〜4 mm厚さに切っておきます。
3 大根は1 cm厚さの輪切りにして皮をむき、いちょう形に切って米のとぎ汁で下茹でし、さらに八方地で煮含めておきます。
4 わけぎは5〜6 cm長さに切り、白菜はザク切りにします。
5 銀杏は鬼殻を割り取り、茹でながら穴杓子の底で転がして薄皮をむき、水にとります。
6 鍋地の八方地は、だし汁を煮立てて味醂を入れ、ひと煮立ちしたら薄口醤油を加えます。
7 酢醤油、もみじおろしを用意し、あさつきを小口切りにします。

【盛りつけと供し方】

土鍋に白菜を敷いて焼き豆腐、白滝、大根、わけぎを盛り、紅鮭の切り身を皮下に、鎌とともに盛り込んで銀杏、もみじ麩をあしらいます。鍋地を注いで焜炉にかけ、煮上がったら酢醤油にもみじおろしとあさつきで食べていただきます。

■調理覚え書
●この鍋は、鮭の種類は特に選びませんが、色のよい紅鮭（レッドサーモン）や、鱒《ます》の介《すけ》（鱒の大将の意＝キングサーモン）などが味もよく、見映えもします。
●鮭の鍋といえば北海道の石狩鍋が有名です。秋口に産卵期を迎えた鮭が石狩川を遡《さかのぼ》り、これを鍋に仕立てたもので、身と頭、アラをブツ切りにして味噌仕立てにしたもので、湯がいた白子を裏漉して味噌に混ぜる場合もあります。ひと昔前は、鮭はむしろ獲れ過ぎるほどの魚で、そのために安価な大衆魚として親しまれてきましたが、昨今では漁獲量が年々減少し、高級魚の仲間入りをしています。鍋ものにする場合も、盛りつけや供し方にひと工夫して、値段のつけられる仕立てにすることが大切です。
●鮭は関西ではサケ、関東ではシャケ、東北以北では秋味《あきあじ》と呼ばれますが、秋味はアイヌ方言のアキアンジ、あるいはアキアチップが転訛したものといわれています。

里芋（セレベス種）の皮むきと面取り

里芋は多種類。食用部分による親芋種、子芋種、親子兼用種や、早・中・晩生でも分類。セレベスは兼用種で別名赤芽。

1　タワシで洗って泥を落としたのち、まず両端を大きく切り落として太さの均一な中間部を用います。

2　縦に厚く皮をむきながら、断面が形のよい多角形になるように面取りをし、続いて下茹でをします。

きんきのちり鍋

●七〇頁参照

■材料〈一人分〉
きんき(小)…1尾　白滝……15 g
茹で筍……50 g　椎茸……2枚

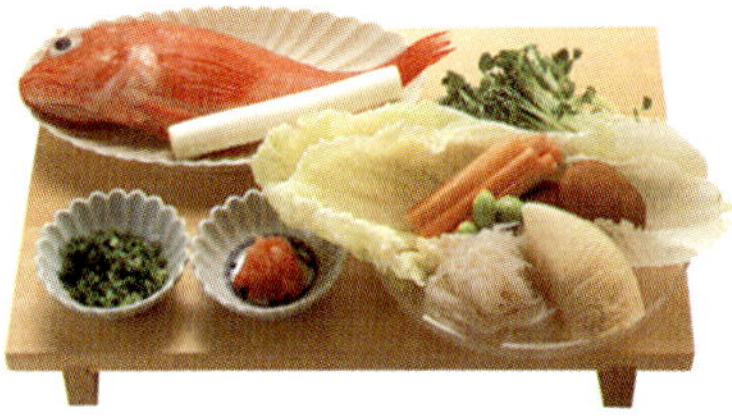

貝割れ菜……½把　ねぎ……20g
白菜……1枚　人参……20g
銀杏……3粒　酒……適宜
＊鍋地（酒八方（だし汁2カップ　酒½カップ　味醂、薄口醤油＝各¼カップ））
＊酢醤油（酢、醤油＝各同割量）
もみじおろし…適宜　あさつき……適宜

■作り方

【下ごしらえ】

1 きんきはわたをつぼ抜きにしてよく洗い、ほどよい大きさの筒切りにし、酒をふってしばらくおきます。

2 白滝は水から茹でて笊にとり、もみ洗いして食べよい長さに切ります。

3 茹で筍は穂先の部分を使い、縦に四～六つに切ります。椎茸は石づきを取って笠の汚れを拭き取ります。

4 貝割れ菜はさっと茹でて水にとり、水気を絞って根元を切り落としておき、ねぎは斜め薄切りに、白菜はザク切りにします。

5 人参は4～5cm長さのスティック状に切り、下茹でします。銀杏は鬼殻を割り取り、茹でながら穴杓子の底で転がしながら薄皮をむき、水にとります。

6 鍋地のだし汁を煮立てて酒、味醂を入れ、ひと煮立ちしたら薄口醤油を加えます。

7 酢醤油、もみじおろしを用意し、あさつきを小口切りにします。

【盛りつけと供し方】

土鍋に白菜を敷き、きんきとそのほかの材料を彩りよく盛り合わせます。鍋地を注いで焜炉にかけ、酢醤油と薬味のもみじおろし、あさつきを添えます。

■調理覚え書

●きんきは身が柔らかく、煮崩れしやすい魚ですから三枚におろさず、骨ごと筒切りにします。骨つきのために一層よいだしが出る利点もあります。

めばるの煮込み鍋

●二〇六頁参照

■材料〈一人分〉

めばる……½尾　大根……60g
舞茸……60g　青梗菜《チンゲンツァイ》……1株
人参……適宜　米のとぎ汁…適宜
塩……少々
＊鍋地（酒八方（だし汁2カップ　酒½カップ　味醂、薄口醤油＝各¼カップ））
＊柑橘《かんきつ》酢醤油（かぼす、醤油＝各適宜）

■作り方

【下ごしらえ】

1 めばるは鱗《うろこ》を引いて頭を落とし、わたをつぼ抜きにしてよく洗い、筒切りにしたのち、½尾分を用意します。

2 大根は1cm厚さの輪切りにし、皮をむいていちょう形に切り、米のとぎ汁で下茹でしておきます。

3 舞茸は笠の裏側をそうじし、小房にほぐしたのち、さっと湯がきます。

4 青梗菜は根元に十字の切り目を入れ、塩を加えたたっぷりの熱湯で茹で、冷水にとって水気をよく絞り、半分に切っておきます。人参は7～8mm厚さの輪切りにし、もみじ型で抜きます。これを二枚作って下茹でします。

5 鍋地のだし汁を煮立てて酒、味醂を入れ、ひと煮立ちしたら薄口醤油を加えます。大根を入れてしばらく煮、めばるを加えてひと煮立ちしたら火を止めておきます。

6 柑橘酢醤油用の醤油を用意し、かぼすを二つに切ります。

【盛りつけと供し方】

銅鍋に、あらかじめ鍋地で煮た大根とめばるを盛り、舞茸、青梗菜、人参を彩りよく盛り合わせます。鍋地を静かに注ぎ入れて焜炉にかけ、煮上がったところで醤油をかぼすの絞り汁で割った柑橘酢醤油で食べていただきます。

鱚《きす》の唐揚げ鍋

●二四五頁参照

■材料〈一人分〉

鱚の下揚げ（鱚2尾　塩、胡椒、片栗粉、サラダ油＝各適宜）
紅・白小袖蒲鉾……各1枚
焼き豆腐……¼丁　大豆もやし…30g
ねぎ……½本　白菜……1枚
人参……適宜
＊鍋地（だし汁2カップ　味醂¼カップ弱　薄口醤油¼カップ）
＊酢醤油（酢、醤油＝各同割量）
もみじおろし…適宜　柚子胡椒……適宜

■作り方

【下ごしらえ】

1 鱚は鱗《うろこ》を引き、胸びれの下に庖丁を差し入れてわたを出し、水洗いしたのち布巾で水気をよく拭き取り、身の両面に数本の庖丁目を入れておきます。

2 紅・白の蒲鉾は、5mm厚さで各ひと切れずつ、焼き豆腐は二つに切ります。

きんきの筒切り

鱗《うろこ》を引いて頭を落とし、切り口からわたを壺《つぼ》抜きにして骨ごと切り分ける筒切りは、身の柔らかい魚に共通の手法。

香酢（かぼす）

鍋の味の仕上げには柑橘類の絞り汁。中でもポン酢でお馴染みの橙《だいだい》、徳島名産の酢橘《すだち》、そして大分名産の香酢は代表。

3 大豆もやしは、一本ずつひげ根と豆を取り除いたのち、さっと湯がきます。

4 ねぎは斜め薄切りにし、白菜はザク切りに、人参はシャトウ形にむいて下茹でします。

5 鱚に塩、胡椒をし、片栗粉をまぶします。サラダ油を中温に熱し、鱚を入れて色よくカラリと揚げます。

6 鍋地のだし汁を煮立てて味醂を入れ、ひと煮立ちしたら薄口醤油を加えます。

7 酢醤油ともみじおろし、柚子胡椒を用意します。

【盛りつけと供し方】

土鍋に白菜を敷き、鍋の向う側に大豆もやし、人参、ねぎ、蒲鉾、焼き豆腐を片寄せるように盛り、揚げたての鱚の唐揚げを手前に盛り込みます。鍋地を注いで焜炉にかけ、薬味のもみじおろしと柚子胡椒を添えて酢醤油でおすすめします。

鱧《はも》寄せ鍋

●八一頁参照

■**材料**〈一人分〉

鱧のおろし身……50g
蛤……1個　鶏もも肉……50g
焼き豆腐……¼丁　白滝……50g
わけぎ……50g　白菜……1枚
人参……適宜
＊鍋地（薄八方《だし汁2カップ　味醂、薄口醤油＝各⅕カップ弱》）
＊酢醤油（酢、醤油＝各同割量）
もみじおろし…適宜　あさつき……適宜

■**作り方**

【下ごしらえ】

1 鱧のおろし身は、細かく骨切りしながら5～6㎝幅に切り、熱湯にくぐらせます。切り口がはぜ、色が白く変わったら手早く氷水にとり、身を締めたのち水気を拭き取ります。

2 蛤は砂をはかせたものを用意し、鶏も肉は皮と脂を取り除いて、食べよい大きさに切ります。

3 焼き豆腐を用意し、白滝は水から茹でて笊にとり、もみ洗いして食べよい長さに切ります。

4 わけぎは6～7㎝長さに切り、白菜はザク切りに、人参は1㎝厚さの輪切りにして梅型で抜き、庖丁で切り込みを入れてねじり梅を作り、下茹でします。

5 鍋地のだし汁を煮立てて味醂を入れ、ひと煮立ちしたら薄口醤油を加えます。

6 酢醤油、もみじおろしを用意し、あさつきを小口切りにします。

【盛りつけと供し方】

土鍋に白菜を敷いて鱧と蛤、鶏もも肉、そのほかのザク類、焼き豆腐を形よく盛り合わせ、ねじり梅をあしらいます。鍋地を注いで焜炉にかけ、蛤の口が開いたら酢醤油にもみじおろし、あさつきで食べていただきます。

■**調理覚え書**

●鱧は小骨が入り組んでいるため骨抜きでは抜けず、骨切りが必要です。骨切りには両刃で重みのある専用の〝骨切り庖丁（略して鱧切り、鱧庖丁）〟を使います。

●骨切りのコツは、まず鱧の身が滑らぬように乾いた厚手のまな板を用意することです。この上に、鱧のおろし身の皮目を下に、頭側を右にして真横に、まな板の手前のへりぎりぎりに置くと、庖丁が使いやすくなります。そして、約1.5㎜間隔で皮の寸前まで庖丁を入れ、押し切り、この動作をよどみなく続けます。ゴリッゴリッと骨の切れる音がリズミカルで、身が弾けるような感触が手に伝われば、上手な骨切りができている証拠です。昔は、3㎝の幅に二十五本も庖丁目を入れられる名人がいたと職人の間の語り草になっていますが、一般には十八～二十本も入れられれば上出来です。上手に骨切りされた鱧は口あたりがよく、小骨の多い魚とは思えないほどです。よく慣れれば、薄刃庖丁でも、遜色《そんしょく》なくできます。

●骨切りした鱧はバットに並べ、固く絞ったさらしをかけて冷蔵庫に入れておきます。翌日以降に持ち越す場合は、冷凍保存が必要です。

三つ葉二種

根三つ葉
土寄せにより軟白化、根付き出荷。他に軟化床で軟白化、根切り出荷の切り三つ葉など。

青三つ葉
三つ葉は種子産地ほか栽培法で区分。青三つ葉は関西系、水耕栽培でやや軟白化した種類。

鱧《はも》鍋

●一五五頁参照

■**材料**〈一人分〉

鱧のおろし身……150g
車海老……1尾　絹漉し豆腐…¼丁
茹でうどん…60g　しめじ……25g
人参……10g　白菜……½枚
菊花……2輪　三つ葉……⅓把
銀杏……2粒　酢……少々
＊鍋地（八方地《だし汁2カップ　味醂、薄口醤油＝各¼カップ》）
＊ポン酢醤油（橙の絞り汁、醤油＝各同割量）　すだち……1個

■**作り方**

【下ごしらえ】

1 鱧のおろし身は、骨切りしながら5～6㎝幅に切ります。

2 車海老は殻つきのまま、背に切り込み

を入れて背わたを抜きます。

3 豆腐は二つに切り、茹でうどんは笊に入れ、熱湯を回しかけてほぐします。

4 しめじは石づきを取って小房にほぐしておき、人参は角切りにして下茹でし、白菜はザク切りにします。

5 菊花は酢を落とした熱湯で茹で、冷水にさらして水気を絞っておき、三つ葉は根元を切り落とし、5～6cm長さに切ります。

6 銀杏は鬼殻を割り取り、茹でながら穴杓子の底で転がしながら薄皮をむき、水にとります。

7 鍋地の八方地は、だし汁を煮立てて味醂を入れ、ひと煮立ちしたら薄口醤油を加えます。

8 ポン酢醤油を用意し、すだちを二つに切ります。

【盛りつけと供し方】

土鍋に白菜を敷き、鱧と車海老、そのほかの材料を彩りよく盛り込みます。鍋地を注いで焜炉にかけ、鱧に火が通って白く色が変わったところを、ポン酢醤油、すだちの絞り汁で賞味していただきます。

鱧《はも》の白焼き鍋

●二四〇頁参照

■材料〈一人分〉

鱧のおろし身……………………120g
よもぎ麩…1切れ　春雨…………20g
卵……………½個　椎茸……………2枚
春菊…………15g　ねぎ……………30g
白菜…………1枚　人参……………適宜
揚げ油………適宜
＊鍋地（八方地《だし汁2カップ　味醂、薄口醤油＝各¼カップ》）
＊酢醤油（酢、醤油＝各同割量）
わけぎ………適宜

■作り方

【下ごしらえ】

1 鱧のおろし身は、丁寧に骨切りしながら5～6cm幅に切ります。切り身を横に並べて末広に金串を打ち、強火の遠火で身側から素焼きにします。両面を焼き、七分どおり火が通って薄く焼き色がついたら、熱いうちに金串を回しながら抜きます。

2 よもぎ麩は一本を十～十二等分し、必要量を低温の揚げ油で焦がさないように素揚げにし、熱湯をかけて油抜きします。

3 春雨はさっと茹でて笊にとり、冷水にさらして澱粉を抜き、水気をきって食べよい長さに切ります。

4 卵は八分熟くらいに茹でて殻をむき、花形の飾り切りにします。

5 椎茸は石づきを取って笠の汚れを拭き取り、春菊は葉先の柔らかい部分をつみ取っておき、ねぎは4～5cm長さのブツ切りに、白菜はザク切りにします。

6 人参は1cm厚さの輪切りにし、もみじ型で抜いたのち下茹でしておきます。

7 鍋地の八方地は、だし汁を煮立てて味醂を入れ、ひと煮立ちしたら薄口醤油を加えます。

8 酢醤油を用意し、わけぎを小口切りにします。

【盛りつけと供し方】

土鍋に白菜を敷き、鱧の白焼きを主にすべての材料を彩りよく盛り込みます。鍋地を注いで焜炉にかけ、ひと煮立ちしたところでわけぎを薬味に、酢醤油で食べていただき、煮汁も土瓶形鍋の口から取り鉢に注いで味わっていただきます。

鮎《あい》魚《な》女《め》鍋

●二〇五頁参照

■材料〈一人分〉

鮎魚女のおろし身……………………120g
絹漉し豆腐…⅙丁　白滝……………50g
舞茸…………50g　春菊……………25g
わけぎ………50g　白菜……………½枚
菊花…………2輪　銀杏……………2粒
人参…………適宜　酢………………少々
＊鍋地（薄八方《だし汁2カップ　味醂、薄口醤油＝各⅕カップ》）
＊酢醤油（酢、醤油＝各同割量）
もみじおろし…適宜　あさつき……適宜

■作り方

【下ごしらえ】

1 鮎魚女のおろし身は2～3mm間隔で骨切りをし、ほどよい大きさに切ります。

舞茸（まいたけ）のそうじの仕方

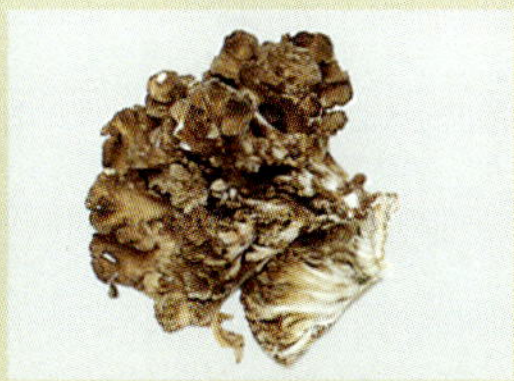

サルノコシカケ科の茸《きのこ》の一種で、秋、山地の朽木《くちき》や老大木に自生。美味で茸狩りの人々を小踊りさせるとの名の由来。

1　根元を水に浸しながら、石づきをつまみ取ります。

2　笠裏を竹串でつついて中の木の葉などを除き、俎《まな》板に軽く打ちつけてゴミをふるい落とします。

2 豆腐は⅙丁用意し、白滝は水から茹でて笊にとり、もみ洗いして食べよい長さに切ります。

3 舞茸は笠の裏側をそうじして小房に分け、春菊は葉先の柔らかい部分をつみ取っておき、わけぎは4～5cm長さに切り、白菜はザク切りにします。

4 菊花は酢を落とした熱湯で茹で、水に

さらして水気を絞っておき、銀杏は鬼殻を割り取り、茹でながら穴杓子の底で転がして薄皮をむき、水にとります。

5人参は1cm厚さの輪切りにし、もみじ型で抜いて下茹でします。

6鍋地のだし汁を煮立てて味醂を入れ、ひと煮立ちさせて薄口醤油を加えます。

7酢醤油、もみじおろしを用意し、あさつきを小口切りにします。

【盛りつけと供し方】

土鍋に白菜を敷き、鮎魚女、舞茸を主に野菜類を形よく盛り合わせます。鍋地を注いで焜炉にかけ、鮎魚女に火が通ったら酢醤油にもみじおろし、あさつきで食べていただきます。

■調理覚え書

●鮎魚女は、鱧と同様に骨切りが必要です。身の柔らかい魚ですから、手際よく作業をすることが大切です。骨切りの難しい場合には、鱧と違って骨抜きで小骨を抜いて使うこともできます。この時も手早く、丁寧に小骨を残さず抜かなければなりません。

鮎魚女《あいなめ》の浪花《なにわ》鍋

●二一四頁参照

■材料〈一人分〉

鮎魚女のおろし身……100g

車海老……2尾　蛤……3個

大根……100g　春菊……20g

白菜……1枚　わけぎ……40g

もみじ麩…3切れ

*鍋地（だし汁2カップ　酒大匙2　薄口醤油大匙1）

もみじおろし…適宜　あさつき……適宜

■作り方

【下ごしらえ】

1鮎魚女のおろし身は2～3mm間隔で骨切りをし、ほどよい大きさに切ります。

2車海老は軽く折り曲げ、頭から二番目あたりの節に竹串を差し入れ、背わたを抜いておき、蛤は砂をはかせたものを用意し、よく洗います。

3大根は皮をむき、5～6mm厚さのいちょう切りにして下茹でしておきます。

4春菊は葉先の柔らかい部分をつみ取っておき、白菜はザク切り、わけぎは5～6cm長さに切り揃えます。

5もみじ麩は、小口から4～5mm厚さに切ります。

6鍋地のだし汁を煮立てて酒を入れ、ひと煮立ちしたら薄口醤油を加えます。

7もみじおろしを用意し、あさつきを小口切りにします。

【盛りつけと供し方】

土鍋に白菜を敷き、鮎魚女と車海老、蛤を主にザク類を彩りよく盛り合わせ、もみじ麩をあしらいます。鍋地を注いで焜炉にかけ、煮えるそばからもみじおろしとあさつきを薬味におすすめします。

河豚《ふぐ》ちり

●二八頁参照

■材料〈五人分〉

河豚（ちり用ブツ切り）……900g

豆腐……1丁　春菊……1把

わけぎ……1把　白菜……3枚

*鍋地（水10カップ　酒1.5カップ）

*ポン酢醤油（橙の絞り汁、醤油＝各同割量）

もみじおろし…適宜　あさつき……適宜

■作り方

【下ごしらえ】

1河豚のブツ切りは、食べよい大きさに切り整えます。

2豆腐は四つ切りにします。

3春菊は葉先の柔らかい部分をつみ取って揃えておき、わけぎは5～6cm長さに切り揃え、白菜はザク切りにします。

4鍋地は、分量の水と酒を合わせてひと煮立ちさせます。

5ポン酢醤油、もみじおろしを用意し、あさつきを小口切りにします。

【盛りつけと供し方】

大皿の向う側に白菜、春菊、わけぎ、豆腐を形よく盛り、手前に河豚をこんもりと盛り合わせます。土鍋に鍋地を張って焜炉にかけ、煮立ったところでザクと河豚をほどよく入れてゆき、煮えばなをポン酢醤油に薬味のもみじおろし、あさつきで賞味していただきます。

春菊の下処理と保存

鍋料理に香りと彩りを添える春菊。その香りと名の示すとおりキク科の葉菜で、関西方面では菊菜と呼ばれる。

1 根元に近い固い茎の部分は避けて葉先の柔らかい部分だけをつみ取り、黄ばんだ葉などを除きます。

2 短期間の保存は、水気をよく拭き取ってきれいに向きを揃え、ラップに包んで冷暗所に保管します。

葱《ねぎ》鮪《ま》鍋

●四二頁参照

■材料〈一人分〉

鮪《まぐろ》のトロ……100g　ねぎ……適宜

白滝……40g　梅麩……2切れ

銀杏……3粒
＊鍋地（だし汁2カップ　酒1/2カップ
　味醂少々　醤油1/3カップ）
七味唐辛子または粉山椒……適宜

■作り方
【下ごしらえ】
1 鮪は、霜降り状に脂が入り込んだ大トロの部分を用意し、厚めのそぎ切りにします。
2 ねぎは太めのものを用意し、3〜4cm長さのブツ切りにします。
3 白滝は水から茹でて笊にとり、もみ洗いして食べよい長さに切ります。梅麩は3〜4mm厚さの小口切りにします。
4 銀杏は鬼殻を割り取り、茹でながら穴杓子の底で転がして薄皮をむき、水にとります。
5 鍋地のだし汁を煮立てて酒、味醂を入れてひと煮立ちさせ、醤油を加えます。
【盛りつけと供し方】

盛り器にまず白滝を盛り、これを枕に鮪とねぎを形よく盛りつけ、梅麩と銀杏を散らします。土鍋に鍋地を張って客前で焜炉にかけ、煮立ちはじめたら具をバランスよく少しずつ入れ、煮えばなをお好みで七味唐辛子か粉山椒で賞味していただきます。

■調理覚え書
●鮪は、脂ののった中トロか大トロを使います。脂肪が細かく入り込んでいるものほどまろやかな味となります。ただし、これらの部位は値段も張るため、〝トロつきの鎌の断ち落とし〟などを上手に活用するとよいでしょう。盛りつける場合、まずこのような部分を盛り、形の整った部分を上に、見映えよく盛り合わせるのがコツです。また、トロばかりでは脂っこいという向きや、原価を押えたい時には、赤身を半量加えるのも方法です。この場合は、鍋地の醤油の分量を多くして味つけを濃いめに調えるほうが合います。
●葱鮪鍋は本来が〝鍋仕立ての酒の肴《かく》〟ですから、鍋地には隠し味程度の味醂を入れるだけで、甘みは極力控えます。上等のトロや旬の葱《ねぎ》には、自然の甘みが具《そな》わっていて、葱鮪はまさにこの味を堪能《たんのう》するための鍋仕立てでもあるのです。

鰤《ぶり》鍋

●一二三頁参照

■材料〈一人分〉
鰤の切り身…2枚　白滝……1/2把
春菊……40g　ねぎ……1/2本
菊花……2輪　銀杏……3粒
酢……少々
＊鍋地（八方地《だし汁2カップ　味醂、薄口醤油＝各1/4カップ》）
七味唐辛子…適宜

■作り方
【下ごしらえ】
1 鰤の切り身は、一切れを形よく半分に切ります。
2 白滝は水から茹でて笊にとり、もみ洗いして食べよい長さに切ります。
3 春菊は葉先の柔らかい部分をつみ取っておき、ねぎは3〜4cm長さのブツ切りにします。
4 菊花は酢を落とした熱湯で茹で、冷水にさらしたのち水気を絞ります。銀杏は鬼殻を割り取り、茹でながら穴杓子の底で転がして薄皮をむき、水にとります。
5 鍋地の八方地は、だし汁を煮立てて味醂を入れ、ひと煮立ちしたら薄口醤油を加えます。
【盛りつけと供し方】

土鍋の向う側に春菊、白滝、ねぎを形よく盛り、手前に鰤を重ね盛りにして菊花と銀杏をあしらいます。鍋地を注いで焜炉にかけ、鰤に火が通ったら七味唐辛子を薬味に食べていただきます。

■調理覚え書
●脂気の強い鰤には、春菊やねぎのほか、芹、三つ葉などの香りのある野菜がよく合います。また、薬味には七味唐辛子、一味唐辛子、粉山椒などのピリッとした辛みのものを利《き》かせると、鍋の味が引き締まります。脂気を押えるためには、すだち、かぼすなどの柑橘類を添えて、絞り汁でさっぱりと味わっていただきます。
●ここでは、鰤の切り身だけを使っていますが、鎌をブツ切りにして加えてもおいしいものです。おろした中骨のアラなども、鍋のだしをとることができます。

はまちの鎌《かま》の鍋

●二〇七頁参照

■材料〈一人分〉
はまちの鎌…適宜　豆腐……1/2丁
白滝……25g　ほうき茸……25g
大根……80g　ねぎ……50g
白菜……1枚　人参……適宜
銀杏……2粒　塩……適宜
米のとぎ汁…適宜
＊鍋地（八方地《だし汁2カップ　味醂、薄口醤油＝各1/4カップ》）
＊酢醤油（酢、醤油＝各同割量）
もみじおろし…適宜　あさつき……適宜

■作り方
【下ごしらえ】
1 はまちの鎌は、残り鱗《うろこ》を丁寧に除いてほどよい大きさにブツ切りにし、笊にのせて薄塩をあて、15分ほどおいたのち熱湯を回しかけて塩を落とします。
2 豆腐は三〜四つに切り、白滝は水から茹でて笊にとり、もみ洗いして食べよい長さに切ります。
3 ほうき茸は根元を切り落とし、小房にほぐしておき、大根は3〜4cm厚さの輪切りにしたのち、皮を厚くむいて半月に切り、面取りしながら筒むきにします。これを米のとぎ汁で柔らかくなるまで茹でて、水にとっておきます。
4 ねぎは4〜5cm長さのブツ切りに、白菜はザク切りにします。人参は1cm厚

さの輪切りにして梅型で抜き、庖丁で切り込みを入れてねじり梅を作り、下茹でしておきます。

5 銀杏は鬼殻を割り取り、茹でながら穴杓子の底で転がして薄皮をむき、水にとります。

6 鍋地の八方地は、だし汁を煮立てて味醂を入れ、ひと煮立ちしたら薄口醤油を加えます。

7 酢醤油、もみじおろしを用意し、あさつきを小口切りにします。

【盛りつけと供し方】

土鍋にはまちを主に、他の材料を彩りよく盛り合わせます。鍋地を注いで焜炉にかけ、はまちに火が通ったら酢醤油に、薬味のもみじおろしとあさつきで食べていただきます。

■調理覚え書

●ほうき茸はその名のとおり、形が箒《ほうき》に似た茸《きのこ》で、味は淡泊で風味がよく、茹でて和えものにしたり、煮もののあしらい、土瓶蒸し、汁の実などにも最適です。

泥鰌《どじょう》鍋

●五七頁参照

■材料〈一人分〉

泥鰌……80g(約10尾)
泥鰌の腹子…適宜　ごぼう……50g
えのき茸……40g　いんげん……3本
酒……1/3カップ強　塩……少々
＊割り下（だし汁2カップ　味醂大匙4.5　砂糖大匙3　醤油3/4カップ）
粉山椒……適宜

■作り方

【下ごしらえ】

1 泥鰌は真水に放して泥をはかせ、これを笊にとって深めの器に入れ、酒少々をふりかけて蓋をします。10～15分ほどおいて静かになったら、泥鰌の頭を庖丁の背でトンと叩いて仮死させ、えら下の部分に目打ちを打ち込んでまな板に止めます。〝裂《さ》き庖丁〟で背開きにしてわたを出し、中骨を取って頭を落として開きます。

2 ごぼうは、ささがきにするそばから水に放し、アクを抜いて水気を切ります。

3 えのき茸は根元を切り落としてさっと湯がき、食べよくほぐします。

4 いんげんは筋を取り、塩少々入れた熱湯で色よく茹で、冷水にさらしたのち水気をきります。

5 割り下は、分量のだし汁に調味料を合わせてひと煮立ちさせます。

【盛りつけと供し方】

土鍋にごぼうを敷き、泥鰌を少しずつ重ねて形よく盛りつけ、酒を1/3カップ回しかけます。これを火にかけ、蓋をして2分ほど蒸らしたのち割り下を注いで、中央に腹子をのせ、えのき茸、いんげんを添えます。この鍋を客前に持ち出して焜炉にかけ、煮えばなを粉山椒をふって食べていただきます。

■調理覚え書

●活け泥鰌に酒をふりかけるのは、泥鰌の動きを静めて扱いやすくするためであり、またぬめりも取れて風味が増します。ただし、活け泥鰌を上手におろすには、少々技術を要します。一般の店では、あらかじめ裂いてあるものを求めるのも能率的です。

●薬味には粉山椒だけでなく、香りのよいねぎ類の小口切りを添えるのも、気が利《き》いています。

泥鰌《どじょう》の柳川鍋

●三二一頁参照

■材料〈一人分〉

泥鰌の裂いたもの……80g
ごぼう……50g　卵……1個
酒……1/2カップ
＊鍋地（だし汁1/3カップ　味醂大匙1.5　砂糖大匙1　醤油大匙3）
粉山椒……適宜

■作り方

【下ごしらえ】

1 泥鰌は裂いたものを用意します。

2 ごぼうは、ささがきにするそばから水に放し、アクを抜いて水気をきります。

3 鍋地のだし汁に調味料を合わせて火にかけ、砂糖が溶ける程度に暖めます。

【盛りつけと供し方】

柳川鍋にごぼうをまんべんなく敷き、上に泥鰌を放射状に並べ、酒をふりかけて蓋をし、2分ほど煮て鍋地を回しかけてひと煮立ちさせ、溶きほぐした卵を回しかけて再び蓋をして火をとめ、半熟状になるまで少々蒸らしたのち、客前にお出しし、粉山椒を添えておすすめします。

■調理覚え書

●柳川鍋にささがきごぼうはつきものです。ごぼうは、アクを抜くためにささがきにするそばから水にさらしますが、さらし過ぎると身上の風味も損なわれてしまいます。2～3分を限度に笊に上げて水切りをしてください。

●泥鰌を卵でとじるこの鍋を〝柳川鍋〟と呼び慣らわしています。この名の由来には諸説ありますが、江戸末期に日本橋の『柳川』という料理屋で出されたところから、この屋号がそのまま料理名になったものと思われます。九州、筑後の柳川で作られたからという、地名説が一般的ですがこれは肯けません。なぜなら柳川市の名は戦後につけられたもので、柳川鍋が人気を博していた江戸末期、九州でやながわといえば柳河の地しかなかったはずだからです。

鰻の柳川鍋

●二四一頁参照

■材料〈一人分〉

鰻……1/2本分　ごぼう……40g
椎茸……2枚　春菊……30g
人参……20g　卵……1個
＊鍋地（だし汁2 1/3カップ　味醂少々

酒1/3カップ　薄口醤油1/3カップ）
粉山椒……適宜

■作り方

【下ごしらえ】

1 鰻は開いたもの1/2尾分を用意し、皮目のぬめりを庖丁でこそげ落として二つに切ります。これを横に並べ、身と皮の間に三～五本の串を真直打ち、強火の近火で身の方から先に両面を素焼きにします。薄く焼き色がついたら火からおろし、熱いうちに串を回しながら抜いたのち、約2㎝幅に切ります。

2 ごぼうは、ささがきにするそばから水に放し、アクを抜いて水気をきります。

3 椎茸は石づきを取って笠の汚れを拭き取り、春菊は葉先の柔らかい部分をつみ取っておき、人参はマッチ棒くらいの細切りにして、さっと茹でます。

4 鍋地のだし汁を煮立て、味醂と酒を入れてひと煮立ちさせ、薄口醤油を加えます。

【盛りつけと供し方】

柳川鍋にごぼうを敷いて鰻を並べ、野菜類を盛り合わせます。鍋地を注いで焜炉にかけ、生卵を添えてお出しします。煮立ってきたら、卵を溶いて回しかけ、鰻をとじて〝柳川〟にします。蓋をして少々蒸らしたのち、粉山椒をふって食べていただきます。

■調理覚え書

●この柳川鍋は、お客さま自身に卵でとじてもらい、好みの蒸らし加減で食べていただくスタイルです。

●鰻をあらかじめ白焼きにして、鍋に加える仕立てですが、すでに白焼きをしたものが市販されていますので、利用すると手間が省けます。その場合は、鍋に盛りつける前に、酒をふりかけて火にかざし、軽くあぶり返してください。冷凍の白焼きであれば、半解凍したのち一度火を通してから使います。生、白焼き、冷凍のものを問わず、柔らかく仕上げたい場合は、はじめに蒸らすと効果的です。

焼き穴子としめじの鍋

●一四八頁参照

■材料〈一人分〉

穴子の開いたもの……1本
しめじ……30g　里芋……1/2個
春菊……30g　白菜……1枚
ねぎ……1/3本　白滝……70g
紅白蒲鉾……適宜　塩……少々
＊穴子の焼きだれ（味醂、醤油＝各同割量）
＊鍋地（だし汁2カップ　酒、味醂、薄口醤油＝各1/4カップ強）
＊酢醤油（酢、醤油＝各同割量）
もみじおろし…適宜　あさつき……適宜

■作り方

【下ごしらえ】

1 穴子は二つに切って両端に串を打ち、強火の近火で身の方から先に、両面を素焼きにし、七分どおり火が通ったら、あらかじめ、同量の味醂と醤油を合わせ、三～四割方煮つめて用意したたれにくぐらせて焼きます。途中表面が乾いたらたれをつけては火にかざし、これを二～三度繰り返して焼き上げます。

2 熱いうちに串を回しながら抜き取り、ひと口大に切ります。

3 しめじは石づきを取り、ほぐします。

4 里芋は皮をむいて面取りしたのち半分に切り、塩を加えたたっぷりの水で茹で、途中茹でこぼしてぬめりを洗い落とします。

5 春菊は葉先の柔らかい部分をつみ取っておき、白菜はザク切りに、ねぎは斜め薄切りにします。

6 白滝は水から茹でて笊にとり、もみ洗いして食べよい長さに切ります。蒲鉾は縦長に切り、7～8㎜幅、3～4㎜厚さにしてひと結びし、結び蒲鉾を作っておきます。

7 鍋地のだし汁を煮立てて酒、味醂を入れ、ひと煮立ちしたら薄口醤油を加えます。

8 酢醤油、もみじおろしを用意し、あさつきを小口切りにします。

【盛りつけと供し方】

土鍋に白菜を敷き、焼き穴子とそのほかの材料を彩りよく盛り合わせます。鍋地を注いで焜炉にかけ、煮上がってきたら酢醤油に薬味のもみじおろし、あさつきとともにおすすめします。

■調理覚え書

●穴子は、開いて白焼きにしてあるものを利用する場合は、酒をふりかけて一度あぶり直したのち、たれ焼きにするとたれののりがよくなります。穴子や鰻の温め直しには、必ず酒をふることが上手に仕上げるコツです。

穴子の市販状態二様

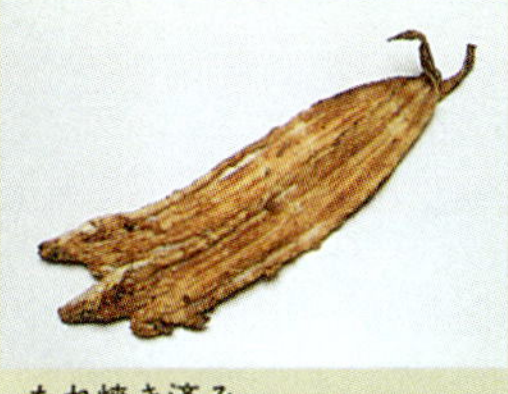

たれ焼き済み
開いてさらに白焼きしたもの、このたれ焼き済みの状態でも市販。用途により使い分けを。

活けものの血抜き済み
日本各地の海辺の岩場で一年中獲れるが、夏が美味。生はこのほか開いて市場《しじょう》に出る。

烏賊《いか》鍋

●五一頁参照

■材料〈一人分〉

烏賊(小)……2杯　豆腐…………½丁
マッシュルーム…………2個
じゃが薯《いも》……½個　わけぎ………3本
銀杏………6粒
＊鍋地（だし汁2カップ　味醂大匙2　塩小匙⅓　薄口醤油大匙⅔）
＊酢醤油（酢、醤油＝各同割量）
もみじおろし…適宜　あさつき……適宜

■**作り方**

【下ごしらえ】

1 烏賊は脚と一緒にわたを抜いて胴の中をきれいに水洗いし、脚のつけ根に庖丁を入れて開いたのち、わた、墨の袋とくちばし、目を取り除き、脚だけをブツ切りにします。

2 烏賊の胴と脚をそれぞれさっと茹で、冷水にとって水気を拭き、脚を胴の中に詰めます。

3 豆腐は四つに切ります。

4 マッシュルームはぬれ布巾で汚れを拭き取り、縦半分に切ります。

5 じゃが薯はメイクイーンを用意し、中に火が通るまで蒸して二〜三つに切ります。わけぎは5〜6㎝長さに切り揃えます。

6 銀杏は鬼殻を割り取り、茹でながら穴杓子の底で転がして薄皮をむき、水にとります。

7 鍋地はだし汁を煮立てて味醂を入れ、ひと煮立ちしたら塩、薄口醤油を加えて味を調えます。

8 酢醤油、もみじおろしを用意し、あさつきを小口切りにします。

【盛りつけと供し方】

土鍋に烏賊を主に、そのほかの材料を形よく盛り合わせます。鍋地を注いで焜炉にかけ、煮えばなを酢醤油、もみじおろしとあさつきで食べていただきます。

■**調理覚え書**

●烏賊の胴に脚を詰める時、はみ出してしまうようなら、口を楊枝で止めて下茹でし、盛りつける際にはずします。

●マッシュルームは西洋料理に使われる茸《きのこ》ですが、独特の風味と歯応えがあって鍋ものにもよく合います。室《むろ》作りの白いものより、土つきの露地ものの方が味は上です。

●この鍋は味噌仕立てにしても美味で、その場合は、だし汁3カップに対して味噌は½カップ、砂糖と味醂各大匙1杯が目安で、薬味には七味唐辛子か粉山椒を用意します。烏賊の鍋は酒の肴になりますから、味噌味《あじ》が生きます。総じてあまり多種類の材料を取り合わせずに、豆腐とねぎにあと一〜二種をすっきりと仕立てるとよい鍋です。

雲丹《うに》鍋

●五二頁参照

■**材料**〈一人分〉
生雲丹……50g　豆腐………1/6丁
白滝………50g　椎茸………2枚
ねぎ………30g　梅麩………適宜
銀杏………3粒
＊鍋地（だし汁2カップ　酒½カップ　味醂少々　薄口醤油⅓カップ）
粉山椒……適宜

■**作り方**

【下ごしらえ】

1 豆腐は六つ切りの一切れを用意します。

2 白滝は水から茹でて笊にとり、もみ洗いして食べよい長さに切ります。

3 椎茸は石づきを取って笠の汚れを拭き取ります。ねぎは斜め切りにします。

4 梅麩は小口から3〜4㎜厚さに切って二枚ほど用意し、銀杏は鬼殻を割り取り、茹でながら穴杓子の底で転がして薄皮をむき、水にとります。

5 鍋地のだし汁を煮立てて酒と味醂を入れ、ひと煮立ちしたら薄口醤油を加えます。

【盛りつけと供し方】

土鍋に白滝、豆腐、ねぎ、椎茸を盛りつけ、梅麩と銀杏を散らします。この上に生雲丹を、崩さないように竹ベラなどですくい取ってのせます。鍋地を注いで焜炉にかけ、煮えばなを粉山椒を薬味に賞味していただきます。

■**調理覚え書**

●雲丹は煮すぎると、せっかくの風味や舌触りが損なわれてしまいます。外側にだけ火が通ったら、すぐに食べていただ

烏賊(いか)詰めの要領

1　脚は開いてわた、墨の袋、目ほかを除き、庖丁の背で汚れをしごき、脚先を除き、ブツ切りにします。

2　胴は平らにし、切り離さないように上・下側⅓幅を目安に、約2㎝間隔の切り目を入れます。

3　ブツ切りにした脚を、胴口からスプーンで詰め込みます。

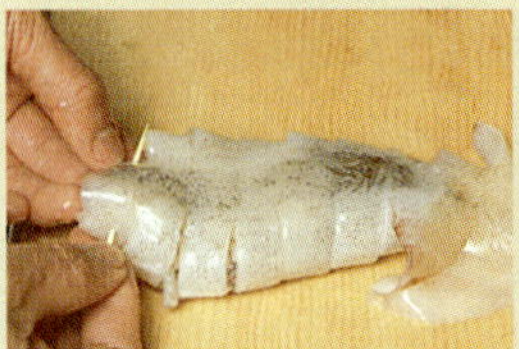
4　詰めた脚がはみ出さないように、口を楊枝で止めておきます。

くよう、おすすめください。

●雲丹を鍋に盛りつけて出すこの形と、別皿にのせて鍋に添えて出し、お客さま自身で少しずつ煮ながら食べていただく形もとれます。

●雲丹は鮮度がよく、粒の大きいものを選んで使います。活きのよい雲丹は、ひとつずつの形が粒立っていて、特有の香気があります。鮮度が落ちてくると、形がゆるみはじめて流れやすくなり、こうなったら鍋には向かず、蒸して酒の肴などに活用します。

●雲丹の種類は多く、食用種には、むらさき雲丹、あか雲丹、ばふん雲丹、さんしょう雲丹、北むらさき雲丹、こしだか雲丹などがあり、いずれも旬は夏です。中でも美味とされるのは、むさらき雲丹とばふん雲丹です。北海道で獲れる雲丹は赤く、東北のものは茶がかって色は少々劣りますが、色の良し悪しは味とは関係がありません。鮮度こそが命です。

●雲丹は生のままわさび醤油で、あるいはすし種にするのが一般的ですが、産地に近い地域では、煮たり、焼いたり、炊き込みご飯にしたりと様々に料理されています。味に定評のあるのが、東北のいちご煮、焼きがぜ(がぜ焼き)です。いちご煮は、昆布だしのすまし汁に雲丹と鮑が入った贅沢な椀もの。焼きがぜは、雲丹を鮑や蛤の殻に詰めて香ばしく焼いたもので、土地の人は雲丹をがぜと呼ぶところからきた料理名です。雲丹を鍋にするのも大変贅沢な趣向ですが、よい酒の肴となり、北海道にはこれを売りものにしている料理屋も少なくありません。

すっぽん鍋

●二〇頁参照

■**材料**〈四人分〉
すっぽんのおろしたもの……1匹分
豆腐……2丁　もみじ麩……1/3本
＊鍋地(水10カップ　酒1.5カップ　塩適宜　味醂少々　生姜汁適宜)

■**作り方**

【下ごしらえ】

1 すっぽんは四つおろしにしたものを用意し、やや大きめのブツ切りにして水で洗っておきます。

2 豆腐は一丁を八つ切りに切り揃えておき、もみじ麩は7～8㎜厚さの小口切りにします。

3 鍋地の分量の水と酒を鍋に入れ、すっぽんを加えて火にかけ、煮立ってきたらアクを丁寧に取り除きます。塩と隠《かく》し味の味醂を少々加えて、吸い地程度に味を調えておきます。

【盛りつけと供し方】

大鉢に水を張って豆腐を盛り込み、もみじ麩を散らします。土鍋にすっぽんの汁と身を移し入れて焜炉にかけ、生姜汁を落としてお出しします。適宜、豆腐を煮てすっぽん、その汁とともに味わっていただきます。

■**調理覚え書**

●すっぽんを食べ終えたあと、よくだしの出た汁で白菜や春菊などを加えて、あっさりと仕上げていただく形にしてもよいでしょう。また、鍋のあとの汁で雑炊を食べていただくのも、すっぽん鍋には欠かせない趣向です。頃合いを見計らって、洗ったご飯、薬味のさらしねぎ、生姜汁を持ち出します。ここでは、すっぽんの卵をあらかじめ別にしておき、雑炊の具として味わっていただく形にしました。これに水菓子のいちごを添えて、酒席の納めとしています。

魚介の寄せ鍋

●八六頁参照

■**材料**〈四人分〉
鯛の頭……1尾分　車海老……8尾
蛤……4個　鶏もも肉……160g
飛竜頭《ひりょうず》……4個　焼き豆腐……1丁
紅・白小袖蒲鉾……各1/2枚
白滝……1把　茹で筍(小)……1本
椎茸……4枚　わけぎ……1/2把
白菜……4枚
＊鍋地(だし汁6カップ　味醂、薄口醤油＝各1/2カップ)
＊酢醤油(酢、醤油＝各同割量)
もみじおろし…適宜　あさつき……適宜

■**作り方**

【下ごしらえ】

1 鯛の頭は梨割りにして残り鱗《うろこ》を取り除き、食べよい大きさにブツ切りにしたのち笊に並べ、熱湯を回しかけておきます。

2 車海老は軽く折り曲げて竹串で背わたを取り除き、蛤はよく砂をはかせたものを用意します。

3 鶏肉は皮と脂を丁寧に取り除き、ひと口大のブツ切りにします。

4 飛竜頭は笊に並べて熱湯を回しかけ、

葉ねぎのいろいろ

九条太(くじょうぶと)
京都産の葉葱の代表種で葉身が柔らかく上質。細手の九条細《ぼそ》とこの太手の二種がある。

葉葱(はねぎ)
葱を大別すると、白根の長い根深《ねぶか》(白葱)系と葉身《ようしん》の長い葉葱(青葱)系がある。

分葱(わけぎ)
よく株分かれするところからの名で、特有の香り、柔らかな歯触りが和えものなどに最適。

浅葱(あさつき)
鍋料理の薬味には欠かせない葉葱《ねぎ》(青葱ともいう)。香りも穏やかで辛みも少なく上品。

油抜きをしておき、焼き豆腐は四つ切りに、紅・白の小袖蒲鉾は各四切れずつに切ります。

5 白滝は水から茹でて笊にとり、もみ洗いして食べよい長さに切ります。

6 筍は縦半分に切って薄切りにし、椎茸は石づきを取って笠の汚れを拭き取ります。わけぎは5～6㎝長さに切り、白菜はザク切りにしておきます。

7 鍋地はだし汁を煮立てて味醂を入れ、ひと煮立ちさせて薄口醤油を加えます。

8 酢醤油、もみじおろしを用意し、あさつきを小口切りにします。

【盛りつけと供し方】

大皿に鯛の頭、車海老、蛤を主に、飛竜頭ほかの材料を取りやすく、形よく盛り込みます。土鍋に鍋地を張って焜炉にかけ、ひと煮立ちしたら、よくだしの出る魚介類から順に入れてそれぞれの煮えばなを、酢醤油に薬味のもみじおろし、あさつきで食べていただきます。

小鍋立て 魚介の寄せ鍋

●八八頁参照

*この鍋は、前項の『魚介の寄せ鍋』(四人分)を一人分の小鍋に仕立て直したものです。従って材料の分量は、それぞれの1/4量を目安に、使用する小鍋によって加減してください。作り方【下ごしらえ】は、すべて前項に順じます。

【盛りつけと供し方】

土鍋に白菜を敷き、ザク類を奥に片寄せるように盛り、手前に鯛の頭をはじめとする魚介類、飛竜頭、焼き豆腐、白滝を形よく盛り合わせ、紅・白の小袖蒲鉾をあしらいます。鍋地を注いで焜炉にかけ、煮えばなを酢醤油にもみじおろし、あさつきで食べていただきます。

沖すき鍋

●九八頁参照

■材料〈一人分〉

鯛(小)おろしたもの……1/2尾分
鮭のおろし身……1切れ
烏賊《いか》の黄身焼き(烏賊30g　塩、卵黄、黒胡麻＝各適宜)……1切れ
車海老……1尾　鶏もも肉……30g
白滝……1/3把　焼き豆腐……1/6丁
飛竜頭……1個　揚げボール……2個
卵……1/2個分　桜麸……適宜
椎茸……1枚　大根……適宜
人参……適宜　春菊……1/4把
白菜……1枚　わけぎ……1/4把
*鍋地(八方地(だし汁2カップ　味醂、薄口醤油＝各1/4カップ))
*酢醤油(酢、醤油＝各同割量)
もみじおろし…適宜　あさつき……適宜

■作り方

【下ごしらえ】

1 鯛は三枚におろしたものを用意し、頭と上身を各1/2量使います。頭は梨割りにして残り鱗《うろこ》を取り除き、食べよい大きさにブツ切りにしたのち、笊に並べて熱湯を回しかけます。上身は、皮つきのままほどよい大きさに切ります。

2 鮭は、ひと口大に切ります。

3 烏賊は切り身に鹿の子庖丁を入れ、薄塩をふってしばらくおき、金串を打って強火の遠火にかざし、軽く乾いたら溶いた卵黄を刷毛でぬって再びあぶり焼きにし、乾いたら卵黄をぬって焼き上げ、熱いうちに金串を抜いて黒胡麻をふっておきます。

4 車海老は背わたを抜き取っておき、鶏肉は、食べよい大きさに切ります。

5 白滝は水から茹でて笊にとり、もみ洗いして食べよい長さに切り、焼き豆腐は六つ切りにした一切れを用意します。

6 飛竜頭と揚げボールは、それぞれ笊に入れて熱湯をかけ、油抜きをしたのち揚げボールは鉄庖串一本に二個を刺しておきます。

7 卵は八分熟の茹で卵にし、二つに切っておき、桜麸は小口から3～4㎜厚さに切ります。

8 椎茸は石づきを取って笠の汚れを拭き取り、大根と人参は7～8㎜角の拍子木に切り揃えて、それぞれを茹でておきます。

9 春菊は葉先の柔らかい部分だけをつみ取っておき、白菜はザク切りに、わけぎは4～5㎝長さに切ります。

10 鍋地の八方地は、だし汁を煮立てて味醂を入れ、ひと煮立ちしたら薄口醤油を加えます。

11 酢醤油、もみじおろしを用意し、あさつきを小口切りにします。

【盛りつけと供し方】

土鍋に白菜を敷き、鯛、鮭、車海老を主に、白滝、焼き豆腐、飛竜頭、揚げボール、ザク類を盛り合わせ、茹で卵、烏賊の黄身焼き、桜麸を彩りよく配します。鍋地を注いで焜炉にかけ、煮上がったら酢醤油にもみじおろしとあさつきを添えて食べていただきます。

浜寄せ鍋

●一一〇頁参照

■材料〈一人分〉

魴鮄《ほうぼう》のおろし身……1/3尾分
車海老……1尾　蛤……1個
焼き豆腐……1/4丁　白滝……1/3把
白菜……1枚　わけぎ……1/4把
塩……少々
*鍋地(昆布だし2カップ　酒大匙2　塩適宜)
*酢醤油(酢、醤油＝各同割量)
もみじおろし…適宜　あさつき……適宜

■作り方

【下ごしらえ】

1 魴鮄のおろし身は大きめのブツ切りにし、車海老は背わたを抜き取り、塩少少を入れた熱湯で茹でておきます。

2 蛤は、砂をよくはかせたものを用意します。

3 焼き豆腐は二つに切り、白滝は水から茹でて笊にとり、もみ洗いして食べよい長さに切っておきます。

4 白菜はザク切りに、わけぎは4～5㎝長さに切ります。

5 鍋地は昆布だしをひと煮立ちさせ、酒と塩で吸い地程度に味を調えます。

6 酢醤油、もみじおろしを用意し、あさ

つきを小口切りにします。

【盛りつけと供し方】

土鍋に白菜、わけぎを向う側に寄せ気味に盛り、魴鮄、蛤を手前に、白滝、焼き豆腐、車海老を形よく盛り合わせます。鍋地を注いで焜炉にかけ、煮えばなを、お好みで酢醤油にもみじおろし、あさつきで食べていただきます。

伊勢海老の具足《ぐそく》鍋

●六〇頁参照

■材料〈一人分〉

伊勢海老(小)…………1尾
松茸風味蒲鉾…………1本
糸こんにゃく…………50g
飛竜頭《ひりょうず》(小)…3個　もみじ麩……適宜
鶉《うずら》の卵……1個　白菜……1枚
ねぎ……½本
*鍋地（昆布だし3カップ　酒大匙3
塩小匙1強）
*酢醤油（酢、醤油＝各同割量）
もみじおろし…適宜　あさつき……適宜

もみじおろしの作り方

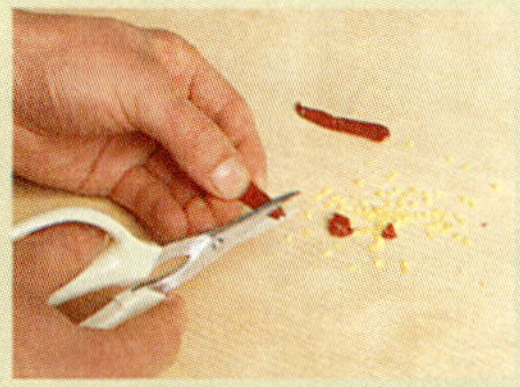

1　赤唐辛子の天地を、少々切り落とします。

2　成り口側から鋏《はさみ》の刃先を入れ、縦に切り込みます。

3　開いて中の種を取り除きます。

4　全量の種を除いたのち、フードプロセッサーを利用し、細かく刻みます。

5　耐熱容器に移し入れ、別に蒸し器（蒸籠《せいろう》）の蒸気を充分に立てておきます。

6　蒸気の上がった蒸し器に刻んだ赤唐辛子を入れた容器を入れ、固く絞ったぬれ布巾をかけて蓋をし、10分程蒸し上げます。

7　すり鉢に移し、丁寧にすり込みます。

8　少しねっとりとするまで、充分にすり続けます。

9　すり上げた赤唐辛子。この状態で密閉容器に保存し、必要に応じて大根おろしと混ぜ合わせて自家製の〝もみじおろし〟としてお出しします。

10　左列は自家製の赤唐辛子のすりおろしと、それを使ったもみじおろし。右列は市販の赤唐辛子のすりおろしとそのもみじおろし。色合いが違います。

◉〝もみじおろし〟は、大根おろしの白が赤唐辛子の鮮やかな赤で染まる様《さま》を、紅葉したもみじに見立てた呼称です。営業用に多量を作る場合は、以上のようにフードプロセッサー、蒸し器を使用して赤唐辛子のすりおろしを作り置きして、これを利用しますが、家庭用、あるいは少量を作る場合は、大根に菜箸で穴をあけ、種をとり除いた赤唐辛子を詰めてしばらくおき、詰め込んだ赤唐辛子がしっとりと柔らかくなったら、これをおろし金で、力を加えすぎないように注意しておろして作ります。

市販品の赤唐辛子のすりおろしは、手早い利点はありますが、中には辛みの不自然に強いものや、水っぽい粗悪品もありますから、注意して上質のものを選ぶことです。

■作り方
【下ごしらえ】

1伊勢海老は脚先とひげを取り、頭と胴の分かれ目に庖丁を入れて切り離します。頭は縦二つの梨割りに、胴は適当な大きさの筒切りにします。

2松茸蒲鉾は縦半分に切り、糸こんにゃくは水から茹でて笊にとり、もみ洗いして食べよい長さに切ります。

3飛竜頭は笊に並べて熱湯を回しかけ、油抜きをしておき、もみじ麸は小口から5㎜厚さに二枚切ります。

4鶉の卵は蒸籠《せいろう》に並べて7分ほど蒸し、水にとって殻をむきます。

5白菜はザク切りに、ねぎは4～5㎝長さのブツ切りにします。

6鍋地は昆布だしをひと煮立ちさせ、酒と塩を加えて味を調えます。

7酢醤油、もみじおろしを用意し、あさつきを小口切りにします。

【盛りつけと供し方】

土鍋に白菜を敷き、伊勢海老を主にほかの材料を彩りよく盛り合わせます。鍋地を注いで焜炉にかけ、煮えばなを酢醤油に薬味のもみじおろし、あさつきを添えておすすめします。
■調理覚え書
●大型の海老や蟹を、殻つきのまま一尾丸ごと使った料理には、その勇ましい姿を、甲冑《かっちゅう》具足に身を固めた武士に見立てて、〝具足〟の名を冠《かぶ》せます。伊勢海老の頭から尾までを煮るこの鍋は〝具足鍋〟の典型で、殻つきであっても頭と胴の半分を使うような場合には、この名はあてはまりません。
●伊勢海老は大変高価な材料です。一尾を一人前として出せない予算の場合には、身の半量を冷水で振り洗いして身をはぜさせる、いわゆる〝洗い〟にして刺身造りの前肴にあて、残りを鍋に仕立てるなども方法です。伊勢海老は殻からもよいだしが出ますから、身が少なめであってもおいしい鍋になります。この場合は具足鍋ではなく、前肴も含めて〝伊勢海老尽《づく》し〟の鍋膳《ぜん》ともなり、ひと味違った趣がだせます。

伊勢海老鍋

●二〇九頁参照

■材料〈一人分〉
伊勢海老（冷凍もの）……½尾分
白滝……70g　しめじ……25g
白菜……1枚　人参……適宜
銀杏……2粒
＊鍋地（昆布だし3カップ　酒大匙4　塩小匙1強）
＊ポン酢醤油（橙の絞り汁、醤油＝各同割量）
かぼす……½個

■作り方
【下ごしらえ】

1伊勢海老は、まず腹側から頭に庖丁を入れて縦二つに割り、向きを変えて胴と尾の部分にも縦に庖丁を入れ、真二つの梨割りにします。

2白滝は水から茹でて笊にとり、もみ洗いして食べよい長さに切ります。

3しめじは石づきを取って小房にほぐしておき、白菜はザク切りに、人参は1㎝厚さの輪切りにして梅型で抜き、庖丁で切り込みを入れてねじり梅を作り、茹でておきます。

4銀杏は鬼殻を割り取り、茹でながら穴杓子の底で転がして薄皮をむき、水にとります。

5鍋地の昆布だしをひと煮立ちさせ、酒と塩を加えて味を調えたのち、伊勢海老を入れてアクを取り除きながら、さっと下煮をして取り出しておきます。

6橙汁と醤油を合わせてポン酢醤油を作り、かぼすを二つに切っておきます。

【盛りつけと供し方】

土鍋に白菜を敷き、伊勢海老を主に白滝、しめじを盛り込み、梅人参と銀杏をあしらいます。鍋地を注いで焜炉にかけ、ひと煮立ちしたらポン酢醤油にかぼすを添えておすすめします。汁次ぎに昆布だしを入れて添え、汁が少なくなったら足せるようにします。
■調理覚え書
●伊勢海老が活けのものであれば、鍋地は酒と塩だけで味を調えるのが一番です。これに対して冷凍ものは、どうしても水っぽく、大味ですから、昆布だしは濃いものを使い、醤油を足したり、味噌仕立てにするなどの工夫が必要です。
●伊勢海老の冷凍ものは、比較的安価で使い映えのする材料です。鍋にもよく使われますが、身が柔らかかったり、やせている場合がありますので、一度さっと茹でて、昆布だしにこの茹で汁を加えて鍋地に利用すると無駄がありません。この場合、鍋地に酒を多めに入れると酷《こく》がでます。

車海老鍋

●二一二頁参照

■材料〈一人分〉
車海老……3尾　焼き豆腐……¼丁
ブロッコリー……50g
新じゃが薯《いも》……2個　白菜……1枚
ねぎ……⅓本　もみじ麸……適宜
塩……少々
＊鍋地（昆布だし3カップ　酒大匙3　塩小匙1強）
＊ポン酢醤油（橙の絞り汁、醤油＝各同割量）
もみじおろし…適宜　あさつき……適宜

■作り方
【下ごしらえ】

1車海老は軽く折り曲げ、頭から二番目あたりの節に竹串を差し入れて背わたを抜き取ります。これを熱湯にくぐらせ、赤く色が変わったらすぐに取り出して笊に上げ、あおいで冷まします。

2焼き豆腐は二つに切ります。
3ブロッコリーは塩を落とした熱湯で茹で、笊に上げてあおいで冷ましたのち小房に分けておきます。新じゃが薯は皮つきのまま蒸し上げ、皮をむきます。
4白菜はザク切りに、ねぎは斜め切りにします。もみじ麩は、小口から3～4㎜厚さに三枚切っておきます。
5鍋地は昆布だしをひと煮立ちさせ、酒と塩を加えて味を調えます。
6橙汁と醤油を合わせてポン酢醤油を作り、もみじおろしを用意し、あさつきを小口切りにします。

【盛りつけと供し方】

土鍋に白菜を敷き、車海老を手前に、焼き豆腐とブロッコリーほかの野菜を彩りよく盛り込み、もみじ麩をあしらいます。鍋地を注いで焜炉にかけ、煮えばなをポン酢醤油にもみじおろし、あさつきで食べていただきます。

■**調理覚え書**

●車海老は背わただけを取り、頭や尾、殻ははずしません。はずしてしまっては車海老の優美な姿が損なわれ、商品価値が半減してしまいます。また、殻つきのまま火を通したほうが旨みも逃げず、頭と身の間にあるおいしい味噌も味わっていただけます。食べにくく手も汚れるという難点はありますが、これも鍋料理の愉《たの》しみのひとつですから、おしぼりを添えておすすめします。

●海老を下茹でする場合の注意点を挙げます。まとめて茹でておく時は、なによりもまず、大きな鍋に熱湯をたっぷりと用意することです。また、すぐに使う場合と翌日に持ち越す場合とでは、茹で加減が違ってきます。すぐに使う場合は、熱湯にさっとくぐらせて外側が赤くなったら取り出します。持ち越す場合は、この茹で方では中が半生なので、次第に黒ずんできます。小型のさい巻き海老で約10分、を目安にしてしっかりと火を通しておきます。さらに、冷凍海老を下茹でする時は、冷凍があまりほどけないうちに茹でるのがコツです。活けと冷凍では、茹で上がりの状態が異なります。生きているうちに茹でたものは、尾がきれいに開きます。

車海老と飛竜頭《ひりょうず》の鍋

●六四頁参照

■**材料**〈一人分〉

車海老……2尾　飛竜頭……1個
糸こんにゃく……70g
小蕪《かぶ》……1個　人参……30g
玉ねぎ(小)…1/4個　レタス(小)…1/4個
＊鍋地（八方地（だし汁2カップ　味醂、薄口醤油＝各1/5カップ））
＊酢醤油（酢、醤油＝各同割量）
柚子胡椒……適宜　あさつき……適宜

■**作り方**

【下ごしらえ】

1車海老は軽く折り曲げ、頭から二番目あたりの節に竹串を差し入れて背わたを抜き取ります。
2飛竜頭は笊に入れ、熱湯を回しかけて油抜きしておき、糸こんにゃくは水から茹でて笊にとり、もみ洗いして食べよい長さに切ります。
3小蕪は葉の部分を切り落とし、半分に切って面取りしたのち下茹でします。人参はシャトウ形にむいて下茹でします。
4玉ねぎは四等分にした一切れを用意して、楊枝で止めて軽く茹でておき、レタスは四つ割りのひと固まりをたっぷりの熱湯にくぐらせ、水にとったのち笊に上げておきます。
5鍋地の八方地は、だし汁を煮立てて味醂を入れ、ひと煮立ちしたら薄口醤油を加えます。
6酢醤油、柚子胡椒を用意し、あさつきを小口切りにします。

【盛りつけと供し方】

土鍋にまずレタスを入れ、その上に車海老とそのほかの材料を形よく盛り込みます。鍋地を注ぎ入れて焜炉にかけ、煮上がったらあさつきを薬味に、柚子胡椒を溶いた酢醤油で食べていただきます。

■**調理覚え書**

●柚子胡椒は九州佐賀一帯の特産品で、柚子皮をおろした中に青唐辛子をすり込んだペースト状のもので、瓶詰で市販され、近年は全国に出廻っています。当地では昔から麺類の香辛料や、刺身などの薬味によく使われています。鍋の薬味として使う場合は、ここで試みているようにつけつゆの酢醤油に溶き混ぜたり、鍋地に溶き入れても、その香りとほのかな辛みが利《き》き味となります。

●ここでは底の深い行平鍋を使っています。この鍋の場合は、小さく切った材料や、繊細な細工を施したものは、底の方に隠れてしまいがちですから、全体に大振りに切って、おおらかな作りを心懸けると仕上がりも決まってきます。

車海老ときんめ鯛の鍋

●二一二頁参照

■**材料**〈一人分〉

車海老……1尾
きんめ鯛のおろし身……150g
だし昆布（だしをとったあとのもの）……20㎝長さ
錦糸卵（卵1/2個分　塩少々　サラダ油適宜）
豆腐……1/6丁　しめじ……35g
人参……50g　わけぎ……40g
酒……少々
＊鍋地（昆布だし2カップ　酒、塩＝各少々）
＊酢醤油（酢、醤油＝各同割量）
もみじおろし…適宜　あさつき……適宜

■**作り方**

【下ごしらえ】

1 車海老は軽く折り曲げ、頭から二番目あたりの節に竹串を差し入れて背わたを抜き取ったのち、熱湯にくぐらせて赤く色が変わったらすぐに取り出し、笊に上げて冷まします。

2 きんめ鯛は大きめのブツ切りにし、酒をふって六分どおり火が通るまで蒸しておきます。

3 だし昆布は細切りにして、柔らかく茹でておきます。

4 錦糸卵を作ります。卵をボールに溶きほぐし、その$\frac{1}{2}$量に塩少々を加えて味を調えておき、卵焼き鍋を熱してサラダ油を引いたのち、卵を流し入れて薄焼き卵を焼き上げ、冷ましてから細く糸状に切ります。

5 豆腐は六つ切りの一切れを用意し、しめじは石づきを取って小房にほぐしておきます。

6 人参は5㎜角、4～5㎝長さのスティック状に切って下茹でしておき、わけぎは3～4㎝長さに切ります。

7 鍋地は昆布だしをひと煮立ちさせ、酒と塩を加えて味を調えます。

8 酢醤油、もみじおろしを用意し、あさつきを小口切りにします。

【盛りつけと供し方】

土鍋に車海老ときんめ鯛を主に、そのほかの材料を彩りよく盛り合わせます。鍋地を注いで焜炉にかけ、煮えばなを酢醤油にもみじおろし、あさつきで食べていただきます。

■調理覚え書
●きんめ鯛は、生のまま鍋に入れると生臭みが表立ちますから、軽く火を通しておきます。ここでは酒蒸しにしていますが、さっと表面をあぶり焼きにしても香ばしく、おいしいものです。
●車海老は、赤身の魚とは合いませんが、きんめ鯛をはじめ、鱸《すずき》やきんき、めばるなど、白身魚一般とはよく合います。

車海老と蛤の鍋

●二一三頁参照

■材料〈一人分〉
車海老………2尾
蛤の下蒸し（蛤2個　昆布だし2カップ　酒大匙2　塩少々）
糸こんにゃく…………………50g
白菜巻き（白菜2枚　ほうれん草$\frac{1}{2}$把）
春菊………30g　人参………適宜
塩………適宜
＊鍋地（蛤の蒸し汁）
＊酢醤油（酢、醤油＝各同割量）
もみじおろし…適宜　あさつき……適宜

■作り方
【下ごしらえ】
1 車海老は軽く折り曲げ、頭から二番目あたりの節に竹串を差し入れて背わたを抜き取り、熱湯にくぐらせて赤く色が変わったらすぐに取り出し、笊に上げてあおいで冷まします。

2 蛤は海水よりやや薄めの塩水（水1カップに対して塩小匙1弱が目安）につけて砂をはかせておき、よく水洗いします。鍋に昆布だしを張って蛤を入れ、酒と塩を加えて蓋をし、火にかけて蒸し煮にします。蛤の口が開きかけたら取り出したのち、蒸し汁は布巾で漉して塩気をみて、辛いようであれば昆布だしで割って味を調えておきます。

3 糸こんにゃくは、水から茹でて笊にとり、もみ洗いして食べよい長さに切ります。

4 白菜巻きを作ります。白菜は厚めのものを用意し、さっと茹でて巻き簀の上に二枚を横に、互い違いに重ねておき、ほうれん草を茹でて水気をきつく絞り根側と葉先側を半量ずつ交互にしてひとまとめにし、巻き簀の白菜の上にのせたのち、しっかりと巻き込んで絞り、形を整えて巻き簀を解き、3㎝弱の長さに切ります。

5 春菊は葉先の柔らかい部分だけをつみ取っておき、人参は1㎝厚さの輪切りにして梅型で抜き、庖丁で切り込みを入れてねじり梅を作り、下茹でします。

6 酢醤油、もみじおろしを用意し、あさつきを小口切りにします。

【盛りつけと供し方】

土鍋に車海老と蛤を主に、白菜巻きを切り口を上にして盛り、白滝、春菊を盛り合わせて梅人参をあしらいます。鍋地用にあらかじめ味を調えておいた蛤の蒸し汁を注いで焜炉にかけ、煮上がったら酢醤油にもみじおろし、あさつきで食べていただきます。

■調理覚え書
●小鍋立ての鍋に蛤を加える場合は、このようにあらかじめ酒蒸しにして、口を開かせておきます。多人数用の大きな鍋であれば、火力も強く、煮る時間も長いため、生のまま加えて煮ながら口を開か

フリージングによる保存

錦糸卵（同一ヵ月以内）
細切りや極細の錦糸卵も、ビニール袋に入れて空気を抜き、または密閉容器で冷凍。

薄焼き卵（同一ヵ月以内）
焼き上げたものを完全に冷まし、一枚ごとにラップをはさんで七～八枚をひと組に密封。

黄柚子《きゆず》の皮（同二ヵ月）
出盛りの晩秋に、薄く皮をむき、細かく刻んでラップに広げ、空気を抜きながら包んで冷凍。

牡丹《ぼたん》海老（保存期間二週間）
殻付き保存したい海老は、背わたを除き、茹でて冷まし、形を整えて密閉容器で冷凍。

せる手法が、一般的です。

●この場合の蛤の酒蒸しは、貝の口が開きかけたところを逃がさず取り出すのがコツです。鍋で再び煮ることになるのですから、ここで火を通しすぎると身が固く縮んでしまいます。

車海老と蛤の酒蒸し鍋

●七七頁参照

■材料〈一人分〉

車海老……2尾　蛤……2個

車海老と蛤の蒸し煮用（酒大匙2　塩少々）

ブロッコリー……30g

塩……適宜

＊鍋地（車海老と蛤の酒蒸し汁）

■作り方

【下ごしらえ】

1 車海老は軽く折り曲げ、頭から二番目あたりの節に竹串を差し入れて背わたを抜き取ります。

2 蛤は、海水よりやや薄めの塩水につけて砂をはかせたのち、よく水洗いをします。

3 ブロッコリーは、塩少々を加えたたっぷりの熱湯で茹でて笊に上げ、あおいで冷まし、小房に分けておきます。

【盛りつけと供し方】

土鍋に車海老と蛤を盛り、上から酒と塩をかけて蓋をし、火にかけます。弱火でゆっくりと蒸して海老に火が通り、蛤の口が開いたところで火からおろし、浮いたアクを取り除きます。

ブロッコリーを盛り添え、再び蓋をして鍋敷きとともに客前に出し、賞味していただきます。

■調理覚え書

●この鍋は、調理場であらかじめ車海老と蛤を酒蒸しにしてお出しする形ですが、火にかける時、小鍋のため座りの悪い場合は、焼き網をかけてその上にのせます。また、客前で焜炉にかけて酒蒸しにする形にもできます。この時はブロッコリーの下茹でを固めにしておき、最初から盛り合わせてお出しします。

●蛤は鍋に加える前に、ひとつ蒸して塩気をみておく必要があります。時に非常に塩気の強い場合があるからです。また、砂を完全にはかせるために、海水よりやや薄い塩水につけますが、このあと再び、ごく薄い塩水につけて塩気を抜き去っておけば万全です。

●この鍋には、主となる車海老と蛤のほかは、青みのブロッコリーだけというシンプルな構成ですが、材料の数を増して量《かさ》を出すよりも、この場合にはかえって主材料の旨みが強調されて、魅力のある一品となります。酒の肴としても、また献立に加える鍋としても最適の仕立ての一種です。

海老真蒸《しんじょ》鍋

●九四頁参照

■材料〈一人分〉

海老真蒸（芝海老120g　すり身40g　卵白1/3個分　塩少々）

鴨肉……80g　焼き豆腐……1/4丁

しめじ……30g　壬生菜《みぶ》……1/4株

白菜……1枚　ねぎ……1/2本

＊鍋地（昆布だし2カップ　酒大匙2　塩少々）

もみじおろし…適宜　あさつき……適宜

■作り方

【下ごしらえ】

1 芝海老は背わたを抜いて頭と殻を取り除き、庖丁でたたいてすり鉢に入れ、すり身を加え、卵白と塩を合わせてよくすり混ぜたのち、ひと口大に丸めて熱湯に落として茹で、浮き上がったら笊に上げておきます。

2 鴨肉は、5㎜厚さにそぎ切りにします。

3 焼き豆腐は四つ切りの一切れを用意しておき、しめじは石づきを取って小房にほぐします。

4 壬生菜は根元を切り落として5㎝長さに切り揃え、白菜はザク切りに、ねぎは斜め切りにしておきます。

5 鍋地は昆布だしをひと煮立ちさせ、酒と塩を加えて吸い地程度に味を調えます。

6 もみじおろしを用意し、あさつきを小口切りにします。

【盛りつけと供し方】

土鍋に白菜を敷き、奥から手前に壬生菜、ねぎ、焼き豆腐を順に盛り込み、海老真蒸、鴨肉を盛ってしめじを盛り添えます。鍋地を注ぎ入れて焜炉にかけ、煮

身近な葉菜(ようさい)二種

菠薐草（ほうれんそう）
漢名の菠薐は原産地ペルシアを指す。この西洋種のほか、赤根の長い東洋種、交雑種など。

白菜
鍋料理の陰の主役、白菜は中国原産で明治四十年渡来。現在は中部以北を主に全国生産。

関西趣向《しゅこう》の葉菜

壬生菜（早生種・煮もの他用）
壬生菜には早・中・晩生とあり、いずれも水菜にある葉の鋸《のこぎり》状の切れ込みがなく丸葉。

壬生菜《みぶな》（中生種・漬けもの用）
疏《そ》水栽培で京都原産のため、水菜＝京菜と呼ぶ葉菜の変種で、壬生村産のものが壬生菜。

上がってきたら、もみじおろしとあさつきを薬味に、食べていただきます。

蟹すき

●七三頁参照

■**材料**〈五人分〉
ずわい蟹(茹でたもの)…………2杯
焼き豆腐……2丁　白滝…………2把
春菊…………1把　白菜…………6枚
ねぎ…………4本
＊鍋地(昆布だし適宜)
＊ポン酢醤油(橙の絞り汁、醤油＝各同割量)
もみじおろし…適宜　あさつき……適宜

■**作り方**
【下ごしらえ】
1 ずわい蟹は、胴から脚とはさみを切り離し、胴は甲羅をはがし取って庖丁で厚みを半分にそぎ、さらに二つに切ります。脚は節ごとに切って側面の殻をそぎ、はさみは縦に切り目を入れます。
2 焼き豆腐は、一丁をそれぞれ六つ切りにし、白滝は水から茹でて笊にとり、もみ洗いして食べよい長さに切ります。
3 春菊は葉先の柔らかい部分だけをつみ取っておき、白菜はザク切りに、ねぎは斜め切りにしておきます。
4 ポン酢醤油は橙汁に醤油を合わせて作り、もみじおろしを用意し、あさつきを小口切りにします。
【盛りつけと供し方】

盛り皿に蟹を主にして、ザク類もともに形よく盛り合わせます。土鍋にあらかじめ温めた昆布だしを、たっぷりと張って焜炉にかけます。煮立ってきたら盛り皿の材料を少しずつ入れ、煮えばなをポン酢醤油にとり、もみじおろしとあさつきを薬味に賞味していただきます。

■**調理覚え書**
●この〝蟹すき〟には、必ず竹の銘々箸を添えます。固い蟹の脚やはさみから身を取り出すためには、杉箸は折れやすく不向きです。

越前蟹のちり鍋

●二二頁参照

■**材料**〈四人分〉
越前蟹……3杯　豆腐…………1丁
芹《せり》…………1把　白菜…………3枚
わけぎ……1把
＊鍋地(昆布だし6カップ　酒1/4カップ　塩少々)
＊ポン酢醤油(橙の絞り汁、醤油＝各同割量)
もみじおろし…適宜　あさつき……適宜

■**作り方**
【下ごしらえ】
1 越前蟹は、胴から脚とはさみを切り離し、胴は甲羅をはがし取って庖丁で厚みを半分にそぎ、さらに二つに切ります。脚は節ごとに切って側面の殻をそぎ、はさみは縦に切り目を入れます。
2 豆腐は四つ切りにし、芹は根元を切り落として半分の長さに切り揃えます。
3 白菜はザクに切り、わけぎは5～6cm長さに切っておきます。
4 鍋地は昆布だしをひと煮立ちさせ、酒と塩を加えて味を調えます。
5 ポン酢醤油は橙汁に醤油を合わせて作り、もみじおろしを用意し、あさつきを小口切りにします。
【盛りつけと供し方】

大笊の向う側に芹、白菜、ねぎを形よく盛り、手前に越前蟹の八割量を盛り上げ、受け皿にのせます。土鍋に鍋地を張って火にかけ、ひと煮立ちしたら残りの蟹と豆腐を入れて軽く煮たのち、客前に持ち出して焜炉にかけ、煮えばなをポン酢醤油にとり、もみじおろしとあさつきを薬味に食べていただき、引き続いて蟹とそのほかの材料を加えては、煮えるそばから味わっていただきます。

■**調理覚え書**
●活けの越前蟹を、たっぷり味わっていただく趣向のこの鍋は、鍋地の塩味はごく薄くするか、入れないで仕上げるのが本来の仕立てです。越前蟹に自然に具《そな》わったほのかな塩気が、蟹特有の香り高い旨みを際立たせてくれるからです。

五目蟹ちり

●八〇頁参照

■**材料**〈一人分〉
渡り蟹(大)…………………1/2杯分
カリフラワー……………………50g
青梗菜《チンゲンツァイ》……1株　椎茸…………3枚
スイートコーン(缶詰)……………40g
もみじ麩……適宜　塩…………適宜
＊鍋地(昆布だし3カップ　酒大匙3　塩小匙1強)
＊酢醤油(酢、醤油＝各同割量)
もみじおろし…適宜　あさつき……適宜

■**作り方**
【下ごしらえ】
1 渡り蟹は、脚とはさみを節で折りたたんで胴につけ、輪ゴム一本をたすき掛けにして止めます。これをたっぷりの水とともに鍋に入れ、塩をひとつまみ加えて35～45分ほど茹でます。
2 茹で上がった蟹は、脚とはさみをもぎ取り、胴を裏返してえら蓋を取り除き、甲羅を二つ切りにしておき、身の方はガニを取り除いて二つに切り、さらに厚みを半分にそぎます。これらの半量を用意しておきます。
3 カリフラワーは、塩少々を加えたたっぷりの熱湯で茹でて笊に上げ、小房に分けておき、青梗菜は根元に十字の切り目を入れ、熱湯でさっと茹でて水にさらし、長さを半分に切ります。
4 椎茸は石づきを取って笠の汚れを拭き取っておき、スイートコーンは笊に移して水気をきります。

5もみじ麩は、小口から3〜4㎜厚さに三枚切っておきます。
6鍋地は昆布だしをひと煮立ちさせ、酒と塩を加えて味を調えます。
7酢醤油、もみじおろしを用意し、あさつきを小口切りにします。

【盛りつけと供し方】
土鍋の中央に、渡り蟹の身を盛り込み、その上に甲羅を被せます。これをとりまく形にカリフラワー、青梗菜、椎茸を盛り合わせ、スイートコーンを散らしてもみじ麩をあしらいます。鍋地を注いで焜炉にかけ、ひと煮立ちしたところで酢醤油にとり、もみじおろしとあさつきを薬味に、味わっていただきます。

■調理覚え書
●ここでは活けの渡り蟹を使っていますが、冷凍ものの場合は下茹でするると水っぽくなりがちですから、蒸して鍋に加えます。蒸す場合も茹でる時と同様に、蟹に輪ゴムを掛けて形を整え、蒸籠に並べて酒をふり、強火で50分ほど蒸し上げます。また、この鍋は渡り蟹に限らず、毛蟹、ずわい蟹などにも応用できます。
●蟹や海老を主にした鍋は、一般に酒と少量の塩だけで味をつけたほうが、持ち味の淡泊な風味と鮮やかな色が活かされます。また、取り合わせる野菜類は、匂いの強いものや、癖《くせ》のあるものさえ避ければ、ここで試みている洋野菜、中国野菜などまで範囲は広がり、新味のある蟹鍋が生まれます。ブロッコリー、グリーンアスパラ、豆苗《トウミョウ》、白菜《パクチヨイ》なども取り合わせておいしい野菜類です。

渡り蟹の捌《さば》き方

和名はがざみ。菱形の甲羅の形から菱蟹とも呼ぶ。主に内海に多く、有明湾、瀬戸内海、三河湾産が有名。市場《しじょう》では韓国、台湾からの輸入品も大量に入り、旬の夏以外も豊富。

1 甲羅を片手で押さえ、はさみと脚を付け根から切り離します。

2 甲羅を裏返し、手で俗にフンドシと呼ばれる三角形の部分を取り除きます。

3 胴の部分から甲羅をはがし取ります。

4 胴身の両脇表面に付いている海面様《よう》のガニを、残さず取り除きます。唯一食べられない部分です。

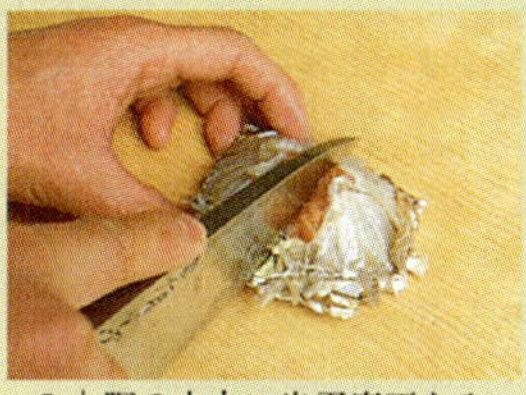
5 胴の中央に出刃庖丁を入れ、二つに切ります。

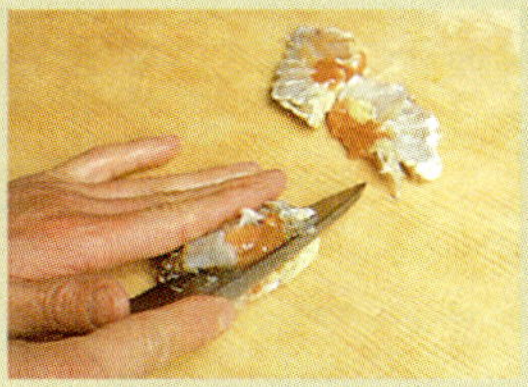
6 二つに切った切り口から庖丁を横に入れ、厚みをさらに二つに切り分けます。

7 はさみと脚の身は、麺棒を転がして押し出します。

渡り蟹のちり鍋

●一一八頁参照

■材料〈一人分〉
渡り蟹……1杯
丸葉春菊……1/4把
ねぎ……1/2本
銀杏……3粒

葉菜(ようさい)三種

畑菜（はたけな）
小松菜の京都一円での呼称。厳密には東京小松菜とは異種の、アブラ菜との交配変種。

高菜（たかな）
芥子《からし》菜の交配変種で中国原産。開花時には１ｍを超える。漬け菜の代表種で全国に地方種。

山東菜（さんとうさい）
中国山東省原産で明治初期に渡来。白菜に似るが結球せず、漬けもの、煮ものに向く葉菜。

手まり麩……1個　塩………適宜
＊鍋地（昆布だし3カップ　酒大匙3
塩小匙1強）
＊酢醤油（酢、醤油＝各同割量）
もみじおろし…適宜　あさつき……適宜

■**作り方**

【下ごしらえ】

1 渡り蟹は、脚とはさみを節で折りたたんで胴につけ、輪ゴム一本をたすき掛けにして止めます。これをたっぷりの水とともに鍋に入れ、塩をひとつまみ加えて35～45分ほど茹でます。

2 茹で上がった蟹は、脚とはさみをもぎ取り、胴を裏返してえら蓋を取り除き、甲羅を二つ切りにしておき、身の方はガニを取り除いて二つに切り、さらに厚みを半分にそぎます。

3 春菊は根元を切り落とし、半分に切って葉、茎の二つの部分とも使います。

4 ねぎは斜めに切っておき、銀杏は鬼殻を割り取り、茹でながら穴杓子の底で転がして薄皮をむき、水にとります。手まり麩は用意しておきます。

5 鍋地は昆布だしをひと煮立ちさせ、酒と塩を加えて味を調えます。

6 酢醤油、もみじおろしを用意し、あさつきを小口切りにします。

【盛りつけと供し方】

土鍋に春菊を盛り、渡り蟹を中心に盛り込んで、ねぎと手まり麩を添え、銀杏を散らします。鍋地を注いで焜炉にかけ、ひと煮立ちしたら酢醤油、もみじおろしとあさつきで食べていただきます。

■**調理覚え書**

●渡り蟹を茹でる時、脚とはさみを胴につけて輪ゴムを掛けるのは、これらが離れたままでは折れたり、もげたりしやすく、また、そこから旨みが茹で汁に溶けだしてしまう恐れがあるからです。しかも、こうしたほうが量《かさ》張らず、一度に数多く茹でることができます。

さらに大切なことは、大きな鍋にたっぷりの水を張った中で茹でることです。煮立ってきたら火を少し弱めますが、煮立ちが止まってしまっては、味が悪くなりますので、常にフツフツと煮立っている状態で茹で上げます。

●渡り蟹を捌《さば》く上でのポイントは、必ずガニを取り除くことです。ガニとは蟹の肺臓で、甲羅をはがすと身の表面の下方についている、灰白色のビラビラしたものです。

●渡り蟹は学名を〝がざみ〟といい、甲羅の形から〝菱蟹〟の俗称でも呼ばれます。また、同じ渡り蟹でも甲羅に黒い紋が二つあるものや、緑がかった色のものもあり、獲れる場所によって微妙に異なります。長崎料理に使われる渡り蟹は〝多比良がね〟と呼ばれますが、この〝がね〟は九州方面の方言で蟹のことです。

●ここで使った春菊は、日本に古くからある品種で、葉はへら状で厚みがあり、茎も太めです。関西以西で主に栽培され、当地では〝菊菜《きくな》〟と呼ばれています。これに対して、東京を中心に出廻っている葉肉が薄くて切り込みが細かく、茎が細くて固い種類は〝西洋春菊〟で、葉先の柔らかい部分だけをつみ取って鍋に使い、茎は別に茹でて、煮もののあしらいや、和えものに活用します。

蟹爪の錦鍋

●九七頁参照

■**材料**〈一人分〉
蟹爪（茹でたもの）……………2本
よもぎ麩……1/6本
黄身素麺《そうめん》（四人分　卵黄6個　本葛《くず》40g
小麦粉30g）……………1/4量
椎茸………2枚　春菊………20g
白菜………1枚　わけぎ………20g
銀杏………2粒
＊鍋地（昆布だし3カップ　酒大匙3
塩小匙1強）
＊ポン酢醤油（橙の絞り汁、醤油＝各同割量）
すだち……適宜　もみじおろし…適宜
あさつき……適宜

■**作り方**

【下ごしらえ】

1 蟹爪は殻に切り込みを入れ、はさみの部分を残してぐるりとむきます。

2 よもぎ麩は一本を十二等分して二切れを用意します。

3 黄身素麺を作ります。卵黄、本葛、小麦粉をよく錬り合わせ、突き出し器で熱湯の中に突き出して浮き上がったら笊にとります。

4 椎茸は石づきを取って笠の汚れを拭き取っておき、春菊は葉先の柔らかい部分だけをつみ取り、白菜はザク切りにします。

5 わけぎは4～5cm長さに切ります。銀杏は鬼殻を割り取り、茹でながら穴杓子の底で転がして薄皮をむき、水にとります。

6 鍋地は昆布だしをひと煮立ちさせ、酒と塩で味を調えます。

7 ポン酢醤油は橙汁に醤油を合わせて作り、すだちは一個を半分に切っておき、もみじおろしを用意し、あさつきを小口切りにします。

【盛りつけと供し方】

土鍋に白菜を敷き、蟹爪を中心によもぎ麩、黄身素麺を形よく盛り、春菊、わけぎ、椎茸を盛り添え、銀杏をあしらいます。鍋地を注いで焜炉にかけ、煮上がったら、ポン酢醤油にすだちをひと絞りしたつけつゆに、薬味のもみじおろしとあさつきを添えておすすめします。

■**調理覚え書**

●鍋に使う蟹爪は、あらかじめ茹でて殻

春菊二種

春菊（中葉種）
地中海沿岸原産の観賞菊が東南アジアで食用に改良。高麗《こうらい》菊の別名が示す経路で渡来。

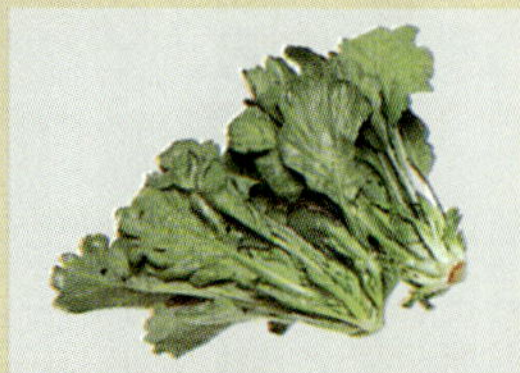

丸葉春菊（菊菜）
春菊は葉の形状から大葉種、中葉種（左・普及種）、小葉種に大別され、丸葉は交配変種。

をむき取り、冷凍してあるものを利用すると手軽にできます。生を使う場合には、茹でた直後に殻をむくことがコツで、冷めてからではきれいにむけません。

蟹《かに》脚《あし》の鍋

●二一〇頁参照

■材料〈一人分〉

蟹脚（茹でたもの）……2本
焼き豆腐……1/2丁　小蕪《かぶ》……2個
わけぎ……35g　菊花……2輪
塩……少々　酢……少々
＊鍋地（昆布だし3カップ　酒大匙3　塩小匙1強）
＊ポン酢醤油（橙の絞り汁、醤油＝各同割量）
すだち……適宜

■作り方

【下ごしらえ】

1 蟹脚は身が取り出しやすいように、裏側の柔らかい殻を庖丁でそぎ取ります。
2 焼き豆腐は四つに切ります。
3 小蕪は茎を少し残して葉を切り落とし、六面に面取りしたのち、塩茹でしておきます。
4 わけぎは5〜6cm長さに切り、菊花は酢を少々落とした熱湯で茹で、冷水にさらして水気を絞ります。
5 鍋地は昆布だしをひと煮立ちさせ、酒と塩を加えて味を調えます。
6 ポン酢醤油は橙汁と醤油を合わせて作り、すだちは一個を半分に切っておきます。

【盛りつけと供し方】

土鍋に、蟹脚を中心に小蕪、焼き豆腐、わけぎを形よく盛り合わせ、菊花をあしらいます。鍋地を注いで焜炉にかけ、ひと煮立ちしたら、すだちを絞ったポン酢醤油で食べていただきます。

■調理覚え書

●蟹脚は、たらば蟹やずわい蟹の脚が味もよく、身も詰まっています。

●蟹脚も蟹爪同様、生のものが使えれば一番で、だしもよく出ますが、あらかじめ茹でて市販されているものも充分使えます。また、冷凍品を活用すれば味も変わりにくく、手軽に調理できます。冷凍品には、生のまま冷凍したもの、茹でてから冷凍したもの、の二種があります。

どちらも調理の際、茹でて戻すと水っぽくなってしまいます。生のまま冷凍したものは、凍った状態で蒸し器に入れ、酒を少々ふって蒸してから使います。茹でてから冷凍したものは、常温で自然解凍してください。

●蟹脚も蟹爪も、身を取り出しやすいように下ごしらえしておくことが大切です。ここでもしているように、裏側の殻をそぎ取っておくか、一本を斜め半分に切っておくと、ぐんと食べやすくなります。

蟹の飛《ひ》竜《りょう》頭《ず》鍋

●一〇八頁参照

■材料〈一人分〉

蟹入り飛竜頭（豆腐1/4丁　蟹のほぐし身40g　人参、木耳《きくらげ》、卵白＝各少々

蟹爪の下ごしらえ

1 はさみの関節の部分を切り落とします。

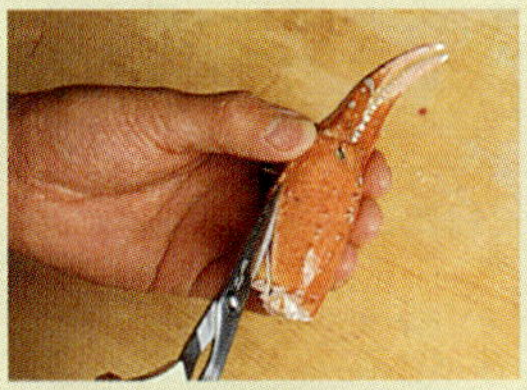
2 俗にいう蟹爪の部分の、一方の山側に縦に半分ほど鋏《はさみ》をいれます。

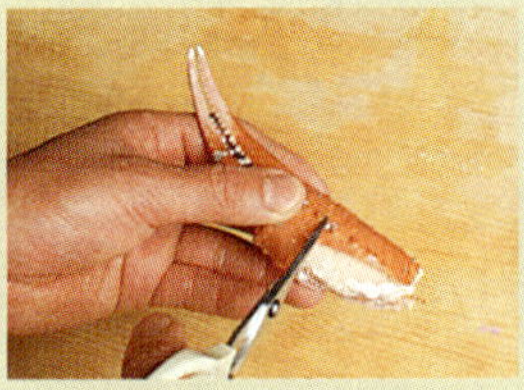
3 切れ目から爪の周囲に鋏を進め、ぐるりと殻をむき取ります。

4 爪先を持って、そのまま食べられるように、このように殻をむき整えて鍋料理ほかに調理します。

蟹脚の下ごしらえ

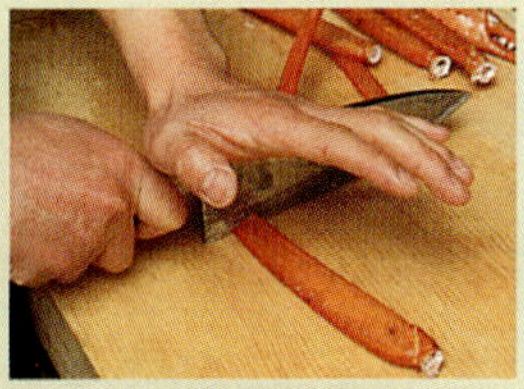
1 脚は関節を切り落とし、やや太い部分と細い部分に切り分けます。

2 太い部分は俎《まな》板に立てるように持ち、裏側にあたる柔らかい殻を庖丁でそぎ取ります。

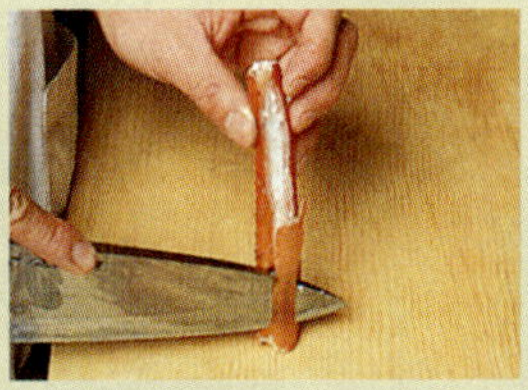
3 逆に持ち変えて、同じように残り半分ほどの殻をそぎ取り、脚の身を取りやすく整えておきます。

4 細い部分は、麺棒を細い方から比較的太い方向に向けて転がし、身を押し出してほぐし身にします。

揚げ油適宜）
鶏もも肉……50g　白滝…………¼把
人参………½本　白菜…………1枚
＊鍋地（八方地《だし汁2カップ　味
　醂、薄口醬油＝各¼カップ》）

■作り方
【下ごしらえ】
1 蟹入り飛竜頭《ひりょうず》を作ります。豆腐は布巾に包んで巻き簀で巻き、重石《おもし》をして充分に水きりをしておきます。人参はみじん切りに、木耳《きくらげ》は水で戻して石づきを取り、繊《せん》切りにします。
2 豆腐を裏漉ししてすり鉢ですり、卵白を入れてさらにすります。ここに蟹の身、人参、木耳を加えて混ぜ、ぬらしたスプーンで丸く形作りながら、中温よりやや低めの揚げ油で、薄いきつね色になる程度に揚げ、一旦油をきってもう一度揚げる二度揚げをします。
3 鶏もも肉は皮と脂を取り除いてひと口大に切り、白滝は水から茹でて笊にとり、もみ洗いして食べよい長さに切ります。
4 人参は½本を縦二つに切り、面取りしながら筒むきにして下茹でし、白菜は大きめのザク切りにしておきます。
5 鍋地の八方地は、だし汁を煮立てて味醂を入れ、ひと煮立ちしたら薄口醬油を加えます。
【盛りつけと供し方】

土鍋の向う側に白菜を寄せるように盛り、白滝、人参、鶏肉を盛り、手前に蟹の飛竜頭を盛り込みます。鍋地を注いで焜炉にかけ、煮えばなをおすすめします。

■調理覚え書
●飛竜頭は、飛龍頭、あるいは飛竜（龍）子の字もあてられますが、本来はポルトガル語です。関東でいう〝がんもどき〟、関西方面では〝ひろうす〟の名で呼ばれています。

魚介と京菜の寄せ鍋

●一四四頁参照

■材料〈一人分〉
鯛のおろし身………………20g
車海老……1尾　蛤…………1個
牡蠣のむき身…………………1粒
鶏もも肉……30g　豆腐………¼丁
京菜……140g　白菜………½枚
わけぎ……3本　塩…………適宜
大根おろし…適宜
＊鍋地（八方地《だし汁2カップ　味
　醂、薄口醬油＝各¼カップ》）
＊酢醬油（酢、醬油＝各同割量）
もみじおろし…適宜　あさつき……適宜

■作り方
【下ごしらえ】
1 鯛のおろし身は皮つきのものを用意し、車海老は背に切り目を入れて背わたを抜き取り、熱湯にくぐらせて赤く色が変わったら笊に上げ、あおいで冷まします。
2 蛤は海水よりやや薄めの塩水につけて砂をはかせておき、よく水洗いします。牡蠣のむき身は、大根おろし少々をまぶして軽くもみ、水洗いします。
3 鶏肉は余分な脂を取り除いて、食べよい大きさに切っておきます。
4 豆腐は二つに切り、京菜は葉先の部分を5～6㎝長さに切り揃えておき、白菜はザク切りに、わけぎは5～6㎝長さに切ります。
5 鍋地の八方地は、だし汁を煮立てて味醂を入れ、ひと煮立ちしたら薄口醬油を加えます。
6 酢醬油、もみじおろしを用意し、あさつきを小口切りにします。
【盛りつけと供し方】

土鍋の向う側半分を目安に京菜、白菜、わけぎ、豆腐を盛り込み、手前に車海老、鯛、牡蠣、蛤、鶏肉を取りやすく形よく盛り合わせます。鍋地を注いで焜炉にかけ、煮上がったら酢醬油に薬味のもみじおろし、あさつきを添えて食べていただきます。

北寄《ほっき》鍋

●五四頁参照

■材料〈一人分〉
北寄貝……1個　よもぎ麩……1/10本
豆腐……⅔丁　春雨…………20g
しめじ……30g　人参…………20g
白菜………1枚　揚げ油………適宜
塩…………適宜
＊鍋地（だし汁2カップ　酒大匙3
　塩小匙1強）
もみじおろし…適宜　あさつき……適宜

■作り方
【下ごしらえ】
1 北寄貝は蝶番《ちょうつがい》を向う側にして手に持ち、殻の合わせ目に金ベラを差し込んでこじあけ、貝柱を切って殻をはずします。身から水管を切り取り、ひもと黒ずんだ腹を切り離したのち、白くふくらんだ部分へ庖丁を入れ、厚みを半分にそぎ切りします。内側の茶褐色のわたを庖丁でこそいで除き、薄い塩水でさっと洗っておきます。
2 はずしたひもは、縁についている黒い汚れを庖丁の刃先でこそげ取り、適当な長さに切ります。
3 よもぎ麩は、一本を十等分した一切れをきれいな揚げ油で素揚げにしたのち、熱湯を回しかけて油抜きします。
4 豆腐は二つに切っておき、春雨はさっと茹でて笊にとり、冷水にさらして澱粉を抜いたのち、水気をきって食べよい長さに切ります。
5 しめじは石づきを取って小房にほぐし、人参は5～6㎝長さの細めのスティック状に切り、下茹でします。白菜はザク切りにします。
6 鍋地はだし汁をひと煮立ちさせ、酒と塩を加えて味を調えます。
7 もみじおろしを用意し、あさつきを小口切りにします。
【盛りつけと供し方】

盛り鉢に白菜を盛り、人参、春雨、豆腐、よもぎ麩、しめじを順に盛り込み、北寄貝とそのひもを盛り合わせます。土鍋に鍋地を張って焜炉にかけ、煮立ってきたらまず北寄貝を入れ、薄墨色の貝舌が紅紫色に変わってきたら取り出し、もみじおろしとあさつきをのせて食べていただき、続いてほかの材料も少しずつ加えては、煮えばなを食べていただきます。

■調理覚え書

●北寄貝は生貝のままか、むき身で折り箱に入るか、殻をはずして柱を取ったものを十個ずつつなげた〝連《れん》北寄〟の形で出廻っています。生貝は大型でずしりと重みのあるもの、むき身は貝舌の大きいものがよしとされています。

●北寄貝の身の内側のわたは、庖丁できれいにこそげ取ります。刺身や鍋のように生に近い状態ですすめる時は、わたの癖《くせ》を嫌う向きが多いようです。塩焼き、つけ焼きなどにする場合は、あえて取る必要はありません。

●年配のお客さまに北寄貝をお出しする時は、必ず隠し庖丁を入れます。貝舌の先端に二〜三本、あるいは表面に縦に細かく切り目を入れておくと歯触りもよく、食べやすくなります。

帆立鍋

●五五頁参照

■材料〈一人分〉

帆立貝……3個　鶏もも肉……40g
舞茸……70g　春菊……30g
わけぎ……30g
＊鍋地（だし汁2カップ　酒大匙1　塩小匙1弱）
かぼす……1/2個

■作り方

【下ごしらえ】

1 帆立貝は殻つきのものを用意し、殻の両面に熱湯をかけて洗います。殻の平たい方を下に、蝶番《ちょうつがい》を向う側にして手で持ち、殻の合わせ目に金ベラを差し込んで身と殻をはなし、片方の殻をはずし、もう一方の殻もはずします。

2 貝の身の黒いわたの部分を取り除き、ひもについている黒い汚れを庖丁でしごき落とします。ひもの部分に二〜三カ所、貝柱には片面に十字の庖丁目を入れて食べやすくします。

3 鶏もも肉は脂を取り除き、ひと口大に切ります。鍋地のだし汁を煮立てた中に、この鶏肉を入れて火を通したのち、煮汁は漉して酒と塩を加え、味を調えておきます。

4 舞茸は、ゴミや汚れを取り除いてほどよい大きさにほぐし、さっと下茹でします。春菊は葉先の柔らかい部分だけをつみ取っておき、わけぎは5〜6cm長さに切ります。

5 かぼすは一個を二つに切って半分を用意します。

【盛りつけと供し方】

盛り器に、鶏肉を除いて全体の2/3量ほどを目安に盛ります。まず器の奥寄りに春菊、舞茸、わけぎを盛り、次に帆立貝の殻に、おろしたその身を二個ほどのせたものを手前に盛り込みます。土鍋に鶏肉のだしの出た鍋地を張り、鶏肉を入れてひと煮立ちさせ、盛り残しておいた舞茸、わけぎを加え、殻にのせた帆立貝を入れ、先の盛り器とともに客前に出して土鍋を焜炉にかけます。煮えばなに、かぼすの絞り汁を落として賞味していただき、引き続いて材料を入れては食べていただきます。

■調理覚え書

北寄貝のおろし方

1 蝶番《ちょうつがい》を下にして手に持ち、殻の合わせ目に金ベラなどの貝むきを刺し込んで、身を傷つけないようにこじあけます。

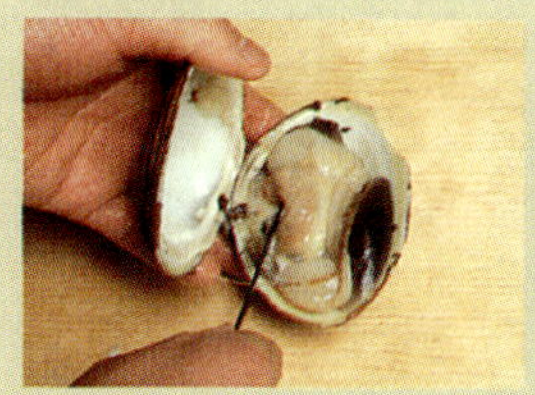

2 貝柱にあたりをつけて身と柱に貝むきをあて、身をこそげます。

3 殻の面をなぞるように、貝むきを動かします。

4 貝柱を切り離し、身を完全に殻からはずし取ります。

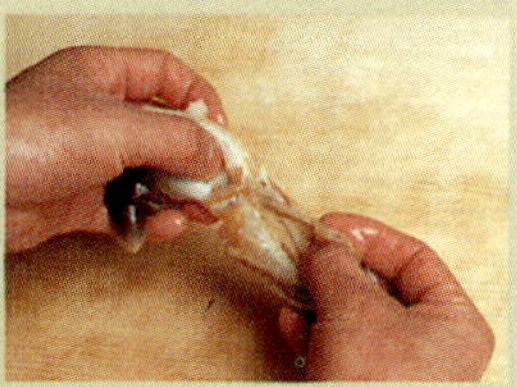

5 身から水管の部分だけを切り取り、ひもと黒ずんだ肝《きも》の部分を取り除きます。

6 先端の薄墨色の貝舌部分から熱湯にくぐらせ、先端が紅紫色に変わったら引き上げます。

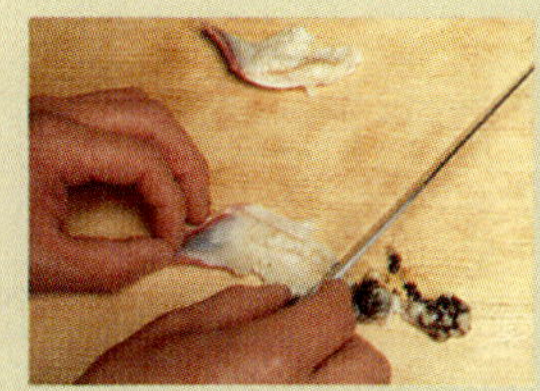

7 色出しののち、厚みの半分にそぎ庖丁を入れて二枚にし、内側のわたを庖丁の刃先でこそげ取ります。

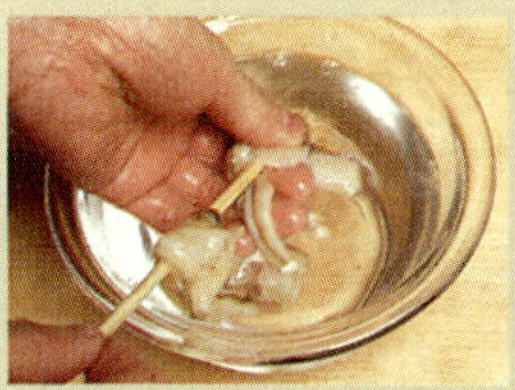

8 先にはずしたひもは、縁についている黒い汚れを庖丁の刃先でこそげ取り、水管に竹串を通して薄い塩水で洗っておきます。

●殻つきの生帆立は、貝柱だけを刺身などに使うことが多く、丸ごと鍋に仕立てたこの例は、大変贅沢な味わいのものです。通常の鍋にはひもつきの柱を蒸してある"蒸し帆立"で充分ですが、火が通りすぎてパサつきがちのものが多く、だしも出にくいのが難点で、鍋地に醤油や味醂を足して味を補う必要があります。

●帆立貝を鍋の主材料として用いる場合は、わたやひもをつけたまま入れて量《かさ》をだします。ただし、そのままでは食べにくいため、必ず隠《かく》し庖丁を入れなければなりません。

●帆立貝の殻をはずす時は、ここでもしているように殻の表面に熱湯をかけるか、火であぶると身がはずれて取りやすくなります。

帆立のたたき鍋

●四九頁参照

■材料〈四人分〉

帆立のたたき（帆立の貝柱12個　鶏挽き肉440g　卵1個）

豆腐……2丁　椎茸……12枚

春菊……½把　白菜……6枚

ねぎ……2本

＊鍋地（八方地（だし汁8カップ　味醂、薄口醤油＝各同割量））

おろし生姜…適宜　あさつき……適宜

■作り方

【下ごしらえ】

1 たたきを作ります。帆立の貝柱をまず小さく切ってから細かく刻みます。鶏挽き肉は、皮と脂を除いて二度挽きしたものを用意してすり鉢に入れ、卵を加えてよくすり、さらに帆立を加えて崩れすぎない程度にすり合わせます。

2 豆腐は一丁をそれぞれ六つ切りにし、椎茸は石づきを取って笠の汚れを拭き取っておき、春菊は葉先の柔らかい部分だけをつみ取ります。

3 白菜は大きめのザク切りにし、ねぎは5〜6cm長さのブツ切りにします。

4 鍋地の八方地は、だし汁を煮立てて味醂を入れ、ひと煮立ちしたら薄口醤油を加えます。

5 おろし生姜を用意し、あさつきを小口切りにします。

【盛りつけと供し方】

盛り皿に白菜を盛り、豆腐、春菊、ねぎ、椎茸をそれぞれ盛り合わせ、手前にたたきをこんもりと盛ります。土鍋に鍋地を張って焜炉にかけ、煮立ってきたらたたきを箸で大きくつまんで入れ、浮き上がってきたところを汁ごと取り皿にとり、あさつきとおろし生姜を薬味に、食べていただきます。たたきを食べ進むうち、鍋地に帆立のだしがよく出た頃合いをみて、豆腐、そのほかの材料を入れて愉《たの》しんでいただきます。

■調理覚え書

●帆立のたたきとはいえ、貝柱だけで作るとどうしても水っぽくなりがちですから、約倍量の鶏の挽き肉を合わせて味の補ないとしています。同時に経済的でもあります。鶏挽き肉以外では、白身魚のすり身を合わせることもできます。昔は鴨肉を混ぜて作ったものです。また、帆立は貝柱だけを用いるのが最上ですが、鮮度のよいものならひもを混ぜてもよいでしょう。

●薬味にはあさつきとおろし生姜を取り合わせていますが、あさつきともみじおろし、あるいは七味唐辛子や粉山椒をふってもおいしいものです。

帆立の貝《か》焼《や》き鍋

●四四頁参照

■材料〈一人分〉

帆立貝……1個　鶏もも肉……30g

薄焼き卵（卵1個　塩少々　サラダ油適宜）

小松菜の白菜巻き（白菜1枚　小松菜20g　塩少々）

舞茸……60g　三つ葉……10g

菊花……2輪　ねぎ……25g

人参……適宜　銀杏……2粒

塩……適宜　酢……少々

＊鍋地（だし汁2カップ　味醂¼カップ弱　薄口醤油¼カップ）

＊味噌だれ（約五人分　味噌大匙4　すり胡麻大匙6　醤油大匙3　酒大匙4　砂糖、味醂＝各大匙2　酢大匙5　辣油《ラーユ》小匙2）……約⅕量

あさつき……適宜

■作り方

【下ごしらえ】

1 帆立貝は殻をはずし、わたを取り除いて貝柱とひもに分けます。貝柱は厚みを三枚くらいにそぎ切りにし、ひもは外側の黒い汚れを庖丁の先でこそげ落とし、塩水で洗ってぬめりを取り、水洗いしたのち適当な長さに切ります。殻は鍋用に窪みのある片側を残し、きれいに水洗いしておきます。

2 鶏もも肉は皮と脂を取り除いて、小さめに切っておきます。

3 薄焼き卵を作ります。卵をボールに割りほぐして塩で味を調え、卵焼き鍋を熱してサラダ油を引き、卵を流し入れて薄く焼き上げ、冷めてから細く切り揃えておきます。

4 白菜巻きを作ります。白菜はさっと湯がき、小松菜は塩茹でし、根側と葉先側を半量ずつ交互にしてひとまとめにします。巻き簀に白菜を広げ、芯に小松菜をのせて巻き簀を巻き、きつく絞ったのち簀を解いて3cm長さに切っておきます。

5 舞茸はゴミや汚れを取り除き、小房にほぐしておき、三つ葉は4〜5cm長さに切り、菊花は、酢を少量落とした熱湯で茹でて冷水にとり、水気を絞ります。

6 ねぎは4〜5cm長さのブツ切りに、人参は1cm厚さの輪切りにして梅型で抜き、庖丁で切り込みを入れてねじり梅を作って下茹でします。

7 銀杏は鬼殻を割り取り、茹でながら穴杓子の底で転がして薄皮をむき、水にとります。

8 鍋地はだし汁を煮立てて味醂を入れ、ひと煮立ちしたら薄口醤油を加えます。

9 味噌だれを作ります。味噌をまとめてフォークで刺し、直火《じか》にかざしてあぶり、香りがでたら手早くすり鉢に入れます。すり胡麻と醤油、酒、砂糖、味

醂を加えてよくすり混ぜておき、お出しする直前に酢と辣油を加えて、なめらかになるまですり合わせます。

10 あさつきは小口切りにします。

【盛りつけと供し方】

盛り皿に帆立、鶏肉、白菜巻きをはじめ、すべての材料を彩りよく盛り合わせます。帆立貝の殻に鍋地を控えめに張って焜炉にかけ、ひと煮立ちしたら少しずつ材料を入れてゆき、煮えばなを味噌だれに薬味のあさつきで、賞味していただきます。あらかじめ汁次ぎに鍋地を入れて添えておき、鍋の汁気が少なくなったら、その都度足せるように調えます。

帆立の宿《やど》借《か》り焼き

●一七二頁参照

■材料〈一人分〉

帆立の下蒸し（帆立貝2個　酒、塩＝各適宜）

焼き豆腐……1/2丁　椎茸……1枚

えのき茸……80g　白菜……1枚

帆立貝のおろし方

大きな貝柱を持ち、二枚の殻を強く開閉させて移動。東北、北海道の海が主産地で旬は冬。その貝柱は特に、平貝の柱と並び称される刺身材料。近年は養殖が盛んで一年中市場《しじょう》に。

1 貝むきを片側の殻の内側に沿って差し入れます。

2 身の中央にある貝柱を傷つけないように注意しながら、貝むきを貝殻の面をなぞるように移動させ、こじあけます。

3 貝柱をはずし、身もともに丁寧にはずし取ります。

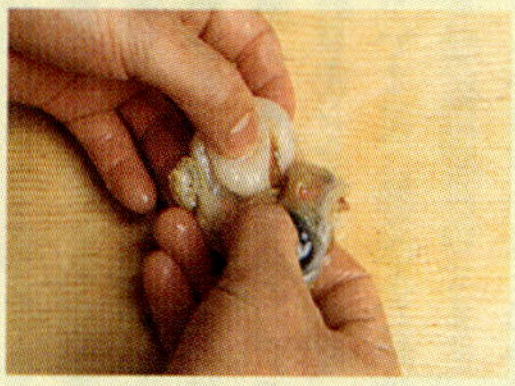

4 貝柱とそのほかの部分を手で慎重に切り離します。

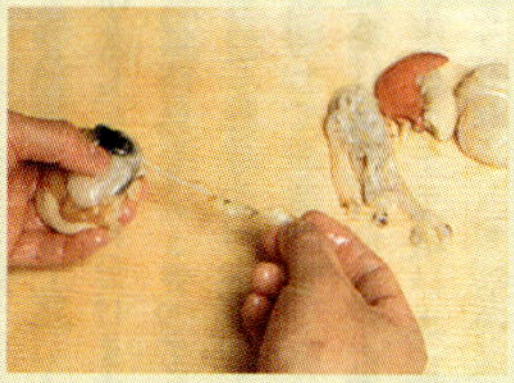

5 身とわた、肝《きも》の部分から貝ひもをはずします。右上はおろし済みの各部位。左からひも、角《つの》状の肝（朱色は雌の卵巣・白色系は雄の生殖巣）、貝柱。

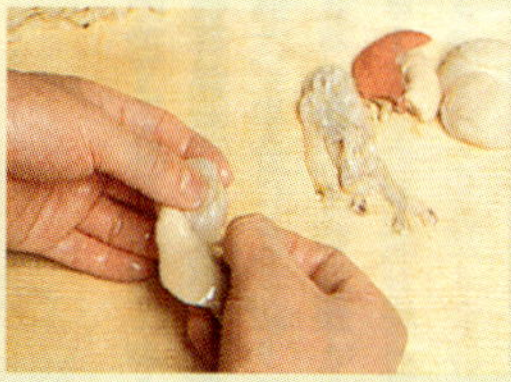

6 身の部分から角状の肝をはずし取ります。

7 肝のへりについている黒いわたの筋を、庖丁の刃先でしごき取ります。

8 貝ひもの黒い汚れを、庖丁の刃先でそぎ落とします。

9 貝ひもは、指先で塩をもみつけるようにして洗います。

10 汚れ、ぬめりなどをもみ落とし、さっと水洗いして水気を拭き取っておきます。

◉日本料理での帆立貝の主要部位は、貝柱、ひも、角状の肝です。厚く丸みのある貝柱と長いひもの部分は、刺身をはじめ、すし種や酢のもの、焼きものに。角状の肝はややほろ苦く、焼きものや、他の部位とともに煮ものなどにして珍味です。殻つきのものを求める時は、殻に触れてみて、素早く、力強く口を閉じるものを選ぶことです。

放してパリッとさせておきます。

【盛りつけと供し方】

銅の枠笊の内側に、紙をぴったりと添わせるように敷き入れます。盛り皿に魚介ほかのすべての材料を彩りよく盛り合わせます。紙鍋に鍋地を控えめに張って焜炉にかけ、煮立ってきたら魚介をはじめだしの出るものから順に、少しずつ材料を入れてゆきます。煮えばなをポン酢醤油にとり、もみじおろしと白髪ねぎを薬味に、愉《たの》しんでいただきます。

■**調理覚え書**

●紙鍋の紙は、古くは美濃和紙などに焼きみょうばん、蕨糊《わらびのり》など七～八種を調合して塗り、それが各料理屋の秘伝となっていたものです。これらの仕事が紙鍋の専門料理屋で探究された結果、今では特殊加工してある洋紙が出廻り、また紙鍋専用紙も市販されるようになりました。〝秘伝〟を持たなくとも紙鍋を手軽に作ることができるわけです。紙を支える網についても、最近はステンレス製の手頃なものが市販されていますが、できれば赤銅を笊様《よう》に編んだものを使い、風情と高級感をだしていただきたいものです。

●紙鍋には、魚介、肉類を中心に季節の野菜を取り合わせ、なるべく多種類の材料を揃えた寄せ鍋スタイルが向きます。多少アクの出る材料であっても、紙が吸い取ってくれる利点もあります。ただし、特殊な紙といっても破れやすいことには変わりなく、海老を用いる時は尖った頭と尾の剣先を取り除き、魚は骨のない上身だけを使う配慮が必要です。

●紙鍋の煮汁の量は、少なすぎると焦げつき、多すぎるとこぼれる心配があります。鍋地を入れた汁次ぎを添えて、常にほどよい加減を保つように注意します。具が底にくっつきやすいということもありますから、この点からも注意が必要です。また、食べ終えたのちは、給仕人は紙の両へりをつまんで、残った汁を控えの器にあけて下げ、続いて網笊、焜炉を引くようにすれば、失敗がありません。

野菜類を主とした鍋

松《まつ》茸《たけ》鍋

●一一二頁参照

■**材料**〈二人分〉

松茸……20g　鶏もも肉……40g

大根・人参の菊花(大根65g　人参40g　塩少々)

ヤングコーン(水煮缶)……2本

小松菜……65g　白菜……1枚

銀杏……3粒

*鍋地(だし汁2カップ　酒大匙2　塩小匙1弱)

かぼす……適宜

■**作り方**

【下ごしらえ】

1 松茸は石づきの部分を庖丁の先で無駄なく削り、ぬれ布巾で汚れを拭いて縦に薄く切ります。

2 鶏もも肉は脂を取り除き、食べよい大きさのそぎ切りにします。

3 大根と人参の菊花を作ります。大根の太い部分を15cm長さの輪切りにして、30～40cm長さの薄いかつらむきにします。これを薄い塩水にさらし、しんなりしたら取り出して幅を二つ折りにし、輪の側に5mm間隔の切り込みを入れます。別に、人参を2～3cm長さの円筒に切って茹で、これを花芯にして周囲に大根をぐるりと巻きます。巻き終わりを楊枝で止め、水にしばらくつけて花弁を開かせます。これと同様に人参の菊花を、大根を花芯にして作ります。

4 ヤングコーンは水気をきっておき、小松菜は生のまま6～7cm長さに切り揃え、白菜はザク切りにします。

5 銀杏は鬼殻を割り取り、茹でながら穴杓子の底で転がして薄皮をむき、水にとります。

6 鍋地はだし汁をひと煮立ちさせ、酒と塩を加えて味を調えます。

7 かぼすは二つに切っておきます。

【盛りつけと供し方】

土鍋に白菜を敷き、松茸を主に鶏肉、菊花作り二種ほかの材料を彩りよく盛り合わせます。鍋地を注いで焜炉にかけ、煮えばなに、かぼすの絞り汁を落として賞味していただきます。

■**調理覚え書**

●よい松茸を選ぶ目安は、まず笠の開き

具合です。あまり開きすぎず、半開きくらいのものが食べ頃です。また、軸が太く、弾力があり、湿気を帯びていないものを選んでください。最近では、国産の松茸に似た韓国産のものや、笠の大きなカナダ産のものが出廻っていますが、どちらも日本産のような香りがありません。

●松茸の料理は鍋ものに限らず、その香りと風味を充分に活かすことが第一です。そのためにも、調理に際しては水洗いはせず、固く絞ったぬれ布巾で汚れを拭き取る程度にとどめます。また、火を通しすぎるとせっかくの風味が損なわれますから、煮えばなを味わっていただきます。

●松茸に取り合わせる材料には、匂いの強すぎるもの、癖《くせ》のあるもの、アクの強いものは避けます。魚介なら鱧《はも》、肉類なら鶏肉が相性のよいものの代表です。

●鍋地は酒と塩だけの薄味で調え、柑橘《かんきつ》系の果汁をたっぷりと絞っていただきます。柑橘類は、かぼすのほか、すだちや青橙が合いますが、柚子や黄橙、レモンでは少々香りがきつすぎます。

芋《いも》鶏《とり》鍋

●二三一頁参照

■材料〈一人分〉

里芋……2個　鶏もも肉……70g
よもぎ麩……$\frac{1}{10}$本　白滝……40g
しめじ……25g　人参……40g
白菜……1枚　卵……$\frac{1}{2}$個分
銀杏……3粒　塩……適宜
揚げ油……適宜
＊鍋地（だし汁2カップ　白醤油$\frac{1}{4}$カップ　味醂$\frac{1}{8}$カップ）
わけぎ……適宜

■作り方

【下ごしらえ】

1 里芋は皮をむいて半分に切り、塩をまぶしてたっぷりの水に入れて火にかけ、煮立ったら茹で汁を捨てて水を張り、もう一度茹でこぼしたのち、ぬめりを洗い流しておきます。

2 鶏もも肉は脂を取り除き、里芋の大きさに揃えて切り分けます。

3 よもぎ麩は一本を十等分した一切れを低温の揚げ油で素揚げにし、熱湯をかけて油抜きをします。

4 白滝は水から茹でて笊にとり、もみ洗いして食べよくひと口大に結びます。

5 しめじは石づきを取って小房に分け、人参は里芋と大きさを揃えて乱切りにし、軽く下茹でしておき、白菜はザク切りにします。

6 卵は固めに茹でて殻をむき、花形に飾り切りしながら半分に割ります。

7 銀杏は鬼殻を割り取り、茹でながら穴杓子の底で転がして薄皮をむき、水にとります。

8 鍋地のだし汁、白醤油、味醂を合わせたのち、里芋と人参を入れて火にかけ、煮立ったら火を弱め、落とし蓋をして煮ます。柔らかくなったところで鶏肉、白滝、しめじ、白菜を加え、再び弱火で汁をにごらせないように煮ます。充分味を含んだら火を止め、そのまま煮汁につけておきます。

9 わけぎは小口切りにします。

大根の菊花造り

1　大根の太い部分を15cm長さの輪切りにし、30〜40cm長さのかつらむきにして薄い塩水につけ、しんなりしたら、輪を手前に、幅を二つ折りにします。

2　向う端を1.5cmほど残し、輪側に5mm間隔の切り込みを斜めに入れます。

3　切り離さないように注意して、端まで切り込みを入れます。

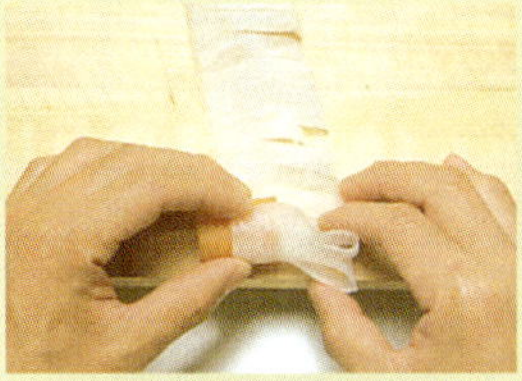

4　花の芯用に人参の円筒を用意し、軽く下茹でをして2〜3cm長さに切り、これを芯に切り込みを入れたかつら大根の帯で、きっちりと巻き込みます。

5　巻き終わりから芯に向けて、細い楊枝を刺して止めます。

6　水につけて丁寧に花弁を開き、しばらくおいて、花弁がパリッとしたら、余分な楊枝を切り整えて水気をきります。

◉大根の花びら、人参の花芯の、この菊花造りを基本に、色使いを逆にした人参の花びらのもの、また、花びらを大根と人参の二色に重ねたものなど、盛りつける際の他の材料との彩りによって、変化をつけることができます。

このような細工ものは、いわゆる〝むきもの〟の分野に入るものですが、単に盛り皿の上の飾りとして使う場合と違って、鍋料理に加えるむきもの類は、煮て食べることを常に考慮する必要があります。あまりに細かく、小さすぎる作りは不向きであり、また、他の材料に比べて、これだけが目を惹くようではいただけません。

【盛りつけと供し方】

あらかじめ煮ておいた材料を煮汁ごと土鍋に移し入れ、よもぎ麩、茹で卵を加え、銀杏を散らします。一旦火にかけてひと煮立ちさせたのち、熱あつを客前に持ち出し、薬味のわけぎとともにおすすめします。

■調理覚え書

●材料分量は、わかりやすく一人前で表記しましたが、数人分をまとめて仕込んだほうが効率もよく、おいしく仕上がります。

●郷土料理風の、素朴なごった煮鍋ですが、鍋地に白醤油を使って材料を白く煮上げました。里芋をより色白く仕上げたい場合は、下茹でする時に酢を少量加えるのがコツです。

●よもぎ麩は生のままでは少々頼りない味ですが、素揚げにすると口あたりがよく、酷《こく》もでます。生麩は傷みやすいのできっちりと密封して冷蔵保存します。

●ごった煮鍋は、手元にある材料を入れ込んで煮た鍋ではありますが、何でもよいというわけではなく、相性のよいものを集めることが大切です。

ごった煮で知られるのが〝いとこ煮〟です。これは、煮えずらい順から追い追いに鍋に入れるため、オイオイでイトコ…という説と、土の中にある芋、大根、人参、蒟蒻《こんにゃく》などの材料を寄せるところから、イトコ同士のように近しいものを煮る意味から、といった説もあります。しかし本当は〝オコト〟といって、仏教の集まりに作られた料理〝オコト煮〟が転訛したもので、必ず小豆《あずき》が入ります。まさしくごった煮の代表ですが、コツは煮崩さないこと、彩りが美しいこと、汁があまりにごらないこと、の三つです。汁をにごらせないためには、煮立てすぎないことです。これは味をこっくりと仕上げるコツでもあります。

五目野菜鍋

●二二四頁参照

■材料〈一人分〉

厚揚げ(三角揚げ)……………2枚

合挽き肉……100g　白滝…………40g

椎茸…………3枚　玉ねぎ(小)…½個

大根…………40g　人参…………40g

白菜…………2枚　卵…………½個分

＊鍋地（八方地《だし汁2カップ　味醂、薄口醤油＝各¼カップ》）

＊酢醤油（酢、醤油＝各同割量）

もみじおろし…適宜　あさつき……適宜

■作り方

【下ごしらえ】

1 厚揚げは熱湯をかけて油抜きし、食べよく二つに切っておき、合挽き肉はそのまま用意します。

2 白滝は水から茹でて笊にとり、もみ洗いして食べよい長さに切ります。

3 椎茸は石づきを取って笠の汚れを拭き取り、玉ねぎは1cm厚さの輪切りにし、散らないように楊枝で止めます。

4 大根は4～5cm長さの拍子木に切り、人参はシャトウ形にむき、それぞれを下茹でします。白菜は大きめのザク切りにします。

5 卵は半熟に茹でて殻をむき、糸を使って二つに切ります。

6 鍋地の八方地は、だし汁を煮立てて味醂を入れ、ひと煮立ちしたら薄口醤油を加えます。

7 酢醤油、もみじおろしを用意し、あさつきを小口切りにします。

【盛りつけと供し方】

土鍋に白菜を敷き、厚揚げと野菜類、茹で卵を盛り合わせ、手前に合挽き肉を盛り込みます。鍋地を注いで焜炉にかけ、煮上がったら薬味のもみじおろし、あさつきを添えて酢醤油でおすすめします。

砧《きぬた》大根の鍋

●二二五頁参照

■材料〈一人分〉

大根の砧巻き（三人分　大根9～12cmの輪切り　米のとぎ汁適宜）……⅓量

砧大根の下煮（八方地《だし汁2カップ　味醂、白醤油＝各¼カップ》）

豚薄切り肉…60g　焼き豆腐……¼丁

巻き湯葉……3個　わけぎ………15g

根三つ葉……10g　白菜…………1枚

銀杏…………3粒

＊鍋地（だし汁2カップ　酒小匙2　塩小匙1弱）

＊柚子味噌（味噌、味醂、砂糖＝各大匙1　柚子皮のすりおろし少々）

■作り方

【下ごしらえ】

1 砧巻きを作ります。大根は太い部分を9～12cm長さの輪切りにしたものを用意し、薄刃庖丁であまり薄くないかつらむきにします。これを竹箸を芯にして巻き戻し（砧巻きといいます）、竹皮を裂いた紐《ひも》で二～三カ所を縛ったのち、竹箸を抜きます。

2 砧大根を米のとぎ汁で下茹でしたのち、分量のだし汁に調味料を加えて煮立てた煮汁で、崩さないように弱火で煮含

砧(大根)を巻く

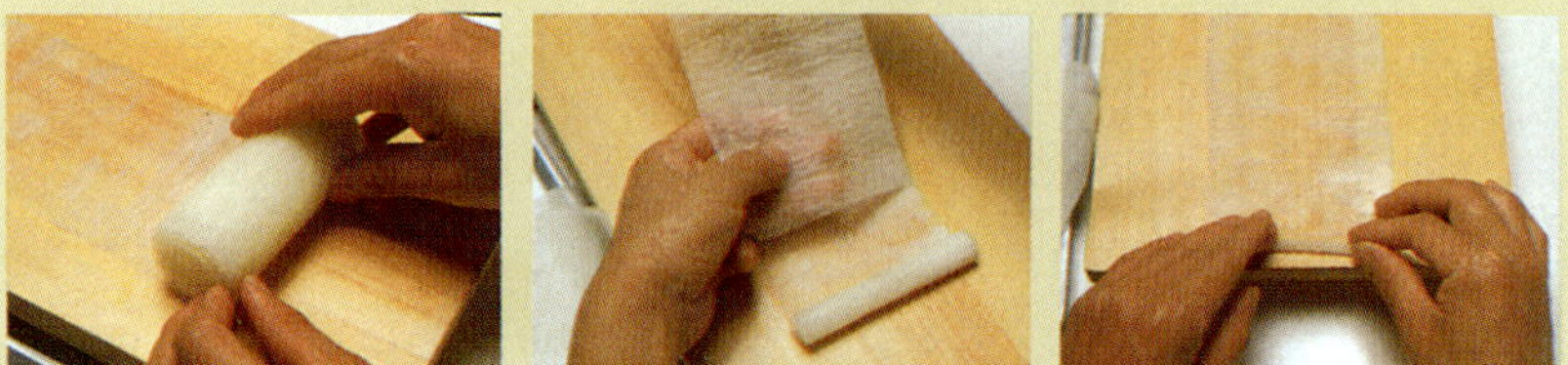

1　大根の太い部分を輪切りにしてやや厚めのかつらむきにし、大根の外側の面を内に巻き込みます。

2　慣れるまでは、巻きはじめの端に竹箸をあて、これを芯にして巻き込めば失敗がありません。

3　巻き端がずれ込まないように、力を平均に保ってきっちりと巻きこんでいきます。

めておきます。

3豚肉は食べよい大きさに切ります。

4焼き豆腐は二つに切り、巻き湯葉はぬるま湯につけて軽く戻します。

5わけぎ、三つ葉はそれぞれ5〜6cm長さに切り揃えておき、白菜はザク切りにします。

6銀杏は鬼殻を割り取り、茹でながら穴杓子の底で転がして薄皮をむき、水にとります。

7鍋地はだし汁をひと煮立ちさせ、酒と塩を加えて味を調えます。

8柚子味噌を作ります。小鍋に味噌、味醂、砂糖を合わせて火にかけ、弱火で練り混ぜて冷ましておきます。お出しする直前に、柚子皮をすりおろしたものを加えて柚子味噌を用意します。


【盛りつけと供し方】

土鍋に白菜を敷き、砧大根を3〜4cm長さに切って中心に盛りつけ、周囲にほかの材料を形よく盛り合わせます。鍋地を静かに注いで焜炉にかけ、煮えるそばから柚子味噌をつけて食べていただきます。砧大根は箸でほぐしながら煮ていただきます。

■調理覚え書

●砧大根の鍋には、何か油気のある材料が欠かせません。かつては油揚げの刻んだものを入れていましたが、ここでは豚肉を用いて、少々酷《こく》のある味に仕上げています。

ロールキャベツ鍋

●二四二頁参照

■材料〈一人分〉

ロールキャベツ（キャベツ2枚　餃子《市販品・小》4個　かんぴょう60cm）
錦糸卵（卵1個　塩、片栗粉＝各少々）
白滝……70g　人参……適宜
＊鍋地（だし汁2カップ　味醂¼カップ　塩小匙½　薄口醤油大匙1.5）

■作り方

【下ごしらえ】


1ロールキャベツを作ります。キャベツは熱湯でさっと湯がきます。芯の方を手前にまな板に広げ、餃子を二個ずつのせて巻いてゆき、巻き終えたらキャベツの両端を内側にはさみ込み、やや小さめに形を整え、戻したかんぴょうで中央を巻いて、きっちりと結びます。

2錦糸卵を作ります。ボールに卵を溶きほぐし、塩と、水溶きの片栗粉を加えて混ぜ合わせます。卵焼き鍋を熱してサラダ油を引き、卵を流し入れて薄く焼き上げ、冷めてからごく細く切っておきます。

3白滝は水から茹でて笊にとり、もみ洗いして食べよい長さに切ります。人参は1cm厚さの輪切りにし、菊型で抜いたのち、下茹でします。

4鍋地はだし汁を煮立てて味醂を入れ、ひと煮立ちしたら塩、薄口醤油を加えます。ここにロールキャベツを入れ、味がよく浸み込むまで煮込みます。


【盛りつけと供し方】

土鍋にロールキャベツと煮汁を移し入れ、白滝、錦糸卵を盛り合わせて菊人参をあしらいます。焜炉にかけてお出しし、ひと煮立ちしたら、汁もともに食べていただきます。

■調理覚え書

●かんぴょうを戻す時は、まず軽く水洗いしたのち、塩をまぶしてしんなりするまでもみ、硫黄《イオウ》臭を抜いてから再び水洗いをし、10分ほど水につけておきます。
●ロールキャベツ鍋の鍋地は、中華風や洋風のスープをベースにしても、また違ったおいしさが愉《たの》しめます。この場合は甘みを控えて、変わりに塩と胡椒で味を調えてください。

ロール白菜鍋

●二四三頁参照

■材料〈一人分〉

ロール白菜（白菜2枚　豚挽き肉50g　干し椎茸3枚　茹で筍20g　人参30g　ねぎ15g　塩、胡椒＝各少々　かんぴょう60cm）
大根……40g　人参……20g
ほうれん草…60g　いんげん……適宜
塩……適宜
＊鍋地（だし汁2カップ　味醂大匙2　塩小匙⅔　薄口醤油、砂糖＝各大匙1）
溶き辛子……適宜

■作り方

【下ごしらえ】

1ロール白菜を作ります。白菜は熱湯でさっと湯がきます。根元の固い部分をそぎ取り、芯の方を手前にまな板に広げます。干し椎茸を水で戻して石づきを取り、みじん切りにします。茹で筍、人参、ねぎもみじん切りにし、これらをボールに入れて豚挽き肉を加え、よく混ぜ合わせて塩、胡椒で味を調えます。二等分してそれぞれを俵形に丸めます。白菜にこの具をのせて巻いてゆ

乾物《かんぶつ》二種の戻し方

水かぬるま湯につけ、30分〜1時間ほどおいて戻します。この時、砂糖を少量加えると早く、ふっくらと戻ります。

干し椎茸
生椎茸の乾燥品で濃縮された旨みを持つ。肉厚で笠の表に亀裂の入った"冬菇《どんこ》"が良品。

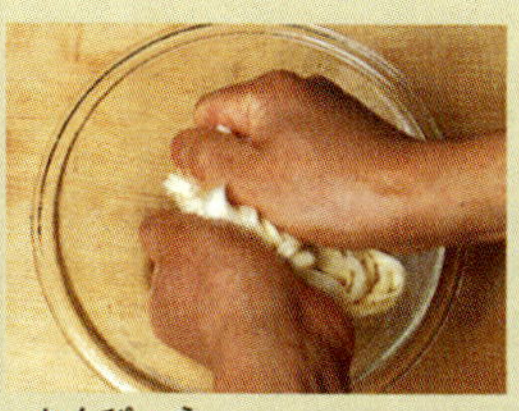

かんぴょう
湿らせて塩をまぶし、よくもみます。水洗いののち、10分ほど水につけて戻します。

き、巻き終えたら白菜の両端を内側にはさみ込み、形を整えたのち、中央を戻したかんぴょうで二重に巻き、きっちりと結びます。

2 大根、人参はともに6～7㎝長さのスティック状に切り、下茹でをします。

3 ほうれん草は塩を少々加えたたっぷりの熱湯で茹で、笊にとって水にさらし、水気をよく絞ったのち4～5㎝長さに切り揃えます。いんげんは筋を取り、さっと塩茹でして斜め切りにします。

4 鍋地はだし汁を煮立てて味醂、塩、薄口醤油、砂糖を加え、味を調えます。ここにロール白菜を入れ、煮立てないように注意して弱火で煮ます。アクを取りながら煮、火が通ったら大根と人参を加えて、よく味が浸み込むまでゆっくりと煮ておきます。

5 溶き辛子を用意します。

【盛りつけと供し方】

土鍋にロール白菜、大根と人参、煮汁を移し入れ、ほうれん草といんげんを形よく添えます。これをひと煮立ちさせたのち、溶き辛子とともに客前に持ち出し、鍋敷に置きます。溶き辛子を辛みに、汁もともに味わっていただきます。

■調理覚え書

●ロール白菜の中身の豚挽き肉には、鶏挽き肉や帆立の貝柱をたたいたものを混ぜると、より一層旨みが増します。

茄子の煮おろし鍋

●二四四頁参照

■材料〈一人分〉

茄子のはさみ揚げ（茄子(小)2個　鶏挽き肉70ｇ　ねぎ20ｇ　塩、胡椒＝各少々、小麦粉、溶き卵、片栗粉、揚げ油＝各適宜）

大根………130ｇ

＊鍋地（だし汁1カップ　味醂、醤油＝各⅓カップ　赤唐辛子1本）

■作り方

【下ごしらえ】

1 茄子はへたを残して萼《がく》をぐるりと切り取り、縦半分に切ってその厚みをさらに半分に切り込みを入れ、10分ほど水にさらしてアクを抜きます。

2 鶏挽き肉をボールに入れ、みじん切りにしたねぎと塩、胡椒を加えて混ぜ合わせます。これを水気を拭き取った茄子の切り目に等分してはさみ込みます。

3 茄子に小麦粉、溶き卵、片栗粉を順につけたのち、高温に熱した揚げ油で火が通るまで揚げます。

4 大根は粗めにおろして笊に入れ、さっと水洗いして水気をきつく絞ります。

5 鍋地はだし汁を煮立てて味醂を入れ、ひと煮立ちしたら醤油を加えます。ここに、種を取って小口切りにした赤唐辛子を入れ、少し煮つめておきます。

【盛りつけと供し方】

土鍋に揚げたての茄子のはさみ揚げを盛り、鍋地を静かに注いだのち、大根おろしを上にのせます。焜炉にかけて客前に出し、大根おろしを崩しながら煮ていただきます。あるいは、調理場で煮上げて鍋を持ち出し、鍋敷にのせて供します。

■調理覚え書

●大根おろしを軽く水洗いして加えるのは、大根の青臭さを押え、さっぱりと仕上げるためです。また大根おろしは、煮すぎると味が損なわれますから、客前にお出しする直前に盛り込むようにします。

加工品、そのほかを主とした鍋

湯豆腐

●四三頁参照

■材料〈一人分〉

豆腐………一丁　人参………適宜

＊鍋地（水2カップ　だしをとったあとの昆布適宜）

＊つけ醤油（四人分　醤油2カップ　酒½カップ　削り鰹5ｇ）

切り海苔……適宜　大葉………適宜

あさつき……適宜　生姜………適宜

■作り方

【下ごしらえ】

1 豆腐一丁は、手のひらにのせて庖丁で六つ切りにし、水に放ちます。

2 人参は5㎜厚さの輪切りにしてもみじ型で抜き、下茹でしておきます。

3 鍋地は、だしをとったあとの昆布を用意し、使用する鍋の底の窪み全体に添うように、たっぷりの長さに切っておきます。

4 つけ醤油は、小鍋に酒を入れて火にかけ、二割ほど煮つめてアルコール分をとばしたのち、削り鰹を加えてすぐに火を止め、沈むのを待って布巾で漉し、最後に醤油を加えます。

5 薬味四種を整えます。切り海苔は市販品を用意しておき、大葉は繊《せん》切りにし、

水でさらしてアク抜きをしたのち、布巾に包んで水気をきります。あさつきは小口切りに、生姜はおろします。

【盛りつけと供し方】

手桶に水を張って豆腐を移し入れ、もみじ人参を散らします。湯豆腐鍋に昆布を敷いて分量の水を入れ、同時に、つけ醤油を鍋にセットされた汁次ぎに入れたのち、手桶とともに持ち出し、焜炉にかけて熱くします。網杓子で豆腐を少しずつ鍋に入れて、ゆらりとゆれてきたところをすくっては、つけ醤油に四種の薬味をお好みで添えて食べていただきます。

■調理覚え書

●湯豆腐に敷く昆布は、だしをとったあとのものを使うのが基本です。新しい昆布では、昆布臭さと強すぎる味が豆腐の微妙な味わいの妨げとなります。昆布は幅広の利尻昆布、羅臼《らうす》昆布が最適です。

●昆布を鍋底に敷くことで、豆腐が鍋肌にくっつくこともなく、また熱のあたりが柔らかく、おいしく煮上がります。

●豆腐は煮すぎるとスが立ち、固くなります。鍋の中でゆれはじめるあたりが、火がようやく通った頃合いで、食べ頃です。

●湯豆腐のつけ醤油を、鍋中の汁次ぎに入れて温めるこのスタイルは関東風のもので、関西では冷たい生《き》のつけ醤油にとって食べ、それぞれに異なったおいしさがあります。

●豆腐には木綿豆腐と絹漉し豆腐があります。木綿豆腐は、穴のあいた流し箱に麻布を敷いて豆乳を流し込み、軽く押しをして水を抜いて作るものであり、豆腐に布目がつき、仕上がりの肌理《きめ》が粗いのが特徴です。これに対して絹漉しは、穴のない流し箱に濃いめの豆乳で、水を抜かずに固める製法で、なめらかで柔らかい仕上がりです。

ただ、京都などでは木綿、絹漉しの区別がなく、東京での木綿より少し柔らかめのもの、一種です。また、沖縄の豆腐は、中国の豆腐に似て大変固く、歯触りが全く違います。このような地域性は、大きさにもあり、一般的には300〜400gのところ、北海道には一丁600gくらいのものも売られ、沖縄では注文により一丁を1kgほどにも切ってくれます。このような違いが、それぞれの土地特有の調理法を生み出したものと考えられます。

●豆腐は鍋料理に欠かせない材料です。その味わいは、淡泊ながら深い渋味があって飽きさせず、取り合わせる材料も選びません。その上、下ごしらえの手間もいらないことから、つい安易に粗雑に扱いがちです。しかし、手軽そうでいて実は、豆腐は大変微妙な生きものです。例えば、豆腐を切ることひとつをとっても昔からの約束事があり、これによって料理の味わいも左右されかねません。豆腐が主役となる湯豆腐などは、ことに神経を使って扱わなければ、おいしさも半減してしまいます。以下に、豆腐の扱い方・切り方のポイントをまとめておきましょう。人手や時間に限りのある場合にも、こうした本筋の手法を知っておくことは大切で、必ずのちの役に立つものです。

〈豆腐の扱い方・切り方のコツ〉

✤求めた豆腐はきれいな水に移す＝そのまま放置しておくと、アクが出て周囲

豆腐を切る

八《や》つ、九《ここの》つに切る
小鍋立てに加える豆腐は、鍋に合わせて小振りに、このあたりが程《ほど》です。小さく切る時も、四つを八つに、三つを九つにと、切り進めます。

四《よ》つ、六《む》つに切る
湯豆腐をはじめ、鍋料理には最も頻度の高い大きさです。大き過ぎては煮崩れのもと、小さ過ぎては火が通りすぎてスが立つもととなります。

手のひらの上で切る
豆腐は手のひらにのせ、重みが自然に作るしなりを利用し、手なりに切ります。俎《まな》板の匂いがつかず、微妙につく切れ目の角度が見た目の味わいに。

木綿豆腐と焼き豆腐
鍋に欠かせない加工品の代表で、魚や肉などの主役材料の旨みを野菜とともに引き立てます。求めた豆腐は、まずきれいな水に移すことが大切です。

◉豆腐の旨みは大変微妙です。淡泊であるだけに、扱いひとつでその味わいは半減してしまいます。手のひらの上で切るのは、俎板の自然の匂いさえ妨げとなり、また切ったのちに一旦水に放すのも、豆腐が大変鉄気《かなけ》を嫌うため、庖丁臭さを抜くためです。

そして、豆腐は生鮮食品であり、その日のうちに使いきることも原則となります。

つゆ用に霰《あられ》に切る
賽の目をさらに四つに切り分けたほどの細かい四角切り。少々気取った赤出しなどに。豆腐は切ったあとも、必ず水に放して庖丁臭さを抜きます。

つゆ用に賽《さい》の目に切る
少々家庭的な作りの汁ものに向く、小さい角切りです。計ったように揃い過ぎるのも味気ないものですが、ほどよく小ぎれいに切り揃えます。

つゆ用に短冊に切る
吸いものの身、特に豆腐が主役的な扱いとなる吸いものなどには、やや大振りに5㎜厚さほどのこの短冊が、味わいも風情もよいものです。

の水が黄色に変色し、味を悪くするもととなります。

♣豆腐は手のひらの上で切る＝手のひらにそっとのせ、豆腐の三方に指を添えるように持って庖丁を入れます。俎板《まないた》の上で切っては、特有の匂いが豆腐に移ってしまい、不快なばかりでなく、手際もよくありません。

♣四、六、八、九つに切る＝豆腐の大きさにもよりますが、湯豆腐なら〝六つ切り〟くらいに、他の鍋ものでは八つか、九つに切ると火の通り具合もよく、食べよい大きさです。四、六、八、九つの、この四通りが基本となりますが、ただ、大きい分には多少大きくても結構ですが、小さすぎると鍋らしさがなくなり、豆腐そのものの味も損なわれます。

♣手なりに切る＝豆腐を手のひらにのせると、自然にしなります。そこに素直に庖丁を入れると、いくらか斜めに切れ、これが鍵となります。鍋に入れた時にも切り口がレンガのように直角では、機械で切ったようで味気ないものですが、ほんの少し角度がつくことで自然な面白味がでるのです。加えて、網杓子ですくう時にも、網にかかりやすく、ただ見た目だけでなく、理にもかなっているわけです。

♣切ったら水に放つ＝豆腐は切ったあとそのまま器に盛ることはしません。豆腐屋では、切る時は真鍮《しんちゅう》の庖丁を使うというほどに、豆腐は鉄気《かなけ》を嫌います。切った豆腐は一旦《いったん》水にとって、庖丁臭さを抜くことが、持ち味を大切にする最良の方法です。

♣豆腐はその日のうちに使いきる＝生鮮食品である豆腐は、その日のうちに使いきるのが原則です。やむをえず使い残しが出た場合は、きれいな水をひたひたに張ったボールに入れて薄紙をのせ、ラップで覆ったのち冷蔵庫に入れておきます。持たせるという点だけからは、あらかじめ、塩少々を加えた熱湯で茹でておけば持ちはよくなりますが、冷蔵保存のものや、これらは使える料理は当然限られてきます。

鶏《とり》鱈《たら》豆腐鍋

●一〇六頁参照

■材料〈一人分〉

豆腐……1丁　鶏手羽肉……100g
鱈の切り身……1切れ
椎茸……1枚　若布……30g
ねぎ……25g　オクラ……3本
梅麸……適宜　塩……適宜
＊鍋地（昆布だし適宜）
＊酢醤油（酢、醤油＝各同割量）
もみじおろし…適宜　あさつき……適宜

■作り方

【下ごしらえ】

1 豆腐は六つ切りにし、水に放ちます。
2 鶏手羽肉は脂を取り除き、ひと口大に切ります。
3 鱈の切り身は生のものを用意し、薄塩をあてて15分ほどおきます。水洗いしたのち水気を拭き取り、食べよい大きさに切っておきます。
4 椎茸は石づきを取って笠の汚れを拭いたのち、笠に十字の飾り庖丁を入れます。若布は水で戻し、笊に入れて熱湯を回しかけ、手早く冷水にとって色出しし、水気を絞って筋を取り、ほどよい長さに切ります。
5 ねぎは4〜5cm長さのブツ切りにし、オクラは塩もみをしてうぶ毛を取り除き、水洗いしておきます。
6 梅麸は、3〜4mm厚さの小口切りを二枚ほど用意します。
7 鍋地の昆布だしは軽く温めておきます。
8 酢醤油、もみじおろしを用意し、あさつきを小口切りにします。

【盛りつけと供し方】

土鍋に豆腐、鶏肉、鱈を盛り込み、ねぎ、若布、オクラを彩りよく配し、梅麸を散らします。鍋地を注いで焜炉にかけ、煮上がったら酢醤油に薬味のもみじおろしとあさつきを添えて食べていただきます。

■調理覚え書

●生鱈の切り身に、あらかじめ薄塩をあてるのは、身を締め、煮崩れを防ぐためです。塩鱈の場合は、逆に塩抜きしてから使いますが、生に比べると味は劣りますので、鍋には生を使いたいものです。

●京都に古くから伝わる料理に、〝鴨《かも》鱈豆腐〟があります。これは、鴨肉の脂を鍋で焼いたのち、薄切りの鴨肉を入れて水を張り、一旦煮てから鱈と豆腐を入れる手法です。豆腐が主となる鍋では、総じて鍋地は昆布だし程度のごく薄味か、このように素煮にするのが決まりです。

豚肉の湯豆腐鍋

●二一八頁参照

■材料〈一人分〉

豆腐……1丁　豚バラ肉……45g
わけぎ……40g　春雨……40g
もみじ麸……適宜　銀杏……2粒
＊鍋地（水2カップ　だしをとったあとの昆布適宜）
＊ポン酢醤油（橙の絞り汁、醤油＝各同割量）
もみじおろし…適宜　あさつき……適宜

■作り方

【下ごしらえ】

1 豆腐は四つ切りにし、水に放ちます。
2 豚バラ肉は薄切りにし、食べよい大きさに切ります。
3 わけぎは4〜5cm長さに切り揃えます。
4 春雨はさっと茹でて笊にとり、水にさらして澱粉を抜いたのち、水気をきって食べよい長さに切っておきます。
5 もみじ麸は3〜4mm厚さの小口切りを二枚ほど用意します。
6 銀杏は鬼殻を割り取り、茹でながら穴杓子の底で転がして薄皮をむき、水にとります。
7 鍋地は、だしをとったあとの昆布を用意し、鍋底の窪みに合わせた大きさに切っておきます。
8 ポン酢醤油は橙汁と醤油を合わせて作り、もみじおろしを用意し、あさつきを小口切りにします。

【盛りつけと供し方】

盛り皿に豆腐を主に豚肉、わけぎ、春雨を盛り込み、もみじ麸と銀杏をあしらい

ます。土鍋に昆布を敷いて分量の水を張ったのち、盛り皿とともに持ち出して焜炉にかけて熱くします。豆腐とそのほかの材料を少しずつ加えて、煮えばなをもみじおろしとあさつきを薬味に、ポン酢醤油で食べていただきます。

おでん

●七四頁参照

■材料〈四人分〉

こんにゃく…1枚　白滝………1把
焼き豆腐……1丁　はんぺん……1枚
すじ………適宜　ちくわ……2本
つみ入れ……8個　飛竜頭《ひりょうず》……4個
しそ揚げ……8個　人参………適宜
大根………200g　米のとぎ汁…適宜
＊鍋地（だし汁9カップ　酒大匙2　塩大匙1　味醂大匙1.5　醤油大匙3）
溶き辛子……適宜

■作り方

【下ごしらえ】

1 こんにゃくは、すりこぎで軽く両面をたたき、たっぷりの熱湯で4～5分茹でて笊にとり、流水で洗ったのち、片面を菜箸でつつくか、あるいは庖丁で切り込みを入れて味を浸み込みやすくして、四つに切ります。

2 白滝は水から茹でて笊にとり、もみ洗いしたのちひと口大に結びます。

3 焼き豆腐は四つ切りにし、はんぺんは一枚を四つの三角に切ります。

4 すじは小口からほどよい厚さに切り、そのほかの練り製品＝ちくわ、つみ入れ、飛竜頭、しそ揚げは、笊に入れて熱湯を回しかけ、油抜きをしたのち、ちくわは食べよい長さに切ります。

5 人参は5～6㎜厚さの輪切りにして梅型で抜き、庖丁で切り込みを入れてねじり梅を作り、茹でておきます。

6 大根は、5～6㎝厚さの輪切りにしたのち縦に四つに切り、面取りしながら筒むきにします。これを米のとぎ汁で、竹串がすっと通るまで下茹でします。

7 鍋地はだし汁をひと煮立ちさせ、酒、塩、味醂、醤油を加えて作ります。ここにこんにゃくと白滝、大根を入れてしばらく煮たのち、練り製品を入れて煮立たせないように弱火で煮込みます。ほぼ味が浸みた頃合いに、焼き豆腐を加えてさっと煮上げます。

8 溶き辛子を用意しておきます。

【盛りつけと供し方】

土鍋によく煮込んだおでん種を、煮汁もともに形よく盛り込み、はんぺんを加え、梅形人参を散らします。客前に持ち出して焜炉にかけ、ひと煮立ちしたところを溶き辛子を添えておすすめします。

■調理覚え書

●おでん種は、最初から全部を一緒に煮込んでしまわずに、材料それぞれの性格によって煮る順序を配慮します。例えばたこや牛すじ肉などを使う場合は、長く煮るほど柔らかく、おいしく仕上がります。こんにゃくや、大根、里芋などは4～5時間ほど煮て一度火を止め、味を含ませておいてから煮返します。

　つみ入れ、すじ、さつま揚げなどの練り製品は、すでに下味がついているため、長

春雨（太手）の戻し方

◉春雨は中国が本場で、山東省産の緑豆《りょくず》（小豆《あずき》に似た緑色の豆）の澱粉《でんぷん》で作った豆麺《とうめん》の日本名です。日本産のものは、これを真似て薩摩芋やじゃが薯《いも》の澱粉で作ったものです。日本産のものは、熱湯に入れると煮溶けますから、戻す際はぬるま湯につけて戻します。鍋料理には腰が強く、煮溶けない中国産のものが向きます。

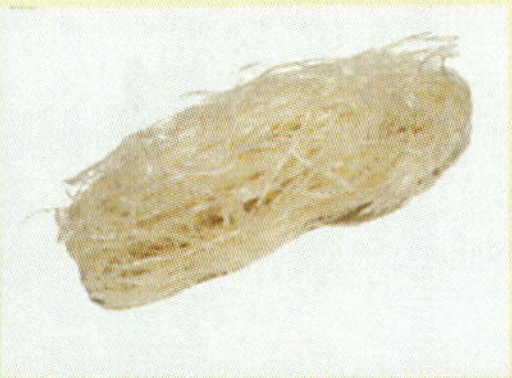

中華材料でお馴染みの春雨。太手のものは炒めものによく使われます。つるりとした舌触りが鍋料理では趣《おもむき》変わりに。

1　鍋にたっぷりと湯を沸騰させ、春雨を軽くほぐして端から少しずつ入れていきます。

2　ボールに水を用意し、春雨が透き通ってきたら水にとり、笊に上げてさらに水でさらします。

細手の春雨の場合

細手の春雨は、太手のものに比べて汁気を吸収しやすく、日本料理では、揚げものの変わり衣などに主に使われます。

1　春雨の束をほぐし、沸騰させた湯に入れます。

2　菜箸で軽くかきまぜ、全量を熱湯にくぐらせます。

3　春雨が透き通ってきたら水にとり、笊に上げて水にさらし、澱粉臭を抜いたのち、水気をきります。

く煮すぎるとかえって味を損ないます。2〜3時間が目安です。焼き豆腐、豆腐、はんぺんは仕上げ間際に加え、火が通るか通らないうちに食べていただきます。

●おでんの煮汁は、長く煮込むうちに煮つまるうえ、おでん種から塩気が出て辛くなるため、補充用の汁は当初の鍋地を四倍ほど薄め、薄い吸い地程度の味のものを用意して添えます。

関東炊き

●三六八頁参照

■**材料**〈四人分〉

牛すじ肉の下煮（牛すじ肉200g　酒、塩＝各少々）
たこの脚の下煮（茹でたたこの脚4本　水4カップ　酒大匙4　椿の葉30枚）
こんにゃく……1枚　すじ……………適宜
飛竜頭《ひりょうず》………4個　三角厚揚げ…2枚
信田《しのだ》巻き……4本　野菜揚げ……4本
玉子蒲鉾……適宜　大根…………200g
人参…………適宜　里芋…………4個
卵……………2個　米のとぎ汁…適宜
塩……………適宜
＊鍋地（だし汁9カップ　酒½カップ　塩小匙½　味醂½カップ　白醤油大匙½）
わけぎ………適宜

■**作り方**

【下ごしらえ】

1 牛すじ肉は塊のまま求めます。食べよい大きさに切って深鍋に入れ、水をたっぷり張って火にかけ、浮いてくるアクを取り除きながら下茹でします。アクが止まったら肉を取り出して圧力鍋に移し、茹で汁も布漉ししたのち加えます。酒と塩を少量ずつ加えて蓋をし、スイッチを入れて沸騰後25〜30分煮込みます。（圧力鍋を使わない場合は、下茹でしたのち、柔らかくなるまで長時間煮ます。）

2 茹でだこは、洗って足を一本ずつ切り離しておき、鍋に分量の水と洗った椿の葉、たこの脚を入れて火にかけ、煮立ったらアクを取り除いて酒を加え、中火よりやや弱めの火で柔らかくなるまで煮続けます。椿の葉はより柔らかく仕上げるための、古来の手法です。

3 こんにゃくは、すりこぎで軽く両面をたたき、たっぷりの熱湯で4〜5分茹でて笊にとり、流水で洗ったのち、片面を菜箸でつつくか、あるいは庖丁で切り込みを入れて味を浸み込みやすくして、四つに切ります。

4 すじは小口からほどよい厚さに切り、飛竜頭、三角厚揚げ、信田巻き、野菜揚げ、玉子蒲鉾は笊に入れて熱湯を回しかけ、油抜きをしたのち、玉子蒲鉾は食べよい大きさに切っておきます。

5 大根は、5〜6cm厚さの輪切りにしたのち縦に四つに切り、面取りしながら筒むきにします。これを米のとぎ汁で、竹串がすっと通るまで下茹でします。

6 人参はシャトウ形にむき、下茹でしておきます。里芋は天地を平らに切り落とし、六角に面取りしながら縦に皮をむいたのち、水を張った鍋に入れて塩を少々加え、火にかけて一度茹でこぼし、余分なぬめりを取り除きます。

7 卵は半熟に茹でて水にとり、殻をむいてそれぞれを半分に切っておきます。

8 鍋地はだし汁をひと煮立ちさせ、酒と塩、味醂、白醤油を加えて作ります。ここに、牛すじ肉とたこ、こんにゃく、大根、人参、里芋、すじほかの練り製品を加えて、煮立たせないように注意しながら、弱火で煮込みます。

9 わけぎは小口切りにします。

【盛りつけと供し方】

土鍋に、たこを除くおでん種を汁もとに、彩りよく煮込みます。たこの脚は青竹の鉄砲串に刺しておき、天に形よく盛り、卵を盛り添えて持ち出し、焜炉にかけます。ひと煮立ちしたところを、わけぎを薬味に味わっていただきます。

■**調理覚え書**

●関西ではおでんのことを〝関東炊《かんと》き〟と呼びます。ただ両者は、材料、味つけ、供し方ともに、かなり趣が異なります。関東のおでんは練りものを主に、濃口醤油を使った煮汁で煮込み、溶き辛子を添える形が一般的です。これに比べて関西の関東炊きは、練りものはあしらい程度かほとんど入れず、牛すじ肉、コロ（鯨の皮の乾燥品）などの動物性のものをはじめ、たこなどは欠かせない材料となっています。煮汁も白醤油や薄口醤油を使い、色を薄く仕上げますが、味そのものはこってりとしたもので、小皿に取り分けてから小口切りのねぎ類を、たっぷりとかけておすすめするのも、関西風の特徴です。

関西風　牛すじおでん鍋

●六五頁参照

■**材料**〈一人分〉

牛すじ肉の下煮（牛すじ肉100g　酒、塩＝各少々）
こんにゃく…⅓枚　すじ…………90g
巣籠《すごも》り（茹で卵入りさつま揚げ）…½個
姫筍（水煮）…1本　人参………適宜
＊鍋地（五〜六人分　だし汁9カップ　酒½カップ　塩小匙½　味醂½カップ　白醤油大匙½）……⅕〜⅙量
わけぎ………適宜　溶き辛子……適宜

■**作り方**

【下ごしらえ】

1 牛すじ肉はすねの部分を塊で求めます。食べよい大きさに切って深鍋に入れ、水をたっぷり張って火にかけ、浮いてくるアクを取り除きながら下茹でします。アクが止まったら肉を取り出して圧力鍋に移し、茹で汁も布漉ししたのち加えます。酒と塩を少量ずつ加えて蓋をし、スイッチを入れて沸騰後25〜

30分煮込みます。

②こんにゃくは、すりこぎで軽く両面をたたき、熱湯で4～5分茹でて笊にとり、流水で洗ったのち斜め半分に切って、片面に庖丁で切り込みを入れます。

③すじ、巣籠りは市販品を利用します。すじは食べよい大きさに切り、巣籠りは笊に入れて熱湯を回しかけ、油抜きをしておきます。

④水煮の姫筍は、軽く茹でます。人参は1cm厚さの輪切りにして梅型で抜き、庖丁で切り込みを入れてねじり梅を作り、下茹でしておきます。

⑤鍋地はだし汁をひと煮立ちさせ、酒と塩、味醂、白醤油を加えて作ります。ここに、牛すじ肉とこんにゃく、すじ、巣籠りを入れて弱火でじっくりと煮込み、仕上がり際に姫筍を入れて、さっと煮上げます。

⑥わけぎを小口切りにし、溶き辛子を用意しておきます。

【盛りつけと供し方】

土鍋に、巣籠りを半分に切って、そのほかのおでん種、煮汁もともに盛り込み、梅形人参をあしらいます。持ち出して焜炉にかけ、ひと煮立ちしたところでわけぎ、溶き辛子を添えておすすめします。

■調理覚え書

●牛肉はすね肉のほか、外ももや肩、バラ肉なども向きます。すじが多い部位は安価なうえ、旨みエキスをたっぷりと含み、長時間煮込むことで柔らかく、おいしくなります。また、酷《こく》のあるよいだしも出ますから、下煮の際の煮汁も鍋地に加えると、また別の味わいが愉《たの》しめます。

●牛すじ肉は、柔らかく煮上げるためには時間を要します。この時間短縮には、圧力鍋が威力を発揮し、通常の鍋で2～3時間かかるところ、25分ほどでできます。ただし、必ず下茹でをしてアクを取り除くことがポイントで、はじめからでは煮汁が濁り、味にも影響します。

●煮込んだ牛すじ肉を土鍋に盛り込む時に、竹串にからめるように刺しても面白味があり、また取り出しやすくなります。

鶏真蒸《しんじょ》のおでん鍋

●二三六頁参照

■材料〈一人分〉

鶏真蒸（鶏挽き肉80g　干し椎茸3枚　ねぎ20g　醤油小匙2　化学調味料、溶き卵＝各少々）

揚げボール……1串　すじ……70g

豆腐……$\frac{1}{4}$丁　小蕪……3個

絹さや……5枚　塩……少々

＊鍋地（五～六人分　だし汁9カップ　酒大匙2　塩大匙1　味醂大匙1.5　醤油大匙3）……$\frac{1}{5}$～$\frac{1}{6}$量

溶き辛子……適宜

■作り方

【下ごしらえ】

①鶏真蒸を作ります。鶏挽き肉は皮と脂を除いて二度挽きしたものを用意し、干し椎茸はぬるま湯で戻し、石づきを取ってみじん切りに、ねぎも同様にみじん切りにします。ボールに鶏挽き肉、椎茸、ねぎを合わせ、醤油と化学調味料、つなぎの溶き卵を加えて粘りが出るまでよく混ぜ合わせたのち、小判形にまとめます。

②揚げボールは笊に入れて熱湯を回しかけ、油抜きをしておき、すじは食べよい大きさに、豆腐は二つに切ります。

③小蕪は茎元を3cmくらい残して葉を切り落とし、面取りをしながら皮をむいておき、絹さやは筋を取り、塩を加えた熱湯でさっと茹でて笊に上げ、あおいで冷まします。

④鍋地のだし汁をひと煮立ちさせ、酒、塩、味醂、醤油を順に加えます。ここに揚げボールとすじ、小蕪を加えて弱火で煮込み、煮上がり際に鶏真蒸を加えてさらに少し煮ます。

⑤溶き辛子を用意しておきます。

【盛りつけと供し方】

土鍋に煮込んだおでん種を、煮汁もともに盛り込んで豆腐を加え、絹さやをあしらいます。焜炉にかけてひと煮立ちしたところを、溶き辛子を添えておすすめします。

■調理覚え書

●おでんは一度に多量に、長時間煮込むことで、はじめておいしく仕上がるものです。ここでは参考までに一人分で作っていますが、最低五～六人分以上まとめて仕込んでおき、注文に応じて小鍋に取り分けて、長く煮ると色や持ち味が損なわれたり、煮崩れしやすい材料を加えてひと煮立ちさせて仕上げたのち、お出しするようにします。また、おでんは煮込んだ翌日あたりの方が、味が浸みて落ち着き、おいしくなります。

●おでんは煮立たせないように、弱火で煮込むことがコツとなります。長時間煮立たせると汁が濁り、見た目もよくありませんし、おでん特有の丸みのある味にも仕上がりません。

●おでんは総じて色合いが単調になりがちです。仕上げに絹さや、ブロッコリーなどの青み野菜類を、色よく下茹でしたものを添えることでぐんと引き立ち、商

牛すじ肉の下煮

すね肉、外もも肉など、筋《すじ》の多い部位も、調理にひと手間加えることで柔らかく、独特の酷《こく》のある旨みが活かせます。

1　ほどよい大きさに切って深鍋に入れ、かぶる程《ほど》の水を張って強火にかけ、浮き出るアクを取ります。

2　アクが出なくなるまで煮続け、圧力鍋に移したのち、調味して煮ます。下煮の汁も漉して利用します。

品価値も上がります。

お好みおでん鍋

●二三九頁参照

■材料〈一人分〉

三色串……1本　海老巻き……1本
つみ入れ……1個　はんぺん……1/4枚
白滝……15g　椎茸……1枚
大根……80g　人参……適宜
ブロッコリー……20g
卵……1/2個分　米のとぎ汁…適宜
塩……少々
＊鍋地（五〜六人分　だし汁9カップ
　酒大匙2　塩大匙1　味醂大匙1.5
　醤油大匙3）……1/5〜1/6量
溶き辛子……適宜

■作り方

【下ごしらえ】

1 三色串、海老巻きは笊に入れて熱湯を回しかけ、油抜きをしておき、つみ入れ、はんぺんを必要量用意します。

2 白滝は水から茹でて笊にとり、もみ洗いしたのち食べよく切っておきます。

3 椎茸は石づきを取り、笠の汚れを拭き取ります。

4 大根は3cm厚さの輪切りにし、さらに縦に四つに切って皮をむき、面取りをします。米のとぎ汁で、竹串がすっと通るまで下茹でしておきます。

5 人参は1cm厚さの輪切りにして梅型に抜き、庖丁で切り込みを入れてねじり梅を作り、下茹でします。

6 ブロッコリーは塩を少々加えた熱湯で茹で、笊に上げてあおいで冷ましたのち、小房に分けます。

7 卵は固茹でにして冷水にとり、殻をむいて花形の飾り切りをしながら二つに割り、そのひとつを使います。

8 鍋地のだし汁をひと煮立ちさせ、酒、塩、味醂、醤油を順に加えます。ここに練り製品と白滝、大根、椎茸を入れて弱火でよく煮込みます。

9 溶き辛子を用意しておきます。

【盛りつけと供し方】

土鍋に煮込んだ材料を煮汁とともに盛り込み、はんぺんと茹で卵、ブロッコリーを盛り添えて梅形人参をあしらいます。焜炉にかけてひと煮立ちしたところを、溶き辛子を添えて食べていただきます。

■調理覚え書

●おでんが今日のような煮込み料理の形になったのは、比較的新しく、もとは串刺しにした豆腐に味噌を塗った、今でいう味噌田楽《でんがく》のことをおでんと呼びました。

このおでんという名は、散楽《さんがく》のお田楽に因んだものです。平安朝から江戸時代にかけて、田植祭りには散楽（軽業）がつきものでした。笠を被った軽業師がマントのような衣装に身を包み、一本の竹に両足を掛けて乗り、はねて踊るもので、お田楽と呼ばれて親しまれていました。

そこで一本の竹串に豆腐を刺し、マントならぬ味噌を塗られた姿をお田楽に見立て、味噌田楽、転じてお田の名で呼ばれるようになったものと、伝えられています。これが関東に伝わる頃には、豆腐ばかりでなく、茹でた里芋やこんにゃくでも作られるようになり、さらにこれらの材料を一緒に味噌で煮込む料理もおでんと呼ばれるようになったのち、関西に伝えられて関東炊きと名づけられました。この関東炊きが味噌味から醤油味になり、逆移入の形で関東に入り、煮込み田楽として広まったのは、大正時代に入ってからのことです。

●〝おでんと菜飯《なめし》〟といえば、昔から欠かせないもの同士であり、付きものとされてきましたが、この場合のおでんも本来は味噌田楽で、中京の女川《めかわ》（目川）では今でも、菜飯田楽は名物となっています。

饂飩《うどん》すき

●三七頁参照

■材料〈四人分〉

鯛のおろし身……150g
焼き穴子……2本　車海老……4尾
帆立の貝柱…4個　蛤……4個
鶏もも肉……1枚　焼き豆腐……1丁
飛竜頭《ひりょうず》……4個　巻き湯葉……4個
白菜……4枚　ねぎ……2本
しめじ……適宜　人参……適宜
銀杏……8粒　茹で饂飩……2玉
酒……少々　塩……適宜
＊鍋地（だし汁8カップ　塩小匙2
　酒大匙8）
あさつき……適宜　すだち……適宜

■作り方

【下ごしらえ】

1 鯛のおろし身は、四切れのブツ切りにします。焼き穴子は、一本を二つに切り、酒を少量ふってさっとあぶります。

蕪（かぶ、またはかぶら）三種

◉古名のすずなでも知られる蕪は、生長が早く、根が浅く手軽なため、根菜類の中でも大根と並んで古くから作られ、全国各地で独特の種類が生まれました。現在、80品種ともいわれ、大きさのほかに球・扁球・長形、白・緑・紫・紅種などの種類区分があります。総じて蕪の鮮度は落ちやすく、肉質の緻密さは収穫後3日間ほどで失《う》なわれます。

聖護院《しょうごいん》蕪（大型種）
京都府下・聖護院原産、日本の品種の中の最大種。肉質が密で名産の千枚漬け、蕪蒸しに。

天王寺《てんのうじ》蕪（中型種）
大阪天王寺・坂田特産。甘みがあり生長も早い。古く全国に普及、多くの地方種を生む。

金町《かなまち》小蕪（小型種）
現在、最多出荷量の小蕪。明治中期から東京葛飾・金町を中心に栽培。早生で年中市場《しじょう》に。

2 車海老は、背に縦の切り目を入れて背わたを抜きます。帆立貝は貝柱だけを用意しておきます。

3 蛤は、海水よりやや薄めの塩水につけて砂をはかせ、殻をよく水洗いします。

4 鶏もも肉は余分な脂を取り除き、食べよい大きさに切ります。

5 焼き豆腐は八つ切りにし、飛竜頭は笊に入れ、熱湯を回しかけて脂抜きをし、巻き湯葉はぬるま湯で軽くもどしておきます。

6 白菜はザク切りに、ねぎは5～6cm長さのブツ切りにし、しめじは石づきを取って小さくほぐしておきます。

7 人参は1cm厚さの輪切りにして梅型で抜き、庖丁で切り込みを入れてねじり梅を作り、下茹でします。

8 銀杏は鬼殻を割り取り、茹でながら穴杓子の底で転がして薄皮をむきます。

9 茹で饂飩は笊に入れ、熱湯を回しかけてほぐします。

10 鍋地はだし汁をひと煮立ちさせ、塩と酒を加えて味を調えます。

11 あさつきは小口切りにし、すだちは一個を二つに切り、たっぷり用意します。

【盛りつけと供し方】

大皿に、魚介類を主に全ての材料を彩りよく盛り合わせます。錫《すず》鍋に鍋地を張って焜炉にかけ、煮立ってきたら饂飩を残して、焼き穴子、蛤をはじめ、だしの出るものから順に鍋に入れ、煮えばなをすだちの絞り汁にあさつきを添えて、賞味していただきます。饂飩は最後の納めに、旨みたっぷりの煮汁とともに同様の薬味で食べていただきます。

■調理覚え書

●饂飩を贅沢に、たくさんの材料から出る旨みで味わう趣向の鍋ですから、まず質のよい饂飩を選びます。コシがあって煮崩れしないもの、しかも柔らかみのあるものが上質です。できれば乾麺か生麺を、その都度茹で上げたものを使い、茹でてあるものも、この視点で選びます。

●"うどんすき"の名は、大阪の名店「美々卯《みみう》」考案のものです。本来は、饂飩を入れた鍋は饂飩ちり、蕎麦《そば》のものは蕎麦ちりと呼んでいました。ちりは魚介を熱い鍋地に入れた時、ちりちりっと身がはぜる形状からきたもので、あくまでも魚介が主で、麺類は仕上げの軽いご飯替わりといった趣のものです。これに対して美々卯では、饂飩を主役に仕立てて、"うどんすき"と名づけたものです。

饂飩《うどん》ちり

●二二六頁参照

■材料〈一人分〉

車海老……1尾　烏賊《いか》……30g
浅蜊……5個　鶏もも肉……30g
飛竜頭《ひりょうず》……2個　椎茸……2枚
えのき茸……20g　春菊……25g
白菜……1枚　ねぎ……25g
人参……適宜　卵……½個分
饂飩(乾麺・茹で上がり)……70～80g
塩……適宜
＊鍋地(だし汁2カップ　塩小匙½強　酒大匙2)
すだち……適宜

■作り方

【下ごしらえ】

1 車海老は背に縦の切り目を入れて背わたを抜き、頭と尾に近いひと節を残して殻をむき、烏賊は開いて皮をむいたものを使い、裏側に鹿の子庖丁を入れたのち、ひと口大の一切れを用意します。それぞれを、さっと熱湯にくぐらせておきます。

2 浅蜊は、海水よりやや薄めの塩水につけて砂をはかせ、殻をよく洗います。

3 鶏もも肉は皮と脂を取り除き、食べよい大きさに切ります。

4 飛竜頭は笊に入れ、熱湯を回しかけて油抜きをします。

5 椎茸は石づきを取り、笠の汚れを拭き取っておき、えのき茸は根元を切り落とし、小房に分けます。

6 春菊は葉先の柔らかい部分だけをつみ取って揃え、白菜はひと口大のザク切り、ねぎは斜め切りにします。

7 人参は1cm厚さの輪切りにして梅型で抜き、庖丁で切り込みを入れてねじり梅を作り、下茹でしておきます。

8 卵は固茹でにして冷水にとり、殻をむいて花形に飾り切りしながら二つに割り、そのひとつを使います。

9 饂飩は、乾麺を用意して固めに茹で上げ、笊にとります。

10 鍋地はだし汁をひと煮立ちさせ、塩と酒を加えて味を調えます。

11 すだちは、二つに切ります。

【盛りつけと供し方】

土鍋に白菜を敷き、車海老と烏賊、浅蜊一～二個、飛竜頭、饂飩を少々、春菊の半量を盛り込みます。別皿に残り量の饂飩を中心に、浅蜊、鶏肉、茹で卵、ねぎ、えのき茸、春菊を彩りよく盛り、梅形人参をあしらいます。総じてだしのよく出る材料を先に鍋に盛り込み、鍋地を注いで焜炉にかけます。煮崩れしやすい材料、火の通りのよい材料は、別皿に饂飩とともに盛って持ち出し、煮上がってきたら少しずつ加え、煮えばなにすだちをひと絞りして食べていただきます。

蕎麦《そば》ちり

●一〇六頁参照

■材料〈一人分〉

甘鯛の切り身……1切れ
蟹爪(冷凍)……1本　鶏もも肉……30g
茹で蕎麦……⅓玉　揚げボール……1個
豆腐……⅛丁　春雨……20g
若布の白菜巻き(若布30g　白菜1枚)
しめじ……20g　えのき茸……20g
春菊……40g　わけぎ……30g
オクラ……2本　銀杏……2粒
塩……適宜
＊鍋地(だし汁2カップ　酒、味醂＝各大匙1　塩小匙¼　薄口醤油⅙カップ)
すだち……1個

■作り方

【下ごしらえ】

1 甘鯛はひと口大に切り、蟹爪は殻をむいた冷凍ものを求め、解凍しておきます。鶏もも肉は、皮と脂を除いてひと口大に切ります。

2蕎麦は、コシの強い茹で蕎麦を用意します。乾麺か生蕎麦の場合は、固めに茹で上げ、いずれも茹でてから時間のたったものは、笊に上げて熱湯を回しかけ、ほぐしておきます。

3揚げボールは、熱湯をかけて油抜きをし、豆腐は八つ切りの一切れを用意します。春雨は、熱湯でさっと茹でて笊に上げ、冷水にさらして澱粉を抜き、水気をきって食べよい長さに切ります。

4若布の白菜巻きを作ります。白菜は熱湯でさっと茹で、若布は水で戻して笊に上げ、熱湯を回しかけて冷水にとり、水気を絞ったのち筋を取ります。巻き簀を広げ、根元を手前に白菜をのせて広げ、若布を芯に重ねてしっかりと巻き、水気をよく絞って巻き簀を解き、3cm幅に切り分けます。

5しめじは石づきを取って二〜三本ずつにほぐし、えのき茸は、根元を切り落として小房に分けます。

6春菊は、葉先の柔らかい部分だけをつみ取って揃えておき、わけぎは6〜7cm長さに切ります。オクラは塩もみしてうぶ毛を取り除き、水洗いします。

7銀杏は鬼殻を割り取り、茹でながら穴杓子の底で転がしながら薄皮をむき、水にとります。

8鍋地はだし汁を煮立てて酒と味醂、塩を入れてひと煮立ちさせ、薄口醤油を加えます。

9すだちは、二つに切ります。

【盛りつけと供し方】

一人前用鍋の、奥から手前に白菜巻き、豆腐、えのき茸とねぎ、鶏肉と春菊、揚げボール、蕎麦、しめじ、春雨を盛り込み、蟹爪と甘鯛を中央に形よく盛り、オクラと銀杏を配します。鍋地を注いで焜炉にかけ、煮えばなにすだちの絞り汁を落として食べていただきます。

■調理覚え書

●このような、蕎麦の寄せ鍋で有名なものに京都の〝芳香炉《ほうこうろ》〟があります。これは「晦庵河道屋《みそかあん》」が中国鍋の「火鍋子《ホウコウズ》」をヒントに、昭和初期に開発したものです。中に入れる材料は、いかにも京都らしく生湯葉、飛竜頭《ひりようず》、真蒸《しんじょ》ものなどをはじめ、鶏肉、菊菜、椎茸、ねぎなどがとりどりに加えられ、独特の鍋で煮たあとの煮汁に、手打ちの蕎麦、あるいはうどんを、さっとくぐらせて食べる仕立てです。

きりたんぽ鍋

●五〇頁参照

■材料〈二人分〉

きりたんぽ（三本分　米1.5合　水《米の一割増し》）

鶏もも肉……100g　ごぼう……20g

わけぎ……20g　三つ葉……10g

糸こんにゃく……50g

かえで蒲鉾…適宜

＊鍋地（甘みを控えた八方地《だし汁2カップ　味醂1/5カップ　薄口醤油1/4カップ》）

七味唐辛子…適宜

■作り方

【下ごしらえ】

1きりたんぽを作ります。まず米を普通に炊き上げて蒸らし、熱いうちにすりこぎで、米粒を完全につぶさないように七分搗《づ》きにします。これを三等分し、きつく絞ったぬれ布巾を広げた上にのせて、指先を水でしめらせながら短冊形にのばし、やはり水でぬらした太い竹箸を中央に置きます。ぬれ布巾を向う側から巻いて形をつけ、一度開いて今度は手前側からきっちりと巻き、布巾で押さえながらちくわ形に整えます。

2布巾をはずし、竹箸の持ち手部分にアルミホイルを巻いたのち、遠火にかざしてじっくりとあぶり焼きにし、全体に焼き目がついたら竹箸を抜き、斜めに二つ切りにします。

3鶏もも肉は脂を取り除き、食べよい大

きりたんぽの作り方

1　米を通常のご飯に炊き上げ、充分に蒸らしたのち、熱あつをすりこぎで七分《しちぶ》搗《つ》きにします。米粒を完全につぶさないように注意します。

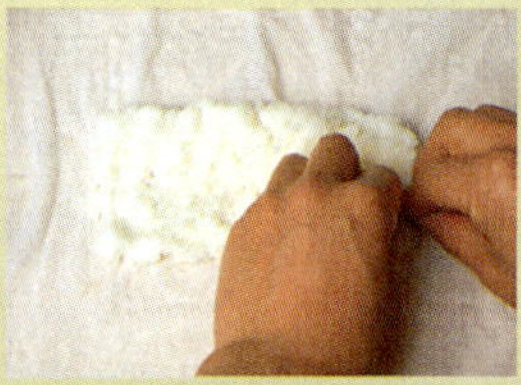

2　きつく絞ったぬれ布巾を広げ、この上に搗いたご飯を短冊形にのばします。指先を水でしめらせながら作業します。

3　太い竹箸を水でぬらし、これをご飯の中央に、持ち手分を端に出して置き、布巾を向う側から巻いて形をつけ、一度開いて手前側からきつく巻きます。

4　片手で持ち、固く絞ったぬれ布巾で押さえながら形を整えます。

5　持ち手の火に当たる部分にアルミホイルを巻き、遠火にかざして丁寧にあぶり焼きにし、全体に焼き目がついたら竹箸を抜き、斜めに切り分けます。

◉きりたんぽを作る場合のコツは、第一に炊きたてのご飯を使い、熱いうちに七分搗きにし、形作ることです。細工に使う布巾、竹箸はともに一度水につけてしめらせ、指先もしめらせながら作業を進めます。

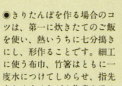

きささに切ります。

4ごぼうは、ささがきにしながら水に放ち、すぐに水をきっておきます。わけぎ、三つ葉は、それぞれ5～6㎝長さに切り揃えます。

5糸こんにゃくは、水から茹でて笊にとり、もみ洗いしたのち食べよい長さに切っておき、かえで蒲鉾は小口から薄切りにし、二枚ほど用意します。

6鍋地の八方地は、だし汁を煮立てて味醂を入れ、ひと煮立ちさせて薄口醤油を加えます。

7七味唐辛子を用意しておきます。

【盛りつけと供し方】

盛り器にきりたんぽを盛り、三つ葉とかえで蒲鉾を添えます。土鍋に鶏肉、ごぼう、糸こんにゃくを盛り込み、鍋地を注いで焜炉にかけ、鶏肉のだしがよく出たところで、三つ葉、わけぎ、かえで蒲鉾を加えてさっと煮たところで、きりたんぽを入れ、充分に煮えたところを七味唐辛子をふって賞味していただきます。

■調理覚え書

●きりたんぽは、炊きたてのご飯で作るのがコツです。近年は冷凍品が市販されていますが、やはり自家製を売りものにしたいものです。まとめて作り、冷蔵か冷凍保存しておくこともできます。

●このような郷土料理風の鍋は、あまりに素朴に仕立てすぎても安っぽくなってしまいます。彩りの添えにここでも使っているような細工蒲鉾や、生麩類を加えたり、一人前用の小鍋立てにするなど、ほんの少し気取った作りにすることが、値打ちを上げる秘訣《ひけつ》となります。

●〝きりたんぽ〟の名は、その形がたんぽ槍《やり》の先に似ていることから付けられたもので、もとは狩猟民の狩用の保存食であり、山中で調達した野鳥や野草とともに鍋で煮て温めると同時に味つけをして食べたものといわれ、これが里にも伝わって郷土料理として定着したもののようです。地元の秋田では、きりたんぽは新米で作り、この鍋に欠かせない鶏肉は大館市近郊・比内地方の地鶏で有名な比内《ひない》鶏を使うのが自慢の作りです。比内鶏は、軍鶏《しゃも》に似た力のある味わいの、日本古来種の鶏です。

しめじときりたんぽの鍋

●二二七頁参照

■材料〈一人分〉

しめじ……50g　きりたんぽ…½本
昆布蒲鉾……適宜　焼き豆腐……¼丁
合挽き肉……100g　白菜……1枚
ねぎ……⅓本　人参……適宜
＊鍋地（八方地〈だし汁2カップ　味醂、薄口醤油＝各¼カップ〉）
＊酢醤油（酢、醤油＝各同割量）
もみじおろし…適宜　あさつき……適宜

■作り方

【下ごしらえ】

1しめじは石づきを取り、小房にほぐしておきます。

2きりたんぽは½本を用意し、斜め二つに切ります。

3昆布蒲鉾は5～6㎜厚さの小口切りにし、焼き豆腐は二つに切ります。

4合挽き肉は軽く練り混ぜておきます。

5白菜はザク切りに、ねぎは斜め切りにし、人参はごくみじんに刻みます。

6鍋地の八方地は、だし汁を煮立てて味醂を入れ、ひと煮立ちさせて薄口醤油を加えます。

7酢醤油、もみじおろしを用意し、あさつきを小口切りにします。

【盛りつけと供し方】

土鍋に白菜を敷き、しめじときりたんぽ、そのほかの材料を彩りよく盛り込み、人参をあしらいます。鍋地を注いで焜炉にかけ、煮上がったらもみじおろしとあさつきを薬味に、酢醤油で食べていただきます。

■調理覚え書

●人参をごくみじん、すなわち極《きわ》めて細かいみじん切りにする場合は、スピードカッターが便利です。飾り切りにした人参の切り落としなどが、ある程度まとまったところで刻み、料理の彩りの補いや、肉団子などの風味づけに利用すると無駄がありません。

●きりたんぽと相性のよいものは、まず鶏肉ですが、ここでも主になっているしめじをはじめ、舞茸、椎茸、箒茸《ほうき》などの茸《きのこ》類とも大変よく合います。

山菜の湯葉包み鍋

●八二頁参照

■材料〈一人分〉

山菜の湯葉包み(市販品)……1個
鶉《うずら》の卵……2個　大豆もやし…45g
春菊……20g　ねぎ……60g
スイートコーン(缶詰)……40g
人参……適宜
＊鍋地（八方地〈だし汁2カップ　味醂、薄口醤油＝各¼カップ〉）
＊ポン酢醤油（橙の絞り汁、醤油＝各同割量）
もみじおろし…適宜　あさつき……適宜

■作り方

【下ごしらえ】

1山菜の湯葉包みを用意し、鶉の卵は蒸籠《せいろう》に並べて7分ほど蒸し、水にとって殻をむいておきます。

2大豆もやしは、一本ずつ豆とひげ根を取り除いたのち水洗いし、さっと湯がいて笊に上げます。

3春菊は葉先の柔らかい部分だけをつみ取って揃え、ねぎは斜め切りにします。

4スイートコーンは、一度熱湯に通しておき、人参は1㎝厚さの輪切りにして梅型で抜き、庖丁で切り込みを入れてねじり梅を作り、下茹でしておきます。

5鍋地の八方地は、だし汁を煮立てて味

醂を入れ、ひと煮立ちさせて薄口醤油を加えます。

6 ポン酢醤油は橙汁と醤油を合わせて作り、もみじおろしを用意し、あさつきは小口切りにします。

【盛りつけと供し方】

土鍋に湯葉包みを中心に、そのほかの材料を形よく、彩りよく盛り合わせ、最後に梅形人参をあしらいます。鍋地を注いで焜炉にかけ、ひと煮立ちしたところでポン酢醤油にもみじおろし、あさつきを添えて食べていただきます。

■調理覚え書

●もやしには、大豆もやしと緑豆もやしがあり、一般によく出廻っているのは緑豆もやしです。味からいえば、大豆もやしのほうがおいしく、歯触りもよいようです。鍋には、見た目の上からも大豆もやしに限ります。いずれにせよ、茎がしっかりしていて、豆の開いていないものが新鮮です。

五目湯葉鍋

●一一二頁参照

■材料〈一人分〉

五目湯葉（市販品）……2個
鶉《うずら》の卵……2個　しめじ……25g
茹で筍……40g　白菜……½枚
糸こんにゃく……60g
人参……適宜
＊鍋地（八方地《だし汁2カップ　味醂、薄口醤油＝各¼カップ》）
＊酢醤油（酢、醤油＝各同割量）
もみじおろし…適宜　あさつき……適宜

■作り方

【下ごしらえ】

1 五目湯葉を用意し、鶉の卵は蒸籠《せいろう》に並べて7分ほど蒸し、水にとって殻をむきます。

2 しめじは石づきを取って、2〜3本ずつにほぐしておき、茹で筍は小振りのものを用意して、食べよい大きさに縦に切ります。白菜はザク切りにします。

3 糸こんにゃくは、水から茹でて笊にとり、もみ洗いして食べよい長さに切っておきます。

4 人参は1cm厚さの輪切りにして梅型で抜き、庖丁で切り込みを入れてねじり梅を作り、下茹でをします。

5 鍋地の八方地は、だし汁を煮立てて味醂を入れ、ひと煮立ちさせて薄口醤油を加えます。

6 酢醤油、もみじおろしを用意し、あさつきを小口切りにします。

【盛りつけと供し方】

土鍋に白菜を敷いて五目湯葉を手前に盛り、糸こんにゃく、茹で筍を盛り添え、鶉の卵、しめじを表面に形よく加え、梅形人参をあしらいます。鍋地を注いで焜炉にかけ、煮上がったところを酢醤油に、もみじおろしとあさつきを添えておすすめします。

■調理覚え書

●五目湯葉は、茹でて繊《せん》切りにしたキャベツを芯にして、豚肉、椎茸、銀杏、筍を湯葉で巻いて丸く形作り、蒸し上げたものです。こうした市販品を使う場合は、塩気の強すぎないものを選ぶことが、まず大切です。

穴子高野《こうや》鍋

●一〇一頁参照

■材料〈一人分〉

穴子高野（市販品）……1本
鶉《うずら》の卵……2個　ぜんまい……50g
大豆もやし…45g　わけぎ……20g
千石豆……3枚　もみじ麩……適宜
塩……少々
＊鍋地（八方地《だし汁2カップ　味醂、薄口醤油＝各¼カップ》）
＊酢醤油（酢、醤油＝各同割量）
もみじおろし…適宜　あさつき……適宜

■作り方

【下ごしらえ】

1 穴子高野は一本を三つに切り、鶉の卵は蒸籠《せいろう》に並べて7分ほど蒸し、水にとって殻をむいておきます。

2 ぜんまいは水から茹で、茹でこぼして水を変えたのち、再び火にかけてぬるんできたら手でもみほぐし、この作業を二〜三回繰り返してよく戻し、食べよい長さに切ります。

3 大豆もやしは、一本ずつ豆とひげ根を取り除いたのち水洗いし、さっと湯がいて笊に上げます。

豆もやし二種

緑豆《りょくず》もやし
大豆種と並んで古くから市場《しじょう》に出、最も多く生産された種。近年は毛蔓小豆《けつるあずき》のものが増加。

大豆もやし
一般にもやしは"豆、麦などの種子を水栽培で発芽、軟白化した"もの。大豆種《しゅ》は特に美味。

4わけぎは7～8cm長さに切り揃え、千石豆は塩を少量落とした熱湯で茹で、笊に上げてあおいで冷まします。

5もみじ麸は、小口から薄切りにして二枚用意しておきます。

6鍋地の八方地は、だし汁を煮立てて味醂を入れ、ひと煮立ちさせて薄口醤油を加えます。

7酢醤油、もみじおろしを用意し、あさつきを小口切りにします。

【盛りつけと供し方】

土鍋の手前中心に穴子高野を盛り、奥にぜんまい、大豆もやし、わけぎの長いもの三種を横一文字の形にきれいに盛り合わせ、鶉の卵、千石豆、もみじ麸を彩りよく盛り添えます。鍋地を注いで焜炉にかけ、ひと煮立ちしたところを酢醤油に、もみじおろしとあさつきを添えて食べていただきます。

■調理覚え書

●穴子高野は、焼き穴子を高野豆腐で巻き、さらに生湯葉をひと巻きして、かんぴょうで結んだのち、ひと口大に切り分けて薄味で煮たものです。こうした高野豆腐の細工ものは、関西よりもむしろ、東京方面に多く見られ、珍味店には高野豆腐でごぼうを巻いたもの、袋形に切り込みを入れて中に海老のすり身や魚の生身を射込《いこ》んだもの、袋に卵一個を入れ込んで蒸したものなど、様々な種類が並んでいます。これらは主に野菜とともに炊き合わせにするのが一般的ですが、鍋の具としても、なかなかに風情があります。

海老と湯葉真《しん》蒸《じょ》の鍋

●二二九頁参照

■材料〈一人分〉

車海老……2尾
湯葉真蒸(市販品)……2個
松茸(カナダ産)……35g
茹で筍……40g　春菊……15g
ねぎ……60g　千石豆……4枚
人参……適宜　塩……適宜
＊鍋地（八方地《だし汁2カップ　味醂、薄口醤油＝各1/4カップ》）
もみじおろし…適宜　あさつき……適宜

■作り方

【下ごしらえ】

1車海老は背に切り目を入れて背わたを抜き、さっと茹でて、尾ひと節残して殻をむき、頭を取ります。

2湯葉真蒸は蒸籠《せいろう》に並べ、軽く蒸しておきます。

3カナダ産松茸は、石づきを削り取って笠の汚れを拭き取り、大きくそぎ切りにしたひと切れを用意します。

4茹で筍は縦に食べよい大きさに切っておき、春菊は葉先の柔らかい部分だけをつみ取って揃えます。

5ねぎは3～4cm長さのブツ切りにし、千石豆は塩を少量加えた熱湯で茹で、笊に上げてあおいで冷まします。

6人参は1cm厚さの輪切りにして梅型で抜き、庖丁で切り込みを入れてねじり梅を作り、下茹でしておきます。

7鍋地の八方地は、だし汁を煮立てて味醂を入れ、ひと煮立ちさせて薄口醤油を加えます。

8もみじおろしを用意し、あさつきを小口切りにします。

【盛りつけと供し方】

土鍋に車海老、湯葉真蒸、松茸を主にそのほかの材料を形よく、彩りよく盛り合わせます。鍋地を注いで焜炉にかけ、煮えるそばから、薬味のもみじおろしとあさつきを添えて食べていただきます。

鮭包みの鍋

●二三〇頁参照

■材料〈一人分〉

鮭包み(市販品)……2個
五色《ごしき》玉こんにゃく……5個
ブロッコリー……25g
姫筍(水煮)…2本　白菜……1/2枚
わけぎ……20g　塩……少々
＊鍋地（薄八方地《だし汁2カップ　味醂、薄口醤油＝各1/5カップ》）
＊酢醤油（酢、醤油＝各同割量）
もみじおろし…適宜　あさつき……適宜

■作り方

【下ごしらえ】

1鮭包みを用意し、玉こんにゃくは水から茹でて笊にとり、水洗いしておき、ブロッコリーは、塩を少量加えたたっぷりの熱湯で茹で、笊に上げてあおいで冷まし、小房に分けます。

2姫筍は水気をきっておき、白菜はザク切りに、わけぎは5～6cm長さに切り揃えます。

3鍋地の八方地は、だし汁を煮立てて味醂を入れ、ひと煮立ちさせて薄口醤油を加えます。

4酢醤油、もみじおろしを用意し、あさつきを小口切りにします。

【盛りつけと供し方】

土鍋に白菜を敷き、鮭包み、玉こんにゃくを盛り、ブロッコリー、姫筍、わけぎを盛り添えます。鍋地を注いで焜炉にかけ、煮え上がったところを、酢醤油に薬味のもみじおろし、あさつきを添えておすすめします。

豚肉と東寺巻きの鍋

●二三一頁参照

■材料〈一人分〉

豚もも肉の薄切り……60g
東寺巻き(市販品)……2個
白滝……60g　鳴門蒲鉾……適宜
つるむらさき(菜)……70g
千石豆……3枚　白菜……1枚
わけぎ……30g　塩……少々
＊鍋地（八方地《だし汁2カップ　味醂、薄口醤油＝各1/4カップ》）
大根おろし…適宜

■作り方

【下ごしらえ】

1豚もも肉の薄切りは、ほどよい大きさに切り、東寺巻きは笊に入れて熱湯をさっと回しかけ、油抜きをします。

2白滝は水から茹でて笊にとり、もみ洗いしたのち食べよい長さに切り、鳴門蒲鉾は小口から6～7mm厚さの小口切りにし、二枚ほど用意します。

③つるむらさきは、葉先の柔らかい部分だけをつみ取っておき、千石豆は、塩を少量加えた熱湯で茹でて笊に上げ、あおいで冷まします。

④白菜はザク切りに、わけぎは5～6cm長さに切り揃えます。

⑤鍋地の八方地は、だし汁を煮立てて味醂を入れ、ひと煮立ちさせて薄口醤油を加えます。

⑥大根おろしを用意しておきます。

【盛りつけと供し方】

土鍋に白菜を敷き、豚肉と東寺巻きを盛り、つるむらさき、千石豆、わけぎを形よく盛り合わせ、鳴門蒲鉾をあしらいます。鍋地を注いで焜炉にかけ、煮えるそばから煮汁ごと取り鉢に移し、大根おろしを添えて食べていただきます。

帆立と海老の舟昆布鍋

●一七四頁参照

■材料〈一人分〉

帆立、海老、しめじの下蒸し（帆立の貝柱1個　車海老1尾　しめじ1～2本　酒、水＝各1/4カップ　塩小匙1/3）

銀杏……3粒　人参……適宜

卵（小）……1個　黒胡麻……少々

舟形昆布（市販品・大）……1個

すだち……1個

■作り方

【下ごしらえ】

①帆立貝は貝柱を用意し、車海老は背に切り目を入れて背わたを抜き、しめじ

基本の〝寄せ鍋〟の盛りつけ手順例

1　まず、鍋の向こう奥から手前に、野菜類から順に盛りはじめます。
白菜のザク切りを奥中央よりやや右寄りに、ひとまとめに盛り込みます。

2　長ねぎのブツ切りを、白菜の左に寄せて、鍋肌の傾斜にそわせるように盛りつけます。

3　加工品と魚介、残りの野菜類を、彩りと形を見て盛り進めます。
白滝をねぎの元に寄せて盛り、同様にきんきを白滝の手前に盛ります。

4　豆腐を鍋底の中央部分、やや手前よりに崩さないように、静かに置く気持ちで盛り込みます。

5　えのき茸を白菜の右、空《あき》の部分に、鍋肌の傾斜にそわせるように盛り込みます。

6　続いて細工ものを取りやすいように盛ります。
えのき茸の手前に手綱《たづな》こんにゃくを盛り、その元に砧《きぬた》巻き大根を斜めにそわせるように盛ります。

7　次に、ぜんまいの大原木《おはらぎ》をきんきと豆腐の手前、中央あたりにきんきに斜めに立てかけるように、形よく盛りつけます。

8　煮て最も形の変わる、すなわち口を開く蛤を白滝と白菜の表面部分にのせ、続いて手前中央の空部分に主材料的役割の鯛の切り身を盛り込みます。

9　彩りの仕上げに入ります。まず、紅白の小袖蒲鉾を白菜、ねぎ、白滝ときんきの彩りをつなぐような形で、白滝の裾《すそ》部分に添えます。

10　続いて、いんげんの鮮やかな緑が、全体の彩りの締めとなるように鍋面の右よりから中央部分に、渡すような形であしらって仕上げます。

〝火通りよく、取りやすく、彩りよく〟盛ることがポイントです。

は石づきを取り、一〜二本ずつにほぐしておきます。

2帆立貝と車海老、しめじを調理用の鍋に入れ、酒と同量の水を張って塩をふり入れて蓋をし、火にかけます。表面の色が変わる程度に軽く蒸したのち、車海老の頭を取り、尾をひと節残して殻をむきます。

3銀杏は鬼殻を割り取り、茹でながら穴杓子の底で転がして薄皮をむき、水にとります。

4人参は5㎜厚さの輪切りにして梅型で抜き、庖丁で切り込みを入れてねじり梅を作り、茹でておきます。

5舟昆布を開いて帆立貝、車海老、しめじを形よく盛り込み、生卵を割り入れて銀杏とねじり梅をあしらいます。これを、よく熱した焼き網の上にのせて静かに火にかけ、アルミホイルを被せて蒸し焼きにします。

6すだちは、二つに切っておきます。


【盛りつけと供し方】

舟昆布鍋の卵が半熟状になったところで、一人用の焜炉に化粧網をかけた上に移し、帆立の表面に黒胡麻をふったのち、客前に持ち出します。卵が固まりすぎないうちに、すだちを絞って食べていただきます。

■調理覚え書

●舟形昆布(昆布舟)は、市販品を利用しています。大きさは二通りあり、ここで使ったものは大きい方で約16㎝大のもの、小さいものは、その半分ほどの大きさで、酒の肴の盛りつけ用によく使われます。手製にする場合は、まず幅広のだし昆布を水に浸し、柔らかくなったところでおおよその形を切り整え、両端にひだを寄せて細く切った昆布で縛《しば》るか、千枚通しなどで穴をあけて昆布紐《ひも》を通し、結び止めて作ります。

●舟昆布に合う材料は、魚介と茸《きのこ》類です。歯触りのよい本しめじや舞茸、椎茸など数種を取り合わせるのもよく、松茸でしたら、舟昆布の中で香ばしく蒸し焼きにし、すだち汁をたっぷりと絞りかけて愉《たの》しんでいただきます。また、魚介類では、生牡蠣を入れて味噌をつけて焼いたり、あらかじめ揚げた舟昆布の中に、揚げ川海老を盛ったものなど、いずれもよい酒の肴となります。

舟形昆布の市販品

棒状に折りたたまれて売られます。使う際は大・小とも、中央部分から丁寧に開いて舟形に整え、材料を盛ります。

陶板焼きほか、直《じか》焼きの鍋

牛フィレのひと口陶板焼き

●一八五頁参照

■材料〈一人分〉

牛フィレ肉…100g　白滝………20g
グリーンアスパラ…………3本
小茄子………2個　椎茸…………2枚
ねぎ…………1/2本　塩…………適宜
サラダ油……適宜
＊牛肉の下味（塩、白胡椒＝各少々）
＊酢醤油（酢、醤油＝各同割量）
もみじおろし…適宜　あさつき……適宜

■作り方

【下ごしらえ】


1牛フィレ肉はひと口大に切り分け、塩と白胡椒をふっておきます。

2白滝は水から茹でて笊にとり、もみ洗いしたのち食べよい長さに切ります。

3グリーンアスパラは根元の固い部分の皮をぐるむきにし、半分に切って固い方から先に塩茹でし、あおいで冷まします。

4小茄子はへたと萼《がく》を切り落とし、縦の切り込みを細かくひとまわり入れ、水にさらしてアクを抜きます。

5椎茸は、石づきを取って笠の汚れを拭いたのち、二つに切っておき、ねぎは3〜4㎝長さのブツ切りにします。

6酢醤油、もみじおろしを用意し、あさつきを小口切りにします。


【盛りつけと供し方】

盛り皿に白滝を置き、牛フィレ肉と野菜類を彩りよく盛り合わせます。陶板を焜炉にかけて温めたのち、サラダ油を引いてまず牛肉を焼き、続いて野菜を焼いて酢醤油にとり、もみじおろしとあさつきを薬味に、焼きながら食べていただきます。

■調理覚え書

●油と大変相性のよい茄子は、陶板焼きには最適の野菜のひとつです。茄子の種類は限定されませんが、民田《みんでん》茄子、千成茄子などの小茄子系統が火通りもよく、見端もよいものです。そして火通りを一層よくするために、皮目に切り込みを入れ、ここでは縦に庖丁を入れていますが、斜め格子の鹿《か》の子切りにしても趣があります。また、アク抜きは茄子には欠かせない下ごしらえです。

牛フィレの陶板焼き

●二一六頁参照

■材料〈一人分〉

牛フィレ肉…120g　椎茸…………1枚
高菜………少々　もやし………少々
ねぎ………½本　ニッキ麩……適宜
サラダ油……適宜
＊牛肉の下味（塩、白胡椒＝各少々）
＊胡椒塩（胡椒、塩＝各適宜）
レモン………適宜

■作り方

【下ごしらえ】

1 牛フィレ肉は、約1cm厚さに切って裏面に隠し庖丁を入れ、塩と白胡椒をやや多めにふります。

2 椎茸は石づきを取り、笠の汚れを拭いて二つに切ります。

3 高菜はさっと茹でて水にとり、水気を絞って食べよい長さに切り、もやしはひげ根をつまみ取ったのち、さっと湯がいて笊にとっておきます。

4 ねぎは1cm長さの小口切りに、ニッキ麩は小口から5mm厚さに切り、三枚ほど用意します。

5 レモンは5mm厚さの輪切りにしたものを半月に切ります。

【盛りつけと供し方】

盛り皿にもやしを置いて、椎茸、高菜、ねぎを盛り合わせ、手前に牛フィレ肉を盛ってニッキ麩をあしらいます。陶板を焜炉にかけて温めたのち、サラダ油を引いて、まずはじめにねぎを焼いて油に香りを移したのち、牛フィレ肉を焼き、続いて野菜類を焼きます。焼き上がったら塩、胡椒味で、レモンを絞って食べていただきます。

■調理覚え書

●陶板焼きの肉は、趣向としてナイフ・フォークを添える仕立てにする場合を除いて、箸で楽《らく》に食べられるように下ごしらえすることが大切です。一枚40～60gほどの大きさを目安とし、片面には隠し庖丁を入れておけば一層食べやすく、万全です。

●ねぎは肉のつけ合わせというよりも、香りづけの役割をします。切り口を陶板にあてて焼き、油に香りを移し、そのあとで肉や野菜を焼く手順です。

●つけ合わせ野菜の高菜は、辛《から》（芥）子《し》菜の変種で主に漬けものにされますが、特有の辛みが肉料理によく合い、目先も変わってよいものです。ここでは生の高菜を使っていますが、高菜漬けを添えてもまたおいしいものです。

牛ロースの陶板焼き

●一八六頁参照

■材料〈二人分〉

牛ロース肉…260g　鶉《うずら》の卵………6個
椎茸………2枚　玉ねぎ………½個
人参……40～60g　茹で饂飩《うどん》……2玉
サニーレタス………………4枚
銀杏………6粒　サラダ油……適宜
＊牛肉の下味（塩、白胡椒＝各少々）
＊酢醤油（酢、醤油＝各同割量）
大根おろし…適宜　あさつき……適宜

■作り方

【下ごしらえ】

1 牛ロース肉は一人前130gを用意して筋を切り、塩と白胡椒を多めにふります。

2 鶉の卵は、蒸籠《せいろう》に並べて7分ほど蒸して冷水にとり、殻をむきます。

3 椎茸は石づきを取り、笠の汚れを拭いて二つに切り、玉ねぎは縦半分に切ったのち、薄切りにします。

4 人参は丸のまま茹でて皮をむき、1cmほどの厚さの輪切りにしておきます。

5 茹で饂飩は笊に入れ、熱湯を回しかけてほぐします。

6 サニーレタスは洗って水気を拭き取っておき、銀杏は鬼殻を割り取り、茹でながら穴杓子の底で転がして薄皮をむき、水にとります。

7 酢醤油、大根おろしを用意し、あさつきを小口切りにします。

【盛りつけと供し方】

盛り皿に饂飩をこんもりと盛り、サニーレタス、玉ねぎと椎茸、人参を片寄せ気味に盛り合わせ、手前中央に牛ロース肉を形よく盛り、鶉の卵、銀杏を散らします。陶板を焜炉にかけて温めたのち、サラダ油を引きます。まず、最初に玉ねぎを焼いてキツネ色になったら肉を焼き、続いて饂飩、椎茸、人参ほかの材料を焼いて、大根おろしとあさつきを薬味に、酢醤油で食べていただきます。牛ロース肉は酢醤油につけたのち、お好みでサニーレタスで包んで食べていただき、さっぱりした味も愉《たの》しんでいただきます。

■調理覚え書

●この牛ロースの陶板焼きは、小さく切って出さずに、ひとり一枚ずつを大きめの陶板で焼くスタイルで、箸のほかに必ずナイフとフォークを添えます。

●人参は花形などの飾り切りにして、あしらいに添える場合は別として、切ってから茹でては切り口から旨み、甘みが溶け出してしまうため、丸のまま茹でて茹で上がってから小さく切ります。

牛薄切り肉の陶板焼き

●一八七頁参照

■材料〈一人分〉

牛イチボ肉…120g　葛《くず》切り………75g

木耳《きくらげ》………20g　卵…………½個分
わけぎ…3～4本　サラダ油……適宜
＊牛肉の下味（塩、白胡椒＝各少々）
＊おろし醤油（大根おろし、醤油＝各適宜）

■作り方
【下ごしらえ】

1 牛イチボ肉は薄切りにし、塩と白胡椒をふっておきます。
2 葛切りは、熱湯でさっと茹でて笊にとり、冷水にさらしたのち半分の長さに切っておきます。
3 木耳は大きく広がるまで水で戻し、軽くもんで汚れを取り除き、水気を拭いて石づきを付け根から取ります。
4 卵は半熟に茹でて殻をむき、糸を使って半分に切り、ひと切れを用意します。
5 わけぎは5～6㎝長さに切ります。
6 おろし醤油は大根おろしをたっぷり用意し、お出しする直前に醤油をからめます。

【盛りつけと供し方】

盛り皿にまず葛切りをのせ、手前に牛イチボ肉の薄切りを一枚ずつずらし、肉の両端を内側に折り込んで形を整え、立体感をつけて盛ります。わけぎ、木耳、半熟卵を盛り添えます。陶板を焜炉にかけて温め、サラダ油を引いたのち、牛肉を広げて両面をさっと焼き、続いてほかの材料も少しずつのせて焼き上げ、おろし醤油で食べていただきます。

■調理覚え書
●イチボ肉は、腰（ランプ）の上部に付いている三角形の肉を指し、赤身肉で肉質が細かく、比較的柔らかい部位です。薄切りにしてこのように陶板焼きや、またバター焼き、すき焼きなどでもおいしく、広範に使えます。

牛射込《いこ》み葱《ねぎ》の陶板焼き

●一八八頁参照

■材料〈一人分〉
牛射込み葱（牛ロース肉120g　わけぎ2本　塩、白胡椒＝各少々）
舞茸………50g　もやし………30g
いんげん……2本　サラダ油……適宜
塩………少々
＊酢醤油（酢、醤油＝各同割量）
もみじおろし…適宜　切り海苔……適宜
あさつき……適宜

■作り方
【下ごしらえ】

1 牛ロース肉は、薄切りで幅の広いものを二枚用意します。二枚を重ねて俎《まな》板の上に広げ、塩と白胡椒をふります。わけぎを肉の幅に合わせて切り揃え、束ねて肉の上にのせ、肉をぐるりと巻きます。巻き終わりを楊枝で縫うように止めておきます。
2 舞茸は笠裏のゴミやくずを取り除き、食べよいようにほぐします。
3 もやしは水洗いし、さっと湯がいて笊にとっておき、いんげんは筋を取り、塩を少量加えた熱湯で茹でて笊に上げ、あおいで冷まします。
4 酢醤油、もみじおろし、切り海苔を用意し、あさつきを小口切りにします。

【盛りつけと供し方】

盛り皿に牛の射込み葱を手前に、舞茸、もやしを盛り合わせ、いんげんを盛り添えます。陶板を焜炉にかけて温め、サラダ油を引いて、まず射込み葱を転がしながら焼きます。続いてほかの材料を焼き、それぞれを、酢醤油に薬味のもみじおろし、切り海苔、あさつきを添えて食べていただきます。

■調理覚え書
●射込み葱に使う牛肉は、柔らかいロース肉が一番ですが、もも肉や肩肉も利用できます。この場合は、肉質の固い赤身肉ですから、あらかじめ繊維を断ち切るように、肉たたきでよくたたき伸ばしてから使うようにします。
●射込み葱は薄切り肉ですから、火はすぐに通ります。表面だけをさっと焼き、中の葱《ねぎ》が半生の状態が食べ頃です。この葱はわけぎのほか、あさつきなど青（葉）葱が最適です。

鴨の陶板焼き

●三九頁参照

■材料〈一人分〉
鴨肉………100g　しめじ………30g
グリーンアスパラ…………2本
ねぎ………½本　もみじ麩……適宜
塩………少々　サラダ油……適宜
＊酢醤油（酢、醤油＝各同割量）
もみじおろし…適宜　大根おろし…適宜
あさつき……適宜

■作り方

葛《くず》切りの戻し方

葛切りは、本葛の粉を水で溶き固め、突き出し器で突いて熱湯に放し、糸状にして乾燥させたもので、別名葛水仙。

1 鍋に湯を沸騰させ、葛切りを束ねて持ち、先端を手前の鍋底にあてるように入れはじめます。

2 鍋のへりを伝わせるように、束をずらしながら鍋の面に葛切りを広げて入れます。

3 全体が透明になりはじめたら素早く引き上げて水にとり、笊に上げて水にさらし、水気をきります。

【下ごしらえ】

1 鴨は、胸肉（抱き身）のロースを用意し、5〜6㎜厚さのそぎ切りにします。

2 しめじは石づきを取り、小さくほぐしておき、グリーンアスパラは茎の固い部分の皮をぐるむきにし、食べよい長さに切って塩茹でし、笊にとってあおいで冷まします。

3 ねぎは4〜5㎝長さに切り、もみじ麩はぬるま湯で戻して3〜4㎜厚さに切り、二枚ほど用意します。

4 酢醤油、もみじおろし、大根おろしを用意し、あさつきを小口切りにします。

【盛りつけと供し方】

盛り皿にねぎ、グリーンアスパラ、しめじを取り合わせ、手前に鴨肉を一枚ずつずらして盛り、もみじ麩をあしらいます。陶板を焜炉にかけて温め、サラダ油を引いて鴨肉を焼き、続いてそのほかの材料を焼き上げ、酢醤油に大根おろし、さらにもみじおろし、あさつきを添えて食べていただきます。

■調理覚え書

●鴨肉で一番おいしい部位が、抱き身です。抱き身は笹身とロース肉に分けられ、陶板焼きには、脂のついたロース肉を使います。この脂分が、鴨特有の旨みであるとともに、反面、臭みのもとです。俗に"鴨ねぎ"といわれるように、鴨料理にはねぎが付きものとされるのは、ねぎの香りがこの臭みや、脂っこさを中和させるためです。

●鴨は野性の、いわゆる野鴨が最上ですが今や希少になってしまい、入手が難しいため、合鴨《あいがも》を利用します。合鴨は鴨とアヒルの交配種で、このアヒルはもとは鴨を飼い慣して家禽《かきん》となったものです。また、近年では中国産の野鴨の冷凍品が入手できるようになりました。比較的安価でもあり、利用価値があります。

鶏と夏野菜の陶板焼き

●一八三頁参照

■材料〈二人分〉

鶏もも肉……200g　トマト……½個
茄子……1個　じゃが薯《いも》……½個
グリーンアスパラ……4本
ねぎ……1本　白菜……2枚
白滝の下炒《いた》め（白滝60g　塩、白胡椒＝各少々　サラダ油適宜）
塩……適宜　サラダ油……適宜
＊鶏肉の下味（塩、白胡椒＝各少々）
＊酢醤油（酢、醤油＝各同割量）
大根おろし…適宜　あさつき……適宜

■作り方

【下ごしらえ】

1 鶏もも肉は皮と脂を取り除き、ひと口大に切って塩と白胡椒をふります。

2 トマトは1㎝厚さの輪切りにし、茄子は、へたと萼《がく》を切り取って縦半分に切り、さらに横二つに切ったのち、皮側に鹿《か》の子の庖丁目を入れます。水にさらしてアクを抜いておきます。

3 じゃが薯は面取りしながら皮をむき、薄い輪切りにして水にさらします。

4 グリーンアスパラは茎の固い部分の皮をぐるむきにし、半分に切って塩茹でし、笊にとってあおいで冷まします。

5 ねぎは4〜5㎝長さのブツ切りに、白菜は大きめのザク切りにします。

6 白滝は水から茹でて笊にとり、もみ洗いして食べよい長さに切ります。フライパンを熱してサラダ油を入れ、白滝を入れて塩、白胡椒で軽く味つけしながら炒めておきます。

7 酢醤油、大根おろしを用意し、あさつきを小口切りにします。

【盛りつけと供し方】

盛り皿に白菜を敷き、手前に鶏肉を盛って茄子、じゃが薯、グリーンアスパラ、ねぎを形よく盛り合わせ、端に白滝をこんもりと盛ります。陶板を焜炉にかけて温め、サラダ油を引いて材料を少しずつのせ、焼き上げます。じゃが薯は特にじっくりと焼きます。大根おろしとあさつきを薬味に、酢醤油で食べていただきます。

海山《うみやま》の幸《さち》陶板焼き

●七五頁参照

■材料〈五人分〉

車海老……10尾　とこぶし……5個
帆立の貝柱…10個　牛イチボ肉…300g
鶏もも肉……2枚　焼き豆腐……2丁
紅白蒲鉾……1枚　茄子……5個
玉ねぎ……3個　人参……50g
大豆もやし…100g　椎茸……10枚
獅子唐辛子…10本　塩……適宜
サラダ油……適宜
＊酢醤油（酢、醤油＝各同割量）
大根おろし…適宜　あさつき……適宜
＊（盛りつけ用裏白3枚）

■作り方

【下ごしらえ】

1 車海老は背に縦の切り目を入れて背わたを抜き、尾の剣先を切り取ったのち、尾先を庖丁の背でしごいて水気を出しきっておきます。

2 とこぶしは殻つきのまま、身にたっぷりの塩をかけて指でこすります。身の薄い方の殻側にヘラを差し込み、えぐるように殻から身をはずしたのち、口の固い部分を切り取り、ひもとわたを取り除いて水洗いし、裏側に食べよいように隠し庖丁を入れておきます。帆立貝は貝柱だけを用意します。

3 牛イチボ肉は薄切りに、鶏もも肉は余分な脂を取り除き、ほどよい大きさにそぎ切りにします。

4 焼き豆腐は一丁を五つに切り、紅白蒲鉾は小口から1㎝厚さに切ります。

5 茄子はへたと萼《がく》を切り取り、縦二〜三つに切って水にさらし、アク抜きしておき、玉ねぎは薄い半月に切って、バラバラにならないように楊枝で止めます。人参はシャトウ形にむき、下茹でしておきます。

6 大豆もやしは豆とひげ根を取り、さっと湯がいて笊に上げておき、椎茸は石づきを取って笠の汚れを拭き、獅子唐は、軸を切り取ります。

7 酢醤油、大根おろしを用意し、あさつきを小口切りにします。

【盛りつけと供し方】

大皿に裏白を敷き、魚介と肉類を手前にして、すべての材料を放射状に取りや

すく、彩りよく盛り合わせます。

陶板を焜炉にかけてよく温め、サラダ油を引きます。火を強火に安定させてまず玉ねぎを焼き、次に肉と魚介、続いて野菜そのほかの材料を、順に焼き上げます。焼きたてを酢醤油に大根おろし、あさつきを添えて賞味していただきます。

■**調理覚え書**

●つけつゆは酢醤油、薬味は大根おろしとあさつきのオーソドックスな取り合わせのこの例のほか、〝胡椒塩《こしょうじお》〟〝山椒塩《さんしょうじお》〟をふって食べていただくのも、また別の味わいです。胡椒塩は、胡椒と塩を鍋に合わせ、水分がなくなるまで煎《い》ったもの、山椒塩は、粉山椒と塩を同様に煎ったものです。

●陶板焼きはわが国だけに限らず、フランス、スペイン料理にも同種のものが見られます。欧州の陶板焼きは、山野の収獲物をたれに漬け込んで焼く山賊料理に端を発しているのに対し、日本の陶板焼きは、河原の石を火の中で熱く焼き、その上で釣り上げた魚を焼いたのがはじまりの、いわば釣場料理がその原型です。

蓬《ほう》萊《らい》焼き鍋

●二二六頁参照

■**材料**〈四人分〉

車海老……6尾　越前蟹の脚…4本
とこぶし……4個　蛤…………4個
牛イチボ肉…100g　鴨の胸肉……120g
鶏の胸肉……100g　焼き豆腐……1丁
紅・白小袖蒲鉾…………各1/2枚

常節(とこぶし)のおろし方と保存

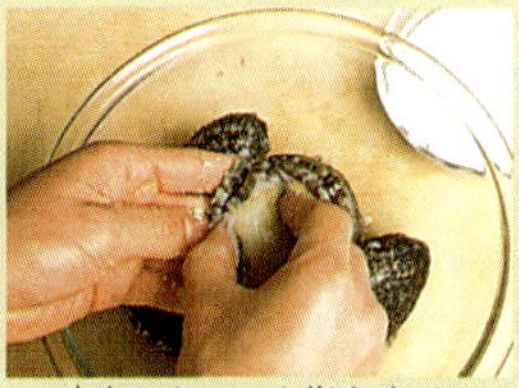

1　身にたっぷり塩をまぶし、指でこすりながら丁寧にもみ洗いし、汚れを落としたのち水洗いし、塩気を取ります。

2　殻ふちが開き、身の薄い方を手前にして持ち、身と殻の間にヘラを差し込んで、殻底に沿ってヘラを動かし、えぐるように身をはずし取ります。

3　柱の付いている側を表にし、縁《えん》ぺらの端をつまむようにして庖丁の刃先でわたを切り取ります。

4　身についている角《つの》状の肝《きも》の付け根に庖丁を入れます。

5　柱(星ともいう)のへりから庖丁を入れて、肝を切り離します。

6　肝についている余分なわたをそうじします。

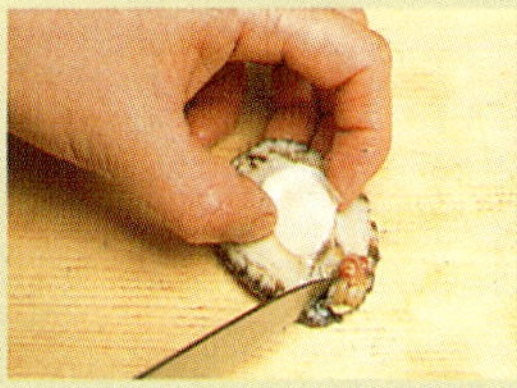

7　身についている固い口の部分を、庖丁の刃先で取り除きます。

8　柱の側を下に、身の表側を上に向けて置き、身の縁を取り巻いている縁《ふち》ぺらを切り離します。

9　両側の縁ぺらを切り取って、二本の縁ぺら、口、肝、わた、身の五つの部分におろします。

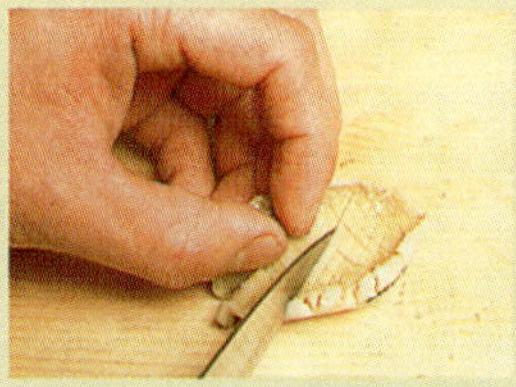

10　とこぶしは、用途によって柱側に十字の隠《かく》し庖丁を入れるか、このように斜め格子の切り目（鹿《か》の子《こ》庖丁）を入れて食べよく整えます。

◉外見上は鮑とほとんど変わりませんが、小型で殻の長径が5cmくらいから、せいぜい7～8cm止まりです。殊に子鮑とは混同されがちですが、大きさのほかの見分け方としては、殻の穴が鮑は三～四つ、とこぶしは七～八つと多いこと。また鮑は夏が旬で、刺身などの生造りに主として使われ、とこぶしは冬から春先が旬。含め煮、蒸し煮などにされるのが通常です。

身と縁ぺらを離した9ののち水気を拭き取り、身はひとつずつ、縁ぺらは三～四本をまとめてラップに包み、ビニール袋に密封して冷凍保存します。

南瓜《かぼちゃ》……150g　茄子……3個
椎茸……4枚　芹《せり》……½把
白菜……2枚　ねぎ……1本
獅子唐辛子…16本　塩……適宜
サラダ油……適宜
＊山椒塩（粉山椒、塩＝各適宜）
すだち……8個

■作り方

【下ごしらえ】

1 車海老は背に縦の切り目を入れて背わたを抜き、尾の剣先を切り取ったのち、尾先を庖丁の背でしごいて水気を出しきっておき、蟹脚は、殻の裏側を庖丁でそいでおきます。

2 とこぶしは殻つきのまま、身にたっぷり塩をまぶして指でこすります。身の薄い方の殻側にヘラを差し込み、えぐるように殻から身をはずしたのち、口の固い部分を切り取り、ひもとわたを取り除いて水洗いし、裏側に食べよいように隠し庖丁を入れておきます。

3 蛤は、海水よりやや薄めの塩水につけて砂をはかせたのち、貝同士を打ち合わせて鈍い音のする死貝を除き、殻をよく洗います。

4 牛イチボ肉は5～6mm厚さのブツ切りにし、鴨の胸肉も同様の厚さのそぎ切りに、鶏の胸肉は余分な脂を取り除き、ひと口大に切っておきます。

5 焼き豆腐は四つ切りにし、小袖蒲鉾はそれぞれ四切れずつに切ります。

6 南瓜は、一個を縦四つに切って種を取ったものを必要量用意し、薄く切って七分どおり茹でておき、茄子はへたの部分を切り落として縦二つに切り、皮目に斜めの切り目を入れて水にさらし、アク抜きをします。

7 椎茸は石づきを取り、笠の汚れを拭いて十字の飾り庖丁を入れます。芹はゴミを取り除き、葉先から10cmほどの長さに切り揃えます。

8 白菜は大きめのザク切りにし、ねぎは4～5cm長さのブツ切りに、獅子唐は軸を切り取ります。

9 山椒塩は、鍋に粉山椒と塩を合わせて水分がなくなるまで煎って作り、すだちは二つに切ります。

【盛りつけと供し方】

大皿に魚介、肉類を手前にして、すべての材料を彩りよく、形よく盛り合わせます。陶板を焜炉にかけてよく温め、サラダ油を引いて、魚介、肉、野菜類をバランスよく取り合わせて焼き上げます。焼きたてに山椒塩をふり、すだちの絞り汁を落として食べていただきます。

海浜陶板焼き

●一六〇頁参照

■材料〈一人分〉
車海老……1尾　とこぶし……1個
鱧《はも》蒲鉾……適宜　鶏もも肉……60g
蛤……2個　ねぎ……20g
人参……適宜　塩……適宜
サラダ油……適宜
＊車海老、とこぶし、鱧蒲鉾、鶏もも肉の下味（酒、塩＝各適宜）
＊蛤の下味（味醂、塩＝各適宜）
＊酢醤油（酢、醤油＝各同割量）
もみじおろし…適宜　あさつき……適宜

■作り方

【下ごしらえ】

1 車海老は背に縦の切り目を入れて背わたを抜き、尾の剣先を切り取ったのち、尾先を庖丁の背でしごいて水気を出しきっておきます。

2 とこぶしは殻つきのまま、身にたっぷり塩をまぶして指でこすります。身の薄い方の殻側にヘラを差し込み、えぐるように殻から身をはずしたのち、口の固い部分を切り取り、ひもとわたを取り除いて水洗いし、表面に鹿の子庖丁を入れておきます。

3 鱧蒲鉾（鱧板）は小口から2cm厚さに切り、さらに斜め半分に切っておき、鶏もも肉は脂を取り除き、大きめのブツ切りにします。

4 蛤は、海水よりやや薄めの塩水につけて砂をはかせたのち、貝同士を打ち合わせて鈍い音のする死貝を除き、殻をよく洗い、蝶番《ちょうつがい》を切っておきます。

5 ねぎは4～5cm長さのブツ切りに、人参は5～6mm厚さの輪切りにして、もみじ型といちょう型で抜き、下茹でしておきます。

6 車海老、とこぶし、鱧蒲鉾、鶏もも肉の四種を酒塩にくぐらせます。蛤の殻の上に味醂をぬり、塩をまぶしつけておきます。

7 酢醤油、もみじおろしを用意し、あさつきを小口切りにします。

【盛りつけと供し方】

あらかじめ陶板を温め、サラダ油を引いて熱し、蛤ほかの魚介、鶏もも肉、鱧蒲鉾を形よく盛り込み、ねぎと人参を盛り添えます。蓋をし、客前に持ち出して焜炉にかけ、焼き上げます。蛤は口の間から白い湯気がフーッと立ち昇ったら食べ頃です。酢醤油に薬味のもみじおろし、あさつきで賞味していただきます。

■調理覚え書

●焜炉の火力が弱い場合は、魚介と鶏も肉をフライパンで七分どおり火を通したのち、陶板に盛り込んでお出しするとよいでしょう。

●とこぶしは、塩をまぶす下ごしらえの段階で、殻ごとさっと蒸し煮にすると身がはずしやすくなります。

五《ご》色《しき》陶板焼き

●一八一頁参照

■材料〈一人分〉
車海老……2尾　帆立の貝柱…1個
椎茸……1枚　えのき茸……25g
わけぎ……2本　白菜……1枚
サラダ油……適宜

＊酢醤油（酢、醤油＝各同割量）

■作り方

【下ごしらえ】

1 車海老は背に切り目を入れて背わたを抜き、尾先を庖丁の背でしごいて水分を出しきっておき、帆立貝は貝柱だけを用意します。

2 椎茸は石づきを取り、笠の汚れを拭いて半分に切り、えのき茸は根元を切り落として小房に分けておきます。

3 わけぎは5～6cm長さに切り揃え、白菜はザク切りにします。

4 酢醤油を用意します。

【盛りつけと供し方】

盛り皿に、奥から白菜、わけぎ、えのき茸、椎茸を順に盛り、手前に帆立の貝柱、車海老を盛り合わせます。陶板を焜炉にかけて温め、サラダ油を引いて材料を少しずつのせ、焼きたてを酢醤油で食べていただきます。

■調理覚え書

●帆立の貝柱は、焼きすぎると旨みが半減します。生食用のものを用意して、両面をさっと焼き、中が半生の状態で食べるのが最上です。冷凍ものの場合はさっと茹で、布巾で水気を拭き取ってから盛り込みます。

小鰈《こがれい》と鱚《きす》の陶板焼き

●一八〇頁参照

■材料〈一人分〉

小鰈……………½尾　鱚…………………4尾
車海老……………4尾　甲烏賊《いか》……………70g
卵…………………1個　豆腐……………⅓丁
椎茸………………2枚　えのき茸…………25g
ねぎ………………60g　人参……………40g
獅子唐辛子……2本　塩………………適宜
サラダ油……適宜
＊焼き味調味料（塩、白胡椒＝各適宜）
＊酢醤油（酢、醤油＝各同割量）
大根おろし…適宜　あさつき……適宜
レモン……適宜

■作り方

【下ごしらえ】

1 小鰈は鱗《うろこ》を取り、頭を落としてわたを抜き、三枚におろします。上身を半分に切り、中骨の跡に添って皮目に浅く切り込みを入れて薄塩をふります。

2 鱚は鱗を取り、頭と尾を落としてわたを抜き、背開きにして中骨を取ったのち、薄塩をふります。

3 車海老は背に切り目を入れて背わたを抜き、尾先を庖丁の背でしごいて水分を出しきっておきます。

4 甲烏賊はおろし身を用意し、丁寧に皮をむいてひと口大に切り、裏側に鹿《か》の子の庖丁目を入れます。

5 卵は半熟に茹でて水にとり、殻をむいて糸を使って二つに切っておき、豆腐は押しをして水気をきり、一丁を六つに切った二切れを用意します。

6 椎茸は石づきを取り、笠の汚れを拭きます。えのき茸は根元を切り落として小房に分けておきます。

7 ねぎは4～5cm長さのブツ切りに、人参は皮をこそげて丸のまま茹で、1cm厚さの輪切りにし、獅子唐は軸を切り落とします。

8 酢醤油、大根おろしを用意し、あさつきは小口切りに、レモンは櫛《くし》形に切ります。

【盛りつけと供し方】

盛り皿に、奥からえのき茸、甲烏賊、椎茸、卵、人参、ねぎ、豆腐を順に盛り、手前に小鰈、車海老、鱚を盛り合わせて獅子唐をあしらいます。陶板を焜炉にかけて温め、サラダ油を引いて魚介、野菜類をバランスよく取り合わせて、塩と白胡椒で味つけしながら焼き上げ、酢醤油にとって大根おろし、あさつきを薬味にして食べていただくか、お好みでレモンの絞り汁だけで味わっていただくのも、またおいしいものです。

■調理覚え書

●皮つきの魚を陶板焼きに使う場合は、火力をあらかじめ強めに調えます。弱火では、皮が板面にくっつきやすく、焼き味も劣るためです。

鮪《まぐろ》の陶板焼き

●七六頁参照

■材料〈一人分〉

鮪のトロ……150g　ねぎ……………60g
貝割れ菜……1把　鶉《うずら》の卵…………2個
人参……………適宜　サラダ油……適宜
＊おろし醤油（大根おろし、醤油＝各適宜）
七味唐辛子…適宜

■作り方

【下ごしらえ】

1 鮪のトロは、ほどよい大きさのブツ切りにします。

2 ねぎは4～5cm長さのブツ切りに、貝割れ菜は根元を切り落とします。

3 鶉の卵は蒸籠《せいろう》に並べて7分ほど蒸し、水にとって殻をむきます。

4 人参は1cm厚さの輪切りにして梅型で抜き、庖丁で切り込みを入れてねじり梅を作り、下茹でをしておきます。

榎茸（えのきだけ）のそうじの仕方

えのき茸は榎や楢《なら》など、広葉樹の朽木《くちき》に自生。ただし、市販品はほぼ全ておが屑を使った栽培もの。一年中あり、安価。

1　根元の、黄ばんで固まっている部分を、長く切り捨てます。

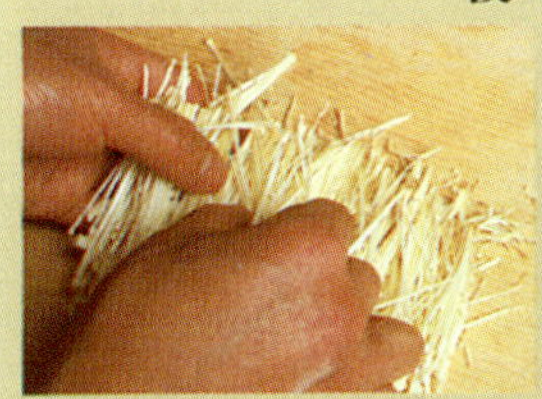

2　数本ずつの小房に分けながら、軸の間に入り込んだおが屑を丁寧に取り除きます。

5おろし醤油は、大根おろしを用意してお出しする直前に醤油に添えます。七味唐辛子を用意しておきます。

【盛りつけと供し方】

盛り皿の手前に鮪とねぎを盛り、貝割れ菜、鶉の卵を形よく盛り合わせ、梅形人参をあしらいます。陶板鍋を焜炉にかけて温め、油を引いてまず、鮪とねぎをのせてさっと焼き、続いてそのほかの材料も軽く焼き、焼きたてを七味唐辛子を辛みに、おろし醤油でおすすめします。

■**調理覚え書**

●陶板焼きに向く鮪は、脂分の多いトロが第一ですが、刺身用のトロだけでは大変高くつきますから、鎌《かま》の断ち落としを求めて、上手に取り混ぜるとよいでしょう。また、トロの中には身に締りがなく、水っぽいものもありますが、注意して避けます。

●トロは、意外に油をたくさん吸いますから、陶板にはサラダ油をたっぷり引いて焼くことも、コツとなります。

●鮪もねぎも焼きすぎては、おいしくありません。少しずつ焼き、火が通るか通らないくらいのところが食べ頃です。

はまちの陶板焼き

●一七九頁参照

■**材料**〈一人分〉

はまちの切り身……2切れ
さつま芋……60g　椎茸……1枚
青梗菜《チンゲンツァイ》……½株　わけぎ……2本
バター……20g　サラダ油……適宜
*はまちの下味（塩、白胡椒＝各少々）
*酢醤油（酢、醤油＝各同割量）
もみじおろし…適宜　あさつき……適宜

■**作り方**

【下ごしらえ】

1はまちの切り身は、薄塩と白胡椒をあてておきます。

2さつま芋は丸ごと蒸し上げ、2cm厚さほどに輪切りにし、椎茸は石づきを取り、笠の汚れを拭きます。

3青梗菜は、根元に十字の切り目を入れて茹で、半分に切って根元側を用意し、わけぎは4～5cm長さに切ります。

4酢醤油、もみじおろしを用意し、あさつきを小口切りにします。

【盛りつけと供し方】

盛り皿に、奥から手前に青梗菜、椎茸、さつま芋、わけぎを盛り、はまちを形よく盛り合わせ、バターを添えます。陶板を焜炉にかけて温め、サラダ油を引いたのちバターを溶かします。はまちをはじめ、材料を少しずつのせて焼き上げ、もみじおろしとあさつきを薬味に、酢醤油で食べていただきます。

■**調理覚え書**

●はまちにはバターがよく合います。ただ、バターだけで焼くとこげやすいため、サラダ油と混ぜて、中火よりやや弱火で焼くと見た目もきれいに仕上がります。

●バター焼きにしておいしい野菜は、ここでも使っているさつま芋、青梗菜、椎茸をはじめ、グリーンアスパラ、カリフラワー、ほうれん草などです。

鮑《あわび》の陶板焼き

●一七八頁参照

■**材料**〈一人分〉

鮑……1杯　春菊……30g
ペティオニオン……2個
人参……適宜　塩……適宜
*レモン醤油（レモンの絞り汁、醤油＝各適宜）　サラダ油……適宜
もみじおろし…適宜　あさつき……適宜

■**作り方**

【下ごしらえ】

1鮑は必ず活けのものを用意します。殻を手に持ち、身にたっぷりの塩をまぶしてもみ、ぬめりや汚れを取ると同時に身を締めます。身の薄い方の殻側にヘラを差し込んでえぐり、貝柱を切って殻から身をはずしたのち、口の固い部分を切り取り、ひもとわたを取り除いて水洗いします。

2鮑の表面に、切り離す寸前まで深く庖丁を入れ、鹿の子の切り目を入れます。

3春菊は葉先の柔らかい部分だけをつみ取って揃えておき、ペティオニオンは輪切りに、人参は1cm厚さの輪切りにして梅型で抜き、庖丁で切り込みを入れてねじり梅を作り、下茹でします。

4レモン醤油用のレモンを輪切りにしてさらに半月に切り、醤油は醤油差しに満たしておきます。

5もみじおろしを用意し、あさつきを小口切りにします。

【盛りつけと供し方】

盛り皿に春菊を敷き、鮑を形よく盛ってペティオニオン、梅形人参、そしてレモンを盛り添えます。陶板を焜炉にかけて温め、サラダ油を引いて鮑をのせて焼き、続いてそのほかの野菜も焼き上げます。焼きたてを、醤油にレモン汁を絞り込んだレモン醤油に、もみじおろしとあさつきを添えて賞味していただきます。

■**調理覚え書**

●鮑は焼きすぎては台無しです。やや強

人参三種

京人参
別名金時《きんとき》人参。濃紅色で肉質が柔らかく、日本料理には不可欠の東洋種の古参。関西系。

滝野川人参
東京北部・滝野川で古くから作られた東洋種の長根人参。現在も関東一帯で生産出荷。

短根人参
近年市場《しじょう》の主流となっている西洋種の人参。三寸、五寸など、根の長さで呼ばれる場合も。

火加減でさっと焼き、特有の歯応えを愉《たの》しんでいただきます。

●大きな鮑の場合は、下ごしらえを済ませた身を殻に戻し、客前で殻ごと直火にかけて焼き上げる〝焼きもの〟スタイルにするのも、野趣があってよいものです。

浅蜊《あさり》の陶板焼き

●一八二頁参照

■**材料**〈一人分〉

浅蜊……400g　焼き豆腐……1丁
ねぎ……½本　白菜……2枚
人参……適宜　ニンニク……適宜
塩……適宜　サラダ油……適宜
＊酢醤油（酢、醤油＝各同割量）
レモン……½個

■**作り方**

【下ごしらえ】

1 浅蜊は大きめのものを用意し、海水程度の塩水（水1カップに対して塩小匙1が目安）に最低3～4時間ほど浸けて砂をはかせ、貝同士を打ち合わせて鈍い音のする死貝を除き、殻を丁寧に水洗いします。

2 焼き豆腐は押しをして水気をきり、六つ切りにします。

3 ねぎは4～5㎝長さの斜め切りにし、白菜は、大きめのザク切りにします。

4 人参は2㎜厚さの小口切りにし、梅型で抜いて茹でておき、ニンニクはごく薄切りにします。

5 酢醤油を用意し、レモンは縦に二つに切り、この半分をさらに二つに切って

形抜き人参とその抜き型

(抜き型とも、上段左より)亀、舞鶴《まいづる》、瓢《ひさご》、梅、笹竹、若松。

(中段左より)木の葉、桜、紅葉《もみじ》、桔梗《ききょう》、小菊、地紙《ぢがみ》。

(下段左より)胡蝶《こちょう》、木の葉、蓑亀《みのがめ》、銀杏《いちょう》、楓《かえで》。

◉人参を用途に応じて2～10㎜厚さの輪切りにしたのち、季節に即し、あるいは趣向に合わせた型で抜き、厚手のものや、他の材料との兼ね合いで下茹でをして盛り込みます。

おきます。

【盛りつけと供し方】

盛り皿の奥半面を目安に白菜、ねぎ、豆腐を盛り合わせ、手前にこんもりと浅蜊を盛り、天に梅形人参を添え、ニンニクをあしらいます。陶板を焜炉にかけて温め、サラダ油を引いてまずニンニクをのせ、焦がさないように炒めて油に香りを移し、浅蜊をのせ、続いてそのほかの材料を加えて焼き上げます。浅蜊の口が開きはじめたら酢醬油にとり、レモン汁を絞りかけて食べていただきます。

鮎の陶板焼き

●五六頁参照

■**材料**〈二人分〉

鮎…………3尾　焼き豆腐……2/3丁
椎茸…………3枚　ねぎ…………60g
人参…………30g　獅子唐辛子…6本
サラダ油……適宜
＊鮎の下味（塩、白胡椒＝各少々）
＊酢醬油（酢、醬油＝各同割量）
大根おろし…適宜　七味唐辛子…適宜

■**作り方**

【下ごしらえ】

1 鮎は庖丁の嶺《みね》でぬるをこそげ取り、水洗いしたのち水気を丁寧に拭き、両面に塩と白胡椒をふっておきます。

2 焼き豆腐は2/3丁を用意し、三つに切っておき、椎茸は石づきを取って笠の汚れを拭き、ねぎは4～5cm長さのブツ切りにします。

3 人参は丸のまま茹でたのち、皮をむいて7～8mm厚さの輪切りにし、獅子唐は軸を切り落とします。

4 酢醬油と大根おろし、七味唐辛子を用意します。

【盛りつけと供し方】

長手の盛り皿に左手奥から、ねぎ、椎茸、焼き豆腐を順に盛り、手前に鮎を盛り合わせ、人参と獅子唐を盛り添えます。陶板を焜炉にかけて温め、サラダ油を引いて鮎を焼き、その他の材料も少しずつ焼きながら、酢醬油に大根おろしを添え、七味唐辛子をふって食べていただきます。

■**調理覚え書**

●鮎は、皮肌のぬるが残っていると生臭く感じるものです。庖丁の嶺で丁寧に取り除いておくことが大切です。

●焼き豆腐は、木綿豆腐の水分をきって直火《じか》で焼き目をつけたものですが、それでもまだ水気が出ます。陶板焼きの場合は特に、豆腐と同様に押しをして充分水きりをしておく必要があります。

陶板串焼き

●一八四頁参照

■**材料**〈二人分・陶板上を除く〉

鶏の串（鶏もも肉70g）
豚肉と鶉《うずら》の卵の串（豚フィレ肉30g　鶉の卵2個）
海老と烏賊《いか》の串（車海老2尾　甲烏賊20g　獅子唐辛子2本）
茄子と椎茸の串（茄子1/2個　椎茸2枚）
玉ねぎと人参の串（玉ねぎ1/4個　人参1/4本）
銀杏…………6粒　サラダ油……適宜
＊酢醬油（酢、醬油＝各同割量）
もみじおろし…適宜　大根おろし…適宜
あさつき……適宜

■**作り方**

【下ごしらえ】

1 鶏の串を作ります。鶏もも肉は皮と脂を取り除き、ひと口大に切って青竹の鉄砲串に刺し、これを二本作ります。以下の四種も各二本ずつ作ります。

2 豚肉と鶉の卵の串。豚フィレ肉はひと口大に切り、鶉の卵は茹でて水にとり、殻をむきます。豚肉、鶉の卵の順に竹串に刺します。

3 海老と烏賊の串。車海老は背に切り目を入れて背わたを抜き、頭を取り、尾をひと節残して殻をむき、尾先をしごいて水分を出し、先端を切ります。甲烏賊はおろし身を用意し、丁寧に皮をむいて四角に切ります。獅子唐は軸を切り落とします。竹串に甲烏賊を斜めに刺し、獅子唐、背を曲げた車海老の順に刺します。

4 茄子と椎茸の串。茄子は1cm厚さの輪切りにして水にさらし、アクを抜いておき、椎茸は石づきを取って笠の汚れを拭きます。竹串に水気を拭いた茄子を刺し、次に椎茸を刺します。

5 玉ねぎと人参の串。玉ねぎは小さめのものを用意し、1cm厚さの輪切りにしたのち半分に切り、人参は丸のまま茹でて皮をむき、1cm厚さの輪切りにします。まず玉ねぎの中心に竹串を刺し、次に人参を刺します。

6 銀杏は鬼殻を割り取り、茹でながら穴杓子の底で転がして薄皮をむき、水にとります。

7 酢醬油、もみじおろしと大根おろしを用意し、あさつきを小口切りにします。

【盛りつけと供し方】

盛り皿に五種、各二本ずつの串刺しを柄を外側に向けて盛り合わせ、銀杏を散らします。陶板を焜炉にかけて温め、サラダ油を引いて串をのせ、両面を返しながら焼き上げます。焼きたてを酢醬油にとり、大根おろしともみじおろし、あさつきを薬味に、愉《たの》しんでいただきます。

■**調理覚え書**

●串焼きのポイントは、火の通りやすいもの同士、通りにくいもの同士をそれぞれ組み合わせ、焼きムラができないように整えることです。また、陶板にはサラダ油を、通常よりやや多めに引くと一層焼き上がりがきれいです。

海老と焼売《しゅうまい》の中華風陶板焼き

●一九二頁参照

■**材料**〈二人分・陶板上を除く〉

焼売（二十人分＝六十個　焼売の皮60枚　豚挽き肉600～800g　海老たたき身80g　椎茸5枚　ねぎ4本　キャベツ3枚　塩小匙2弱　白胡椒、醬油＝各大匙1　胡麻油大匙1）……6個
車海老……2尾　卵…………1個
さつま芋……120g　人参…………30g
しめじ……70g　大豆もやし…80g
あさつき……4本　枝豆…………適宜

塩………適宜　サラダ油……適宜
＊焼き味調味料（塩、白胡椒、青海苔＝各少々）
＊酢醤油（酢、醤油＝各同割量）
もみじおろし…適宜　大根おろし…適宜
あさつき……適宜

■作り方

【下ごしらえ】

1 焼売を作ります。椎茸、ねぎはみじん切りに、キャベツは熱湯で湯がいたのち、同様にみじん切りにして、これらをボールに入れ、豚の挽き肉と海老のたたき身を合わせます。分量の塩、白胡椒、醤油、胡麻油を加えてよく練り混ぜたのち、焼売の皮の上にほどよい量をのせ、形を整えながら包み込みます。充分に蒸気の上がった蒸し器に並べ、7～8分ほど蒸し上げます。

2 車海老は背に切り目を入れて背わたを抜き、尾の剣先を切り落とし、尾先を庖丁の背でしごいて水分を出しきり、熱湯にさっと通しておきます。

3 卵は半熟に茹でて水にとり、殻をむいて糸を使って二つに切ります。

4 さつま芋は丸のまま蒸し上げて塩をふり、1.5cm厚さの輪切りにし、人参は皮をこそげて丸のまま茹で、1cm厚さの輪切りにします。

5 しめじは石づきを取って小房にほぐしておき、大豆もやしは豆とひげ根を取ってさっと湯がいて笊に上げます。

6 あさつきは4～5cm長さに切り揃え、枝豆は莢《さや》の両端を切り、塩でよくもんだのち茹でて笊に上げ、豆を取り出して冷ましておきます。

7 酢醤油、もみじおろし、大根おろしを用意し、あさつきを小口切りにします。

【盛りつけと供し方】

盛り皿に車海老、焼売を盛り、そのほかの野菜類を彩りよく盛り合わせて枝豆を散らします。陶板を焜炉にかけて温め、油を引いて材料を順次のせ、焼き上がったら塩、白胡椒、青海苔を適宜ふって調味し、酢醤油に大根おろしともみじおろし、あさつきを薬味に賞味していただきます。

成《ジン》吉《ギ》思《ス》汗《カン》鍋

●四八頁参照

■材料〈四人分〉
仔《こ》羊肉（ラム）………600g
玉ねぎ……1個　茄子……6個
菊座の日本南瓜《かぼちゃ》……¼個
人参……適宜　椎茸……8枚
大豆もやし…100g　ピーマン……6個
牛脂……適宜
＊つけだれ（醤油、味醂、酒＝各1⅓カップ　リンゴのすりおろし½カップ　生姜、ニンニク＝各2片　玉ねぎ、ねぎ＝各少々　ウスターソース大匙2　赤唐辛子4本）
大根おろし…適宜

■作り方

【下ごしらえ】

1 仔羊肉は半身をロール状に巻いた塊を求め、薄切りにします。

2 玉ねぎは5～6mm厚さの半月切りに、茄子はへたの部分を落とし、縦二つに切っておきます。

3 南瓜は適当な大きさに切って種とわたを取り、皮をところどころはつりむきにしたのち薄い櫛《くし》形に切ります。

4 人参は縦に薄い短冊に切り、椎茸は石づきを取り、笠の汚れを拭きます。

5 大豆もやしは豆とひげ根を取り、さっと湯がいて水気を拭いておき、ピーマンは縦半分に切り、種とわたを取り除いておきます。

6 たれを作ります。生姜とニンニクはすりおろし、玉ねぎとねぎはみじん切りに、赤唐辛子は種を取って小口切りにしたのち、リンゴのすりおろしもともに、そのほかすべての調味料を合わせて鍋に入れ、ひと煮立ちさせて布漉ししておきます。

7 薬味用の大根おろしを用意します。

【盛りつけと供し方】

盛り皿の奥から手前に、茄子、玉ねぎ、ピーマン、南瓜、人参、大豆もやし、椎茸を形よく盛り込み、仔羊の肉を一枚ずつ広げ、少しずつずらして重ね盛りにします。

成吉思汗用の鍋を焜炉にかけ、充分に熱くなったら牛脂をこすって全面に脂をなじませ、まず羊肉から焼き、続いて野菜をのせて焼き、焼きたてをたれにつけて賞味していただきます。お好みで大根おろしをおすすめします。

■調理覚え書

●羊肉は仔羊肉（ラム）と成羊肉（マトン）の二種があります。ラムは肉質が柔らかく、風味もあって万人向きとされ、マトンは羊肉らしい旨みがあり、特有の匂いも強いのが特徴です。

●兜《かぶと》形の成吉思汗鍋は火廻りがよく、余分な脂を下の溝に落とす仕掛けで、肉類をさっぱりと焼き上げます。

●茄子や南瓜は、この焼き鍋の場合は水にさらしません。できる限り水気を避けることが、おいしく焼き上げるコツです。

●成吉思汗鍋は、満州に出征した日本人が考案、命名したものといわれています。中国にはこれに似た〝烤羊肉《カオヤンロウ》〟という料理があり、羊肉や野菜をあらかじめたれに浸け込んでおき、炭火の上にのせた鉄板や網で焼くもので、成吉思汗鍋のヒントになったものと思われます。成吉思汗鍋は、鉄兜を鍋の代用にして肉を焼いたのがはじまりとされ、戦後に今の形の専用鍋が普及するまでは、中華鍋を伏せて穴をあけたものを使ったりしていました。焼いた羊肉を、リンゴや玉ねぎなどのすりおろしを加えた複雑な味のたれで食べるところなど、日本人らしい発想です。今では羊肉の多い北海道の名物料理となっていますが、当地ではじゃが薯《いも》、とうもろこし、玉ねぎなど地の野菜がとりどりに取り合わせられるのも特徴です。

牛肉と魚介の鉄板焼き

●一一三頁参照

■材料〈一人分〉
牛フィレ肉…80g　車海老………1尾
蛤………2個　椎茸………3枚
ねぎ………50g　銀杏………5粒
塩………適宜　サラダ油……適宜

*肉の下味（塩、白胡椒＝各少々）
*おろし醬油（大根おろし、醬油＝各適宜）
かぼす……1個

■作り方

【下ごしらえ】

1 牛フィレ肉は筋を切り、塩と白胡椒をふっておきます。

2 車海老は背に切り目を入れて背わたを抜き、尾先を庖丁の背でしごいて水分を出しきっておきます。

3 蛤は海水よりやや薄めの塩水につけて砂をはかせ、貝同士を打ち合わせて鈍い音のする死貝を除き、殻をよく水洗いしたのち蝶番《ちょうつがい》のところを切っておきます。

4 椎茸は石づきを取って笠の汚れを拭いておき、ねぎは4～5cm長さのブツ切りにします。

5 銀杏は鬼殻を割り取り、茹でながら穴杓子の底で転がして薄皮をむき、水にとります。

6 おろし醬油は大根おろしを用意し、お出しする直前に醬油に添えます。かぼすは、二つに切っておきます。

【盛りつけと供し方】

小振りの盛り皿に蛤一個、椎茸二枚、ねぎ半量、銀杏三粒を盛ります。あらかじめ鉄板を熱しておき、焜炉にかけてサラダ油を引き、牛フィレ肉、車海老、蛤、椎茸、ねぎ、銀杏をのせて、別皿とともにお出しします。焼き上がったらおろし醬油にとり、かぼすをひと絞りして食べていただきます。

和風鉄板ステーキ

●二一七頁参照

■材料〈一人分・鉄板上を含む〉

牛フィレ肉…120g　焼き豆腐……1/3丁
茄子……1個　玉ねぎ……1/2個
セロリ……50g　人参……適宜
椎茸……3枚　しめじ……20g
春菊……30g　オクラ……5本
塩……適宜　牛脂……適宜
*肉の下味および野菜の調味（塩、白胡椒＝各適宜）
*おろし醬油、ニンニク添え（大根おろし、醬油、おろしニンニク＝各適宜）

■作り方

【下ごしらえ】

1 牛フィレ肉は二枚に切り、それぞれ筋を切って塩と白胡椒をふります。

2 焼き豆腐は押しをして水気をきり、一丁を六つ切りにして二切れを用意します。茄子はへたの部分を切り落として縦半分に切り、皮目に鹿の子庖丁を入れて水にさらし、アク抜きをします。

3 玉ねぎは小さめのものを縦二つに切った半分を用意し、薄く半月に切ります。

4 セロリは葉を切り落とし、茎の筋を庖丁でそぎ取って斜め薄切りに、人参は5mm厚さの輪切りにして扇面型で抜き、下茹でしておきます。

5 椎茸は石づきを取って笠の汚れを拭いておき、しめじは石づきを取り、小房にほぐしておきます。

6 春菊は葉先の柔らかい部分だけをつみ取って揃えておき、オクラは塩をまぶして指の腹でよくもみ、うぶ毛を取り除いて水洗いしたのち、さっと塩茹でにします。

7 おろし醬油用の大根おろしと添えのおろしニンニクを用意し、お出しする直前に醬油に盛り添えます。

【盛りつけと供し方】

盛り器に奥から野菜類を彩りよく盛り込み、手前に牛フィレ肉を盛ります。鉄板を焜炉にかけて温め、牛脂を引いて溶かします。まず牛フィレ肉をのせて好みの焼き加減に焼き、続いてそのほかの材料も塩、白胡椒で調味しながら焼き上げ、ニンニクを添えたおろし醬油で賞味していただきます。

■調理覚え書

●客前の鉄板で焼く和風ステーキの趣向ですが、ステーキを焼き上げるには牛脂が最適です。ただ牛脂は脂がはねやすいため、ここでも使っているような縁高の鉄鍋が向きます。また、牛脂には背脂、腹脂がありますが、腹脂のほうがおいしく仕上がります。

厚揚げの陶板焼き鍋

●二二三頁参照

■材料〈一人分〉

厚揚げ……1丁　豚バラ肉……70g
南瓜《かぼちゃ》……100g　小茄子……1個
ねぎ……30g　銀杏……3粒
サラダ油……適宜
*おろし醬油（大根おろし、醬油＝各適宜）
もみじおろし…適宜　あさつき……適宜

■作り方

【下ごしらえ】

1 厚揚げは笊にのせて熱湯を回しかけ、油抜きをしたのち一丁を八つの角切りにし、豚バラ肉は薄切りにし、食べよい大きさに切ります。

2 南瓜は5～6mm厚さの櫛形に切って種を取り除き、下茹でしておきます。

3 小茄子はへたの部分を切り落とし、縦半分に切って水にさらし、アク抜きをします。ねぎは4～5cm長さのブツ切りにします。

4 銀杏は鬼殻を割り取り、茹でながら穴杓子の底で転がして薄皮をむき、水にとります。

5 おろし醬油用の大根おろしを用意し、お出しする直前に醬油を添えます。もみじおろしも用意し、あさつきを小口切りにしておきます。

【盛りつけと供し方】

陶板を火にかけて温め、油を引いて厚揚げと豚肉、野菜類を彩りよくのせて焼き、七分どおり焼き上がったところで蓋をして客前に持ち出し、焜炉にかけます。

焼きたてをおろし醤油にとり、もみじおろしとあさつきを添えて食べていただきます。

牛肉と豆腐の土鍋焼き

●二一五頁参照

■材料〈二人分〉

牛ロース肉…260g　木綿豆腐……二丁
茹で饂飩《うどん》……2玉　小茄子……4個
キャベツ……½個　ねぎ…………100g
銀杏………8粒　サラダ油……適宜
＊肉、豆腐、饂飩の下味および野菜の調味（塩、白胡椒＝各適宜）
＊酢醤油（酢、醤油＝各同割量）
すだち………2個

■作り方

【下ごしらえ】

1 牛ロース肉は、ひと口大に切って塩と白胡椒をふっておきます。

2 豆腐は布巾に包んで巻き簀にくるみ、斜めにした俎板《まな》に置き、重石《おもし》をのせて水をきります。300gの豆腐の水分が約50gほど抜けるままで水をきったのち、厚みを二つに大きくそぎ切りにして塩と白胡椒をふります。

3 茹で饂飩は笊に入れ、熱湯を回しかけてほぐし、塩と白胡椒をふってサラダ油でさっと炒めておきます。

4 小茄子はへたの部分を切り落として縦半分に切り、さらに横二つに切ったのち、皮目に斜め格子の鹿の子庖丁を入れ、水にさらしてアク抜きをします。

5 キャベツは小玉の半分を用意し、大きめのザク切りにし、ねぎは4～5㎝長さのブツ切りにします。

6 銀杏は鬼殻を割り取り、茹でながら穴杓子の底で転がして薄皮をむき、水にとります。

7 酢醤油を用意し、すだちは二つに切っておきます。

【盛りつけと供し方】

大振りの盛り皿を用意して奥寄りにキャベツと饂飩を盛り、茄子とねぎを盛り添え、手前に牛ロース肉と豆腐を形よく盛り込み、銀杏をあしらいます。土鍋を焜炉にかけて温め、サラダ油を引いてまずねぎを焼き、牛肉を入れ、続いて豆腐、茄子、キャベツを焼きます。野菜類は塩と白胡椒で調味し、焼きたてを酢醤油にとり、すだちを絞って食べていただきます。仕上げに饂飩を入れて焼き上げ、同様に酢醤油でおすすめします。

焙烙《ほうろく》焼き

●一六六頁参照

■材料〈二人分〉

鱚《きす》…………1尾　とこぶし……1個
川海老………5尾　卵…………½個分
椎茸………2枚　しめじ………40g
カシューナッツ…………適宜
銀杏………3粒　塩…………適宜
＊蒸し焼き用調味料（酒、塩＝各適宜）
すだち………1個
＊《敷き塩＝塩1カップ、卵白½個分　松葉適宜》

■作り方

【下ごしらえ】

1 鱚は鱗《うろこ》を取り、裏側の胸びれの下に庖丁を入れてわたを出し、洗って水気を拭き取ったのち、両面に約1㎜間隔の細かい庖丁目を入れて骨切りをし、軽く塩をふって網、またはフライパンで九分どおり焼き上げます。

2 とこぶしは殻つきのまま身にたっぷりの塩をまぶし、指でこすります。身の薄い方の殻側にヘラを差し込み、えぐるように殻から身をはずしたのち、口の固い部分を切り取り、ひもとわたを取り除いて水洗いをし、表面に鹿の子庖丁を入れます。薄く塩をあてて網焼きにします。

3 川海老はさっと茹でて胴部分に真直に串（のし串）を打ち、塩をふって焼き上げるか素揚げにします。

4 卵は固茹でにして水にとり、殻をむいて二つに切ります。

5 椎茸は石づきを取って笠の汚れを拭いておき、しめじは石づきを取って小房にほぐしたのち、二種とも網焼きにします。

6 カシューナッツは煎ってあるものを用意し、銀杏は鬼殻を割り取り、茹でながら穴杓子の底で転がして薄皮をむき、水にとったのち水気を拭いて、それぞれを空煎《からい》りしておきます。

7 盛りつけ用の敷き塩を作ります。ボールに分量の塩を入れ、よく泡立てた卵白を加えて混ぜ、焙烙鍋の底に平均に敷いて、弱火でゆっくりと固めます。

8 すだちは二つに切っておきます。

【盛りつけと供し方】

あらかじめ敷き塩をした焙烙鍋に、松葉をたっぷりと敷きます。奥に鱚をのせ、川海老、卵、とこぶしを順に形よく盛り、椎茸としめじを盛り添えて、カシューナッツと銀杏を散らします。全体に酒と塩をふって焜炉にかけ、蓋をして客前に供します。全体が温まったところで取り皿に取り、すだちをひと絞りして賞味していただきます。

■調理覚え書

●焙烙焼きは、素焼きの焙烙を天火変わりに調理に使用したのがはじまりです。のちに、趣向として焙烙鍋が客前に持ち出されるようになるにつれ、材料の保温が主目的となり、卵白で焼き固めた敷き塩を台に、盛り込む形となりました。

●敷き塩と同様に、焙烙焼きに付きものの松葉もたっぷりと敷くことがコツで、敷き方が足りないと材料に塩がついてしまいます。この松葉は匂いの強い雄松の方が適しています。

●ここでは、材料にあらかじめ火を通してから焙烙鍋に盛りつける仕立てにしていますが、別法に、生の材料を煎《い》り塩と敷

き松葉の上に並べ、蓋をして蒸し焼きにする形もあります。ただ、この場合は全体に火が通るまで20～30分はかかりますから、膳の流れがスムーズにはかどるように配慮し、出し方を工夫することが大切です。

●焙烙焼きに向く材料は穴子や鯛、鰆《さわら》、鱧《はも》などの魚介、松茸、栗、松の実などの山のものなどで、色合いのきれいなもの、焼き上げて香りの立つものなどを取り合わせます。ここで使った鱚も、上品な焼き味が活きる材料のひとつですが、小骨の多い魚ですから、一尾そのままを使う場合は、必ず細かい庖丁目を入れて骨切りをしておくことが大切です。

石焼き鍋

●一六八頁参照

■材料〈一人分〉

甘鯛の切り身……………1切れ

車海老……1尾　渡り蟹……¼杯

甲烏賊《いか》……30 g　鱧《はも》蒲鉾……適宜

椎茸……1枚　しめじ……20 g

塩……適宜　菊の葉……1枚

すだち……適宜

＊《帆立貝の殻1枚　塩、那智黒(石)、料理用アルコール＝各適宜》

■作り方

【下ごしらえ】

1 甘鯛の切り身は厚めのものを用意し、皮目に十字の庖丁目を入れ、串を打って薄塩をあて、強火の遠火で焼き上げて熱いうちに串を抜きます。

2 車海老は背に切り目を入れて背わたを抜き、尾の剣先を切り落として尾先を庖丁の背でしごいて水を出したのち、薄塩をふって網、またはフライパンで焼きます。

3 渡り蟹は塩茹でにして腹側の蓋をはずし、甲羅をはがします。胴についているガニを取り除き、胴を二つに切ったのち脚を切り離し、胴の厚みを半分に切ったひと切れを用意します。薄塩をふって網焼きにします。

4 甲烏賊は開いたものを用意し、皮を丁寧にむいてほどよい大きさの短冊形に切り、裏側に鹿の子の飾り庖丁を入れて熱湯に通し、湯ぶりにして身を丸めたのち、串を打って薄塩をあて、さっと焼いておきます。

5 鱧蒲鉾は厚めに切ったひと切れを用意し、串を打ってさっと焼きます。

6 椎茸は石づきを取り、笠の汚れを拭いて二つに切り、しめじは石づきを取って小房に分けておき、二種とも軽く網焼きにします。

7 すだちは二つに切っておきます。

【盛りつけと供し方】

陶板に小石をのせ、塩をたっぷり盛ったのち、塩に料理用のアルコールをこれもたっぷりふりかけておきます。帆立の殻を安定よくのせ、甘鯛、車海老、渡り蟹、甲烏賊を形よく盛り込み、鱧蒲鉾、椎茸としめじを盛り添え、菊の葉をあしらいます。塩に火を放って燃やし、客前に持ち出します。全体が温まったところで取り皿に移し、すだちを絞りかけて食べていただきます。

■調理覚え書

●この石焼き鍋のしつらえは、高級料理屋でよく取られている形です。帆立の殻に盛り込んだ材料は、一度殻ごと熱してから石の上にのせて持ち出し、客前でアルコールを燃やす方法もよいでしょう。貝殻の下にアルコールを含ませた石綿をしのばせておけば、一層燃えやすくなります。

異国趣味の鍋

餃子鍋

●一九三頁参照

■材料〈一人分〉

肉餃子(豚挽き肉50 g　ねぎ、韮《にら》、生姜、白菜＝各10 g　醤油、胡麻油、胡椒、酒＝各適宜　餃子の皮3枚)…3個

卵…………1個　豆腐………¼丁

春雨………70 g　干し椎茸……1枚

大根………20 g　人参………20 g

わけぎ……50 g　白菜………½枚

銀杏………3粒

（ただし春菊は予備材料）

＊鍋地（だし汁2カップ）
＊酢醤油（酢、醤油＝各同割量）
もみじおろし…適宜　あさつき……適宜

■作り方
【下ごしらえ】

1肉餃子を作ります。ねぎ、韮、生姜、白菜はすべてみじん切りにし、豚挽き肉とともにボールに入れて合わせ、醤油、胡麻油、胡椒、酒で調味してよく混ぜ合わせます。これを三等分して餃子の皮にのせ、二つ折りにしてひだを寄せながら合わせ目を水でしめらせ、指で止めて形作ります。蒸気の上がった蒸籠《せいろう》に並べ、蒸し上げます。

2卵は固めに茹でて水にとり、殻をむいて花形の飾り切りにし、二つに切り分けます。

3豆腐は四切れの角切りにし、春雨は熱湯でさっと茹でて笊に上げ、水にさらして澱粉を抜いたのち、水気をきって4～5cm長さに切っておきます。

4干し椎茸はぬるま湯で戻して石づきを取り、半分に切ります。

5大根、人参はそれぞれ1.5cm角の角切りにして下茹でします。

6わけぎは4～5cm長さに切り揃え、白菜はひと口大のザク切りにします。

7銀杏は鬼殻を割り取り、茹でながら穴杓子の底で転がして薄皮をむき、水にとります。

8鍋地のだし汁、つけつゆの酢醤油、薬味のもみじおろしを用意し、あさつきを小口切りにします。


【盛りつけと供し方】

火鍋子《ホウコウズ》の底の方に白菜を敷いて春雨をのせ、餃子と卵を間隔をほどよくあけて盛り込み、その間に豆腐、干し椎茸、大根と人参、わけぎを彩りよく盛り添えてゆき、銀杏を散らします。鍋地を温めて注ぎ入れ、煙筒によく熾《お》こした炭火を入れて持ち出します。煮上がったら酢醤油にとり、もみじおろしとあさつきを薬味に食べていただきます。

帆立と肉団子の中華風鍋

●一九四頁参照

■材料〈二人分〉
肉団子（合挽き肉60g　人参10g　玉ねぎ⅛個　溶き卵、醤油、酒＝各適宜）……………………2個
鶏骨つきもも肉…………½本
蒸し帆立……2個　焼き豆腐……¼丁
糸こんにゃく……………70g
しめじ………30g　ねぎ………½本
白菜………1枚　人参………適宜
＊鍋地（中華スープ2カップ　塩、胡椒＝各少々）
豆板醤《トウバンジャン》……適宜　あさつき……適宜

■作り方
【下ごしらえ】

1肉団子を作ります。合挽き肉をすり鉢に入れ、溶き卵、醤油、酒を加えてなめらかになるまですり混ぜます。人参をすりおろし、玉ねぎをみじん切りにして加え、手で混ぜ合わせて団子に丸め、やや平らに形作ります。

2鶏の骨つきもも肉は脂を取り除いて流水で洗い、一本を五～六切れのブツ切りにして骨と身の間に庖丁を入れ、切り目を入れておきます。これを鍋に入れて鍋地用の中華スープを張り、火にかけます。煮立ったら火を弱め、アクを引きながら煮続けます。肉が柔らかくなったら取り出しておき、煮汁を漉して塩と胡椒で味を調えます。

3蒸し帆立は、片面に十字の隠し庖丁を入れておきます。

4焼き豆腐は二つに切り、糸こんにゃくは水から茹でて笊にとり、もみ洗いしたのち食べよい長さに切ります。

5しめじは石づきを取って小房にほぐしておき、ねぎは斜め切りに、白菜はザク切りにします。

6人参は1cm厚さの輪切りにして梅型で抜き、庖丁で切り込みを入れてねじり梅を作り、下茹でしておきます。

7豆板醤を用意し、あさつきを小口切りにします。


【盛りつけと供し方】

土鍋に白菜を敷き、肉団子と蒸し帆立、焼き豆腐、糸こんにゃくを形よく盛り込み、しめじ、ねぎを盛り添え、鶏もも肉を盛って煮汁を注ぎ込み、梅形人参をあしらいます。焜炉にかけてひと煮立ちしたら、豆板醤とあさつきを添えて汁もともに味わっていただきます。

■調理覚え書
●鶏の骨つきもも肉を中華スープで煮込み、肉を具に、煮汁を鍋地に用いるスタイルです。骨つきもも肉は、本来一度に十本以上をまとめて煮込むと効率もよい上、一層おいしいだしがとれます。

鮭缶の辛味鍋

●一九五頁参照

■材料〈一人分〉
鮭（缶詰）……100g　木綿豆腐……½丁
白滝………70g　玉ねぎ……½個
人参………30g　レタス……¼個
ブロッコリー……………50g
塩………少々
＊鍋地（八方地（だし汁2カップ　味醂、薄口醤油＝各¼カップ））

豆板醤《トウバンジャン》……適宜

■作り方

【下ごしらえ】

1 鮭缶は身と汁を別器に取り出して、身を粗《あら》くほぐしておきます。

2 豆腐は四つに切り、白滝は水から茹でて笊にとり、もみ洗いしたのち食べよい長さに切ります。

3 玉ねぎは小さいものの半個を用意して7～8㎜厚さの半月に切り、バラバラにならないように楊枝で止めます。

4 人参はシャトウ形にむき、下茹でしておき、レタスは丸のまま縦四つ割りにして、そのひと割りを用意します。

5 ブロッコリーは塩を少量加えたたっぷりの熱湯で茹で、笊に上げてあおいで冷ましたのち、小房に分けます。

6 鍋地の八方地は、だし汁を煮立てて味醂を入れ、ひと煮立ちさせて薄口醤油を加えます。

7 豆板醤を用意しておきます。

【盛りつけと供し方】

土鍋に豆腐と白滝、野菜類を形よく盛り込み、鮭を汁もともに盛ります。鍋地を注いで焜炉にかけ、煮立ってきたら豆板醤を溶き混ぜ、鍋地の味を調えておすすめします。

■調理覚え書

●鍋の主材料として使える缶詰類は、帆立貝、蟹などの水煮缶で、塩味だけのものが向き、甘辛く味つけされたものなどは避けたほうが無難です。

肉団子と豆もやしの韓国風鍋

●一九六頁参照

■材料〈一人分〉

肉団子（合挽き肉100g　玉ねぎ1/6個　溶き卵、醤油、酒＝各少々）……3個
大豆もやし…45g　木綿豆腐……1/4丁
椎茸………1枚　人参………30g
白菜………1枚
＊鍋地（スープ（固型スープの素2個）2カップ　塩、胡椒＝各少々）

■作り方

【下ごしらえ】

1 肉団子を作ります。合挽き肉をすり鉢に入れ、溶き卵と醤油、酒を加え、なめらかになるまですり混ぜます。玉ねぎをみじん切りにし、水気をきつく絞って混ぜ合わせたのち、ざっくりとした団子に丸めます。

2 大豆もやしは豆とひげ根を取り除き、さっと湯がいて笊に上げ、水気をきっておきます。

3 豆腐は二つに切り、椎茸は石づきを取って笠の汚れを拭きます。

4 人参は小さめのシャトウ形にむいて下茹でし、白菜はザク切りにします。

5 鍋地は、固型スープの素を使ってスープを作り、ひと煮立ちさせて塩、胡椒で味を調えます。

【盛りつけと供し方】

土鍋に白菜を敷き、奥から手前に豆腐、大豆もやし、椎茸、人参を順に形よく盛り、肉団子を盛り込みます。鍋地を注いで焜炉にかけ、煮上がったところを汁とともに食べていただきます。

韓国風寄せ鍋

●一九七頁参照

■材料〈二人分〉

鶏団子（鶏挽き肉50g　ねぎ、人参＝各適宜　溶き卵、醤油、酒＝各少々）
しそ卵（卵1個　大葉9枚　塩少々　サラダ油適宜）
薄焼き卵（卵1個　塩少々　サラダ油適宜）
穴子………25g　鶏もも肉……30g
春雨………60g　干し椎茸……1枚
大根………20g　人参………30g
わけぎ………40g　白菜………1/2枚
銀杏………4粒　松の実………少々
＊鍋地（だし汁2カップ）
＊酢醤油（酢、醤油＝各同割量）
もみじおろし…適宜　あさつき……適宜

（ただし昆布はだし汁用）

■作り方

【下ごしらえ】

1 鶏団子を作ります。鶏挽き肉をすり鉢に入れ、溶き卵と醤油、酒を加え、なめらかになるまですり混ぜます。ねぎをみじん切りに、人参をすりおろして加え、混ぜ合わせたのち、ひと口大の団子に丸めます。

2 しそ卵を作ります。卵をボールに割りほぐして塩で味を調えます。卵焼き鍋を充分に熱してサラダ油を引き、卵を流し入れ、表面が八分熟くらいになったところで、大葉を一枚ずつ全体に並べ、裏返してさっと焼いたのち、伏せた盆笊《ぼんざる》の上にとって冷まします。1㎝幅、4～5㎝長さの短冊に切ります。

3 薄焼き卵を作ります。卵を割りほぐして塩で味を調えておき、卵焼き鍋を熱してサラダ油を引いたのち、卵を流し入れます。表面が固まりかけたら裏返してさっと焼き、しそ卵と同様に盆笊を伏せた上で冷まし、同じ大きさの短冊に切り揃えておきます。

4 穴子は開いてあるものを用意し、二つに切って両端に串を打ち、身の方から先に両面を白焼きにして熱いうちに串をはずしておきます。

5 鶏もも肉は、脂を取り除いて食べよい大きさに切ります。

6 春雨は熱湯でさっと茹でて笊に上げ、水にさらして澱粉を抜いたのち、水気をよくきって俎《まな》板にのせ、4～5㎝長さに切ります。

7 干し椎茸は、ぬるま湯で戻して石づきを取り、細く短冊形に切ります。

8 大根と人参は、それぞれ1㎝幅、4～5㎝長さの短冊に切り揃えます。

9 わけぎは4～5㎝長さに切り、白菜は

ひと口大のザク切りにします。

10 銀杏は鬼殻を割り取り、茹でながら穴杓子の底で転がして薄皮をむき、水にとります。松の実は煎ってあるものを用意します。

11 鍋地のだし汁、酢醤油、もみじおろしを用意し、あさつきを小口切りにしておきます。

【盛りつけと供し方】

神仙炉《シンソンロ》の鍋底に白菜を敷き、春雨をのせて、その上に短冊形に切った材料をすべて放射状に盛り込み、鶏団子を等間隔に盛り、銀杏と松の実を散らします。鍋地を熱して静かに注ぎ入れ、中央の煙筒によく熾《お》こした炭火を入れて持ち出します。ひと煮立ちしたら酢醤油にとり、もみじおろしとあさつきを添えて賞味していただきます。

■調理覚え書

●韓国の寄せ鍋は、金属性で独特の煙筒のある神仙炉を使った贅沢な宮廷料理です。本場では、牛肉の団子、魚肉の薄切りに溶き卵をつけて焼いたもの、胡麻の葉を重ねた薄焼き卵をはじめ、短冊切りの人参、椎茸、筍、そしてクルミや松の実など二十種もの具が入り、汁をたっぷり加えて煮上げるものです。色合いのよい材料を同じ形に切り揃え、鍋に放射状に盛りつけるのが最大の特長です。材料にはそれぞれ下味がつけられ、あらかじめ火を通す作り方ですから、薬味は不用で、そのまま汁をたっぷり添えて食べる形です。

●神仙炉の中央には煙筒があり、これに熾こした炭を入れて、鍋の底に敷台を敷いて客前に出します。食べ終えたら煙筒の上に、水を入れた茶碗か皿をのせて火を消す様式の鍋で、元は中国の火鍋子《ホウコウズ》が朝鮮半島に渡ったものです。現在はいずれにもガス用、電気用のものが出廻り、扱いやすくなっています。

洋風牛タンの煮込み鍋

●一九八頁参照

■材料〈一人分〉

牛タンの下煮（約十人分　牛タン1本　屑《くず》野菜（ねぎ、人参、パセリ、セロリなど）適宜　月桂樹の葉1枚）…1/10量

マッシュルーム……………4個

ブロッコリー……………60g

人参…………60g　塩…………少々

*鍋地（デミグラスソース、牛タンの茹で汁＝各適宜）

■作り方

【下ごしらえ】

1 牛タンはタワシでこすってよく洗い、熱湯をたっぷり煮立てた鍋に入れて、2〜3分おいて肉が少し縮まったら取り出し、庖丁で表面の薄皮をこそげ落とします。

2 牛タンを別鍋に入れて湯をたっぷりと張り、屑野菜、月桂樹の葉を加えて弱火にかけます。3〜4時間茹で続け、牛タンに竹串がすっと通るようになったら取り出し、茹で汁は漉して別器にとっておきます。

3 マッシュルームは表面の汚れを拭き取っておき、ブロッコリーは塩を少量加えた熱湯で茹で、笊に上げてあおいで冷ましたのち、小房に分けます。

4 人参はシャトウ形にむき、下茹でしておきます。

5 茹で上げた牛タンを120〜150g大に切り分けたひと切れを煮込み鍋に入れ、マッシュルームと人参を加え、デミグラスソースを加えて火にかけ、牛タンの茹で汁でとろりとするまでのばし、中火から弱火でじっくりと煮込みます。

【盛りつけと供し方】

一人前用の土鍋に煮込んだタンシチューを移し入れ、ブロッコリーを添えて焜炉にかけ、ひと煮立ちしたら持ち出し、ソースとともに味わっていただきます。

■調理覚え書

●このような煮込みものは十人分以上をまとめて、長時間かけて煮込むことで、はじめておいしく、効率よく仕上がります。タンシチューなどを少人数分作る場合には、缶詰やレトルトパックものを利用して、下茹でした野菜類を二〜三種加えたり、スープストックやスパイスを活用して味を調えることで、かえって手作りの味に近いおいしさが味わえます。

●煮込んだ鍋ものには、仕上げに添える青み野菜が一段と映えます。ブロッコリーのほかにも絹さや、グリーンアスパラなどを色よく下茹でしておき、煮込んでしまわずに最後に盛り添えます。

●牛タンは表面の皮の黒いものや、黒い斑点のあるものが美味とされています。近年は皮をむいたものが市販されていますが、なるべく信頼のおける店で、上質のものを選ぶことが大切です。

洋風海浜鍋

●一九九頁参照

■材料〈一人分〉

車海老…………1尾　白身魚…………100g

蒸し帆立…………1個　蛤…………2個

玉ねぎ…………1/4個　人参…………20g

しめじ…………20g　白菜…………1枚

塩…………適宜　サラダ油…………適宜

*鍋地（魚のだし汁2カップ　塩、胡椒＝各適宜　醤油少々）

（ただし芽キャベツは予備材料）

■作り方

【下ごしらえ】

1 車海老は軽く折り曲げ、頭から二番目あたりの節に竹串を差し入れ、背わたを抜き取ります。

2 白身魚は鱈、こちなど季節によって手近なものを用い、鱗《うろこ》を引き、わたを取り除いてブツ切りにします。

3 蒸し帆立は、片面に十字の隠し庖丁を入れておき、蛤は海水よりやや薄い塩

水につけて砂をはかせ、貝同士を打ち合わせて鈍い音のする死貝を除き、殻をよく水洗いしておきます。
④玉ねぎはみじん切りに、人参は皮をむいて薄切りに、しめじは石づきを取って小さくほぐし、白菜はザク切りにしておきます。
⑤厚手の鍋にサラダ油を熱し、玉ねぎのみじん切りを入れてきつね色になるまで炒め、車海老と白身魚、蒸し帆立、しめじと人参を加えてさらに炒めます。魚介の色が変わったところで魚のだし汁を注ぎ入れ、弱火で15～20分ほど煮続けます。
⑥途中、浮いてくるアクを丁寧に取り除き、蛤を入れてひと煮立ちさせ、口が開きかけたら火を止めて塩と胡椒、醤油で味を調えます。
【盛りつけと供し方】

一人前用の鍋に白菜を敷き、煮込んだ材料を汁もともに移し入れて形を整え、焜炉にかけて客前に持ち出します。

■調理覚え書

●南欧のスープ煮込み料理として知られるブイヤベースの和風版です。主役の魚介類は、その時々に入手しやすいものを気軽に使うことのできる鍋で、鰈、鯛、海老、蟹をはじめ、白身魚ならほとんど使うことができます。できるだけ身離れしやすく、煮崩れしにくいものであれば理想的です。
●ここで鍋地にあてている〝魚のだし汁〟は、魚の頭や中骨などのアラを、ねぎや人参、パセリ、セロリなどの切れ端、いわゆる屑野菜とともに煮出したもので、アラがたくさん出た時に、まとめて作り置きし、冷蔵しておくと重宝です。

帆立と豚ロースの牛乳鍋

●二二六頁参照

■材料〈一人分〉
帆立貝……2個　豚ロース肉…60g
甲烏賊《いか》……¼杯　椎茸……2枚
ねぎ……½本　人参……30g
ピーマン……1個
ブロッコリー……30g
糸こんにゃく……50g
塩……適宜
＊鍋地（牛乳½カップ　鶏のスープ1.5カップ　生クリーム大匙1.5　塩、胡椒＝各適宜）
豆板醤《トウバンジャン》……適宜　レモン……適宜

（ただしレタスは予備材料）

■作り方

【下ごしらえ】
①帆立貝は殻つきのものを用意し、殻の両面に熱湯をかけて洗います。殻の平たい方を下に、蝶番《ちょうつがい》を向う側にして手で持ち、殻の合わせ目にヘラを差し込んで身と殻をはなし、片方の殻をはずし、もう一方の殻もはずします。
②貝の身の黒いわたの部分を取り除き、ひもについている黒い汚れを庖丁でしごき落とします。ひもの部分に二～三カ所、貝柱には片面に十字の隠し庖丁を入れておきます。
③豚ロース肉は薄切りにし、食べよい大きさに切ります。
④甲烏賊は開いたものを用意し、両面の皮を丁寧にむき取って7～8㎜幅に切っておきます。
⑤椎茸は石づきを取って笠の汚れを拭いておき、ねぎは4～5㎝長さのブツ切りにします。
⑥人参はシャトウ形にむき、下茹でをしておき、ピーマンは二つに切って種を取り、細切りにします。
⑦ブロッコリーは塩を少量加えた熱湯で茹で、笊に上げてあおいで冷ましたのち、小房に分けます。
⑧糸こんにゃくは、水から茹でて笊にとり、もみ洗いして食べよい長さに切っておきます。
⑨鍋地は鶏ガラで取ったスープを用意しておき、ひと煮立ちさせたところへ牛乳を加え、塩と胡椒で味を調えたのち、一旦火を止め、生クリームを加えて溶き混ぜます。
⑩豆板醤を用意し、レモンは1㎝厚さの半月に切っておきます。
【盛りつけと供し方】

土鍋に帆立と豚肉を主に、そのほかの材料を彩りよく盛り込みます。鍋地を注いで焜炉にかけ、煮えばなに豆板醤を添えるか、レモンを絞りかけて食べていただきます。

■調理覚え書

●牛乳を使った鍋地が特徴の鍋です。この鍋はアクの強い材料を避けることが第一です。また色鮮やかな野菜類を多く入れることで、一段と見映えがします。
●鍋地のベースとなっている鶏のスープは、鶏ガラを煮出して作るのが本来ですが、固型のチキンブイヨンを利用すれば、少人数分の場合などには手軽です。スープはできるだけ濃いめに、また味つけには甘みを加えないことがコツです。
●牛乳だけでは水っぽいため、生クリームを加えて酷《こく》の補いとしています。また牛乳鍋には帆立貝をはじめとして貝類、海老、蟹などが大変よく合います。ここでは生の帆立を使っていますが、蒸し帆立でも結構です。いずれも片面に隠し庖丁を入れて食べよさを心懸けることが大切です。

洋風浅蜊《あさり》鍋

●二〇〇頁参照

■材料〈一人分〉
浅蜊……7個　玉ねぎ……¼個
ブロッコリー……50g
もみじ麩……適宜　銀杏……5粒
塩……適宜　サラダ油……適宜
＊鍋地（水1.5カップ　固型スープの素2個　牛乳½カップ　白ワイン¼カ

ップ　塩適宜）

すだち……½個

■作り方

【下ごしらえ】

1 浅蜊は海水程度の塩水（水1カップに対して塩小匙1が目安）に最低3～4時間ほど浸けて砂をはかせ、貝同士を打ち合わせて鈍い音のする死貝を除き、殻を丁寧に水洗いします。

2 玉ねぎは薄い半月切りにし、ブロッコリーは塩を少量加えた熱湯で茹で、笊に上げてあおいで冷ましたのち、小房に分けておきます。

3 もみじ麩は小口から3～4㎜厚さに切って三切れほど用意し、銀杏は鬼殻を割り取り、茹でながら穴杓子の底で転がして薄皮をむき、水にとります。

4 厚手の鍋にサラダ油を熱し、玉ねぎを入れてきつね色になるまで炒め、鍋地の分量の水、固型スープの素を加えて煮立たせ、牛乳を加えてひと煮立ちしたところで浅蜊を加えて蓋をし、口が開きかけたらワイン、塩を加えて味を調えます。

5 すだちを二つに切っておきます。

【盛りつけと供し方】

一人前用の鍋に煮上げた浅蜊を、スープとともに移し入れて火にかけ、ブロッコリーを盛り合わせ、もみじ麩をあしらって銀杏を散らします。軽く温まったところで焜炉にかけて持ち出し、煮上がったらすだちの絞り汁を落として、たっぷりの汁とともに賞味していただきます。

■調理覚え書

●この浅蜊鍋のように、殻の多く出る鍋には必ず、殻入れ用の大きめの鉢や骨入れを添えて、膳の上が煩雑にならないように配慮することが大切です。

前肴の作り方

生《なま》造《づく》り、刺身ものの前肴

鮪のお造り

●一一九頁参照

◇材料〈四人分〉
鮪(赤身)……300g
*けんとつま(大根適宜　大葉4枚
花穂じそ、防風＝各4本　赤芽少々)
大根おろし…適宜　わさび……適宜

◇作り方と盛りつけ
鮪は冊《さく》取りした赤身をひとりあて五切れの引き造りにします。大根はかつらむきにして7～8cm長さに切り、重ねて端から巻き、小口から細切りにしてけんを作り、水にさらしたのち水気をきります。

器に大根のけんを立てて置き、大葉をはさんで造り身を盛り、赤芽と防風を添え、花穂じそを立てかけ、大根おろしとおろしわさびの人形を盛り添えます。

鮟《あん》肝《きも》

●一二三頁参照

◇材料〈四人分〉
鮟鱇《あんこう》の肝……100g　塩…………少々
もみじおろし…適宜　あさつき……適宜
*酢醤油(酢、醤油＝各大匙4)

◇作り方と盛りつけ
鮟鱇の肝は塩をふってしばらくおき、熱湯で茹でて完全に火を通し、水気をきって冷ましたのち、ひと口大に切ります。

器に鮟肝を盛り、あさつきの小口切りともみじおろしを天に盛り、酢醤油を注ぎかけます。

鯛と帆立、赤貝のお造り

●一二五頁参照

◇材料〈四人分〉
鯛のおろし身………………½筋
帆立の貝柱…4個　赤貝………4個
塩…………適宜
*けんとつま(大根適宜　大葉4枚
菊花4輪　花穂じそ8本)
わさび……適宜　酢…………少々

◇作り方と盛りつけ
鯛のおろし身は皮目に縦の切り目を二本入れ、きつく絞ったぬれ布巾を被せて熱湯を回しかけ、素早く氷水にとって冷やして皮霜造りにし、水気を拭いたのち、ひとりあて三切れの引き造りにします。

帆立貝は殻をはずしてひもとわたを取り除き、貝柱を水洗いしたのち、熱湯にくぐらせて冷まし、厚みを三枚にそぎ切りにします。赤貝も殻をはずしてひもとわたを取り除き、塩をまぶして軽くもんで水洗いし、縁に三～四本の切り目を入れます。大根をけんに打ち、菊花は、酢少量を加えた熱湯で茹で、それぞれを水にさらして水気をきっておきます。

器に大根のけんと菊花を置き、大葉を立てかけて鯛を盛り、帆立の貝柱は重ねて赤貝もともに盛り合わせ、花穂じそ、おろしわさびを添えます。

帆立の刺身

●一二九頁参照

◇材料〈四人分〉
帆立の貝柱…4個　若布………適宜
*つま(大葉4枚　花穂じそ4本)
わさび………適宜
*《帆立貝の殻4枚　塩適宜》

◇作り方と盛りつけ
帆立貝は殻の平たい方を下に、蝶番《ちょうつがい》を向う側にして手で持ち、殻の合わせ目にヘラを差し込んで身をえぐり出し、黒いわたとひもを取り除いて貝柱だけにし、水洗いしたのち水気を拭き、大きさによって厚みを三～四枚のそぎ切りにします。

若布は水で戻して笊に入れ、熱湯を回しかけて水にとって色出しをし、水気を絞ってほどよい大きさに切ります。

皿に盛り塩をし、帆立貝の殻を蝶番を手前にして置きます。この殻を器に若布をのせ、大葉を立てかけて貝柱を重ね盛りにし、花穂じそを添えて天におろしわさびをのせます。

こはだの酢じめ

●一二九頁参照

◇材料〈四人分〉
こはだ………8尾
ベビーコーン(水煮缶)…………4本
*酢じめ用(塩、酢＝各適宜)
溶き辛子……適宜　醤油…………適宜
*《笹の葉適宜》

◇作り方と盛りつけ
こはだは鱗《うろこ》を引いて三枚におろし、身の両面に真白になるほどべた塩をあて、20分ほどおいたのち塩を洗い流し、ひたひたの酢に7～8分ほどつけて締めます。ほどよく締まったら頭から尾先へ向け、三～四本の切り目を入れます。

器に笹の葉を敷き、こはだをくるりと

丸めて形よく盛り込み、ベビーコーンをあしらい、溶き辛子をのせます。醤油を少量落として食べていただきます。

◇**調理覚え書**

●酢じめといえば酢で締めるものと考えがちですが、本来、塩で締めるものです。酢に浸けすぎますと、せっかくの旨みが半減してしまいます。

●ここでは小振りのこはだを用い、三枚おろしの身に縦の庖丁目を入れて食べよく整えていますが、少し大きめのものでしたら、そぎ切りにするとよいでしょう。総じて酢じめは、小骨が気にならなくなる調理法でもあります。

●あしらいは、季節によっては独活《うど》や胡瓜《きゅうり》、越瓜《しろうり》、茗荷《みょうが》などが活用できます。

鶏ささ身のかくしわさび

●一二九頁参照

◇**材料**〈四人分〉

鶏ささ身……5本　糸三つ葉……2把
紅生姜……適宜　わさび……適宜
海苔……2枚
＊割り醤油（醤油、だし汁＝各適宜）

◇**作り方と盛りつけ**

鶏ささ身はごく鮮度のよいものを用意し、筋を取って身の厚みを均等に切り開いたのち、熱湯にさっとくぐらせ、表面が白くなったら素早く冷水にとって身を締め、水気を拭きます。

糸三つ葉はさっと茹でて水にとり、水気を絞って海苔の幅に長さを合わせ、根元を切り落しておき、紅生姜は水洗いして細切りに、わさびはおろしておきます。

巻き簀を広げて海苔を裏上にしてのせ、手前と向う側を各1～2cmずつあけて鶏のささ身の半量を均等に並べ、表面におろしわさびをのばしつけ、さらに糸三つ葉、紅生姜をのせてきっちりと巻き込みます。これを二本作り、一本を六つに切り分けます。

器にひとりあて三切れずつを、切り口を上にして盛り、割り醤油をかけます。

◇**調理覚え書**

●海苔のパリッとした歯触りも愉《たの》しんでいただけるよう、お出しする直前に手早く作りたい一品です。

鯛と鮪のお造り

●一四四頁参照

◇**材料**〈四人分〉

鯛のおろし身……120g
鮪（赤身）……160g
＊けんとつま（大根適宜　もみじの葉8枚　防風4本　赤芽少々　菊花4輪）
わさび……適宜　酢……少々

◇**作り方と盛りつけ**

鯛のおろし身は皮目に縦の切り目を二本入れ、きつく絞ったぬれ布巾を被せて熱湯を回しかけ、素早く氷水にとって冷やして皮霜造りにし、水気を拭いたのち、ひとりあて三切れの引き造りにします。

鮪は冊《さく》取りした赤身を用意し、縦半分に切ったのち、小口から2～3cm角になるように直角に引き切りにし、八切れの角造りにします。大根をけんに打ち、菊花は酢少量を加えた熱湯で茹で、それぞれを水にさらして水気をきっておきます。

器に大根のけんを置き、もみじの葉二枚を形よく立てかけて鯛を盛り、鮪を盛り添えます。赤芽、防風、菊花をあしらい、おろしわさびを添えます。

イクラの柚子釜

●一五〇頁参照

◇**材料**〈四人分〉

柚子（黄）……4個　イクラ……小匙4
若布……適宜
＊三杯酢（酢、醤油＝各大匙5　味醂大匙2）

◇**作り方と盛りつけ**

柚子は大きめの形のよいものを用意して、頭から三分《ぶ》ほどのところに水平に庖丁を入れて切り落として蓋《ふた》用とし、胴の中身をスプーンでくり抜いて柚子釜を作ります。若布は水で戻して笊に入れ、熱湯を回しかけて水にとって色出しをし、水気を絞って筋を除き、食べよい大きさに切っておきます。

柚子釜に若布を盛り込み、上にイクラを盛りつけて器にのせ、三杯酢をかけて柚子の蓋を添えてお出しします。

◇**調理覚え書**

●柚子の中身をスプーンでくり抜く時、皮と果肉の間にスプーンをくぐらせて、はがすように果肉を取るのがコツです。また、柚子の底部は底を抜いてしまわないように、慎重にスプーンを動かします。

●イクラは、水気を軽く絞った大根おろしで和えたのち、柚子釜に盛りつけてもおいしいものです。

蟹と貝割れ菜の砧《きぬた》巻き

●一五七頁参照

◇**材料**〈四人分〉

蟹棒……8本　貝割れ菜……2把
大根……適宜
＊甘酢（酢、砂糖《または味醂》＝各大匙3　塩少々）
＊辛子味噌（味噌、砂糖、味醂＝各1/3カップ　溶き辛子少々）

◇**作り方と盛りつけ**

大根は蟹棒の長さに合わせて輪切りにし、かつらむきにしたのち、酢と砂糖を合わせて塩で調味し、ひと煮立ちさせて冷ましておいた甘酢につけてしんなりとさせ、水気を拭いて12～15cm長さに切ります。貝割れ菜を熱湯にくぐらせて水にとり、きつく絞って根元を切り落としておきます。

小鍋に辛子味噌用の味噌と砂糖を合わせて味醂でのばし、弱火にかけて練り合わせたのち、火からおろし際に溶き辛子を加えて手早く混ぜ、冷まします。

かつら大根を縦長に広げ、手前に貝割れ菜と蟹棒をそれぞれ1/4量ずつのせて、端からきっちりと巻き、さらに巻き簀で巻いて形を整え、これを四本作って一本を三つに切り分けます。

器に辛子味噌を敷き入れ、砧巻きの切り口を上にして三切れずつを盛ります。

生雲丹《うに》のアボカド釜

●一六八頁参照

◇材料〈四人分〉

生雲丹……120g　アボカド……2個

ブロッコリー……100g

わさび……適宜　塩……少々

＊二杯酢（酢大匙5　醤油、だし汁＝各大匙1）

＊《柿の照り葉4枚》

◇作り方と盛りつけ

アボカドは縦半分に、種にとどくくらいの切り目をぐるりと入れ、軽くひねるように二つに割り、片側に残った種に庖丁の刃元を落とし、これも軽くひねるようにして取り除きます。ブロッコリーは茎の固い部分を切り捨て、塩を少々加えた熱湯で茹でたのち、あおいで冷まし、小房に分けておきます。

小鍋に二杯酢用の調味料を合わせてひと煮立ちさせ、冷ましておき、アボカドの底を薄く、平らにそぎ落として座りをよくし、種を除いた窪みに雲丹を、形を崩さないようにスプーンで静かにすくい入れます。

器に敷き葉を敷いてアボカド釜をのせ、おろしわさびを添えて、ブロッコリーを前盛りにし、雲丹に二杯酢を注ぎかけてお出しします。

◇調理覚え書

●ここでは二杯酢で食べていただく調味ですが、わさび醤油でも大変おいしいものです。アボカドの果肉のまったりとした旨みも味わっていただく一品ですから、必ずスプーンを添えてお出しください。

越瓜《しろうり》の蟹印籠《いんろう》

●一七〇頁参照

◇材料〈四人分〉

越瓜……1本

＊越瓜の下ごしらえ用（だし昆布、たて塩《水1カップに対して塩大匙1弱》＝各適宜）

蟹棒、または蟹蒲鉾……適宜

菊花……4輪　わさび……適宜

酢……少々

＊三杯酢（酢、醤油＝各大匙5　味醂大匙2）

＊《笹の葉4枚》

◇作り方と盛りつけ

越瓜は両端を切り落とし、筒抜きで中をくり抜きます。たて塩を用意して昆布を浸し、これに越瓜をつけてしんなりするまでおき、水気をよく拭き取ったのち、中に蟹棒を切り口の形を考慮しながら詰め込み、八等分に輪切りにします。

菊花は酢を少量落とした熱湯でさっと茹でて水にさらし、水気を絞ります。小鍋に三杯酢の調味料を合わせてひと煮立ちさせ、冷ましておきます。

器に笹の葉を敷いて越瓜の印籠を盛り込み、菊花をあしらい、おろしわさびを添えて三杯酢を回しかけます。

◇調理覚え書

●越瓜の詰めものには、蟹棒、蟹蒲鉾のほか、鱸《すずき》や勘八《かんぱち》などの白身魚や烏賊《いか》などの断ち落としを利用しても、よい肴になります。古くは関西方面では鱧《はも》を入れることも多かった逸品で、白身魚の場合はそぎ切りの生か、湯霜造りにして、烏賊ならば生を詰めて、越瓜の歯触りとともに味わっていただきます。

烏賊《いか》の菊巻き

●一七一頁参照

◇材料〈四人分〉

烏賊のおろし身……1杯分

菊海苔……適宜　葉つき生姜…4本

＊菊海苔、杵生姜の下味（甘酢《酢、味醂＝各大匙3　塩少々》適宜）

塩……適宜

＊二杯酢（酢大匙5　醤油、だし汁＝各大匙1）

＊《笹の葉適宜》

◇作り方と盛りつけ

烏賊は刺身用の開いた胴の身を用意し、皮を丁寧にむき取ります。全体を一枚の四角形に切り整え、裏側に5㎜間隔の縦の切り目を浅く入れて、片面には薄塩をあてておきます。菊海苔は板状のまま布巾にはさみ、ひたひたの湯につけて戻したのち、水気をよくきります。小鍋に甘酢用の調味料を入れてひと煮立ちさせ、冷ましておき、この中に菊海苔を布巾のまま浸して20分ほどおき、酢をきって布巾をはずしたのち烏賊の大きさに合わせて切ります。

葉つき生姜は葉を落とし、杵《きね》形に整えて熱湯にくぐらせ、塩をまぶしてしばらくおいたのち、塩を洗って水気を拭き、甘酢につけます。小鍋に二杯酢の調味料を合わせてひと煮立ちさせ、冷まします。

巻き簀に菊海苔を広げ、烏賊を切れ目側を下に、簀の目と平行におき、手前からしっかりと巻き込んで形を整え、巻き簀をはずしてラップに包み、お出しする直前まで冷蔵庫におきます。

器に笹の葉を敷き、菊巻きをラップのまま小口から切り分け、ラップをはずして盛り込み、二杯酢を注ぎかけて杵生姜を添えます。

焼きものの前肴

鰤《ぶり》の幽庵《ゆうあん》焼き

●一一三頁参照

◇材料〈四人分〉

鰤の切り身……4切れ

＊幽庵地（醤油大匙3　酒、味醂＝各大匙2）

蓮根《れんこん》……50g　酢……適宜

＊蓮根用合わせ酢（酢1カップ　砂糖大匙5　塩小匙⅔　赤唐辛子1本）

＊〈もみじの葉適宜〉

☒**作り方と盛りつけ**

バットに幽庵地の調味料を合わせ、鰤の切り身を並べて入れ、途中一度裏返して10～15分間つけておきます。蓮根は、4～5㎝長さに切って穴の輪隔に添って皮をむいて酢水に浸け、アクを抜いたのち3～4㎜厚さの輪切りにして、別立ての酢水を煮立てて茹で上げます。合わせ酢用の赤唐辛子の種を除いて薄く小口切りにし、小鍋に酢ほかの調味料を合わせた中に加えてひと煮立ちさせ、粗《あら》熱をとったのち茹でたての蓮根をつけ込みます。

鰤の汁気をきって金串を打ち、表側から強火の遠火で焦がさないように焼き、両面を八分どおり火を通したら、先の幽庵地をかけては火にかざし、これを二～三度繰り返して焼き上げ、熱いうちに串を回して抜き取ります。

器にもみじの葉を敷いて鰤を盛り、酢取った蓮根を盛り添えます。

寒鰆《かんさわら》の白酒焼き

●一三〇頁参照

☒**材料**〈四人分〉

鰆の切り身……4切れ
青海苔……適宜　塩……適宜
＊白酒地（白酒、酒＝各大匙3　塩小匙1/2）
菊花……8輪　サラダ菜……4枚
＊菊花用の甘酢（酒、味醂＝各大匙3　塩少々）

☒**作り方と盛りつけ**

鰆に薄塩をあてて水気を拭き取り、バットに白酒地の調味料を合わせてつけ込みます。菊花をさっと茹でて水気を絞り、小鍋に甘酢用の調味料を合わせてひと煮立ちさせ、冷ました中につけておきます。

鰆の汁気をよく拭き、二切れずつを並べて金串を打ち、強火の遠火で両面を返しながら焦がさないように焼き、中まで火が通ったら串を回しながら抜きます。

器にサラダ菜を敷き、鰆の皮目を下にして盛り込み、天に青海苔をふり、菊花の酢をきって盛り添えます。

☒**調理覚え書**

●餅米と味醂で作った甘みの強い酒＝白酒を日本酒でのばした白酒地で下味をつけ、焼き上げる手法を〝白酒焼き〟といい、柳鰈《やなぎがれい》、真魚鰹《まながつお》などによく用いられます。三月三日、雛の節句には、この白酒地に泡立てた卵白を混ぜた地に魚を浸けて焼き上げたものが、祝いの献立に組み込まれるのも嘉礼です。

車海老の塩焼き

●一三〇頁参照

☒**材料**〈四人分〉

車海老……4尾　椎茸……4枚
塩……適宜　醤油……適宜
レモン……1/2個
＊〈胡瓜の葉4枚〉

☒**作り方と盛りつけ**

車海老は背に庖丁で切り目を入れ、竹串で背わたを抜いて、背側を手のひらにのせて持ち、尾から頭に向けて真直にのし串を打って塩をふります。これを中火の近火で、赤く色が変わるまで焦がさないように手早く焼き上げ、熱いうちに串を抜きます。椎茸は熱した焼き網にのせて焼き、途中、醤油をつけてはあぶるように焼き上げます。

器に胡瓜の葉を敷き、車海老を盛って椎茸のつけ焼きを添え、櫛形に切ったレモンをあしらいます。

☒**調理覚え書**

●車海老そのものの持ち味を、塩味だけで賞味する一品ですから、鮮度のよい、身の締まっている海老を用いるのが条件です。冷凍品を使用する場合は、塩に化学調味料を二割ほど混ぜてふると、味の補いとなります。また、小振りの海老の場合は、背を形成りに折り曲げて、四～五尾ずつをひと串にして焼き上げます。

焼き蛤

●一三〇頁参照

☒**材料**〈四人分〉

蛤……12個　塩……適宜
橙《だいだい》……適宜
＊〈松葉、南天の葉＝各適宜〉

☒**作り方と盛りつけ**

蛤は殻の色の黒っぽいものを選び、海水よりやや薄めの塩水（水2カップに対して塩大匙1弱が目安）に、最低3～4時間つけて砂をはかせたのち、貝同士を打ち合わせて鈍い音のする死貝を除いて殻をきれいに水洗いし、蝶番《ちょうつがい》を出刃庖丁で切り取ります。これを焼き網の上にのせて焼き、貝の口から湯気がフーッと立ち昇りはじめたら火からおろし、殻をはなします。

器に南天の葉を敷いて蛤を、身のついた方と殻だけの方を形よく盛り込み、身に橙の絞り汁をかけ、松葉をあしらってお出しします。熱いうちに醤油を落として賞味していただきます。

☒**調理覚え書**

●一度に多くの蛤を焼く場合は、オーブンを利用してもよいでしょう。ただし、間接焼きですから時間は少々かかり、12～13分ほどはみておく必要があります。

松茸のしのび焼き

●一三一頁参照

☒**材料**〈四人分〉

松茸……4本　鶏のささ身…4本
＊焼きだれ（醤油、味醂＝各1/2カップ）
すだち……2個
＊〈松葉適宜〉

☒**作り方と盛りつけ**

松茸は笠の開きすぎていないものを選び、石づきを削ってぬれ布巾で汚れを拭き取り、細いものならそのまま、太めのものなら縦半分に切っておきます。鶏のささ身は筋を取り、身の厚みを切り開いて均等に薄くして、松茸の軸にぐるりと巻き、金串を打ちます。まず強火の遠火で両面を素焼きにし、鶏肉に火が通ったら焼きだれを途中二～三度塗り、返しながら香ばしく焼き上げたのち、熱いうちに串を抜きます。

器に松葉を敷いて松茸のしのび焼きを盛り、すだちを半分に切って添えます。

◇**調理覚え書**

●焼きだれは、醤油と味醂を同量ずつ鍋に合わせて火にかけ、三割ほど煮つめて冷ましたもので、あらかじめ用意しておきます。

牛ハツの酒醤油焼き

●一三一頁参照

◇**材料**〈四人分〉

牛ハツ（心臓）……200g
＊牛ハツの下味（酒、醤油＝各大匙3）
けしの実……少々　菊花……4輪
＊菊花用の甘酢（酢、味醂＝各大匙3　塩少々）
＊（菊の葉4枚）

◇**作り方と盛りつけ**

牛のハツは薄切りにし、分量の酒と醤油を合わせた中に浸し、30分ほどおいてハツを取り出し、つけ汁を煮つめておきます。小鍋に甘酢の調味料を合わせ、ひと煮立ちさせて冷ましておき、菊花をさっと茹でたのちつけておきます。

焼き網を充分熱してハツをのせ、両面をさっとあぶってつけ汁にくぐらせ、再び軽く焼きます。

器に菊の葉を敷いてハツを盛り込み、上にけしの実を散らして、菊花の酢をとってあしらいます。

◇**調理覚え書**

●牛肉は、どの部位も焼きすぎてはおいしくありません。ことにハツは焼きすぎると固くなってしまい、旨みも半減してしまいます。

鶏、海老と椎茸の双身《ふたみ》焼き

●一三二頁参照

◇**材料**〈四人分〉

鶏のすり身（鶏挽き肉160g　砂糖、醤油＝各少々）
海老のすり身（大正海老80g　醤油少少）
椎茸……12枚　小麦粉……適宜
＊双身の調味用（塩、胡椒＝各少々）
銀杏……12粒　サラダ油……適宜

◇**作り方と盛りつけ**

鶏挽き肉はすり鉢に入れ、砂糖と醤油で調味してなめらかになるまですり混ぜます。大正海老は背に切り目を入れて背わたを抜き、頭と殻を取って庖丁で小さく切ったのち、よくたたいて別のすり鉢に移し、醤油を加えてすり混ぜます。

椎茸は形のよいものを用意して石づきを取り、笠の汚れを拭いたのち裏側に薄く小麦粉をはたき、八枚の裏側に鶏のすり身を、残り四枚に海老のすり身を形よくつけ、へりをきれいに整えます。

銀杏は鬼殻を割り取り、茹でながら穴杓子の底で転がして薄皮をむき、水にとって水気を拭き、サラダ油を熱したフライパンで油煎りし、楊枝に三粒ずつ差しておきます。

フライパンにサラダ油を熱して、双身のすり身側から先に焼き、表面が固まったら椎茸側に返して焼き、途中、塩と胡椒をふって焼き上げます。

器に、ひとりあて鶏双身二枚、海老双身一枚を形よく盛り合わせ、銀杏ひと串を添えます。

牛肉の葱《ねぎ》射《い》込《こ》み

●一四六頁参照

◇**材料**〈四人分〉

牛もも肉……160～200g
青ねぎ（わけぎ）……8本
＊合わせ調味料（醤油、味醂＝各大匙2.5　砂糖大匙1　水大匙2）
サラダ油……適宜　レモン……½個

◇**作り方と盛りつけ**

牛もも肉は幅広の薄切りにし、俎《まな》板の上に二枚ずつを重ねて広げます。わけぎは牛肉の幅に合わせて切り、肉の上にのせてくるりと巻き込んで、タコ糸で軽く縛り、これを四本作ったのち、サラダ油を熱したフライパンに入れ、転がしながら焼きます。外側の色が変わったら分量の調味料を合わせて加え、からめながら焼き上げて糸をはずし、一本を三つに切り分けます。

器に葱射込みを三切れずつ盛り、櫛形に切ったレモンを添えます。

鶏ロール

●一四八頁参照

◇**材料**〈四人分〉

鶏もも肉……1枚　サラダ油……適宜
＊鶏肉の下味（塩、胡椒＝各少々）
＊合わせ調味料（醤油大匙3　味醂大匙5　酒大匙2　水大匙4）
染めおろし（大根おろし、醤油＝各適宜）

◇**作り方と盛りつけ**

鶏もも肉は脂身を取り除き、厚みが均等になるように切り開き、はみ出している皮を除いて形を整えます。皮側を金串五～六本でつつき、全体に塩、胡椒をふったのち皮を外側にしてぐるりと巻き、タコ糸で縛ります。フライパンにサラダ油を熱して鶏ロールを入れ、中火よりやや弱めの火加減で、焦がさないように転がし焼きにし、八分どおり火が通ったら分量の調味料を合わせて加え、強火で汁気がなくなるまで焼き上げ、糸をはずして食べよい厚さに切り分けます。

器に鶏ロールを二切れほど盛り、大根おろしに醤油を落とした染めおろしを盛り添えます。

鶉《うずら》の照り焼き

●一五一頁参照

◇**材料**〈四人分〉

鶉……4羽
＊つけ汁（だし汁½カップ　醤油大匙3.5　酒大匙1　味醂大匙1.5）
けしの実……適宜　すだち……2個

◇**作り方と盛りつけ**

鶉は開いてあるものを用意し、皮を下にして乾いた俎《まな》板に置き、出刃庖丁で縦

横斜めに皮だけ残してまんべんなくたたき、指先に骨が当たらないくらいねっとりしたら、分量の調味料を合わせたつけ汁に10分間ほどつけておきます。これをよく熱した焼き網の上で、まず皮側から九分どおり火を通し、つけ汁にくぐらせて表側をさっと焼き上げ、皮側に隠し庖丁をいれます。

器に鶏を盛り込んでけしの実をふり、半分に切ったすだちを添えます。

鶏の竜田《たつた》焼き

●一五二頁参照

◇材料〈四人分〉

鶏もも肉……200g

＊鶏肉の下味(酒、醤油=各大匙2)

小麦粉……適宜　卵黄………1個分

葉つき生姜…4本　塩………適宜

＊生姜用甘酢(酢、味醂=各大匙3　塩少々)

染めおろし(大根おろし、醤油=各適宜)

サラダ油……適宜

＊《菊の葉4枚》

◇作り方と盛りつけ

鶏もも肉は皮と脂を取り除き、ひと口大のそぎ切りにして、分量の酒醤油につけ、15分ほどおきます。甘酢用の調味料を合わせてひと煮立ちさせ、冷ましておき、葉つき生姜は葉を落とし、杵《きね》形に整えて熱湯にくぐらせ、塩をまぶしてしばらくおいたのち、塩を洗い落として水気を拭き、甘酢につけます。

鶏もも肉の汁気を拭いて、小麦粉を全体に薄くまぶし、片面に溶いた卵黄を塗り、フライパンにサラダ油を熱して卵をつけた側から焼き、色よく焼けたら裏返して中まで火を通します。

器に菊の葉を敷いて鶏の竜田焼きを盛り、酢をきった杵生姜、大根おろしに醤油を落とした染めおろしを添えます。

◇**調理覚え書**

●竜田焼きの下味は、近年は酒と醤油のほかに砂糖や味醂を加える料理屋も多いようですが、本来は甘みを加えない、ここでの調味が正式です。

牛タンの粕《かす》漬け

●一五三頁参照

◇材料〈四人分〉

牛タン………1枚　塩………適宜

酒粕………適宜　すだち………2個

◇作り方と盛りつけ

牛タンは水につけ、タワシでこすりながら洗ったのち、熱湯にくぐらせてタンが少々縮んだら取り出し、庖丁でこそげるようにして薄皮をむき、ひと口大のそぎ切りにして軽く塩をふり、そのまま20分ほどおきます。

酒粕は板状になっている板粕を用意して、ぬるま湯につけて柔らかくし、バットに敷きつめてガーゼを広げ、上に牛タンを重ならないように並べ、再びガーゼで覆《おお》い、酒粕を底よりも厚めに重ねたのち、冷暗所に一～一日半ほどおきます。

牛タンを取り出して酒粕をきれいにぬぐい、熱した焼き網にのせて焦がさないように焼き上げます。

器にほどよく焼き色のついた牛タンを盛り、すだちを半分に切って添えます。

焼き松茸

●一五六頁参照

◇材料〈四人分〉

松茸………4本　すだち………1個

＊松茸の下味(酒¼カップ　醤油大匙2.5)

＊《松葉適宜》

◇作り方と盛りつけ

松茸は笠の開きすぎていないものを用意し、石づきを削り取ってぬれ布巾で丁寧に汚れを拭き取ります。分量の酒、醤油を合わせた中に、さっと洗うようにくぐらせたのち、よく熱した焼き網の上にのせ、転がしながら香ばしく焼き上げ、笠に庖丁を入れて細いものは四つに、太めのものなら二つに裂きます。

器に松葉を敷いて松茸を盛り、すだちを四つに切ったひと切れを添え、熱いうちに絞りかけて賞味していただきます。

牛肉と浅葱《あさつき》の卵焼き

●一五六頁参照

◇材料〈四人分〉

牛肉の薄切り………………80g

あさつき……2把　サラダ油……適宜

＊牛肉の下味(塩、胡椒=各少々)

＊卵地(卵6個、だし汁、味醂=各大匙2　砂糖大匙1.5　醤油小匙1)

染めおろし(大根おろし、醤油=各適宜)

◇作り方と盛りつけ

牛肉は塩と胡椒をふりかけて、サラダ油を薄く引いたフライパンで両面を軽く焼き、冷まして細切りにします。あさつきは、卵焼き鍋の幅に長さを合わせて切り揃えます。

卵地の分量の調味料を合わせてひと煮立ちさせ、冷ましたのち、卵をよく溶きほぐして静かに混ぜ合わせ、漉し器で漉しておきます。卵焼き鍋を熱してサラダ油を引き、卵地の⅓量ほどを流し込み、表面が乾いてきたら、やや手前寄りに牛肉とあさつきを棒状にして横に置き、卵でくるみ込んで手前に寄せ、向う側に油を引いて卵を押しやり、手前にも油を引いて残りの卵地の半量を流し込んで、再び巻き込み、繰り返して油を引いて残りの卵地を流し、焼き上げます。熱いうちに巻き簀にとって巻き上げ、四角に形を整えてほどよい厚さに切り分けます。

器に卵焼きを盛り、大根おろしに醤油を落とした染めおろしを添えます。

甘鯛のひと塩焼き

●一五七頁参照

◇材料〈四人分〉

甘鯛………4尾　塩…………適宜

すだち………2個

＊《菊の葉4枚》

◇作り方と盛りつけ

甘鯛は鱗《うろこ》を引き、わたを取って背開きにし、中骨を取り除いて水洗いします。水気を拭き取って、塩水（水1カップに対して塩大匙1）に5分ほどつけたのち、30～40分風干しにしておきます。

　焼き網を充分熱して甘鯛をのせ、両面に焼き色だけをつけてから、網の上にアルミホイルを敷き、この上で中に火が通るまで焼き上げます。

　皿に菊の葉を敷き、甘鯛を頭を左にして盛りつけ、すだちを半分に切って添えます。熱いうちに絞りかけ、醬油を落として食べていただきます。

◇**調理覚え書**

●ひと塩とは、食べて塩気が強くない程度に塩をすることで、一般に料理屋では生干しにする魚を水一カップに対して塩が大匙一程度の塩水につけて、下味をつけることを指しています。

●甘鯛は身が柔らかく、水分の多い魚であるため、塩で身を締めることで甘みが増します。ここでは生の甘鯛を開いて風干しにしていますが、市販の〝ひと塩の甘鯛〟を利用することもできます。

●甘鯛は鱗をつけたまま、きれいに焼き上げ、そのままカリカリとした焼き味をともに愉《たの》しんでいただく手法もあり、昔から珍味とされています。

泥鰌《どじょう》のぐるぐる

●一五八頁参照

◇**材料**〈四人分〉
泥鰌…………24尾　葉つき生姜…4本
塩…………適宜
＊焼きだれ（醬油、味醂＝各½カップ）
＊生姜用甘酢（酢、味醂＝各大匙3
　塩少々）
粉山椒………少々

◇**作り方と盛りつけ**
泥鰌は開いて、皮目のぬるを庖丁の刃先でこそげ取っておきます。生姜用の甘酢の調味料を合わせてひと煮立ちさせ、冷ましておき、葉つき生姜は葉を落とし、杵《きね》形に整えて熱湯にくぐらせ、塩をまぶしてしばらくおいたのち、塩を洗って水気を拭き、甘酢につけます。

　金串を用意し、泥鰌を一本あて二尾ずつをぐるぐると縫うように巻きつけながら刺し、ひとり三本ずつを用意します。これを強火の遠火で、まず焦がさないように白焼きし、三分どおり火を通したのち、焼きだれに途中二～三度くぐらせては、照りよく焼き上げ、熱いうちに金串を回して抜き、青竹の鉄砲串に刺し代えます。

　器に泥鰌の串を三本ずつ盛って粉山椒をふり、酢をきった杵生姜を形よく盛り添えます。

◇**調理覚え書**

●焼きだれは、醬油と味醂を同量ずつ合わせて火にかけ、三割ほど煮つめたのち、冷ましてから使います。その都度作るのではなく、まとめて仕込んでおき、使ったあとは必ずひと煮立ちさせて冷まし、冷蔵庫で保存します。少なくなったら作り足していくことで、一層酷《こく》のある味になります。

五目磯辺

●一五九頁参照

◇**材料**〈四人分〉
鶏の真蒸《しんじょ》（鶏挽き肉200g　卵（小）1個
　砂糖、醬油＝各少々　椎茸6枚　筍
　（水煮）、人参＝各60g）
海苔…………1枚
＊焼きだれ（醬油、味醂＝各1カップ）
オクラ………4本　塩…………少々
＊（菊の葉4枚）

◇**作り方と盛りつけ**
鶏挽き肉は、皮と脂を除いて二度挽きしたものを用意し、溶き卵、砂糖、醬油を加えて粘りが出るまでよくすり混ぜ、ここに椎茸、筍、人参をそれぞれみじん切りにして加え、手で混ぜ合わせて四等分します。海苔を軽くあぶって四つの四角形に切り、この上に鶏の真蒸をのせて厚みをならして広げます。

　焼き網をよく熱して、海苔の側を下にしてさっと焼き、裏返してやや薄めの二割方煮つめたたれをぬって焼き、これを二度ほど繰り返して焼き上げます。

　オクラは塩をまぶしてもみ、うぶ毛を除いて熱湯にくぐらせ、あおいで冷まして色出ししておきます。

　器に菊の葉を敷き、五目磯辺をほどよい大きさに切って盛り込み、オクラをあしらいます。

◇**調理覚え書**

●五目磯辺は、網焼きが難しい場合はフライパンに油を薄く引いて焼き、少量の湯でのばした焼きだれを仕上げにかけ、からませるように焼き上げます。

帆立の田楽

●一五九頁参照

◇**材料**〈四人分〉
帆立貝………4個　塩…………適宜
＊山椒辛子味噌（味噌、砂糖＝各大匙5
　味醂大匙3　醬油少々　溶き辛子、
　粉山椒＝各小匙2）
銀杏…………8粒　サラダ油……適宜
＊（笹の葉4枚）

◇**作り方と盛りつけ**
帆立貝は殻の両面に熱湯をかけて、ヘラで殻から身を取り出し、わたと柱に付いている黒い筋を取り除き、ひもの黒い汚れを庖丁の刃先でしごき落として塩水で洗ったのち、ひもの部分に二～三カ所、貝柱には片面に十字の隠し庖丁を入れておきます。

　山椒辛子味噌は分量の味噌、砂糖、味醂を鍋に合わせて弱火にかけ、木杓子で焦げつかせないように混ぜ、なめらかになったところで火からおろし、粗熱《あら》がとれたら醬油、溶き辛子、粉山椒を加えて混ぜ合わせて仕上げます。フライパンにサラダ油を熱して帆立貝を焼き、八分どおり火が通ったところで殻にもどし、山椒辛子味噌をのせてオーブンで焼き上げます。

　銀杏は鬼殻を割り取り、中温に熱したサラダ油で揚げたのち、油をきって薄皮をとり、軽く塩をふります。

　器に笹の葉を敷き、焼きたての帆立貝を殻ごと盛って銀杏をあしらいます。

鶏つくねの団子

●一六四頁参照

◇材料〈四人分〉
鶏のつくね（鶏挽き肉200g　卵½個分）
＊焼きだれ（醤油、味醂＝各大匙3）
染めおろし（大根おろし、醤油＝各適宜）
＊（胡瓜の葉4枚）

◇作り方と盛りつけ
鶏の挽き肉はすり鉢に入れ、卵を加えてよくすり混ぜたのち、十六等分してそれぞれを団子に丸め、熱湯に落としていきます。茹で上がって浮きあがってきたら水気をよくきり、金串に刺します。焼きだれの調味料を鍋に合わせて火にかけ、三割ほど煮つめて冷ましたものを用意します。団子の表面をまず素焼きにし、焼きだれにくぐらせてさっと焼き、熱いうちに金串を抜き、青竹の鉄砲串に二個ずつ刺し代えます。

器に胡瓜の葉を敷き、つくね団子を二串ずつ盛り込み、大根おろしに醤油を落とした染めおろしを添えます。

五目しそ焼き

●一六九頁参照

◇材料〈四人分〉
鶏の真蒸《しんじょ》（鶏挽き肉320〜400g　卵（大）1個　砂糖、醤油＝各少々　椎茸12枚　人参120g）
大葉……16枚　片栗粉……少々
サラダ油……適宜
＊幽庵地（醤油⅗カップ　酒大匙4　味醂小匙4）
染めおろし（大根おろし、醤油＝各適宜）

◇作り方と盛りつけ
鶏の挽き肉は皮と脂を除いて二度挽きしたものを用意してすり鉢に入れ、分量の卵を溶いたもの、砂糖、醤油を加えて粘りが出るまでよくすり混ぜたのち、椎茸と人参を繊《せん》切りにして加え混ぜ、八等分し、団子状に丸めて手のひらに取り、丸く平らに両面をつぶします。フライパンを熱してサラダ油を引き、鶏真蒸を入れてまず強火で両面に焼き色をつけたのち火を弱め、あらかじめ各調味料を合わせておいた幽庵地を加え、からめるようにしながら焼き上げます。大葉の裏側に水溶きの片栗粉を塗り、真蒸の両面に貼り合わせ、大葉がはがれ落ちない程度にフライパンで表面を焼いて仕上げます。

器に五目焼きを二個ずつ形よく盛り、大根おろしに醤油を落とした染めおろしを盛り添えます。

博多焼き

●一七一頁参照

◇材料〈四人分〉
鶏の骨つきもも肉……4本
＊鶏の下味（酒、醤油＝各同割量）
葉つき生姜…4本　塩……適宜
＊生姜用甘酢（酢、味醂＝各大匙3　塩少々）
粉山椒……少々
＊（南天の葉適宜）

◇作り方と盛りつけ
鶏の骨つきもも肉は流水で洗って脂を取り除き、骨の内側に骨に沿って切り目を入れたのち、酒と醤油を合わせた中につけて20分ほどおきます。よく下味がついたら二本ずつ横にして末広に金串を打ち、皮側から先に火にかざします。ほどよい焦げ色がついたところで裏返し、強火の遠火でじっくりと焼き上げます。途中、表面が乾いてきたら、先の酒醤油をかけては焼きます。

甘酢用の調味料を合わせてひと煮立ちさせ、冷ましておき、葉つき生姜は葉を落とし、杵《きね》形に整えて熱湯にくぐらせ、塩をまぶしてしばらくおいたのち、塩を洗って水気を拭き、甘酢につけます。

器に南天の葉を敷いて、鶏のもも肉を二つに切って盛り込み、酢をきった杵生姜をあしらいます。お好みで粉山椒をふって食べていただきます。

姫《ひめ》筍《たけ》のしのび焼き

●一七三頁参照

◇材料〈四人分〉
鶏の手羽肉…200g　姫筍（水煮）…12本
＊焼きだれ（醤油、味醂＝各大匙2）
＊（板谷楓《いたやかえで》の葉適宜）

◇作り方と盛りつけ
鶏手羽肉は皮と脂を取り除き、面を大きくとりながら薄くそぎ切りにします。姫筍の水気を拭き取って手羽肉にのせ、ぐるりと巻き上げてひとりあて三本ずつを作り、三本をひと組に横に並べて金串を打ちます。これを熱した焼き網にのせて素焼きにし、焼き色が付きはじめたら、あらかじめ、醤油と味醂を合わせて三割ほど煮つめて冷ました焼きだれを、刷毛で途中、二〜三度塗っては乾かすように焼き、両面をまんべんなく焼き上げて熱いうちに串を抜きます。

器に板谷楓の葉を敷いて姫筍のしのび焼きを形よく盛り込みます。

牛肉の三つ葉巻き

●一九五頁参照

◇材料〈四人分〉
牛の薄切り肉……150g
三つ葉……½把　塩……少々
＊合わせ調味料（酒、醤油＝各大匙3　味醂大匙2　だし汁⅓カップ）
菊花……4輪　酢……少々
サラダ油……適宜
＊（大葉8枚）

◇作り方と盛りつけ
牛肉の薄切りは、広げて少しずつ重ねて形を整えながら幅広く並べます。三つ葉は塩を少量落とした熱湯でさっと茹でて水にとり、揃えて水気を絞り、肉の幅に合わせて切り揃えて肉にのせ、これを芯にしてくるくると巻き込み、タコ糸でしっかりと縛ります。フライパンにサラダ油を熱して牛肉巻きを入れ、転がしながら焼きつけ、表面の色が変わったら、分量の調味料を合わせて加え、鍋をゆすりながら強火で煮汁をからませて焼き上

げ、糸をはずしてほどよい大きさに切り分けます。菊花は酢を少量加えた熱湯でさっと茹で、水にとって水気を絞ります。

器に大葉を二枚、形よくずらして敷き、牛肉の三つ葉巻きを盛って、菊花をあしらいます。

牡蠣《かき》のベーコン巻き

●一九六頁参照

◇材料〈四人分〉
牡蠣のむき身(生食用)…………16粒
スライスベーコン…………4枚
大根おろし…適宜　サラダ油……適宜
レモン……適宜

◇作り方と盛りつけ
牡蠣のむき身はボールに入れ、大根おろしを少量加えて軽くもみ、残り殻を取り除き、ぬるを吸わせたのち笊に移し、水の中で振り洗いして水気を拭き取ります。ベーコンを4～5cm長さに切って牡蠣を巻き、巻き終わりを楊枝で止めます。

フライパンを熱し、サラダ油をごく薄く引いてベーコン巻きを入れ、転がしながらベーコンがカリッとするまで焼き上げて楊枝をはずします。

器に熱あつのベーコン巻きを盛り、レモンを5mm厚さの半月に切って添えます。

ラムチョップの香り焼き

●一九九頁参照

◇材料〈四人分〉
ラムチョップ（仔羊の肋骨つきロース肉）…………4本
*つけ汁（醤油½カップ　酒⅓カップ　砂糖大匙1　ねぎ1本　生姜1片）
サラダ油……適宜　溶き辛子……適宜
レモン……適宜
*（大葉4枚）

◇作り方と盛りつけ
まずつけ汁を用意します。ボールに分量の調味料を合わせ、長ねぎはみじん切り、生姜はおろして、ともに加えてよく混ぜ合わせます。ここにラムチョップをつけ、20分以上おいておきます。フライパンを熱してサラダ油を入れ、軽く汁気をきったラムチョップを入れて、まず強火で両面を焼き、焼き色が付いたところでつけ汁を加え、蓋をして弱火でじっくりと蒸し焼きにします。

器に大葉を敷いてラムチョップを盛り込み、溶き辛子をのせ、レモンを薄い櫛形に切って盛り添えます。

揚げものの前肴

鶏の唐揚げ

●一二一頁参照

◇材料〈四人分〉
鶏もも肉……120g
*つけ汁（酒、醤油＝各大匙4）
片栗粉……少々　揚げ油……適宜
貝割れ菜……1把　塩……少々
溶き辛子……適宜

◇作り方と盛りつけ
鶏のもも肉は脂を取り除いて八切れほどに切り分けたのち、分量の調味料を合わせたつけ汁に10分ほどつけておき、汁気を拭いて片栗粉を全体にまぶし、中温に熱した揚げ油でカラリと揚げて油をきります。貝割れ菜は少量の塩を落とした熱湯でさっと茹でて水にとり、水気を絞って根元を切り落とします。

器に唐揚げを盛り、天に貝割れ菜を盛り添えて溶き辛子をあしらいます。

生雲丹《うに》の大葉揚げ

●一三二頁参照

◇材料〈四人分〉
生雲丹…80～120g　大葉…………12枚
小麦粉……適宜　揚げ油……適宜
塩……適宜　葉つき生姜…4本
*生姜用甘酢（酢、味醂＝各大匙3　塩少々）

◇作り方と盛りつけ
大葉を俎《まな》板に広げて小麦粉を薄くまぶし、生雲丹を、崩さないようにスプーンか木べラで箱からすくい取り、大葉にのせます。葉の端を軽くつまみ合わせて、再び小麦粉を全体にまぶしたのち、きれいな揚げ油を中温に熱し、中をさっとくぐらせる程度に手早く揚げて油をきり、熱いうちに塩をふります。

葉つき生姜は、茎を適度に残して葉を落とし、根元を杵《きね》の形にむき整えて熱湯にくぐらせ、塩をまぶしておきます。甘酢の調味料を合わせ、ひと煮立ちさせて冷ましておき、杵生姜の塩を洗い落として水気を拭き、甘酢につけます。

器に雲丹の大葉揚げを形よく盛り、酢をきった杵生姜をあしらいます。

◇調理覚え書
●こうした揚げものや、焼きものなどに添える柄つきの生姜は、谷中生姜、金時生姜など、香りのよい葉つきの新生姜を使って、根元を杵形などに形作ったものを甘酢などで酢取ることで、さっぱりとした味わいが口直しの役割を果たすとともに、きれいに色出しされた薄紅色が、料理の彩りともなるものです。また、杵生姜よりも茎を長めに残し、根元を尖《と》がり気味に形作ったものを筆生姜と呼ぶなど、形の趣向も古くからのものです。

牡蠣《かき》のみどり揚げ

●一三二頁参照

◇材料〈四人分〉
牡蠣のむき身(生食用)…………12粒
大根おろし…適宜　小麦粉…………適宜
*揚げ衣（卵1個　酒大匙3　小麦粉⅔カップ　塩、胡椒＝各少々　刻みパセリ大匙2）
揚げ油……適宜　レモン……½個
*（菊の葉8枚）

◇**作り方と盛りつけ**
牡蠣のむき身をボールに入れ、大根おろしを少量加えて軽くもんで残り殻を除き、ぬるを吸わせたのち、笊に移して水の中で振り洗いをし、水気をきります。

みどり揚げの揚げ衣を用意します。ボールに卵を溶いて酒を加え、小麦粉をふるい入れ、塩と胡椒で調味して刻みパセリを加え、ざっくりと混ぜ合わせておきます。牡蠣の水気を拭いて小麦粉をまぶし、軽くはたいて余分な粉を落としたのち、黒いひだの部分を除いて揚げ衣にくぐらせ、中温に熱した揚げ油で手早く揚げて油をきります。

器に菊の葉一枚を形よくずらして敷き、牡蠣のみどり揚げを盛って櫛形に切ったレモンを添えます。

◇**調理覚え書**
●揚げ衣に加えるパセリは、みじん切りにしたのち一度水でさらし、布巾にとって水気をきつく絞ったもので、衣に混ぜるこの緑色が〝みどり揚げ〟の名の由縁です。

おこぜの唐揚げ

●一三三頁参照

◇**材料**〈四人分〉
おこぜ……1尾　あさつき……適宜
片栗粉……適宜　揚げ油……適宜
*ポン酢醤油（橙の絞り汁、醤油＝各適宜）
もみじおろし…適宜

◇**作り方と盛りつけ**
おこぜは背びれのトゲを鋏で切り落とし、皮をこそげてぬるを取り除きます。えらをはずし、腹に切り目を入れてわたを取り出し、手早く水洗いしたのち食べよい大きさのブツ切りにします。切り身の全体に片栗粉をごく薄くまぶし、高温に熱した揚げ油でカリカリに揚げます。

器に揚げたてのおこぜを盛り、あさつきの小口切りを散らしてもみじおろしを添え、ポン酢醤油で食べていただきます。

鶏手羽の千鳥揚げ

●一三三頁参照

◇**材料**〈四人分〉
鶏手羽肉……………200～240g
*鶏の下味（酒大匙3　塩小匙1/2）
*揚げ衣（片栗粉、卵白、切り海苔＝各適宜）
揚げ油……適宜　銀杏……………8粒
塩……………適宜
*（菊の葉4枚）

◇**作り方と盛りつけ**
鶏手羽肉は脂を取り除き、やや細長く、ひと口大に切り分け、分量の酒塩に10分ほどつけたのち、布巾で軽く汁気を押えて片栗粉をまぶし、卵白を刷毛で塗って切り海老を片面につけます。これを中温に熱した揚げ油で、海苔を焦がさないように注意して揚げ、油をきります。

銀杏は鬼殻を割り取り、茹でながら穴杓子の底で転がして薄皮をむき、水にとったのち水気を拭き取り、軽く油で煎りつけて熱いうちに塩をふります。

器に菊の葉を敷いて千鳥揚げを形よく盛り、銀杏をあしらいます。

ズッキーニのしのび揚げ

●一三三頁参照

◇**材料**〈四人分〉
ズッキーニ…1本　小麦粉……適宜
海老のたたき身……………70g
*海老の下味（卵1/4個分　塩、胡椒＝各適宜）
*揚げ衣（小麦粉2/3カップ　卵1/3個分　冷水1/3カップ　酒大匙2　塩小匙1/2　溶き辛子大匙2）
揚げ油……適宜　椎茸……………1枚
*（笹の葉適宜）

◇**作り方と盛りつけ**
海老は頭と殻、背わたを取って庖丁でたたいたものを用意してすり鉢に入れ、分量の溶き卵、塩と胡椒を加えてよくすり混ぜます。ズッキーニは1cm厚さの輪切りにし、厚みの半分に切り込みを深く入れたのち、切れ目に薄く小麦粉をまぶし、十二等分した海老のすり身を形よくはさみ込みます。

揚げ衣を用意します。ボールに分量の小麦粉をふるって入れ、水でよく溶きのばした溶き卵、酒と塩、溶き辛子を加えてざっくりと混ぜ合わせます。この衣にズッキーニをくぐらせて、中温に熱した揚げ油で色よく揚げ、油を切ります。椎茸は石づきを取って笠の汚れを拭いたのち、熱した焼き網にのせて軽く焼き上げ、小さく裂きます。

器に笹の葉を敷き、しのび揚げを盛り込んで焼き椎茸を添えます。

茄子と海老の揚げ出し

●一三三頁参照

◇**材料**〈四人分〉
茄子（小）……4個
さい巻き海老……………4尾
*海老の下味（酒、塩＝各少々）
揚げ油……適宜　おろし生姜…適宜

◇**作り方と盛りつけ**
茄子はへたを落として縦二つに切り、皮に斜めの飾り庖丁を入れて水に浸し、アク抜きをしておき、さい巻き海老は背わたを抜いて頭を取り、酒塩にしばらくつけて下味をつけます。茄子は水気を拭き取り、海老も汁気を押さえたのち、中温に熱した揚げ油で、まず茄子を色よく揚げて油をきっておき、続いて海老をカラリと素揚げにして油をきります。

器に茄子を形よく盛り、海老を盛り添えておろし生姜を添え、熱いうちに醤油を落として食べていただきます。

煎《い》り出し豆腐

●一四七頁参照

◇**材料**〈四人分〉
豆腐……………2丁　片栗粉……………適宜
揚げ油……………適宜　菜の花……………1/2把

塩…………適宜
*梅肉醤油（梅肉適宜　酒、醤油＝各少々）

◇作り方と盛りつけ

豆腐は布巾に包んで巻き簀にくるみ、斜めにした俎《まな》板の上に置いて重石《おもし》をのせて、元の重さの二割くらいの水気をきったのち、二つに切ってごく薄く片栗粉をまぶし、高温に熱した揚げ油できれいなきつね色に揚げ、油をきります。

菜の花は先端の柔らかい部分をつみ取り、塩を少量加えた熱湯でさっと茹で、水でさらして揃え、水気を絞っておき、梅肉醤油は梅肉を酒でのばし、醤油を落としてよくすり混ぜます。

器に揚げたての豆腐を盛り、菜の花をあしらって、梅肉醤油をのせます。

牡蠣《かき》の新挽《しんび》き揚げ

●一五一頁参照

◇材料〈四人分〉

牡蠣のむき身（生食用）…………20粒
大根おろし…適宜　小麦粉………少々
*牡蠣の下味（酒大匙4　塩小匙1弱）
*揚げ衣（卵1/2個分　冷水1/2カップ　酒大匙1/2　小麦粉3/5カップ　新挽き粉適宜）
揚げ油……適宜　レモン………1/2個
*（板谷楓《いたやかえで》適宜）

◇作り方と盛りつけ

牡蠣のむき身は、大粒のものを選び、大根おろしをまぶして軽くもみ、残り殻を除き、ぬるを吸わせたのち笊にとり、水洗いして分量の酒と塩に5分ほど浸して下味をつけ、布巾で汁気を取ります。

ボールに卵を溶きほぐして冷水と酒を加え混ぜ、小麦粉をふるい入れてざっくりと混ぜ合わせて揚げ衣を用意します。

牡蠣に小麦粉を薄くまぶし、余分な粉をはたき落としてから衣にくぐらせ、最後に新挽き粉を全体につけ、中温よりやや低めに熱した揚げ油で焦がさないように揚げ、油をきっておきます。

器に板谷楓を敷いて新挽き揚げを盛り込み、櫛形に切ったレモンを添えます。

◇調理覚え書

●牡蠣は素揚げや、小麦粉をまぶしただけで揚げると油が大変汚れます。その意味からも、このような変わり衣揚げに向く素材です。

●牡蠣は揚げる前に、さっと湯通ししておきますと、身が締まって衣をつけやすくなります。

揚げ出し豆腐

●一五二頁参照

◇材料〈四人分〉

豆腐………1丁　片栗粉………適宜
卵……………適宜　海苔…………適宜
揚げ油……適宜　塩…………少々
ブロッコリー………120g
*かけつゆ（醤油大匙5　だし汁大匙3　大根おろし適宜　露生姜少々）

◇作り方と盛りつけ

豆腐は軽く押しをして水気をきり、四つに切って全体に片栗粉を薄くまぶし、溶き卵にくぐらせ、1.5cm幅に長く切った焼き海苔を帯のように巻いたのち、再び片栗粉をつけます。余分な粉を落として中温よりやや高めに熱した揚げ油に静かに入れ、箸で返しながら3～4分間揚げ、うっすらと黄金色になったら網杓子などですくい上げ、油をきります。

ブロッコリーは塩を少量加えた熱湯で茹で、あおいで冷ましたのち小房に分けておき、かけつゆは醤油とだし汁を合わせてひと煮立ちさせ、仕上げに大根おろしを加え、露生姜を落とします。

器につゆを張り、揚げたての豆腐を盛ってブロッコリーを添えます。

◇調理覚え書

●ここでは彩りにブロッコリーを添えましたが、グリーンアスパラ、絹さやなどの青みをあしらっても結構です。また、素揚げにした海老を前盛りに使えば、料理の値打ちは一段と上がります。

茗荷《みょうが》の子の含み揚げ

●一五四頁参照

◇材料〈四人分〉

茗荷の子……8個
海老のたたき身…………適宜
塩………少々　片栗粉………適宜
卵………適宜　新挽き粉……適宜
揚げ油……適宜　梅肉………適宜
レモン……適宜

◇作り方と盛りつけ

茗荷の子は花の咲く前の締まっているものを用意し、先の方に縦の切り込みを入れます。芝海老の身を粗《あら》くたたいたものを用意して塩を少量混ぜ合わせ、茗荷の子の切れ目に、箸で少しずつつまんで詰め込んで形を整えたのち、全体に片栗粉をまぶして溶き卵にくぐらせ、先の方だけに新挽き粉をつけます。中温に熱した揚げ油で焦がさないように揚げ、油をきります。

器に含み揚げを形よく盛り、梅肉とレモンの変わり切りを添えます。

ほおずき真蒸《しんじょ》

●一五七頁参照

◇材料〈四人分〉

真蒸（鶏挽き肉、海老のたたき身＝各40g　酒、塩＝各少々）
揚げ油……適宜　葉つき胡瓜…4本
塩…………適宜
*（ほおずきの殻＝萼《がく》4個）

◇作り方と盛りつけ

鶏挽き肉は皮と脂を取り除いて二度挽きしたもの、海老は芝海老の身をよくたたいたものを用意し、すり鉢に入れてすり混ぜ、酒と塩を加えてさらにすり合わせたのち、四等分して手のひらにとり、団子状に丸めて、中温に熱した揚げ油で色よく揚げ、油をきります。葉つき胡瓜は、胡瓜の部分をよく塩もみして熱湯に通し、色出しをします。

器に葉つき胡瓜を形よく置き、ほおずきの実を取り除いて萼《がく》だけを用意し、これを開いて盛り添え、揚げ真蒸を実に見立てて盛り込みます。

◇調理覚え書
●ここでは鶏肉と海老を混ぜて真蒸を作りましたが、鶏挽き肉だけで作る場合はくちなしの汁を少量加えて色づけするとほおずきの実に相応《ふさわ》しく、きれいに仕上がります。

蟹爪のチーズ揚げ

●一五八頁参照

◇材料〈四人分〉
蟹爪……8本　栗……4個
*蟹爪の下味（塩、胡椒＝各少々）
*揚げ衣（卵1個　冷水1カップ　酒大匙1.5　小麦粉1.5カップ　粉チーズ大匙1）
揚げ油……適宜
*（笹の葉適宜）

◇作り方と盛りつけ
蟹爪は殻の柔らかい部分に鋏を入れてぐるりとむき取り、塩と胡椒をふります。ボールに卵を溶きほぐし、冷水と酒を加えてよく混ぜ、小麦粉をふるい入れて粉チーズを加え、ざっくりと混ぜ合わせて揚げ衣を用意し、蟹爪をくぐらせて中温に熱した揚げ油でカラリと揚げます。

栗は殻つきのままボールに入れ、熱湯をかけてそのまま冷まし、30分ほどおいたのち鬼殻と渋皮をむき、中温よりやや低めに熱した揚げ油で素揚げにします。

器に笹の葉を敷いて蟹爪を盛り、栗を盛り添えます。

◇調理覚え書
●チーズ風味の揚げ衣には、クリームチーズを使えば一層おいしく仕上がりますが、油を汚すという難点があります。
●栗は、このようにあらかじめ熱湯をかけておくと殻がむきやすくなります。また茹で栗を使う場合は、茹で水にしばらくおいたのちにむくと楽《らく》にむけます。

雲丹《うに》の磯辺揚げ

●一六七頁参照

◇材料〈四人分〉
生雲丹……100g　海苔……1枚
揚げ油……適宜
*染めおろし（大根おろし、醤油＝各適宜）

◇作り方と盛りつけ
海苔はよくあぶり、四つの角に切って俎板《まな》に広げ、生雲丹を崩さないように木べラで箱からすくい出して、海苔の中央にのせます。四隅をつまみ合わせ、中温に熱した揚げ油で手早くカラリと揚げ、油をきります。

器に磯辺揚げを盛り、大根おろしに醤油を落とした染めおろしを添えます。

◇調理覚え書
●生雲丹は鮮度のよいものを使い、揚がり具合は、中まで完全に火が通らないうちに引き上げることがコツです。

納豆の磯辺揚げ

●一六九頁参照

◇材料〈四人分〉
納豆……80g　銀杏……8粒
*納豆の下味（醤油、溶き辛子、塩＝各少々）
海苔……2枚　揚げ油……適宜
*染めおろし（大根おろし、醤油＝各適宜）

◇作り方と盛りつけ
納豆は小粒のものを用意し、ぬらした庖丁で軽くたたいてボールに移し、分量の調味料を加えます。銀杏は鬼殻を割り取って茹で、薄切りにして納豆に加え混ぜます。海苔をあぶり、一枚を四つの角に切って俎板《まな》に広げ、納豆の1/8量ずつを中央にのせ、四隅をつまみ合わせて包み、中温よりやや低めに熱した揚げ油でカラリと素揚げにし、油をきります。

器に納豆揚げをひとりあて二個ずつ盛り、大根おろしに醤油を落とした染めおろしを添えます。

◇調理覚え書
●磯辺揚げは、揚げ油の温度が高すぎると海苔が焦げてしまい、低すぎてはカラリと揚がりません。一定温度に保つように火力を調節しながら、四～五個ずつ揚げていきます。

牡蠣《かき》の松島揚げ

●一七一頁参照

◇材料〈四人分〉
牡蠣のむき身（生食用）……20粒
大根おろし…適宜　小麦粉……適宜
*牡蠣の下味（酒大匙4　塩小匙1弱）
*揚げ衣（卵1個　冷水1カップ　酒大匙1　小麦粉1¼カップ　青海苔粉適宜）　揚げ油……適宜
レモン……½個　粉山椒……適宜

◇作り方と盛りつけ
牡蠣のむき身はボールに入れ、大根おろしを加えて軽くもみ、残り殻を取り、ぬるを吸わせたのち笊にとり、水の中で振り洗いをし、酒と塩を合わせた中に5分ほどつけます。揚げ衣は卵を溶きほぐし、冷水と酒を加えて溶き混ぜ、小麦粉をふるい入れ、青海苔粉を加えてざっくりと混ぜ合わせます。牡蠣の汁気を拭き取って小麦粉を薄くまぶし、黒いひだの部分を除いて衣にくぐらせて、中温に熱した揚げ油でカラリと揚げ、油をよくきっておき、レモンを薄い半月に切ります。

器に、牡蠣の衣揚げをレモンではさむように形よく盛り、粉山椒をふります。

わかさぎの二色揚げ

●一七三頁参照

◇材料〈四人分〉
わかさぎ……24尾　塩……適宜
片栗粉……適宜　卵……適宜
新挽き粉……適宜　青海苔粉……適宜
揚げ油……適宜　すだち……2個
*（菊の葉4枚）

◇作り方と盛りつけ
わかさぎは薄い塩水につけて洗い、水気をよく拭き取ったのち、片栗粉を薄くまぶして溶き卵にくぐらせ、半量ずつに分けます。一方に新挽き粉を、一方には青海苔粉を、それぞれ頭と尾の部分を除

いてつけ、中温よりやや低めに熱した揚げ油で、まず新挽き粉の組から焦がさないようにカラリと揚げ、ついで青海苔粉の組を同様に揚げて、それぞれ油をきり、熱いうちに塩をふります。

器に菊の葉を敷き、二種を形よく盛り合わせ、すだちを半分に切って添えます。

土佐豆腐

●一七三頁参照

◇材料〈四人分〉

木綿豆腐……1丁　削り鰹……適宜

片栗粉……適宜　卵……適宜

揚げ油……適宜　塩……適宜

グリーンアスパラ……4本

＊割り醤油（醤油大匙5　だし汁大匙3）

◇作り方と盛りつけ

木綿豆腐は軽く押しをして水気をきり、四つの角切りにしておき、削り鰹は血合いのない上質のものを用意し、これを空炊きした鍋の冷まし加減のところに入れて、余熱で香ばしく煎り、冷めたら粗《あら》くもみほぐします。豆腐に片栗粉を薄くまぶし、溶き卵にくぐらせて削り鰹をまぶし、中温よりやや高めに熱した揚げ油に入れ、周囲がカラリとなるまで揚げます。

グリーンアスパラは塩を少量加えた熱湯で茹で、あおいで冷まし、割り醤油は分量の調味料を合わせてひと煮立ちさせます。

器に揚げ豆腐を盛り、グリーンアスパラを添えて割り醤油を注ぎ入れます。

揚げ茶《ちゃ》筅《せん》茄子

●一七四頁参照

◇材料〈四人分〉

小茄子……12個　銀杏……12粒

揚げ油……適宜　塩……適宜

＊染めおろし（大根おろし、醤油＝各適宜）

◇作り方と盛りつけ

小茄子はへたと萼《がく》を切り取り、縦にぐるりと細かく切り込みを入れて水にさらし、アクを抜いて水気を絞ります。銀杏は鬼殻を割り取り、茹でながら穴杓子の底で転がして薄皮をむき、水にとったのち水気を拭きます。たっぷりの揚げ油を中温に熱し、小茄子を入れて色よく揚げ、銀杏も同様に揚げて、それぞれ油をきって熱いうちに薄塩をふります。

器に茄子を盛り込んで銀杏を散らし、大根おろしに醤油を落とした染めおろしをたっぷりと添えます。

◇調理覚え書

●揚げ茄子は、揚げたてをこのように染めおろしで食べるのも美味ですが、八方地で煮含める揚げ煮もお馴染みのものです。また小茄子は火が通りやすく、多めの油の中で転がし焼きにすることもできます。

鱚《きす》の雲丹《うに》揚げ

●一八四頁参照

◇材料〈四人分〉

鱚……8尾　小麦粉……適宜

＊揚げ衣（練り雲丹大匙3　卵1/2個分　冷水1/2カップ　小麦粉2/3カップ　白玉粉小匙1　塩少々）

揚げ油……適宜

＊甘酢おろし（大根おろし、甘酢、おろし生姜＝各適宜）

＊（サラダ菜4枚）

◇作り方と盛りつけ

鱚は鱗《うろこ》を引いて頭とわたを取り、背開きにして中骨を除きます。揚げ衣の分量の練り雲丹をボールに入れ、卵を加えてよく混ぜ、冷水を少しずつ注いで溶きのばし、ここに小麦粉と白玉粉をふるい入れて手早く混ぜ、塩で味を調えてぽってりと粘りのある雲丹衣を用意します。

鱚に小麦粉を薄くまぶしたのち、尾を持って尾側三割ほど残して衣にくぐらせ、中温よりやや低めに熱した揚げ油で、焦がさないように揚げ、油をきります。

器にサラダ菜を敷いて雲丹揚げを盛り込み、大根おろしに甘酢をかけ、おろし生姜をあしらった薬味を添えます。

◇調理覚え書

●雲丹衣で揚げた揚げものを、その美しい彩りから茜《あかね》揚げとも呼び、鱚のほかに鯛、鮃《ひらめ》、飛び魚などでも応用できます。この衣に使う練り雲丹は、塩気の強すぎるものや着色料を多く使ったものは避けてください。

海老のみどり揚げ

●一九八頁参照

◇材料〈四人分〉

車海老……4尾　小麦粉……適宜

＊海老の下味（酒大匙3　塩小匙1/2弱）

＊揚げ衣（卵1個　冷水1カップ　酒大匙1.5　小麦粉1.5カップ　刻みパセリ1/3カップ）

揚げ油……適宜　レモン……1/2個

＊（大葉適宜）

◇作り方と盛りつけ

車海老は背わたを抜いて尾ひと節残して殻をむき、頭を取ったのち分量の酒と塩を合わせた中に5分ほど浸します。揚げ衣は、ボールに卵を溶き、冷水と酒を加え混ぜて、小麦粉をふるい入れます。パセリをみじん切りにして布巾に包み、水にさらしてアク抜きし、水気を絞ったものをこれに加えて、さっくりと混ぜます。車海老の汁気を拭き取って小麦粉を薄くまぶし、衣にくぐらせて中温よりやや低めに熱した揚げ油で、焦がさないようにカラリと揚げます。

器に大葉を敷いてみどり揚げを盛りつけ、櫛形に切ったレモンを添えます。

◇調理覚え書

●刻みパセリを加えたみどり衣を用意する際、水をくちなしの実で色づけたものを使うと、仕上がりの衣の黄色が一層鮮やかで、パセリの緑も映えます。

酢のものの前肴

穴子なます

●一二四頁参照

◇**材料**〈四人分〉

焼き穴子……4本　菜の花……少々

＊紅白なます（大根、人参＝各適宜　合わせ酢《酢1カップ　砂糖2/3カップ弱　塩小匙1/2》）

塩……適宜　酒……少々

柚子皮……少々

◇**作り方と盛りつけ**

大根、人参は太さを揃えて5cm長さの繊《せん》切りにし、塩を少量まぶしてしんなりとするまでもみ、水気をきつく絞ります。合わせ酢の調味料を小鍋に合わせ、ひと煮立ちさせて冷まし、大根と人参を浸してひと晩おき、紅白なますを作ります。

焼き穴子はタレ焼きにしてあるものを求め、酒を少量ふりかけて直火でさっとあぶり直したのち、1cm幅に切って紅白なますと軽く混ぜ合わせ、菜の花は先の方をつみ取ってさっと塩茹でし、水にとって水気をきつく絞ります。

器に、こんもりと穴子なますを盛り込んで菜の花を散らし、へぎ柚子を天にあしらいます。

いさきともずくのわさび酢

●一三四頁参照

◇**材料**〈四人分〉

いさき……60g　もずく……200g

＊三杯酢（酢、醤油＝大匙5　味醂大匙3）

浜防風……4本　わさび……適宜

◇**作り方と盛りつけ**

いさきは三枚におろして皮を引いた上身をそぎ切りにし、熱湯にさっとくぐらせたのち、素早く冷水にとって湯霜にし、水気を拭きます。もずくは水につけて塩出しをし、俎《まな》板に広げて食べよい長さに切ります。三杯酢の調味料を合わせてひと煮立ちさせ、冷ましておきます。

器にもずくを敷き入れ、いさきを形よく盛り合わせて三杯酢を静かに注ぎ入れたのち、浜防風をあしらい、おろしわさびをのせます。

白身魚の二杯酢

●一三四頁参照

◇**材料**〈四人分〉

白身魚(こち)……150g

ビーツ(瓶詰)……80g

ブロッコリー……適宜

塩……適宜

＊二杯酢（酢大匙5　醤油、だし汁＝各大匙2）

花穂……4本　わさび……適宜

◇**作り方と盛りつけ**

こちはおろしたものを用意し、そぎ切りにして軽く塩をあて、熱湯にくぐらせて冷水にとり、湯霜にしたのち水気を拭きます。ビーツは刻んで汁気を絞っておき、ブロッコリーは塩を少量加えた熱湯で茹で、笊に上げてあおいで冷まします。二杯酢の調味料を合わせてひと煮立ちさせ、冷ましておきます。

器によく冷やしたこちを盛り、ビーツは汁気をひと絞りし、ブロッコリーは小房に分け、それぞれを形よく盛り添えて二杯酢を静かに注ぎかけ、花穂をあしらっておろしわさびをのせます。

北寄貝と生海苔の生姜酢

●一三四頁参照

◇**材料**〈四人分〉

北寄貝……2個　生海苔……適宜

＊三杯酢（酢、醤油＝各大匙5　味醂大匙2）

塩……適宜　生姜……適宜

◇**作り方と盛りつけ**

北寄貝は殻をはずして身を取り出し、水管とひも、貝柱を取り除き、身のまわりの黒っぽい膜をこそげ落としたのち、薄墨色の先の部分だけを熱湯にくぐらせて、紅紫色に色出しをし、開いてわたをそぎ取り、薄い塩水でさっと洗って細く切っておきます。生海苔は目の細かい笊に入れてふり洗いし、ゴミを丁寧に取り除き、水気をよくきります。三杯酢の調味料を合わせてひと煮立ちさせ、冷ましておき、北寄貝と生海苔を合わせて三杯酢で和えておきます。

器に和えた酢のものをこんもりと盛り込み、おろし生姜を天にのせます。

◇**調理覚え書**

●生海苔の代わりに浅草海苔を使うこともできます。この場合は、両面をさっとあぶり焼きにしてから細かくむしり、ぬるま湯につけてよく戻してから笊にとり、水気をよくきってから貝と合わせます。

ところてんの胡麻だれ

●一三五頁参照

◇**材料**〈四人分〉

ところてん……200g　あさつき……適宜

切り海苔……適宜　白胡麻……適宜

＊胡麻だれ（白胡麻、すり胡麻《市販品》＝各1/6カップ　醤油大匙2　薄口醤油大匙3　味醂1/3カップ　砂糖小匙2　水、酢＝各1/4カップ）

溶き辛子……適宜

◇**作り方と盛りつけ**

ところてんは突いてあるものを用意してよく冷やしておき、あさつきは小口切りに、白胡麻は煎って冷まし、刻んでおきます。胡麻だれは、分量の白胡麻を焦がさないように煎り、すり鉢に移して油が出るほどよくすり、これにすり胡麻と醤油、薄口醤油、味醂、砂糖を加えてよくすり合わせたのち、水を少しずつ注いでのばしておき、使う直前に酢を加えて混ぜ合わせます。

器に冷めたいところてんを盛り、胡麻だれをかけてあさつきと切り海苔を盛り

添え、溶き辛子をのせます。

わかさぎの南蛮《なんばん》酢

●一三五頁参照

材料〈四人分〉

わかさぎ……20尾　塩…………適宜
片栗粉……適宜　揚げ油……適宜
＊南蛮酢（酢大匙5　味醂大匙3　醤油少々　玉ねぎ1/6個　赤唐辛子1本）
浜防風……4本

作り方と盛りつけ

まず、南蛮酢は分量の調味料を合わせてひと煮立ちさせ、冷ましたのち、玉ねぎの薄切り、赤唐辛子の種を取って小口切りにしたものを加えておきます。

わかさぎは塩水で洗って水気を拭き、片栗粉を全体に薄くまぶして、中温に熱した揚げ油でカラリと揚げ、油をきってバットに並べます。熱いうちに南蛮酢をかけて三時間以上おきます。

器に、軽く酢をきったわかさぎを盛り込み、浜防風をあしらいます。

サボテンのサラダ

●一三五頁参照

材料〈四人分〉

サラダサボテン…………50g
赤貝………1個　若布……適宜
貝割れ菜……1/2把　春菊……適宜
マッシュルーム………3個
塩……適宜　胡椒……少々
サラダ油……適宜
＊合わせ酢（酢、薄口醤油＝各大匙5　味醂大匙2　粉山椒少々）

作り方と盛りつけ

サラダサボテンは厚めに皮をむき、拍子木切りにして、塩を少量加えた熱湯で茹でて冷水にとり、水気をきっておきます。赤貝は殻をはずして水洗いをし、ひもをはずして身を開き、わたをそぎ取って塩をあてて手早く洗い、身に三〜四本の切り目を入れたのち、細切りにします。

若布は水で戻して笊にとり、熱湯を回しかけて冷水にとり、水気をきって筋を取り、ほどよい長さに切ります。貝割れ菜は根元を切り落とし、春菊は葉先だけをつみ取って揃えておきます。マッシュルームは薄切りにし、サラダ油でさっと炒めて塩、胡椒をし、合わせ酢の調味料を合わせてひと煮立ちさせ、冷まします。

ボールに赤貝以外の材料を合わせ、合わせ酢をかけて和え、赤貝も合わせ酢にくぐらせます。

器にサラダを彩りよく、こんもりと盛り、赤貝を形よく天盛りにします。

酢牡蠣《すがき》

●一四五頁参照

材料〈四人分〉

牡蠣のむき身（生食用）…………12粒
大根おろし…適宜　生海苔……適宜
＊二杯酢（酢大匙5　醤油、だし汁＝各大匙2）
柚子皮……少々
＊《菊の葉4枚》

作り方と盛りつけ

牡蠣のむき身は大根おろしをまぶし、もみ洗いして残り殻を除き、笊に移して水の中でふり洗いしたのち、水気をきります。二杯酢の調味料を合わせてひと煮立ちさせ、冷ましておきます。

器に菊の葉を敷いて牡蠣を盛り、生海苔を盛り添え、水気をきった大根おろし、二杯酢を注ぎかけて柚子皮の繊《せん》切りを天にのせます。

蟹とアボカドの生姜酢醤油

●一四八頁参照

材料〈四人分〉

アボカド……1個
蟹のほぐし身（缶詰）…………100g
＊生姜酢醤油（酢、醤油＝各大匙4　露生姜少々）

作り方と盛りつけ

アボカドは種にとどくほどに、縦半分の深い切り目を入れ、両側を軽くひねるようにして二つに割り、種に庖丁の刃元を落として同様にひねり取ります。皮を厚くむき取り、小口から5㎜厚さに切っておき、合わせ酢の調味料を合わせてひと煮立ちさせ、冷ましたのち、おろし生姜の絞り汁を落とします。

器にアボカドを形よく盛り、蟹のほぐし身を上に盛り添えて、生姜酢醤油をかけます。

百合根と海藻の梅肉和え

●一五一頁参照

材料〈四人分〉

百合根……100g　胡瓜……2本
海藻（赤とさか、青糸）……各適宜
酢……少々　梅肉……適宜
＊生姜三杯酢（酢、醤油大匙5　味醂大匙3　露生姜少々）

作り方と盛りつけ

百合根は一枚ずつ丁寧にはがして汚れを取り、酢を少量落とした熱湯に入れ、煮立たせないように静かに茹で、竹串がすっと通るくらいになったら火からおろし、笊にとって粗熱《あら》をとり、冷蔵庫で冷やしておきます。胡瓜は3㎝長さに切ったのち、縦に2㎜厚さの短冊切りにし、水に放ってパリッとさせ、水気をきっておき、二種の海藻はそれぞれ水につけて塩抜きしたのち、熱湯を通して水にとり、水気をきって、食べよい長さに切って胡瓜とともに冷蔵庫で冷やします。

生姜味の三杯酢は、調味料を合わせてひと煮立ちさせ、冷ましておろし生姜の絞り汁を落とします。

器に百合根を重ねて盛り、胡瓜、海藻を形よく盛り添え、生姜三杯酢をかけて梅肉を天にのせます。

蓴菜《じゅんさい》の二杯酢

●一五三頁参照

材料〈四人分〉

蓴菜…½カップ強　わさび……適宜
観賞用小南瓜《こかぼちゃ》……………4個
＊二杯酢（酢大匙5　醤油、だし汁＝各大匙1）
＊《大葉4枚》

◇**作り方と盛りつけ**

小南瓜は上部を水平に切り落として蓋《ふた》用とし、胴の中身をくり抜いたのち、底を座りのよいように平らにそいでおきます。二杯酢の調味料を合わせてひと煮立ちさせ、冷ましておきます。小南瓜に蓴菜をスプーンですくい入れ、二杯酢を注いで、おろしわさびをのせます。

皿に大葉を敷き、蓴菜を盛った小南瓜をのせ、蓋にあてる上部を添えます。

◇**調理覚え書**

●蓴菜は、きりっとした冷めたい喉ごしが身上ですから、器にする小南瓜、かける二杯酢、盛りつけの皿も充分に冷やしておきます。また、二杯酢の代わりに醤油をひとたらしするだけでも、おいしいものです。

帆立のひもと菜の花の三杯酢

●一五六頁参照

◇**材料**〈四人分〉

帆立貝のひも……………適宜
菜の花……1把　人参………⅓本
塩………適宜　溶き辛子………適宜
＊三杯酢（酢、醤油＝各大匙5　味醂大匙3）

◇**作り方と盛りつけ**

帆立貝はひもだけを用意し、外側の黒い汚れを庖丁の先でこそげ落とし、塩水で洗ってぬるを取り、きれいに水洗いしたのち5～6㎝長さに切ります。菜の花は花の開いていないものを用意し、塩を少量加えた熱湯でさっと茹で、水にとって水気を絞り、帆立のひもと同様に5～6㎝長さに切り揃えておきます。

人参は4～5㎝長さの繊《せん》切りにし、水にさらしておき、三杯酢の調味料を合わせてひと煮立ちさせ、冷まします。

器にまず、帆立のひもと菜の花を横一文字に揃えて盛り、人参を同様の向きに揃えてのせ、三杯酢を回しかけて溶き辛子をのせます。

烏賊《いか》と若布の生姜酢

●一五八頁参照

◇**材料**〈四人分〉

するめ烏賊のおろし身…………⅓杯分
若布………適宜　胡瓜………2本
塩………適宜　生姜………適宜
＊二杯酢（酢大匙5　醤油、だし汁＝各大匙1）
花穂じそ……4本　酢取り生姜…4本

◇**作り方と盛りつけ**

烏賊は開いてある胴身を用意し、皮を丁寧にむき取り、裏側に斜めに5㎜間隔の切り目を入れたのち、横に1㎝幅の細切りにし、熱湯にさっと通して湯霜にして切り口をはぜさせ、唐草に整えます。

若布は水で戻して笊にとり、熱湯を回しかけて手早く冷水にとり、水気を絞ったのちほどよい長さに切り、胡瓜は小口から薄切りにして塩水に放し、しんなりしたら水気を軽く絞ります。二杯酢の調味料を合わせてひと煮立ちさせ、冷ましておきます。

器に烏賊、胡瓜、若布を形よく盛り合わせ、二杯酢をかけておろし生姜を天にのせ、酢取り生姜と花穂じそを添えます。

サーモンと菊のすだち和え

●一七八頁参照

◇**材料**〈四人分〉

スモークサーモン（薄切り）………8枚
菊花………8輪　あさつき………適宜
酢………少々
＊すだち酢（すだち、またはかぼすの絞り汁大匙5　醤油、だし汁＝各大匙1）

◇**作り方と盛りつけ**

スモークサーモンは細切りにします。菊花は酢を少量加えた熱湯で、さっと茹でて水にさらし、水気を絞ったのち花弁をむしっておき、あさつきは小口切りにします。すだち酢は、醤油とだし汁を合わせてすだちの絞り汁を落として混ぜ、ボールにサーモン、菊花、あさつきを合わせ、すだち酢をかけて和えます。

器にすだち和えをこんもりと、形よく盛りつけます。

◇**調理覚え書**

●スモークサーモンには、レモンがつきものですが、すだちやかぼすの酸味と香りは穏《おだ》やかで和風の趣もあり、よいものです。また菊花は、生花に限らず乾燥品の菊海苔を茹でて戻し、代用することもできます。菊海苔は、つまみ取った花弁を蒸し上げ、板状に広げて乾燥させたものです。

蟹と沢庵《たくあん》の和風ドレッシング和え

●一八〇頁参照

◇**材料**〈四人分〉

蟹棒………8本　沢庵………適宜
胡瓜………1本
スライスチーズ……………1枚
＊和風ドレッシング（酢⅓カップ　サラダ油1カップ　醤油、溶き辛子＝各小匙2　おろし玉ねぎ⅓個分　塩、胡椒＝各適宜）
黒胡麻………少々

◇**作り方と盛りつけ**

蟹棒は縦二～三本に裂き、沢庵と胡瓜は3㎝長さほどの拍子木に切り揃え、スライスチーズは5㎜幅で、拍子木に長さを揃えて細く切っておきます。和風ドレッシングは、ボールに分量のサラダ油を入れ、酢を少しずつ加えて攪拌《かくはん》し、醤油、溶き辛子、おろし玉ねぎを混ぜ合わせ、塩、胡椒で味を調えます。ボールに切り揃えた材料を入れ、ドレッシングで和えます。

器にドレッシング和えを彩りよく盛り込み、煎った黒胡麻を散らします。

素魚《しろうお》と若布の生姜酢

●一八七頁参照

◇**材料**〈四人分〉
素魚……80g　若布……適宜
菜の花……適宜　塩……適宜
＊二杯酢（酢大匙5　醤油、だし汁大匙1）
生姜……適宜

◇**作り方と盛りつけ**
素魚は笊に入れ、薄い塩水でふり洗いしたのち、水気をよく切ります。若布は水で戻して笊に上げ、熱湯を回しかけたのち、手早く冷水にとって色出しし、筋を取り、食べよい長さに切っておき、菜の花は塩を少量加えた熱湯で茹で、水にさらして水気を絞り、先端部分を3〜4cm長さに切り揃えます。二杯酢の調味料を合わせてひと煮立ちさせ、冷まします。

器に若布を敷いて素魚を形よく盛り添え、菜の花をあしらって二杯酢を回しかけ、おろし生姜を添えます。

◇**調理覚え書**
●素魚《しろうお》はハゼ科の体長3〜4cmほどの稚魚で、活けのものを鉢に泳がせ、二杯酢で食べる〝素魚の踊り食い〟でも有名です。これによく似て、大変混同されやすいのが白魚《しらうお》で、体長10cmほどの、こちらはニシン系です。生で食べることはほとんどないといってよく、主に天ぷらや、卵とじにして椀種などにされることの多い稚魚です。

烏賊《いか》のレモン酢

●一八五頁参照

◇**材料**〈四人分〉
するめ烏賊…1杯　レモン……½個
オクラ……2本　塩……適宜
＊辛子醤油（溶き辛子、醤油＝各適宜）

◇**作り方と盛りつけ**
烏賊は刺身用のものを用意し、脚とわたを抜き、指先に塩をつけながら薄皮まで丁寧にむいたのち、さっと熱湯にくぐらせ、冷水にとって水気を拭き、縦に二〜三筋に切って小口から細切りにします。レモンはごく薄い半月切りに、オクラは塩をたっぷりまぶして指の腹でこすり、うぶ毛を取り除いて水洗いしたのち、熱湯にくぐらせて笊にとり、あおいで冷まし、小口切りにします。

器に烏賊とレモンを重ね盛りにし、上にオクラをあしらい、溶き辛子と醤油を混ぜ合わせた辛子醤油を注ぎ入れます。

鮭と鶏の三杯酢

●一八三頁参照

◇**材料**〈四人分〉
生鮭の切り身……200〜250g
＊鮭の下味（酒大匙4　塩小匙1弱）
鶏手羽肉……200g
＊鶏肉の下味（塩、胡椒＝各少々　酒大匙3　水大匙2）
水前寺海苔……10cm角1枚
胡瓜……½本　塩……適宜
＊三杯酢（酢、醤油＝各大匙5　味醂大匙3）
黄身そぼろ…適宜

◇**作り方と盛りつけ**
生鮭は、分量の酒と塩を合わせた中に10分ほど浸して下味をつけ、汁気を拭いて焦がさないように網焼きしたのち、ほぐしておきます。鶏の手羽肉は脂を取り除いて塩、胡椒を軽くふり、鍋に酒と水を合わせた中に入れ、蓋をして弱火で蒸し煮にし、そのまま冷まして皮を取り、手で細かく裂きます。

水前寺海苔はぬるま湯で戻して細めの短冊に切り、胡瓜は小口から薄切りにして塩水に放し、しんなりとしたら水気を絞り、三杯酢は調味料を合わせてひと煮立ちさせ、冷ましておきます。鮭、鶏肉、水前寺海苔をボールに合わせ、三杯酢をかけて和えます。

器に三杯酢和えを盛り込み、黄身そぼろを天にのせます。

◇**調理覚え書**
●水前寺海苔は、熊本県の江津湖で養殖されている淡水産の海苔の一種です。かつては当地の水前寺水系が原産地であったところから、この名で残っています。今はほとんどない天然ものはもちろん、生のものは暗緑色をし、大変美味です。現在は養殖の生海苔を糊状に溶き砕き、板状の黒いフェルト様《よう》に干し上げた乾燥品が主に出廻り、これは戻すと十倍ほどにも増えます。刻んで刺身のあしらいや、酢のもの、和えものなどに使われます。
●彩りにあしらった黄身そぼろは、茹で卵の黄身だけを裏漉しにかけ、細かく空煎りしたもので、その都度作るのではなく、ある程度まとめて作り、密閉容器で冷蔵保存しておくと重宝です。

和えものの前肴

北寄貝のわさび和え

●一一八頁参照

◇**材料**〈四人分〉
北寄貝……8個　菜の花……適宜
塩……適宜　大根おろし…適宜
わさび……適宜　醤油……適宜

◇**作り方と盛りつけ**
北寄貝は殻をはずして身を取り出し、水管を切り取ってひもと貝柱をはずします。身の汚れを庖丁でこそげ落とし、先端の黒っぽい部分だけを熱湯にさっとくぐらせたのち、紅紫色に変わったら引き上げ、開いて中のわたを取り除き、薄い塩水でさっと洗い、水気をきります。菜の花は、塩を少量加えた熱湯でさっと茹でて水にさらし、水気を絞って先端部分だけを切り揃えておきます。

器に北寄貝を盛り、大根おろしと菜の花を形よく盛り添え、おろしわさびを天にのせます。別に醤油を添えて、少量をかけて和えながら食べていただきます。

鮪とクレソンの辛子和え

●一三六頁参照

◇**材料**〈四人分〉
鮪（赤身）……200g　クレソン……2把
＊和え衣（溶き辛子小匙2　醬油小匙4　砂糖小匙1/2弱）
溶き辛子……適宜

◇**作り方と盛りつけ**
鮪は冊取《さく》りした赤身を用意し、ぬれ布巾でくるみます。ボールに熱湯を張り、布巾の両端を持ってこの中をくぐらせ、表面が白く変わったら素早く氷水で冷やし、布巾をはずして水気を拭き取り、湯霜にしたのち引き造りにします。

クレソンはさっと熱湯に通して水にさらし、水気を絞って食べよい長さに切っておき、和え衣は分量の溶き辛子を醬油でのばし、砂糖を加えてよく混ぜ合わせて作り、クレソンを和えます。

器にクレソンを盛り、手前に鮪の湯霜造りを重ねて盛り、溶き辛子を添えます。

越瓜《しろうり》としじみの辛子酢味噌

●一三六頁参照

◇**材料**〈四人分〉
越瓜……1本　しじみ……80g
オクラ……8本　塩……適宜
酒……適宜
＊辛子酢味噌（味噌、砂糖、味醂＝各1/2カップ　酢大匙1強　溶き辛子大匙2.5）

◇**作り方と盛りつけ**
越瓜は縦に間隔をあけて筋目に皮をむき、縦半分に切って芯を取り除いたのち、小口から斜めに細かく切り目を入れて、1.5cm幅に切り離し、さっと塩茹でにして冷水にとり、水気をきっておきます。

しじみは砂抜きしたものを求め、殻つきのまま鍋に入れて酒をふり、火にかけて蓋をし、蒸し煮にしたのち、口が開いたら取り出して竹串で身をはずし、冷ましておき、オクラは塩もみしてうぶ毛を取り、水洗いして熱湯でさっと湯がき、笊にとってあおいで冷まします。

辛子酢味噌は分量の味噌、砂糖、味醂を鍋に合わせて弱火にかけ、なめらかになるまで木杓子で混ぜます。お出しする直前に酢と溶き辛子を加えて、よく混ぜ合わせます。

器に越瓜としじみを盛り合わせ、オクラを添えて辛子酢味噌をのせます。

錦木《にしきぎ》

●一三六頁参照

◇**材料**〈四人分〉
海苔……2枚　三つ葉……1/2把
松の実……大匙4
＊和え衣（大根おろし1/3カップ　おろしわさび適宜　醬油少々）

◇**作り方と盛りつけ**
海苔は丁寧にあぶり焼きにし、ごく細かくちぎっておきます。三つ葉は熱湯にさっとくぐらせて水にとり、水気を軽く絞って茎だけを3cm長さに切り揃えます。松の実は乾いた鍋に入れて、焦がさないように煎ったのち、冷ましておきます。

お出しする直前に以上の三種をボールに合わせ、大根おろしとおろしわさびを加えて指先でよく混ぜ合わせ、醬油を落として仕上げます。

器に錦木をこんもりと盛りつけます。

◇**調理覚え書**
●錦木は、海苔とわさび、醬油を混ぜ合わせたものの古名です。ここでは彩りに三つ葉、香りに松の実をあしらっていますが、時には花鰹や梅肉、繊《せん》切りの大葉などを合わせても、またひと味違った趣となります。ここで使う三つ葉は、茎の色の鮮やかな糸三つ葉を使うと、香りも強く、見た目もきれいです。

鶏と防風の白和え

●一三七頁参照

◇**材料**〈四人分〉
鶏手羽肉……1枚　浜防風……1把
＊鶏肉の下味（塩、胡椒＝各少々　酒大匙3　水大匙2）
＊浜防風の下味（甘酢《酢、味醂または砂糖大匙3　塩少々》）
椎茸……8枚
＊和え衣（白酢衣《絹漉し豆腐1丁　すり胡麻大匙4　味醂小匙2　砂糖、酒、薄口醬油＝各大匙2　酢大匙2》）

◇**作り方と盛りつけ**
鶏手羽肉は余分な脂を取り除いて、軽く塩、胡椒をふり、鍋に入れて酒と水を加えて蓋をし、弱火にかけて蒸し煮にしたのち、そのまま冷まし、皮を取って手で細く裂きます。浜防風は茎の方からさっと茹で、分量の調味料を合わせてひと煮立ちさせ、冷ましておいた甘酢に浸けておきます。

椎茸は石づきを取って笠の汚れを拭き取り、網焼きにしたのち細く切ります。

和え衣は、豆腐を半量になるまで重石《おもし》をして水気をきり、裏漉しをしたのち、酢を除く各調味料とともにすり鉢で合わせ、なめらかになるまですり混ぜて白和え衣を作っておき、お出しする直前に酢を加え、再びすり混ぜて白酢衣を用意します。

器に蒸し鶏、酢をきった浜防風を形よく盛り合わせ、椎茸をあしらって白酢衣を天にたっぷりとのせます。

海老とうどの錦和え

●一三七頁参照

◇**材料**〈四人分〉
車海老……8尾　うど……1/3本
＊海老とうどの下味（甘酢《酢、味醂＝各大匙3　塩少々》）
＊和え衣（磯辺おろし《大根おろし、もみ海苔＝各適宜》　醬油少々）
浜防風……4本

◇**作り方と盛りつけ**
車海老は背わたを抜き取り、熱湯でさっと茹でて頭、尾を取り、殻をむいたのち、縦半分に切って、あらかじめ分量の調味料を合わせてひと煮立ちさせ、冷まして用意した甘酢にくぐらせます。うどは

5～6㎝長さに切って皮をむき、細めの拍子木に切って同様に甘酢にくぐらせ、アク止めとともに下味をつけておきます。

和え衣は大根おろしに焼き海苔の繊切《せん》りか、もみ海苔を混ぜ合わせて磯辺おろしを作り、お出しする直前に醤油を落として仕上げます。

器に海老とうど、和え衣を形よく盛り合わせ、浜防風をあしらいます。

◇調理覚え書

●この和えものは、車海老の代わりに白身魚や烏賊《いか》、貝類を、うどの代わりに胡瓜や三つ葉などから、色合いや歯触りのバランスをよく取り合わせることで、作り替えることができます。

●和え衣に海苔を使った磯辺おろしに醤油をさしていますが、ここにわさびを合わせれば、一層酒の肴の趣が強まります。

牛肉といんげんの胡麻和え

●一三七頁参照

◇材料〈四人分〉

牛赤身肉……200g　いんげん……12本
＊肉の下味（酒大匙4　塩小匙1弱）
サラダ油……適宜　塩…………少々
＊和え衣（胡麻衣（味噌大匙1　あたり胡麻、砂糖＝各大匙2　味醂、酒＝各大匙1　醤油大匙1弱）　辣油《ラーユ》少々）
白胡麻……少々

◇作り方と盛りつけ

牛肉はももやランプ肉の薄切りを用意し、分量の酒と塩を合わせた中に5分ほどつけて汁気をきり、サラダ油を引いたフライパンでさっと焼き、5㎜幅の細切りにします。いんげんは塩を加えた熱湯で茹で、笊に上げてあおいで冷まし、斜め半分に切り揃えます。

胡麻衣は、味噌をフォークで刺して直火にかざし、香りがでるまであぶり焼きにしたのちすり鉢に移し、分量の調味料を加えてなめらかになるまですり混ぜ、仕上げに辣油を落として混ぜ合わせておき、牛肉といんげんを和えます。

器にこんもりと盛り込み、煎った白胡麻を散らします。

蟹とえのき茸の炒め和え

●一四九頁参照

◇材料〈四人分〉

蟹のほぐし身……………120g
えのき茸……1袋　紫芽じそ……適宜
＊蟹、えのき茸の下味（醤油、酒＝各大匙2）

◇作り方と盛りつけ

蟹のほぐし身を用意し、えのき茸は根元を切り落として細かくほぐし、熱湯にさっとくぐらせて笊に上げておきます。

鍋に分量の醤油と酒を合わせ、ひと煮立ちさせてえのき茸を入れ、汁気がごく少なくなるまで煎り煮したのち、蟹の身を加えて和えるようにひと煎りします。

器に盛り込み、紫芽を天にのせます。

◇調理覚え書

●紫芽じそを添え味としてあしらっていますが、七味唐辛子を仕上げにふり入れたり、赤唐辛子の小口切りを下炒めの際に加え、仕上がりに取り出せば、ピリリとした利《き》き味となります。また蟹の代わりに鶏のささ身、えのき茸の代わりにしめじや椎茸を用いても香りよく仕上がります。

蟹と野菜の揚げ和え

●一五〇頁参照

◇材料〈四人分〉

蟹棒……………4本　椎茸……………4枚
＊蟹の下味（酒、塩＝各少々）
獅子唐辛子…8本　片栗粉……………適宜
卵……………適宜　揚げ油……………適宜
＊和え衣（おろし大根1カップ　醤油、だし汁＝各大匙3）

◇作り方と盛りつけ

蟹棒は軟骨を抜いて二つに切り、酒と塩を合わせた中に5分ほどつけます。椎茸は石づきを取って笠の汚れを拭き、獅子唐は柄を落とし、縦に切り目を入れて種を取り除きます。蟹棒は汁気を拭き、椎茸、獅子唐もそれぞれ片栗粉をごく薄くまぶして溶き卵にくぐらせ、中温に熱した揚げ油でカラリと揚げ、油をよくきっておきます。

蟹棒は粗《あら》く裂き、椎茸は放射状に八つくらいに切り、獅子唐も小さく小口切りにして、和え衣は大根おろしの汁気を絞り、醤油をだし汁で割った割り醤油をかけ、ざっくりと混ぜて用意し、三種の材料を入れて軽くからませます。

器にこんもりと、形よく盛りつけます。

車海老とぜんまいの白和え

●一五二頁参照

◇材料〈四人分〉

車海老……8尾　オクラ……8本
干しぜんまい……………適宜
塩…………適宜　木の芽…………4枚
＊ぜんまいの下煮（八方地（だし汁1/4カップ　味醂、薄口醤油＝各小匙1強））
＊和え衣（白和え衣（絹漉し豆腐1/2丁　すり胡麻大匙1.5　味噌小匙1　薄口醤油、味醂＝大匙1/2　砂糖大匙3　塩小匙1/4））

◇作り方と盛りつけ

車海老は背わたを抜き取り、熱湯にさっとくぐらせて頭、尾を取り、殻をむき取ったのち、一尾を二～三切れのブツ切りにします。オクラは塩をまぶして指の腹でもみ、うぶ毛を除いて洗い流したのち、熱湯でさっと茹でて笊にとり、あおいで冷まし、小口切りにします。

干しぜんまいは湯の中でもみ洗いしながら戻し、固い部分を取り除いて4～5㎝長さに切り揃え、八方地のだし汁を煮立てて味醂を入れ、ひと煮立ちさせて薄口醤油を加えて用意し、この中で煮含めておきます。和え衣は豆腐を熱湯でさっと茹でて重石《おもし》をし、半量になるまで水をきり、小さく切って布巾に包み、すり鉢に絞り出してすり胡麻を加え、味噌をフォークに刺してあぶり焼きにし、香りを

だしたもの、そのほかの調味料を加えてなめらかになるまですり混ぜて白和え衣を作ります。車海老、オクラ、ぜんまいをざっくりと混ぜ合わせておきます。

　器に混ぜた材料をこんもりと盛り、白和え衣をとろりとかけ、木の芽を天にのせて仕上げます。

◇**調理覚え書**

●白和え衣は、ここでの手法のように主材料の豆腐を軽く茹でてから、他の調味料とすり混ぜるようにすると、ある程度保存がききます。また豆腐は茹でたのち、布巾を使って絞り出していますが、裏漉しに通す方法も同様に一般的です。

小海老と浅葱《あさつき》の黄身酢

●一六五頁参照

◇**材料**〈四人分〉
小海老……28尾　あさつき……1把
*海老の下味（酒大匙4　塩小匙$\frac{1}{3}$　水$\frac{1}{2}$カップ）
*黄身酢（卵黄2個分　酢$\frac{1}{3}$カップ　味醂$\frac{1}{6}$カップ　塩少々）
*（胡瓜の葉など青葉4枚）

◇**作り方と盛りつけ**

小海老はさい巻き海老などを用意し、背わたを抜いて鍋に入れ、分量の酒と塩、水を加えて火にかけ、火が通るまで下煮したのち、笊に上げて冷まし、頭と尾を取って殻をむいておき、煮汁は残しておきます。あさつきは6～7cm長さに切り揃え、先の煮汁でくぐらせる程度に火を通し、冷まして一本ずつひと結びします。

　黄身酢は小鍋に卵黄を入れてよく溶きほぐし、酢、味醂、塩を加えて混ぜ合わせたのち弱火にかけ、木杓子でとろみがつくまでかき混ぜて火からおろし、冷ましておきます。

　器に青葉を敷き、ひと混ぜした小海老とあさつきを盛って黄身酢をかけます。

煮ものの前肴

きゃら蕗《ぶき》の節《ふし》粉《こ》まぶし

●一三八頁参照

◇**材料**〈四人分〉
きゃら蕗……適宜　花鰹……………適宜
松の実……少々

◇**作り方と盛りつけ**

きゃら蕗は市販のものを用意し、花鰹は血合いのないもの、あるいは糸がきを用意し、鍋を空焼きにして熱くなったら火からおろし、花鰹を入れて余熱で空煎りしたのち、そのまま冷まして乾いた布巾に包み、細かくもんで節粉（粉節《こぶし》ともいう）にします。松の実をよく煎り、きゃら蕗に節粉をまぶします。

　器に盛りつけ、松の実を散らします。

◇**調理覚え書**

●きゃら蕗を自家製にする時は、なるべく細い蕗を選び、次の要領で作ります。
　まず蕗をよく洗い、皮つきのまま4～5cm長さに切ってカラカラになるまで風干しします。水で戻してよくもみ洗いし、たっぷりの熱湯で茹でこぼしながら茹で上げ、笊にとって水気を完全に取ったのち、醤油・酒・水を三対一対二の割合で合わせた鍋に入れ、汁気がなくなるまで煮つめ、冷めてから密閉容器で保存します。冷蔵庫で一年くらいもちますが、節粉をまぶしたものは、十日ほどで使いきるようにします。

煮やっこ

●一三八頁参照

◇**材料**〈四人分〉
豆腐……2丁　だし昆布…5cm角
塩……少々
*かけつゆ（昆布だし1.5カップ　醤油大匙3強　味醂大匙1　酒大匙2）
*薬味（糸鰹、あさつき、海苔、生姜＝各適宜）

◇**作り方と盛りつけ**

豆腐は一丁を二つに切ります。鍋に水をたっぷりと、豆腐を入れた時かぶるほど張ってだし昆布を入れ、火にかけて煮立つ直前に昆布を取り出し、塩を少量と豆腐を入れて静かに温めます。かけつゆは分量の調味料を鍋に合わせてひと煮立ちさせます。

　薬味のあさつきは小口切りに、焼き海苔は短冊切り、生姜はおろしておきます。

　器を温めて熱い豆腐を盛り、同様に熱いかけつゆを、たっぷりとへりから静かに注ぎ入れ、糸がき鰹ほか三種の薬味を豆腐の表面に形よく盛り添えます。

◇**調理覚え書**

●豆腐は煮崩れしないようにひと切れずつ静かに湯の中に入れ、中まで温まったら手早く取り出し、熱い器に盛るのがコツで、グラグラと煮立った熱湯に入れたり、スが立つほど長く煮ることは禁物で、手順よく作業を進めることが大切です。
●豆腐を冷めにくく仕上げるには、かけつゆに水溶きの葛粉や片栗粉を加え、とろみをつけます。寒い季節の手法です。
●薬味には、ねぎや茗荷《みょうが》、大葉などの繊《せん》切りもよく合います。

冷やし冬瓜《とうがん》

●一三八頁参照

◇**材料**〈四人分〉
冬瓜……………500g
*冬瓜の下茹で、下煮（米のとぎ汁、昆布だし＝各適宜）
*水晶あん（だし汁2カップ　酒大匙6　塩小匙1　味醂大匙2　片栗粉大匙1）
花穂じそ……8本　わさび……適宜

◇**作り方と盛りつけ**

冬瓜は小さいものなら四つ割りにして種ごとわたをそぎ取ったのち、適当な大きさに切り分けて面取りしながら四角に形を整え、米のとぎ汁で下茹でします。

一旦洗って昆布だしで再び煮、冷ましておきます。鍋に水晶あんの、片栗粉を除く調味料を合わせてひと煮立ちさせ、冬瓜を入れて紙蓋をし、弱火で煮含めます。

充分味が浸み、柔らかくなったら煮汁に水溶きの片栗粉を加えてとろみをつけたのち、手早く冷やして粗《あら》熱をとり、煮汁につけたままよく冷やします。

器を冷めたく冷やし、冬瓜を移し入れて汁もたっぷりと注ぎ入れ、花穂じそを添え、おろしわさびをのせます。

◇**調理覚え書**

●水晶あんは、冬瓜や越《しろ》瓜などを色白く煮上げる場合によく用います。とろみはできれば本葛でつけますが、比較的安価で手軽な片栗粉で代用できます。

茶《ちゃ》巾《きん》豆腐

●一六七頁参照

◇**材料**〈四人分〉

絹漉し豆腐……1丁　溶き辛子……適宜

＊豆腐の下味(溶き卵1/2個分　塩少々)

塩……少々　花穂じそ……4本

＊山椒味噌(味噌、砂糖、味醂＝各1/4カップ　粉山椒少々)

◇**作り方と盛りつけ**

豆腐は押しをして、一丁300gのものなら70〜80gの水分を抜く程度を目安に水きりをし、小さく切って布巾に包み、すり鉢に絞り出します。分量の溶き卵、塩を加えてなめらかになるまですり混ぜ、四等分して団子に丸め、手のひらにガーゼを広げてのせます。豆腐団子を平たくつぶし、中央に溶き辛子を置いてガーゼの四隅を持って茶巾にきつく絞り、端をまとめて糸で巻き縛《しば》ります。

これを塩を少量加えたたっぷりの熱湯で7〜8分茹でます。山椒味噌は、鍋に分量の味噌、砂糖、味醂を合わせて弱火にかけ、木杓子で練り上げて粉山椒をふります。

器に茶巾絞りのガーゼをはずして盛りつけ、山椒味噌をとろりとかけて花穂じそを添えます。

◇**調理覚え書**

●ここでは豆腐の中に溶き辛子だけをしのばせ、あっさりと仕上げていますが、焼き穴子や茹で海老を入れると、より贅沢な一品となります。

冬《とう》瓜《がん》の鶏そぼろあん

●一六七頁参照

◇**材料**〈四人分〉

冬瓜……500g　柚子皮……適宜

＊冬瓜の下茹で、下煮(米のとぎ汁適宜　八方地《だし汁4カップ　味醂、薄口醤油＝各1/2カップ》)

＊鶏そぼろあん(鶏挽き肉120g　醤油大匙1.5　砂糖大匙2　味醂大匙1　水大匙3　片栗粉少々)

◇**作り方と盛りつけ**

冬瓜は種ごとわたを取り除いて、面取りしながら厚く皮をむき、大きめの四角に整えたのち、米のとぎ汁に入れて火にかけ、透明感が出はじめて竹串がすっと通るようになるまで下茹でし、水でよくさらします。鍋に八方地のだし汁を煮立てて味醂を入れ、ひと煮立ちさせて醤油を加えた中に冬瓜を入れ、紙蓋をしてじっくりと煮含めます。

鶏そぼろあんは、脂を取り除いて二度挽きした鶏挽き肉を用意して鍋に入れ、分量の醤油、砂糖、味醂、水を加えて五〜六本の箸で充分に混ぜ合わせたのち、火にかけて引き続きかき混ぜながらそぼろ状に煎りつけ、仕上げに水溶きの片栗粉を加えてとろみをつけます。

器に冬瓜を盛り、鶏そぼろあんをたっぷりとかけて、柚子皮を松葉に切って天にのせます。

筒大根の木の芽味噌

●一六九頁参照

◇**材料**〈四人分〉

大根……1/4〜1/3本　木の芽……適宜

＊大根の下煮(だし昆布10cm長さ　水5カップ　米ひと握り)

＊練り味噌(味噌、味醂、砂糖＝各1カップ)

◇**作り方と盛りつけ**

大根は2〜3cm厚さの半月に切り、面取りしながら皮をぐるりと丸く、筒むきにします。だし昆布を敷いた鍋に大根を並べて入れ、水をたっぷりと張って米粒を加え、火にかけて煮立ったところで昆布を引き上げ、火を少し弱めて大根が柔らかくなるまで煮続けたのち、手が入る程度の湯を用意し、手早く洗います。

練り味噌は小鍋に分量の調味料を合わせて弱火にかけ、木杓子でかき混ぜながらとろりとするまで練り上げます。

器に熱い筒大根を盛り、練り味噌をかけて、天に木の芽を形よく重ねます。

海老詰め小《こ》玉《たま》葱《ねぎ》の煮おろし

●一七二頁参照

◇**材料**〈四人分〉

海老のたたき身……120g

小玉ねぎ(ペティオニオン)……16個

＊海老の下味(溶き卵、塩＝各適宜)

片栗粉……適宜　揚げ油……適宜

＊煮おろし地(大根おろし、だし汁＝各1カップ　味醂、醤油＝各1/3カップ　赤唐辛子1本)

ブロッコリー……1株

塩……適宜

◇**作り方と盛りつけ**

海老は背わたを抜き、頭と尾を取って殻をむき、庖丁で小さく切ってからよくたたいたものを用意し、すり鉢に入れて溶き卵、塩を加えてすり混ぜておき、小玉ねぎの中身をくり抜いて、すり身を詰め込んで全体に片栗粉を薄くまぶし、中温に熱した揚げ油で色よく揚げ、油をきっておきます。

煮おろし地用の分量のだし汁、味醂、醤油を鍋に合わせ、赤唐辛子の種を取って小口切りにしたものを加え、ひと煮立ちさせたのち、揚げた小玉ねぎを入れて再び煮立たせ、大根おろしを加えてさっくりと混ぜ合わせ、すぐに火からおろし

ます。ブロッコリーは塩を少量加えた熱湯で茹で、笊に上げてあおいで色出しし、小房に分けておきます。

器に煮おろし地とともに小玉ねぎを盛り込み、ブロッコリーを盛り添えます。

◇調理覚え書

●小玉ねぎの詰めものは、鶏の挽き肉や白身魚のすり身でも応用でき、また小玉ねぎは揚げ置きができますから、揚げて油をきるところまで調理し、煮おろし地も、大根おろしを加える前まで仕上げておけば、一～二日分を用意できます。

鶏皮としめじの当座煮

●一七九頁参照

◇材料〈四人分〉

鶏皮……80g　しめじ……100g

＊煮汁（酒、醤油＝各大匙2　七味唐辛子少々）

貝割れ菜……少々

◇作り方と盛りつけ

鶏皮はたっぷりの熱湯で茹で、浮いてくるアクと脂を丁寧に取り除き、5分ほど茹で上げて水にとり、水気を拭いて細切りにします。しめじは石づきを取って細かくほぐし、熱湯にくぐらせて笊に上げておき、鍋に煮汁の酒と醤油を合わせて煮立て、鶏皮としめじを入れて煎り煮にし、汁気が少なくなったら七味唐辛子をふり入れたのち、汁気がすっかりなくなるまで煎り上げます。

器にこんもりと盛り込み、貝割れ菜の葉先をつみ取って天にあしらいます。

豚肉とぜんまいの当座煮

●一九二頁参照

◇材料〈四人分〉

豚バラ肉……200g

干しぜんまい……70g

サラダ油……適宜　白胡麻……少々

＊煮汁（だし汁1カップ　酒大匙2　醤油大匙4　粉山椒少々）

◇作り方と盛りつけ

豚バラ肉は薄切りにし、食べよい大きさに切っておき、干しぜんまいは湯の中でもみ洗いしながら戻し、固い部分を取り除いて3～4cm長さに切り揃えます。

鍋にサラダ油を引き、二種の材料を入れて炒め、色が変わってきたら煮汁の、分量のだし汁と酒、醤油を加えたのち、汁気がなくなるまで煎り煮にします。仕上げに粉山椒をふって火を止め、冷ましておきます。

器に形よく盛り込み、煎った白胡麻を散らします。

砂肝《すなぎも》のソース蒸し

●一九四頁参照

◇材料〈四人分〉

鶏の砂肝……200g　小麦粉……適宜

サラダ油……適宜　紫キャベツ……適宜

＊砂肝の煮汁（ウスターソース大匙6　水大匙4）

＊紫キャベツ用甘酢（酢、味醂＝各大匙3　酒少々）

サニーレタス……適宜

白胡麻……少々

◇作り方と盛りつけ

砂肝は、流水の下で脂肪や膜を取り除きながらきれいに洗ったのち、皮にそって肉をそぎ取るように切り、小麦粉を薄くまぶして、サラダ油を熱したフライパンで炒め、表面の色が変わったところで分量のウスターソースと水を加え、蓋をして汁気がなくなるまで蒸し煮にします。

紫キャベツは繊《せん》切りにし、熱湯にくぐらせて笊にとり、水気をきって熱いうちに、甘酢の調味料を合わせてひと煮立ちさせた中につけ込みます。

器に、サニーレタスの内側の葉を形よく敷いて砂肝を盛り、酢をきった紫キャベツを添え、煎った白胡麻を散らします。

泥鰌《どじょう》の時雨煮《しぐれに》

●一九七頁参照

◇材料〈四人分〉

泥鰌……20尾

＊煮汁（醤油½カップ強　酒⅓カップ　生姜ひとかけ）

◇作り方と盛りつけ

泥鰌は開いてあるものを用意し、表面のぬめりを庖丁の刃先でしごき取って洗います。鍋に分量の醤油と酒を合わせてひと煮立ちさせ、泥鰌を入れ、生姜を太めの繊《せん》切りにして加え、煮ます。途中、煮崩さないように注意しながら、煮汁が全体にゆき渡るようにすくいかけて、汁気がほとんどなくなるまで煮上げます。

器に泥鰌を形よく重ね盛りにし、鍋に残った繊切り生姜を天に盛り添えます。

茹で豚

●二〇〇頁参照

◇材料〈四人分〉

豚ロース肉の塊……500g

塩……適宜　胡椒……適宜

＊茹で汁（ねぎ1本　生姜1～2片　酒大匙3　粒胡椒、山椒の実＝各適宜）

エンダイブ……適宜　レモン……½個

＊染めおろし（大根おろし、醤油＝各適宜）

◇作り方と盛りつけ

豚肉は塊のまま、全体に塩、胡椒をすり込んで15分ほどおき、形を整えながらタコ糸で縛ります。深鍋にブツ切りにしたねぎ、つぶした生姜とともに豚肉を入れ、分量の酒を加え、粒胡椒と煎った山椒の実を散らしたのち、肉がかぶるほどたっぷりの水を張って火にかけます。

煮立ったら火を弱め、アクを取り除きながら茹で続けて中まで火が通ったところで火からおろし、汁に浸けたまま冷まします。タコ糸を解いてほどよい厚さに切り分けます。

器にエンダイブを敷き、茹で豚を盛って、大根おろしに醤油を落とした染めおろしと、櫛形に切ったレモンを添えます。

◇**調理覚え書**

●豚肉はロースのほか、もも肉、イチボ肉など、比較的柔らかく旨みのある部位が向き、いずれも塊で用意します。茹で豚は、茹で汁につけたまま冷蔵庫で保存すれば、4～5日はもちます。

蒸しものの前肴

友禅寄せ

●一二〇頁参照

◇**材料**〈四人分〉

卵……5個　青二つ葉……適宜

人参……適宜　胡瓜……適宜

蟹のほぐし身……200g

＊卵の下味（下段用≪薄口醤油、酒、味醂＝各少々≫　上段用≪塩少々≫）

椎茸……8枚

＊生姜醤油（醤油適宜、露生姜少々）

＊≪菊の葉4枚≫

◇**作り方と盛りつけ**

まず青二つ葉の茎だけをさっと熱湯にくぐらせ、2cm長さに切っておき、人参と胡瓜は青二つ葉と長さを揃えて、ごく細い繊《せん》切りにしておきます。

卵地は二層に分けて調味します。ボールを二つ用意し、一方に下段になる材料として、全卵3個と卵白2個分を合わせて溶きほぐし、蟹肉の白い部分と人参、胡瓜の繊切りを加えて混ぜ合わせ、薄口醤油、酒、味醂を少量ずつ加えて味を調えます。

もう一方のボールに卵黄2個分を溶きほぐし、蟹肉の赤い部分と青二つ葉を加えて混ぜ合わせ、塩少量で味を調えます。

流し缶に下段用のボールの中身を流し入れ、充分に蒸気の上がった蒸籠《せいろう》で15分ほど蒸したのち、表面が固まったらもう一方のボールの中身を静かに流し入れ、平らにならして再び5分ほど蒸し上げ、冷ましてほどよい大きさに切り分けておき、椎茸は石づきを取って笠の汚れを拭き、よく熱した焼き網にのせて焼きます。

器に菊の葉を敷いて友禅蒸しを盛り、焼き椎茸を前盛りにして、醤油におろし生姜の絞り汁を落とした生姜醤油を小型の醤油差しに入れ、ともにお出しします。

茶碗蒸し

●一二六頁参照

◇**材料**〈四人分〉

海老……4尾　鶏もも肉……40g

椎茸……4枚　銀杏……8粒

もみじ麩……適宜

＊卵汁（卵3個　だし汁2カップ　酒、薄口醤油＝各小匙1　砂糖小匙2/3　塩小匙1/3）

◇**作り方と盛りつけ**

海老は背わたを抜き、熱湯にくぐらせて、尾ひと節残して殻をむきます。鶏肉は皮と脂を取り除き、小さくそぎ切りにします。椎茸は石づきを取り、笠の汚れを拭いて二つに切り、銀杏は鬼殻を割り取り、茹でながら穴杓子の底で転がして薄皮をむき、もみじ麩は小口から薄切りにし、ひとりあて二～三枚を用意します。それぞれを等分して、蒸し茶碗に入れておきます。

卵汁は、分量の卵をボールに割りほぐし、よく冷ましただし汁と調味料を加えて混ぜ合わせ、きつく絞ったぬれ布巾で漉して別のボールに移したのち、蒸し茶碗に等分に、玉杓子で注ぎ入れます。充分に蒸気の上がった蒸籠《せいろう》に茶碗を並べ、布巾をかませて蓋をして中火よりやや弱火で12～15分蒸し、竹串を刺してみて澄んだ汁が出るような蒸し上がりです。

蒸し器から取り出して蓋をし、必要に応じて受け皿を用意し、スプーンを添えてお出しします。

蒸し雲丹《うに》

●一三九頁参照

◇**材料**〈四人分〉

生雲丹……100g　銀杏……8粒

揚げ油……適宜　塩……少々

露生姜……少々

＊≪大葉4枚≫

◇**作り方と盛りつけ**

生雲丹は箱に入ったまま、充分蒸気の上がった蒸籠《せいろう》に入れて弱火で6～7分蒸し上げ、形を崩さないように箱から取り出して、ほどよい大きさに切り分けます。

銀杏は鬼殻を割り取り、茹でながら穴杓子の底で転がして薄皮をむき、水にとって水気を拭いたのち、中温に熱した揚げ油で素揚げにし、塩を少量ふります。

器に大葉を敷き、蒸し雲丹を盛っておろし生姜の絞り汁を落とし、銀杏をあしらいます。

◇**調理覚え書**

●ここでは蒸籠で蒸し上げていますが、オーブンで蒸し焼きにすることもできます。また雲丹の鮮度がやや落ち、身がゆるみはじめたものの場合は、酒を少量ふりかけてから蒸します。

車海老の酒蒸し

●一三九頁参照

◇**材料**〈四人分〉

車海老……8尾　葉つき胡瓜……4本

＊海老の下味（酒大匙4　塩小匙1弱）

塩……適宜　わさび……適宜

◇**作り方と盛りつけ**

車海老は背わたを抜き取り、のし串を打って皿に並べ、分量の酒塩をふりかけたのち、充分に蒸気の上がった蒸籠《せいろう》に皿ごと入れ、布巾をかませて蓋をし、海老の色が赤く冴えるまで蒸し上げます。串をはずして尾ひと節を残して殻をむいておき、葉つき胡瓜は塩でもんで突起を除き、熱湯にさっとくぐらせて冷水にとり、色出しとともに青臭さを抜きます。

器に葉つき胡瓜を盛って車海老を形よく盛り合わせ、おろしわさびを添えます。

◇**調理覚え書**

●のし串とは、海老に火を通すと自然の形成りに丸く曲がってしまうため、真直に仕上げるための串打ちの手法です。海老の背側を下にして手に持ち、尾の中央から頭の先に向けて、身を真直に伸ばして串を打ちます。また、車海老は殻をむいてから蒸しては、色が悪く、水っぽくなるため、蒸してからむきます。

三色大納言真蒸《だいなごんしんじょ》

●一三九頁参照

◇材料〈四人分〉

生身（白身魚のすり身）……500g
＊下段用の中身（飛び子200g　酒、水＝同割量）
＊中段用の中身（枝豆《茹でて裏漉したもの》200g　砂糖少々）
＊上段用の中身（卵3個　塩、酒＝各少々　大納言小豆《あずき》）
室胡瓜……4本　塩……適宜
葉つき生姜…4本
＊生姜用甘酢（酢、味醂＝各大匙3　塩少々）

◇作り方と盛りつけ

生身は市販のものを求め、三等分しておきます。三層に分けて調味します。下段用の飛び子は味をみて、塩気が強すぎる時は酒と水を同量合わせた中につけ、塩抜きしたのち、水気を絞ってボールに入れ、生身の1/3量を加えてよく混ぜ合わせます。

次に、すり鉢に生身の1/3量を入れて、あらかじめ塩茹でした枝豆をむき、裏漉しをしたものを加えてすり混ぜ、砂糖を加えて味を調え、中段部分を用意します。

上段はボールに卵を割りほぐし、塩と酒を少量ずつ加えて味を調え、鍋で煎り上げたのち裏漉しをして冷ましておき、残り1/3量の生身とともに別のボールに合わせ、よく混ぜ合わせます。

流し缶の底に紙を敷いておき、はじめに下段の飛び子入り生身、次に中段の枝豆入り、さらに上段の煎り卵入りの生身を順に平らに重ね入れ、表面に茹でた大納言小豆を散らします。充分に蒸気の上がった蒸籠《せいろう》に入れ、流し缶の上に箸を渡して布巾をかけ、中火よりやや弱火で30分ほど蒸し、表面を押してみて弾力があれば蒸し上がりです。缶から取り出して紙をはがし、ほどよい大きさに切り分けておきます。

室胡瓜は塩をまぶしてもんだのち、熱湯にさっとくぐらせて水にとり、水気を拭いて先端をぐるりとむき、花落ちを少し切り落としておきます。葉つき生姜は茎を適度に残して葉を落とし、根元を杵《きね》の形にむき整えて熱湯にくぐらせ、塩をまぶしておきます。甘酢の調味料を合わせ、ひと煮立ちさせて冷ましておき、杵生姜の塩を洗い落として水気を拭き、甘酢につけます。

器に大納言真蒸を盛り、室胡瓜と甘酢漬けの杵生姜を手前に添えます。

海老の双身《ふたみ》蒸し

●一五〇頁参照

◇材料〈四人分〉

車海老……8尾　小麦粉……適宜
＊真蒸地《しんじょ》（大正海老のたたき身160g　飛び子大匙2　黒胡麻大匙3/5　卵白少々　浮き粉大匙1.5　塩少々）
溶き辛子……適宜
＊《笹の葉適宜》

◇作り方と盛りつけ

車海老は背わたを抜き取って頭を落とし、尾を残して殻をむいたのち、腹側に縦に庖丁を入れて開いておきます。

双身の真蒸地は、大正海老のたたき身をすり鉢に入れ、飛び子と煎《い》った黒胡麻、卵白、浮き粉を加えてよくすり混ぜ、粘りが出てきたら塩で味を調え、八等分して俵形に丸めます。車海老の開いた部分に小麦粉をはたき、俵形のすり身をのせてラップで包み、握りずし形に整えたのち、充分に蒸気の上がった蒸籠《せいろう》に入れて火が通るまで6〜7分蒸し上げます。

器に笹の葉を敷いて海老の双身を形よく盛り、溶き辛子を添えます。

◇調理覚え書

●真蒸地に混ぜ合わせた飛び子は飛び魚の腹子を粒にほぐして塩漬けしたものです。使う前には必ず味をみて、塩気のきついものは、酒を同量の水で割った中に浸して塩抜きをします。同様に混ぜ入れた浮き粉は、すり身のつなぎとして使うもので、近年は片栗粉で代用されることが多くなっています。

五目蒸し卵

●一五五頁参照

◇材料〈四人分〉

鰻の蒲焼き…1/2串
バラ数の子……大匙3弱
絹さや……16枚　塩……少々
＊蒸し地（卵6個　味醂小匙1.5　塩少々）
＊吉野あん（だし汁1カップ　薄口醤油1/6カップ　片栗粉大匙1）
露生姜……少々　わさび……適宜

◇作り方と盛りつけ

まず、蒸し地の分量の卵をボールに割りほぐし、味醂と塩を加えて味を調えたのち、鍋に移して火にかけ、五〜六本の箸でかき混ぜて半熟の煎り卵を作ります。

絹さやはさっと塩茹でして水にとり、水気をきって繊《せん》切りにし、バラ数の子とともに煎り卵に混ぜ合わせて四等分したのち、広げたガーゼにのせて少し平らにつぶしておき、鰻の蒲焼きを八切れに切ったひと切れを中央にのせ、ガーゼの四隅をつまんで茶巾絞りの要領でしっかりと包み、端を輪ゴムで止めます。充分に蒸気の上がった蒸籠《せいろう》に並べ、強火で3〜4分蒸して取り出し、粗《あら》熱がとれるのを待って冷蔵庫で冷やしておきます。

吉野あんは、鍋に分量の調味料を合わせて火にかけ、とろみが出るまで静かにかき混ぜて作り、よく冷やしておきます。

器に蒸し卵を盛り込み、吉野あんをたっぷりとかけておろし生姜の絞り汁を落とし、おろしわさびを天にのせます。

豚肉の真《しん》蒸《じょ》蒸《む》し　●一五九頁参照

⊠**材料**〈四人分〉
＊真蒸地（豚挽き肉400g　塩、胡椒＝各適宜　玉ねぎ½個　卵黄適宜）
葉つき生姜…4本　塩…………適宜
＊生姜用甘酢（酢、味醂＝各大匙2　塩少々）
梅肉………適宜
＊（大葉4枚）

⊠**作り方と盛りつけ**
豚の挽き肉は脂の少ないものを用意して、300gを取り分けて鍋に入れ、塩と胡椒で味をつけながらポロポロになるまで煎り、冷めたらすり鉢に移し入れます。

ここに残り100gの挽き肉とおろした玉ねぎを加え、よくすり混ぜて再び塩、胡椒で味を調えたのち、蒸し箱に均等に詰め、表面を平らにならして、蒸気の上がった蒸籠《せいろう》で20～30分ほど蒸します。

全体が固まったら一旦取り出し、表面の水気を拭き取って溶いた卵黄を刷毛で塗り、再び2～3分蒸して冷まします。

葉つき生姜は杵《きね》形に調え、熱湯にくぐらせて塩をまぶし、洗い落としたのち、甘酢の調味料を合わせ、ひと煮立ちさせて冷ました中につけます。

器に大葉を敷き、ほどよい大きさに切り分けた真蒸を盛って杵生姜を添え、梅肉を天にのせます。

⊠**調理覚え書**
●豚の挽き肉は、全部が生のまま蒸すと肉が縮んで形が悪くなり、また全部に火を通してから蒸すと仕上がりがパサパサになるため、この例のように七～八割に火を通し、残りを生で蒸し箱に詰めて蒸し上げる手法をとります。

雲《う》丹《に》豆腐　●一六〇頁参照

⊠**材料**〈四人分〉
＊卵地（卵6個　だし汁1.7カップ　酒大匙4　塩、味醂、薄口醤油＝各小匙1　生雲丹の裏漉し大匙5）
＊割り醤油（醤油1カップ　だし汁⅔カップ）
花穂じそ……8本　わさび……適宜
＊（大葉8枚）

⊠**作り方と盛りつけ**
卵地は、分量の卵をボールに割りほぐし、だし汁ほかの調味料を加え、さらに生雲丹の裏漉しを加え、よく溶き混ぜたのち、きつく絞ったぬれ布巾で漉しながら流し缶に注ぎ入れ、表面に浮いた泡を丁寧に取り除いておきます。
蒸気の上がった蒸籠《せいろう》に流し缶を入れ、布巾をかませて蓋をして、強火で2～3分、続いて弱火で15～20分ほど蒸し上げ、表面に弾力が出て、竹串を刺してみて卵汁が付かなければ蒸し上がりです。氷水を張ったバットに缶ごとつけて冷まし、そののち冷蔵庫でさらに冷やして、ほどよい大きさに切り分けます。割り醤油は分量の醤油をだし汁で割って作り、冷たく冷やしておきます。
器に大葉を敷いて雲丹豆腐を盛り、上に花穂じそとおろしわさびをのせ、割り醤油をへりから注ぎ入れます。

松茸と帆立の酒蒸し　●一六九頁参照

⊠**材料**〈四人分〉
松茸……4本　帆立の貝柱…4個
＊松茸と帆立の下味（酒大匙4　塩小匙1弱）
銀杏……4粒　三つ葉……少々
すだち……½個
＊蒸し煮汁（だし汁塩＝各適宜）

⊠**作り方と盛りつけ**
松茸は石づきを削り取り、ぬれ布巾で丁寧に汚れを拭いたのち、笠に庖丁で切り込みを入れて細いものなら二つに、太めのものなら四つに裂いて、分量の酒と塩を合わせた中にくぐらせます。帆立の貝柱も同様に酒塩で下味をつけます。

銀杏は鬼殻を割り取り、茹でながら穴杓子の底で転がして薄皮をむき、水にとっておき、三つ葉は茎を5～6cm長さに切って、熱湯を通して水に放ち、二種とも水気をきります。

鍋に松茸と貝柱を入れ、だし汁をひたひたに張って中火にかけ、ひと煮立ちしたら味をみて、吸い地程度に調えたのち、銀杏と三つ葉を加えて、再びひと煮立ちさせます。

器に煮汁ごと盛り込み、形を調えて薄い半月に切ったすだちをあしらいます。

川海老の黄《き》身《み》覆《ふく》輪《りん》　●一七一頁参照

⊠**材料**〈四人分〉
川海老……12尾　菊花……4輪
＊卵地（卵3個　砂糖大匙1弱　酒少々　酢大匙2）
＊菊花用甘酢（酢、味醂または砂糖＝各大匙2　塩少々）
すだち……適宜

⊠**作り方と盛りつけ**
川海老は大きめのものを用意し、腹側に縦の切り目を入れ、のし串を真直に打って熱湯でさっと茹で、頭と尾を残して殻をむきます。
卵地の分量の卵をボールに割りほぐして、砂糖、酒、酢を順に加えてよく混ぜ合わせ、鍋に移して七～八分熟に煎ったのち、川海老の腹側に詰めて乾いた布巾で包み、形を整えて皿に並べ、蒸気の上がった蒸籠《せいろう》に入れて軽く蒸します。菊花はさっと茹で、分量の調味料を合わせてひと煮立ちさせ、冷まして用意した甘酢に、水気を絞ってつけます。
器に蒸したての黄身覆輪を形よく盛りつけ、すだちか橙の絞り汁をかけて菊花をあしらいます。

豆腐の信田巻き　●一八一頁参照

⊠**材料**〈四人分〉
油揚げ……2枚
＊豆腐の真蒸《しんじょ》地（豆腐2丁　山芋30g

卵白2/3個分　砂糖小匙2　塩小匙1
人参60g）
＊染めおろし（大根おろし　醬油＝各
適宜）

◇作り方と盛りつけ

油揚げは笊に並べ、熱湯を回しかけて油抜きしたのち、長い一辺を輪にし、残りの三辺の端を切り落として開きます。

豆腐は布巾に包んで巻き簀でくるみ、俎板《まな》を斜めにした上にのせて重石《おもし》をし、豆腐の厚みが半分になるくらいまで水気をきり、小さく切って別の布巾で包み、絞り出すように漉してすり鉢に入れます。ここに、すりおろした山芋、卵白を加えてすり混ぜ、砂糖と塩で味を調えてなめらかになるまですり、最後に人参のみじん切りを加えてさっくりと混ぜます。

巻き簀に油揚げを裏上にして広げ、豆腐地をのせて筒状に形を整え、巻き簀で巻き締めて裂いた竹皮で縛り、これを二本作って蒸気の上がった蒸籠《せいろう》で20〜25分間蒸し上げて、一本を四つに切ります。

器に切り口を上にして盛り込み、大根おろしに醬油を落とした染めおろしを、たっぷりと添えます。

鶏の酒蒸し

●一八二頁参照

◇材料〈四人分〉
鶏もも肉……200g
＊鶏肉の下煮（塩、胡椒＝各少々　酒大匙3　水大匙2）
グリーンアスパラ……12本
菊海苔……適宜　ねぎ……適宜
塩……少々　酢……少々
＊辛子醬油（醬油、溶き辛子＝各適宜）

◇作り方と盛りつけ

鶏もも肉は脂を取り除き、塩、胡椒をふって鍋に入れ、分量の酒と水を加えて弱火にかけ、蓋をして蒸し煮にし、火が通ったらそのまま冷まし、さらに冷蔵庫で冷やしておきます。

グリーンアスパラは根元の固い皮をぐるりとむいて半分の長さに切り、塩を少量加えた熱湯で固い方から先に茹で、笊に上げてあおいで冷ましておき、菊海苔は水で戻し、酢を落とした熱湯でさっと茹でて水にとり、さらして水気を絞り、ねぎは白い部分を5cm長さのブツ切りにし、縦に切り目を入れて開き、芯を取り除いたのち、内側のぬるを庖丁の先でこそげ取り、繊維にそってごく細かい繊《せん》切りにして冷水に放ち、白髪《しらが》ねぎを作ります。

器にグリーンアスパラを盛り、鶏の酒蒸しをそぎ切りにし、立てかけるように盛って菊花を添え、白髪ねぎをふんわりと盛り添えます。別器で醬油に溶き辛子を混ぜ合わせた辛子醬油を添えます。

浅《あさ》蜊《り》としめじの土瓶蒸し

●一八六頁参照

◇材料〈四人分〉
浅蜊……20個　しめじ……120g
銀杏……12粒　三つ葉……適宜
＊蒸し汁（だし汁3カップ　塩小匙1
強　酒大匙4）

◇作り方と盛りつけ

浅蜊は砂抜きしてあるものを用意し、貝同士を打ち合わせて鈍い音のする死貝を除き、殻を丁寧に水洗いしておきます。

しめじは石づきを取って小さくほぐしておき、銀杏は鬼殻を割り取り、茹でながら穴杓子の底で転がして薄皮をむき、水にとります。三つ葉は軸を3〜4cm長さに切り揃えます。

鍋に浅蜊を入れてだし汁を張り、火にかけて浮いてくる泡を取り除きながら、貝の口が開くまで茹でて取り出し、茹で汁はそのまま塩を加えて味を調え、しめじを入れてひと煮立ちさせます。土瓶に浅蜊と銀杏、しめじを等分して入れ、茹で汁を張って三つ葉を散らし、蓋をして蒸気が上がった蒸籠《せいろう》か、火にかけた焼き網の上にのせ、さっと蒸し上げて酒を加えます。汁もともに味わっていただけるように、小鉢を添えてお出しします。

雲《う》丹《に》の宿《やど》借《か》り蒸し

●一八八頁参照

◇材料〈四人分〉
生雲丹……100g　菜の花……適宜
塩……少々　わさび……適宜
＊《粗《あら》塩適宜　帆立貝の殻4枚》

◇作り方と盛りつけ

生雲丹は、スプーンか木ベラを使って崩さないように箱からすくい出し、帆立貝の殻に盛り込んで、充分に蒸気の上がった蒸籠《せいろう》に入れ、強火で2〜3分蒸し上げます。菜の花は茎の固い部分を切り落とし、塩を少量加えた熱湯でさっと茹でて冷水にさらし、20〜30分おいて水気をきつく絞ります。

皿に粗塩を敷き、帆立の殻を置いて安定させ、雲丹の前盛りに菜の花、天におろしわさびを盛り添えます。醬油を落として熱いうちに賞味していただきます。

趣向ものの前肴

のし梅酒《さけ》粕《かす》

●一四〇頁参照

◇材料〈四人分〉
のし梅……30g　酒粕……20g
＊《桔梗《ききょう》の葉適宜》

◇作り方と盛りつけ

のし梅は甘みの控えめなものを用意しておき、酒粕は板状に整えられた板粕を用意し、熱した焼き網にのせてあぶり焼きにし、軽く焼き目をつけてのし梅の大きさに揃えて切ります。のし梅と酒粕を重ね合わせ、ほどよい大きさの正方形に切り分け、ひとりあて二〜三切れを用意します。

器に形よく盛り込み、桔梗の葉をあしらいます。

チーズの三色博多

●一四〇頁参照

◇**材料**〈四人分〉
スライスチーズ……………10枚
水前寺海苔…適宜　胡瓜…………適宜
＊雲丹《うに》板（八人分＝練り雲丹大匙4
卵黄3個　小麦粉大匙1　サラダ油
適宜）……………………1/2量
＊（大葉4枚）

◇**作り方と盛りつけ**
水前寺海苔はぬるま湯につけて戻し、スライスチーズの大きさに合わせて切ります。胡瓜は両端を落とし、チーズの幅に長さを揃えて切ったのち、縦に薄切りにします。雲丹板は、練り雲丹と卵黄をボールに合わせ、小麦粉をふるい入れてよく混ぜ合わせたのち、熱した卵焼き鍋にサラダ油を引き、全量をいれて平均にのばし、弱火で焼きます。下の方が固まってきたら裏返してさっと焼き、盆笊に取って冷ましたのち、チーズの大きさに揃えて切ります。

チーズ五枚の間に水前寺海苔、胡瓜、雲丹板、再び水前寺海苔を順にはさんで重ね、これを二組作って布巾をかけ、軽く押しをして落ち着かせ、それぞれを四等分に切り分けます。

器に大葉を敷き、ふた重ねずつを切り口を上にして盛りつけます。

昆布の舟盛り

●一四〇頁参照

◇**材料**〈四人分〉
川海老………8尾　銀杏…………8粒
＊川海老と銀杏の調味（塩、揚げ油＝各適宜）
しめじ………60ｇ　松の実……適宜
＊しめじの調味（サラダ油少々　酒、醤油＝各同割量）
昆布舟（市販品・小）…………8枚
＊昆布舟用（揚げ油適宜）
＊（南天の葉適宜）

◇**作り方と盛りつけ**
川海老は茹でて冷凍したものを使い、解凍して中温に熱した揚げ油でさっと揚げ、油をきって熱いうちに塩をふります。銀杏は出刃庖丁の背で鬼殻を割り、殻つきのまま中温の揚げ油で殻がはじけるまで揚げ、殻を取って薄塩をふります。

しめじは石づきを取って小さくほぐしたのち、サラダ油を熱したフライパンで炒め、酒醤油を加えてからめながら炒め上げます。松の実は焦がさないように空煎りし、冷ましておきます。

昆布舟を手で開いて形づけ、中温よりやや低めに熱した揚げ油に入れて、カラリと揚げ、油をきったのち、半量の舟に川海老と銀杏を、残り半量の舟にしめじと松の実を、それぞれ形よく盛り合わせていきます。

皿に南天を敷き、二種の舟を盛ります。

◇**調理覚え書**
●しめじの仕上げは、サラダ油で炒めて酒醤油をからめるこの方法のほか、酒醤油にくぐらせたのち、網焼きにしてもまた美味です。

海老と栗の吹き寄せ

●一五三頁参照

◇**材料**〈四人分〉
車海老………8尾　栗…………8個
しめじ……120ｇ　銀杏……12粒
酒…………適宜　塩…………適宜
醤油………適宜
＊（松葉適宜）

◇**作り方と盛りつけ**
車海老は頭と尾を取って殻をむき、背わたを抜いて腹側に縦の切り目を入れて開いたのち、酒と塩を合わせた中にくぐらせて網焼きにし、栗は、鬼皮に庖丁の刃先で少し傷をつけ、焼き網の上で鬼皮がすっかり焦げるまで焼き、粗熱をとってから鬼皮と渋皮を一緒にむきます。

しめじは石づきを取って小さくほぐしておき、酒と醤油を同量合わせた中にしばらくつけたのち、汁気をきって網焼きし、銀杏は鬼殻を割り取り、茹でながら穴杓子の底で転がして薄皮をむき、水にとって色出しし、水気を拭いて小鍋に入れ、酒を少量加えて煎り上げ、塩をふっておきます。

器に海老を盛り、栗としめじ、銀杏を彩りよく盛り合わせ、先端を切った松葉を散らします。

◇**調理覚え書**
●栗の鬼皮と渋皮は、焦がし焼きにする前に一日天日干しにしておけば、一層むき取りやすくなり、また甘みも増します。そして栗を求める時は、鬼皮が白くなっているものは避けることも基本です。焼いても渋皮はきれいにむけません。

サーモンと水前寺海苔の二色はさみ

●一七三頁参照

◇**材料**〈四人分〉
蓮根《れんこん》……ひと節　水前寺海苔…適宜
スモークサーモン…………適宜
酢………適宜
＊甘酢（酢、味醂＝各大匙6　塩少々）

◇**作り方と盛りつけ**
蓮根は皮をむき、3㎜厚さほどの小口切りにして酢水につけ、10分ほどおいたのち、水3カップに対して酢大匙1杯を目安に酢を入れた熱湯で、固めに茹でて笊にとり、冷ましておきます。

スモークサーモンは薄切りのものを用意し、水前寺海苔はぬるま湯につけて戻しておきます。甘酢は調味料を合わせてひと煮立ちさせ、冷ましたのち半量ずつに分けておき、サーモンと水前寺海苔を別々にくぐらせます。

蓮根二枚の間にサーモンをはさみ、はみ出した端身を輪隔にそって切り落として、半分に切ります。別の蓮根には水前寺海苔をはさみ、同様に形を整えて半分に切り、これらの二種を人数分作ります。

器に二種を取り混ぜて、形よく盛り合わせます。

◇**調理覚え書**
●蓮根には、細くて節の間の長い日本種と、ずんぐりと太く、節の間の短い中国種があり、この渡来種は肉厚で、在来のものに比べて肉質に粘りが少ないのが特徴です。蓮根本来の形を表立てるこの料理などは、細手のほうが見映えがします。

そのほかの調理の前肴

ソーセージの変わりソースかけ

●一九三頁参照

◇材料〈四人分〉

ソーセージ…280g　青梗菜《チンゲンツァイ》………2枚
塩………少々　レモン………½個
＊変わりソース（ケチャップ大匙5　梅肉大匙1　タバスコ、薄口醤油＝各小匙1）

◇作り方と盛りつけ

ソーセージは形よくひと口大に切り分けます。青梗菜は、塩を少量加えた熱湯に根元の方から先に入れて茹で、色よく茹で上がったら冷水にとり、水気を絞って半分に切っておき、ソースはケチャップをボールに入れ、梅肉とタバスコ、薄口醤油も加えて、なめらかにすり混ぜておき、レモンは櫛形に切ります。

器に、奥寄りに青梗菜を斜め一文字に盛り、ソーセージを手前に盛り込んでレモンを添え、中央に変わりソースをトロリとかけます。

帆立と錦糸卵の吸いもの

●一二七頁参照

◇材料〈四人分〉

帆立の貝柱…2個　オクラ………4本
＊薄焼き卵（卵1個　塩少々）
塩………適宜　サラダ油……適宜
＊吸い地（だし汁3カップ　塩小匙1　醤油少々　葛粉適宜）
柚子皮………少々

◇作り方と盛りつけ

帆立貝は貝柱だけを用意し、生のまま細くむしっておき、薄焼き卵はボールに卵を割りほぐし、塩を少量加えて味を調え、卵焼き鍋を熱し、ごく薄くサラダ油を引いて卵地を注ぎ入れ、薄く焼き上げたのち、繊《せん》切りにして錦糸卵を作ります。

オクラは塩もみしてうぶ毛を除き、さっと茹でて笊にとっておき、吸い地はだし汁をひと煮立ちさせ、塩と少量の醤油を加えて味を調え、水溶きの葛粉を入れてとろみをつけます。

椀に貝柱と錦糸卵、オクラを盛り込み、熱い吸い地を静かに張って、吸い口に松葉形に切った柚子をのせます。

卵豆腐の吸いもの

●一六六頁参照

◇材料〈四人分〉

＊卵豆腐（卵3個　だし汁⅘カップ強　酒大匙2　塩、味醂＝各小匙½　薄口醤油小匙½）
糸三つ葉……½把　塩………少々
＊吸い地（だし汁3カップ　塩小匙1）

◇作り方と盛りつけ

卵豆腐は、分量の卵をボールに割りほぐし、調味料を加えて混ぜ合わせたのち、きつく絞ったぬれ布巾で漉して流し缶に注ぎ入れ、蒸気の上がった蒸籠《せいろう》に入れて布巾をかませて蓋をし、中火で12～13分蒸し上げます。粗熱《あら》を取って六角形に切り分け、崩さないように椀にとります。

糸三つ葉はさっと塩茹でし、水にとって水気を軽く絞り、3㎝長さに切り揃えておき、吸い地はだし汁をひと煮立ちさせ、塩を加えて味を調えておきます。

椀の卵豆腐の上に、横一文字に三つ葉をのせ、熱い吸い地を静かに張ります。

●鶏肉のたたき身の作り方・保存法 —— 303
鶏の雪花鍋の隠し味 —— 301
鶏の竜田《たつた》焼きの下味、その調味 —— 383
鶏の水炊き、東西の手法の違い —— 298
鶏の水炊き寄せ鍋の肉の下煮の要点 —— 299

な行

●長(白)ねぎの切り方 —— 293
生雲丹《うに》の揚げ加減 —— 389
生鱈《たら》、塩鱈の切り身と塩について —— 348
生海苔の酢のものの別法 —— 391
煮おろし鍋の〝おろし〟の効用と扱い —— 346
煮やっこの冷めにくい仕立て方 —— 397
煮やっこをおいしく仕上げるコツ —— 397
人参の特性とその扱い —— 360
人参のみじん切りの要領と応用 —— 355
葱鮪《ねぎま》鍋に使う鮪、経済的な仕立て方 —— 319
葱鮪鍋の鍋地の勘所《かんどころ》 —— 319
のし串の意味とその手法 —— 401

は行

白菜巻きの芯の応用と作りおき —— 301
●白菜の切り方 —— 294
蛤の扱い、小鍋と大鍋による違い —— 328
蛤の酒蒸しのコツ —— 309、329
蛤、自然の塩気の下見法 —— 329
はまちの陶板焼き、焦がさない工夫 —— 366
鱧《はも》の骨切りのコツ —— 316
鱧の骨切り庖丁について —— 316
鱧、骨切り済みの保存の仕方 —— 316
●春雨(太手)の戻し方 —— 349
豚肉の真蒸蒸《しんじょむ》しの蒸し方のコツ —— 402
豚バラ肉の塊の扱い方と茹で方 —— 297
豚バラ肉の紅白鍋、大根と人参の扱い —— 298
双身《ふたみ》蒸しのすり身のつなぎ —— 401
●フリージングによる保存 —— 328
鰤《ぶり》鍋に合う鰤の部位とその応用 —— 319
風呂吹きの大根の切り方 —— 297
魴鮄《ほうぼう》の筒切りの下ごしらえのコツ —— 312
焙烙《ほうろく》焼き鍋の仕立ての基本例 —— 371
ほおずき真蒸《しんじょ》を色よく仕上げる工夫 —— 389
●細手の春雨の戻し方 —— 349
●帆立貝のおろし方 —— 337
帆立貝の殻をはずす時の要領 —— 336
帆立貝の鍋の注意点 —— 336
帆立貝の生と蒸し、味わいの特徴 —— 336
帆立の貝柱の陶板焼きの焼き加減 —— 365
帆立のたたきのポイント —— 336
●北寄貝のおろし方 —— 335
北寄貝の下ごしらえのポイント —— 335
北寄貝の身の内側のわたの扱い —— 335

ま行

●舞茸《まいたけ》のそうじの仕方 —— 317
鮪の陶板焼きの焼き方のコツ —— 366
松茸《まつたけ》のしのび焼きのたれの作り方 —— 382
松茸料理の特長、その活かし方 —— 343
松茸鍋、鍋地の調味と柑橘《かんきつ》類の香り —— 343
みどり揚げの衣を色よく仕上げる —— 390
蒸し雲丹《うに》の蒸し方の別法 —— 400
●もみじおろしの作り方 —— 325

や行

焼き豆腐、陶板焼きの場合の下処理 —— 368
焼き蛤の効率のよい焼き方 —— 381
柳川鍋、ささがき牛蒡《ごぼう》のアク抜き —— 320
柚子釜の柚子のくり抜きのコツ —— 379
茹で豚肉の保存と使う時の要領 —— 297
湯豆腐の煮加減と食べごろ —— 347
洋風煮込み鍋の効率のよい仕上げ方 —— 375
よもぎ麩(生麩)の下揚げの効用 —— 344

ら〜わ行

冷凍伊勢海老の上手な使い方 —— 326
ロールキャベツ鍋の鍋地の応用例 —— 345
ロール白菜、中身の味の補い役 —— 346
●渡り蟹の捌《さば》き方 —— 331
渡り蟹の冷凍ものの下処理 —— 331
渡り蟹を茹でる時の大切な二点 —— 332
渡り蟹を捌く時のポイント —— 332

鮟鱇の部位と肝の扱い方 —— 311
●烏賊《いか》詰めの要領 —— 322
烏賊鍋の鍋地のポイントと仕立て方 —— 322
●烏賊の薄皮のむき方 —— 307
烏賊の飾り庖丁のいろいろ —— 307
イクラの柚子釜の仕立て方の別法 —— 379
活けと冷凍伊勢海老の味、扱いの差 —— 326
活けの泥鰌《どじょう》、下ごしらえの酒の役割 —— 320
石焼き鍋のしつらえのポイント —— 372
伊勢海老の冷凍ものの使い方 —— 326
伊勢海老を鍋にする場合の工夫 —— 326
磯辺揚げの油の適温と要領 —— 389
磯辺おろし衣に利《き》かせるひと味 —— 396
炒め和えを引き立てる隠し味 —— 396
魚すきの別法 —— 307
潮汁仕立ての鍋のポイント —— 310
鶉《うずら》の癖《くせ》を押える鍋地の工夫と薬味 —— 305
鰻の白焼きを鍋に加える時は —— 321
雲丹を鍋に使う場合のポイント —— 322
越前蟹に最適の鍋地、味の勘所《かんどころ》 —— 330
●榎茸《えのきだけ》のそうじの仕方 —— 365
●海老芋の皮むきと面取り・下茹で —— 302
海老(中小、活け、冷凍)の下茹で法 —— 327
海老とうどの錦和えの応用例 —— 396
おいしい水炊きの味の決め手 —— 298
おでん種の下ごしらえの要領 —— 349
おでんの煮汁の調味 —— 350

か行

牡蠣《かき》の揚げもの、衣の工夫 —— 388
牡蠣の土手鍋に合う味噌の傾向 —— 340
牡蠣を揚げる前のひと手間 —— 388
●形抜き人参とその抜き型 —— 367
●蟹脚《かにあし》の下ごしらえ —— 333
蟹脚の生、冷凍ものの下処理の要点 —— 333
蟹・海老の鍋、脇材料の野菜 —— 331
蟹・海老を主とした鍋の調味 —— 331
蟹すきには竹箸 —— 330
●蟹爪の下ごしらえ —— 333
蟹爪の冷凍ものと生の扱い —— 332
蟹とえのき茸の炒め和えの応用例 —— 396
紙鍋に向く仕立て方のポイント —— 342
紙鍋の鍋地について —— 342
皮つきの魚を陶板で焼く時の火加減 —— 365
かんぴょうを戻す時の要領 —— 345
●乾物《かんぶつ》二種の戻し方 —— 345
牛肉のたたき鍋、他の肉の応用 —— 295
砧《きぬた》大根の鍋に合う脇材料のポイント —— 345
●砧(大根)を巻く —— 344
●基本の〝寄せ鍋〟の盛りつけ手順例 —— 358
黄身そぼろの作り方と保存 —— 394
きゃら蕗《ぶき》の作り方 —— 397
牛射込《いこ》み葱《ねぎ》の焼き加減と食べごろ —— 361
牛すじ肉のおでん鍋に使える肉 —— 351
●牛すじ肉の下煮 —— 351
牛すじ肉を柔らかく仕上げる方法 —— 351
牛乳鍋のベース、鶏スープについて —— 376
牛ハツの焼き加減 —— 382
牛ロースの陶板焼きの出し方例 —— 360
郷土料理風鍋の商品化の秘訣《ひけつ》 —— 355
きりたんぽと相性のよい材料の味 —— 355
きりたんぽを作る時のコツ、保存 —— 355
●きりたんぽの作り方 —— 354
●きんきの筒切り —— 315
きんきの身の特徴、その切り方 —— 315
きんめ鯛の生臭みを出さない方法 —— 328
●葛切りの戻し方 —— 361
栗の鬼皮、渋皮の焦がし取りのコツ —— 404
栗の皮むきのコツ —— 389
車海老の鍋に合う魚の傾向 —— 328
車海老の塩焼きの味の決め手 —— 381
車海老を鍋に使う時のポイント —— 327
車海老を蒸す場合の注意点 —— 401
小玉葱の詰めもの、応用と作りおき —— 399
小鍋立てに活かせる魚の鎌《かま》 —— 308
小鍋を焜炉にかける時の工夫 —— 329
こはだの酢じめ、あしらいの例 —— 379
こはだを酢じめにする時の切り方 —— 379
五目磯辺の別の焼き方例 —— 384
献立に加える鍋の持ち出し方の要領 —— 312
献立に〝二人前仕立ての鍋〟の妙味 —— 312
昆布の舟盛りに加えるしめじの調理 —— 404

さ行

酒蒸し鍋の持ち出し方と仕立て方 —— 329
酒の肴にする鍋の味の構成例 —— 329
鮭のっぺいに加える鮭の部位と扱い —— 314
鮭のっぺいに里芋、の効用 —— 314
さざえの殻を鍋に使う時の注意 —— 338
●里芋(セレベス種)の皮むき、面取り —— 314
里芋を色白に仕上げる —— 344
三色大納言真蒸《だいなごんしんじょ》の利用価値 —— 309
しゃぶしゃぶの牛肉の盛りつけ方 —— 293
しゃぶしゃぶの胡麻だれのポイント —— 294
しゃぶしゃぶのザクの切り方 —— 294
しゃぶしゃぶ向きの牛肉、切り方 —— 294
●春菊の下処理と保存 —— 318
白和え衣の日持ちをよくする下処理 —— 397
成吉思汗《ジンギスカン》鍋で焼く野菜類の扱い —— 369
真蒸《しんじょ》に冷凍帆立を加える場合のコツ —— 304
真蒸を作りおきする時の要点 —— 304
すき焼きの牛肉の盛りつけ方 —— 293
すき焼きの割り下に関する注意点 —— 293
酢じめの本来の意味とそのコツ —— 379
●鱸《すずき》の頭のおろし方 —— 310
すっぽん鍋、仕上げの雑炊の要領 —— 323
すっぽん鍋の仕立て方の別法 —— 323
●ぜんまいの大原木《おはらぎ》の作り方 —— 299
●ぜんまいの戻し方 —— 298

た行

大根おろしを加える鍋、その扱い —— 301
●大根の菊花造り —— 343
●大根の砧巻きの作り方 —— 300
●大根の筒むきの仕方と下茹で —— 308
●大根の庖丁遣《づか》いの基本 —— 296
●鯛の頭のおろし方 —— 306
鯛の鎌《かま》を小鍋立てに使う場合のコツ —— 308
鯛の皮の特長、その扱いの要点 —— 308
鯛の切り身を鍋に加える場合の注意 —— 308
●鯛の三枚おろしの手順 —— 306
●鯛の真子(腹子)の下処理 —— 309
たたき身(肉)の鍋の増《ま》し身の扱い —— 295
たたき身、すりこぎの扱いとコツ —— 304
楽しみ鍋の盛りつけのコツ —— 302
鱈の白子を鍋に加える場合の扱い —— 313
鱈の鍋、切り身の薄塩の効用 —— 313
中華風鍋の骨つき肉の下ごしらえ —— 373
つくね・真蒸の違いと特徴 —— 305
陶板串焼きをおいしく仕上げるコツ —— 368
陶板焼きの火力を補う下ごしらえ —— 364
陶板焼きの肉、下ごしらえの要点 —— 360
豆腐の扱い方・切り方のコツ —— 347
●豆腐を切る —— 347
●常節《とこぶし》のおろし方と保存 —— 363
常節の身をはずしやすくするには —— 364
泥鰌《どじょう》のぐるぐる、焼きだれの作り方 —— 384
鶏ささ身のかくしわさびの仕上げ方 —— 379
鶏真蒸《しんじょ》のたたき身の手法のいろいろ —— 304
鶏鍋に向く鶏肉、その切り方 —— 299
鶏鍋の肉、人数による盛りつけの差 —— 299

大型鮑《あわび》の焼きもののスタイル —— 367
おでんと菜飯 —— 352
おでんの東西、仕立て方の特徴 —— 350
おでんの名の由来とその変遷 —— 352

か行

貝殻の出る鍋、脇の器類のこと —— 340、377
牡蠣《かき》の鮮度の見分け方 —— 340
蟹脚がおいしい蟹の種類 —— 333
●蕪《かぶら》三種 —— 352
●香酢《かぼす》 —— 315
紙鍋の紙の推移 —— 342
●紙鍋のセット —— 341
鴨鱈豆腐鍋について —— 348
鴨肉と葱の相性の鍵 —— 362
鴨肉の部位と特徴、その扱い —— 362
鴨の種類と市場《しじょう》 —— 362
韓国風寄せ鍋の特色 —— 375
●関西趣向の葉菜《ようさい》 —— 329
菊花と菊海苔 —— 393
牛射込みに最適の葱 —— 361
牛イチボ肉の特徴と用途 —— 361
牛タンの見分け方のポイント —— 375
牛乳鍋によく合う魚介類は —— 376
牛乳を使った鍋地、材料の注意点 —— 376
牛ロース肉の選び方と扱い —— 293
きりたんぽの由来 —— 355
具足鍋と名付けるための条件 —— 326
胡椒塩とは —— 363
ごった煮風鍋、その原型の煮もの類 —— 344
●小松菜二種 —— 310
五目湯葉とは —— 356

さ行

鮭の鍋と北海道 —— 314
鮭の呼び方の地方色、由来など —— 314
山椒塩とは —— 363
しゃぶしゃぶに適する鍋の材質 —— 294
主材料になる缶詰の種類 —— 374
春菊と菊菜 —— 332
●春菊二種 —— 332
蓴菜《じゅんさい》の持ち味と調味について —— 393
汁鍋に加えておいしい材料の傾向 —— 314
素魚《しろうお》と白魚《しらうお》のこと —— 394
越瓜《しろうり》に詰めておいしい魚介 —— 380
白酒焼きとは —— 381
成吉思汗《ジンギスカン》鍋の仕掛け —— 369
成吉思汗鍋の由来 —— 369
神仙炉《シンソンロ》の仕掛け —— 375
水晶あんの役割について —— 398
水前寺海苔とは —— 394
すき焼きに向く牛脂は —— 293
酢取り生姜のこと —— 386
スモークサーモンに合う柑橘《かんきつ》酢 —— 393
蕎麦《そば》ちり、有名店のスタイル —— 354

た行

高菜の持ち味と肉料理の相性 —— 360
宝袋とは —— 309
●竹鍋 —— 341
竹鍋の小史 —— 341
竹の鍋を長持ちさせるには —— 341
楽しみ鍋と寄せ鍋の対比、特長 —— 302
●鱈と二種の〝子〟 —— 313
チーズ揚げの衣によいチーズ —— 389
茶巾豆腐にしのばせたい味 —— 398
ちり鍋に敷くだし昆布は —— 312
●青梗菜《チンゲンツァイ》二種 —— 304
鉄板ステーキに向く鉄鍋の形 —— 370
鉄板焼きの牛脂の種類 —— 370
陶板焼き、内外のスタイルの違い —— 363
陶板焼きに向く鮪の部位 —— 366
豆腐の種類と地方色 —— 347
泥鰌《どじょう》鍋と相性のよい薬味 —— 320
飛び子、その扱いの基本など —— 401

な行

茄子と陶板焼きについて —— 360
菜鶏鍋に向く鶏肉、市販品の扱い —— 302
菜鶏鍋に向く菜のいろいろ —— 302
肉類の陶板焼きと葱、その役割 —— 360
錦木《にしきぎ》とは —— 395
煮やっこによく合う薬味 —— 397
●人参三種 —— 366

は行

梅花風呂吹き鍋に向く豚肉 —— 297
●葉ねぎのいろいろ —— 323
バター焼きにしておいしい野菜 —— 366
蛤の死貝の選別方法 —— 339
羊肉の種類と特徴 —— 369
ひと塩とは —— 384
飛竜頭《ひりょうず》とは —— 334
深川鍋の名の由来 —— 340
深川鍋に使う貝 —— 340
豚ロース肉の良否の見分け方 —— 296
●舟形昆布の市販品 —— 359
舟型昆布の扱いと手製の方法 —— 359
舟昆布鍋に合う材料と仕立て方 —— 359
鰤《ぶり》鍋に合う野菜と薬味、柑橘《かんきつ》類 —— 319
ほうき茸の特徴とその調理 —— 320
焙烙《ほうろく》鍋に敷く塩 —— 371
焙烙焼きに欠かせない松葉の効用 —— 371
焙烙焼きに向く材料とその扱い —— 372
帆立貝の鍋によく合う薬味 —— 336
帆立貝の鍋、脇材料の適否 —— 338
北寄貝の市販の形と生貝の選び方 —— 335
●本しめじ(茸《たけ》) —— 304

ま行

マッシュルームを鍋に —— 322
松茸と相性のよい脇材料 —— 343
松茸の選び方と市場《しじょう》の種類 —— 343
●豆もやし二種 —— 356
●身近な葉菜《ようさい》二種 —— 329
●三つ葉二種 —— 316
みどり揚げとパセリ —— 387
もやしの種類 —— 356

や～わ行

柳川鍋の名の由来 —— 320
柚子胡椒とは —— 327
茹で豚に向く豚肉の部位と保存法 —— 400
湯豆腐に使う昆布の条件と種類 —— 347
湯豆腐の昆布の役割 —— 347
湯豆腐のつけ醤油、東西のスタイル —— 347
●葉菜《ようさい》三種 —— 331
洋風煮込み鍋の青み野菜、その役割 —— 375
渡り蟹の種類と特徴 —— 332
和風スープ煮鍋の魚のだし汁の材料 —— 376
和風スープ煮鍋に向く材料 —— 376
蓮根《れんこん》について —— 404

調理技術に関する事項

あ行

揚げ茄子のおいしい仕立て方と別法 —— 390
浅蜊《あさり》の鍋、鍋地の扱いのポイント —— 340
穴子の白焼きの扱いのコツ —— 321
アボカド釜の調味と味わい —— 380
鮎の生臭みを除くには —— 368
鮑《あわび》のおいしい焼き加減 —— 366
鮑の殻を鍋に使う場合の注意点 —— 338
鮟鱇《あんこう》鍋を大鍋に仕立てる時 —— 311
鮟鱇鍋の鍋地の作り方、その特長 —— 311

わかさぎの二色揚げ ——— 173 389

海老・蟹・貝を主材料とした前肴

あ行

浅蜊《あさり》としめじの土瓶蒸し ——— 186 403
海老とうどの錦和え ——— 137 395
海老と栗の吹き寄せ ——— 153 404
海老の双身《ふたみ》蒸し ——— 150 401
海老のみどり揚げ ——— 198 390

か行

牡蠣《かき》の新挽《しんび》き揚げ ——— 151 388
牡蠣のベーコン巻き ——— 196 386
牡蠣の松島揚げ ——— 171 389
牡蠣のみどり揚げ ——— 132 386
蟹爪のチーズ揚げ ——— 158 389
蟹とアボカドの生姜酢醤油 ——— 148 392
蟹とえのき茸の炒め和え ——— 149 396
蟹と貝割れ菜の砧《きぬた》巻き ——— 157 379
蟹と沢庵《たくあん》の
　和風ドレッシング和え ——— 180 393
蟹と野菜の揚げ和え ——— 150 396
川海老の黄身覆輪《きみふくりん》 ——— 171 402
車海老とぜんまいの白和え ——— 152 396
車海老の酒蒸し ——— 139 400
車海老の塩焼き ——— 130 381
小海老と浅葱《あさつき》の黄身酢 ——— 165 397
昆布の舟盛り ——— 140 404

さ〜わ行

越瓜《しろうり》の蟹印籠《いんろう》 ——— 170 380
酢牡蠣《すがき》 ——— 145 392
帆立と錦糸卵の吸いもの ——— 127 405
帆立の刺身 ——— 129 378
帆立の田楽 ——— 159 384
帆立のひもと菜の花の三杯酢 ——— 156 393
北寄貝と生海苔の生姜酢 ——— 134 391
北寄貝のわさび和え ——— 118 394
焼き蛤 ——— 130 381

肉類を主材料とした前肴

あ行

鶉《うずら》の照り焼き ——— 151 382

か行

牛タンの粕《かす》漬け ——— 153 383
牛肉と浅葱《あさつき》の卵焼き ——— 156 383
牛肉といんげんの胡麻和え ——— 137 396
牛肉の葱射込《ねぎいこ》み ——— 146 382
牛肉の三つ葉巻き ——— 195 385
牛ハツの酒醤油焼き ——— 131 382
五目磯辺 ——— 159 384
五目しそ焼き ——— 169 385

さ〜た行

砂肝《すなぎも》のソース蒸し ——— 194 399
鶏、海老と椎茸の双身《ふたみ》焼き ——— 131 382
鶏皮としめじの当座煮 ——— 179 399
鶏ささ身のかくしわさび ——— 129 379
鶏つくねの団子 ——— 164 385
鶏手羽の千鳥揚げ ——— 133 387
鶏と防風の白和え ——— 137 395
鶏の唐揚げ ——— 121 386
鶏の酒蒸し ——— 182 403
鶏の竜田《たつた》焼き ——— 152 383
鶏ロール ——— 148 382

な〜わ行

博多焼き ——— 171 385
姫筍《ひめたけ》のしのび焼き ——— 173 385
豚肉とぜんまいの当座煮 ——— 192 399
豚肉の真蒸《しんじょ》蒸《む》し ——— 159 402
ほおずき真蒸 ——— 157 388
茹で豚 ——— 200 399
ラムチョップの香り焼き ——— 199 386

野菜を主材料とした前肴

あ行

揚げ茶筅《ちゃせん》茄子 ——— 174 390
海老詰め小玉葱の煮おろし ——— 172 398

か〜さ行

きゃら蕗《ぶき》の節粉《ふしこ》まぶし ——— 138 397
サボテンのサラダ ——— 135 392
蓴菜《じゅんさい》の二杯酢 ——— 153 392
越瓜《しろうり》としじみの辛子酢味噌 ——— 136 395
ズッキーニのしのび揚げ ——— 133 387

た〜は行

筒大根の木の芽味噌 ——— 169 398
冬瓜《とうがん》の鶏そぼろあん ——— 167 398
茄子と海老の揚げ出し ——— 133 387
冷やし冬瓜 ——— 138 397

ま〜わ行

松茸と帆立の酒蒸し ——— 169 402
松茸のしのび焼き ——— 131 381
茗荷《みょうが》の子の含み揚げ ——— 154 388
焼き松茸 ——— 156 383
百合根と海藻の梅肉和え ——— 151 392

そのほか、加工品を主材料とした前肴

あ〜さ行

揚げ出し豆腐 ——— 152 388
煎《い》り出し豆腐 ——— 147 387
五目蒸し卵 ——— 155 401
三色大納言真蒸《だいなごんしんじょ》 ——— 139 401
ソーセージの変わりソースかけ ——— 193 405

た行

卵豆腐の吸いもの ——— 166 405
チーズの三色博多 ——— 140 404
茶巾《ちゃきん》豆腐 ——— 167 398
茶碗蒸し ——— 126 400
豆腐の信田巻き ——— 181 402
ところてんの胡麻だれ ——— 135 391
土佐豆腐 ——— 173 390

な〜わ行

納豆の磯辺揚げ ——— 169 389
煮やっこ ——— 138 397
のし梅酒粕《さけかす》 ——— 140 403
友禅寄せ ——— 120 400

■基礎知識の部■

材料に関する事項

あ行

鮎魚女《あいなめ》の特徴とその扱い ——— 318
揚げ出し豆腐に合うつけ合わせ ——— 388
浅蜊《あさり》の死貝・残り砂の確認方法 ——— 340
穴子高野とは ——— 357
●穴子の市販状態 ——— 321
甘鯛の鱗《うろこ》を活かす焼きもの ——— 384
甘鯛の持ち味とひと塩のこと ——— 384
魚すきの由来 ——— 307
魚素麺《うおぞうめん》とは ——— 309
饂飩《うどん》すきに適する饂飩の選び方 ——— 353
饂飩すきの由来 ——— 353
雲丹《うに》衣揚げの応用と練り雲丹のこと ——— 390
雲丹の種類と特徴 ——— 323
雲丹の調理と地方色 ——— 323

焙烙《ほうろく》焼き —— 166 371
鮪《まぐろ》の陶板焼き —— 76 365
めばるの煮込み鍋 —— 206 315
焼き穴子としめじの鍋 —— 148 321

海老

伊勢海老鍋 —— 209 326
伊勢海老の具足《ぐそく》鍋 —— 60 325
海山《うみやま》の幸《さち》陶板焼き —— 75 362
海老真蒸《しんじょ》鍋 —— 94 329
海浜陶板焼き —— 160 364
車海老ときんめ鯛の鍋 —— 212 327
車海老と蛤の酒蒸し鍋 —— 77 329
車海老と蛤の鍋 —— 213 328
車海老と飛竜頭《ひりょうず》の鍋 —— 64 327
車海老鍋 —— 121 326
五色《ごしき》陶板焼き —— 181 364
竹鍋 —— 164 341
蓬莱《ほうらい》焼き鍋 —— 26 363
洋風海浜鍋 —— 199 375

蟹《かに》

越前蟹のちり鍋 —— 22 330
蟹脚《あし》の鍋 —— 210 333
蟹すき —— 73 330
蟹爪の錦鍋 —— 97 332
蟹の飛竜頭《ひりょうず》鍋 —— 108 333
五目蟹ちり —— 80 330
渡り蟹のちり鍋 —— 118 331

貝

浅蜊《あさり》の陶板焼き —— 182 367
鮑の陶板焼き —— 178 366
牡蠣《かき》の土手鍋 —— 24 339
牡蠣の味噌鍋 —— 119 340
浜鍋 —— 92 339
蛤鍋 —— 211 338
蛤の潮《うしお》鍋 —— 102 339
深川鍋 —— 58 340
帆立と豚ロースの牛乳鍋 —— 126 376
帆立鍋 —— 55 335
帆立の貝焼《かや》き鍋 —— 44 336
帆立のたたき鍋 —— 49 336
帆立の宿借《やどか》り焼き —— 172 337
北寄《ほっき》鍋 —— 54 334
むき蛤の宿借り鍋 —— 170 338
洋風浅蜊《あさり》鍋 —— 200 376

野菜類を主材料とした鍋

芋鶏《いもとり》鍋 —— 221 343
砧《きぬた》大根の鍋 —— 225 344
五目野菜鍋 —— 224 344
茄子の煮おろし鍋 —— 244 346
松茸《まつたけ》鍋 —— 112 342
ロールキャベツ鍋 —— 242 345
ロール白菜鍋 —— 243 345

加工品、そのほかを主材料とした鍋

細工もの

穴子高野《こうや》鍋 —— 101 356
海老と湯葉真蒸《しんじょ》の鍋 —— 229 357
五目湯葉鍋 —— 112 356
鮭包みの鍋 —— 230 357
山菜の湯葉包み鍋 —— 82 355
豚肉と東寺巻きの鍋 —— 231 357
帆立と海老の舟昆布鍋 —— 174 358

豆腐類

厚揚げの陶板焼き鍋 —— 222 370
鶏鱈《とりたら》豆腐鍋 —— 106 348
豚肉の湯豆腐鍋 —— 218 348
湯豆腐 —— 43 346

肉の加工品類

海老と焼売《しゅうまい》の中華風陶板焼き —— 192 368
韓国風寄せ鍋 —— 197 374
餃子《ぎょうざ》鍋 —— 193 372
肉団子と豆もやしの韓国風鍋 —— 196 374
帆立と肉団子の中華風鍋 —— 194 373

練りもの

お好みおでん鍋 —— 239 352
おでん —— 74 349
関西風牛すじおでん鍋 —— 65 350
関東炊き —— 36 350
鶏真蒸《しんじょ》のおでん鍋 —— 236 351

麺類

饂飩《うどん》すき —— 37 352
饂飩ちり —— 226 353
蕎麦《そば》ちり —— 106 353

そのほかの加工品

鮭缶の辛味鍋 —— 195 373

そのほかの細工もの

きりたんぽ鍋 —— 50 354
しめじときりたんぽの鍋 —— 227 355

前肴の部

魚、珍味類を主材料とした前肴

あ行

穴子なます —— 124 391
甘鯛のひと塩焼き —— 157 383
鮟肝《あんきも》 —— 123 378
烏賊《いか》と若布の生姜酢 —— 158 393
烏賊の菊巻き —— 171 380
烏賊のレモン酢 —— 185 394
イクラの柚子釜 —— 150 379
いさきともずくのわさび酢 —— 134 391
雲丹《うに》豆腐 —— 160 402
雲丹の磯辺揚げ —— 167 389
雲丹の宿借《やどか》り蒸し —— 188 403
おこぜの唐揚げ —— 132 387

か行

寒鰆《かんさわら》の白酒焼き —— 130 381
鱚《きす》の雲丹《うに》揚げ —— 184 390
こはだの酢じめ —— 129 378

さ行

サーモンと菊のすだち和え —— 178 393
サーモンと水前寺海苔の二色はさみ —— 173 404
鮭と鶏の三杯酢 —— 183 394
素魚《しろうお》と若布の生姜酢 —— 187 394
白身魚(こち)の二杯酢 —— 134 391

た行

鯛と帆立、赤貝のお造り —— 125 378
鯛と鮪のお造り —— 144 379
泥鰌《どじょう》のぐるぐる —— 158 384
泥鰌の時雨《しぐれ》煮 —— 197 399

な行

生雲丹《うに》のアボカド釜 —— 168 380
生雲丹の大葉揚げ —— 132 386
錦木《にしきぎ》 —— 136 395

は～わ行

鰤《ぶり》の幽庵《ゆうあん》焼き —— 122 380
鮪とクレソンの辛子和え —— 136 395
鮪のお造り —— 119 378
蒸し雲丹《うに》 —— 139 400
わかさぎの南蛮《なんばん》酢 —— 135 392

索引

この索引は、本巻掲載の鍋・前肴の全品を主材料による項目別に再分類し、各料理名を五十音順に列記したものです。

また補助索引として、〝作り方と基礎知識〟の章で、各品々の作り方手順の説明に特記とした「調理覚え書」の各事項と、より具体的な理解を期して関連頁に分載した「材料、および手順写真」の各事項を合わせて、改めて〈材料に関する事項〉〈調理技術に関する事項〉の二項目に分類したものを並載しました。なお、調理覚え書事項には簡明な見出しを付すことにより、また写真解説事項は当該見出しに●印を付し、いずれも五十音順に列記しています。

鍋の部

肉類を主材料とした鍋

鶉《うずら》・鴨肉

作り方頁

鶉のたたき鍋 —— 233 305
鴨の陶板焼き —— 39 361

仔《こ》羊肉

成吉思汗《ジンギスカン》鍋 —— 48 369

牛肉

関東風すき焼き —— 34 293
牛射込《いこ》み葱《ねぎ》の陶板焼き —— 188 361
牛薄切り肉の陶板焼き —— 187 360
牛肉と魚介の鉄板焼き —— 113 369
牛肉と豆腐の土鍋焼き —— 215 371
牛肉のたたき鍋 —— 234 295
牛肉のつみ入れ鍋 —— 78 294
牛肉の吹雪《ふぶき》鍋 —— 217 295
牛フィレの陶板焼き —— 216 360
牛フィレのひと口陶板焼き —— 185 359
牛ロースの陶板焼き —— 186 360
しゃぶしゃぶ —— 38 293
洋風牛タンの煮込み鍋 —— 198 375
和風鉄板ステーキ —— 127 370

鶏肉

砧《きぬた》巻きの博多鍋 —— 66 300
五色《ごしき》水炊き鍋 —— 96 301
陶板串焼き —— 184 368
鶏真蒸《しんじょ》のみたらし鍋 —— 235 303
鶏と魚介の楽しみ鍋 —— 147 302
鶏と夏野菜の陶板焼き —— 183 362
鶏と帆立の真蒸《しんじょ》鍋 —— 237 304
鶏鍋 —— 59 299
鶏の唐揚げ鍋 —— 246 303
鶏の雪花鍋 —— 100 300
鶏のつくね鍋 —— 238 304
鶏の水炊き —— 35 298
鶏の水炊き寄せ鍋 —— 124 298
菜鶏《なとり》鍋 —— 220 301

豚肉

梅花風呂吹《ふろふ》き鍋 —— 79 296
豚肉のちり鍋 —— 104 297
豚肉のはりはり鍋 —— 61 296
豚肉の水炊き鍋 —— 125 297
豚バラ肉の紅白鍋 —— 219 297

魚介類を主材料とした鍋

魚類

鮎魚女《あいなめ》鍋 —— 205 317
鮎魚女の浪花《なにわ》鍋 —— 114 318
鮎の陶板焼き —— 56 368
鮟鱇《あんこう》鍋 —— 123 310
(味噌仕立て)鮟鱇鍋 —— 70 311
烏賊《いか》鍋 —— 51 321
石焼き鍋 —— 168 372
魚すき —— 72 305
(小鍋立て)魚すき —— 40 307
鰻の柳川鍋 —— 241 320
雲丹《うに》鍋 —— 52 322
沖すき鍋 —— 98 324
紙鍋 —— 165 341
鱚《きす》の唐揚げ鍋 —— 245 315
魚介と京菜の寄せ鍋 —— 144 334
魚介の寄せ鍋 —— 86 323
(小鍋立て)魚介の寄せ鍋 —— 88 324
きんきのちり鍋 —— 70 314
小鰈《こがれい》と鱚《きす》の陶板焼き —— 180 365
小鯛と魚素麺《うおぞうめん》の鍋 —— 62 309
鮭と鮭鎌《さけかま》の鍋 —— 149 314
鮭のっぺい —— 53 313
鱸《すずき》の潮《うしお》鍋 —— 154 310
すっぽん鍋 —— 30 323
鯛と鯛の子の鍋 —— 146 308
鯛と蛤の鍋 —— 107 308
鯛の明石《あかし》鍋 —— 63 307
鱈《たら》ちり —— 41 312
鱈鍋 —— 120 313
泥鰌《どじょう》鍋 —— 57 320
泥鰌の柳川鍋 —— 32 320
葱鮪《ねぎま》鍋 —— 42 318
はまちの鎌《かま》の鍋 —— 207 319
はまちの陶板焼き —— 179 366
浜寄せ鍋 —— 110 324
鱧《はも》鍋 —— 155 316
鱧の白焼き鍋 —— 240 317
鱧寄せ鍋 —— 81 316
河豚《ふぐ》ちり —— 28 318
鰤《ぶり》鍋 —— 122 319
魴鮄《ほうぼう》鍋 —— 90 311
(小鍋立て)魴鮄鍋 —— 145 312

本書は、志の島忠・著『鍋の料理と前肴』を
縮刷版に改め、再出版したものです。

縮刷版

新しい日本料理

鍋の料理と前肴

発行日……平成28年10月1日　初版発行

著　者……志《し》の島《じま》　忠《ちゅう》

制作者……永瀬正人

発行者……早嶋　茂

発行所……株式会社 旭屋出版

〒107−0052

東京都港区赤坂1−7−19

キャピタル赤坂ビル8階

TEL　03−3560−9065

FAX　03−3560−9071

郵便振替　00150−1−19572

URL　http://www.asahiya-jp.com

印刷・製本……凸版印刷株式会社

ISBN978-4-7511-1233-5　C2077